中国国际法年刊

2007

Chinese Yearbook of International Law

中国国际法学会　主办

世界知识出版社

图书在版编目(CIP)数据

中国国际法年刊(2007) / 中国国际法学会主办．—北京：
世界知识出版社,2008.5
ISBN 978-7-5012-3361-8

Ⅰ. 中…　Ⅱ. 中…　Ⅲ. 国际法—2007—年刊　Ⅳ. D99-54

中国版本图书馆 CIP 数据核字(2008)第059681号

责任编辑　吴　捷
责任出版　林　琦
责任校对　王　铮

书　　名　**中国国际法年刊(2007)**
Zhongguo Guojifa Niankan(2007)

出版发行　世界知识出版社
地址邮编　北京市东城区干面胡同51号(100010)
网　　址　www.wap1934.com
印　　刷　北京华正印刷有限公司
开本印张　880×1230毫米　1/32　19⅜印张　4插页
字　　数　503千字
版次印次　2008年5月第一版　2008年5月第一次印刷
标准书号　ISBN 978-7-5012-3361-8
定　　价　60.00元

《中国国际法年刊》编辑委员会名单

目　录

活动与动态

文件资料

特　　载

加强国际法研究和应用推进构建和谐世界*

唐家璇**

目前我国正处于关键发展时期，步入全面落实科学发展观、推进建设小康社会和实现可持续发展的新阶段，各项工作处于新的历史起点。同时，国际形势发生复杂深刻变化，世界多极化和经济全球化的趋势在曲折中发展，我国面临的外部环境更加复杂。随着我国综合国力的增强和国际地位的提高，国际社会对我国的借重与压力同步上升，机遇与挑战并存。总的看，国际形势总体上对我国有利，仍然是机遇大于挑战，关键是如何化压力为动力，变挑战为机遇。

国际法领域的工作与外交、外事工作密切相关，是外交工作的重要组成部分。当前形势下，无论是在外交、外事领域，还是在对台斗争、港澳工作方面，国际法的作用都更显突出和重要。外交工作迫切需要借重国际法这一有力武器，以法律为准绳和保障，妥善应对各种困难和挑战，维护国家根本利益，并把握机遇。与时俱进，不断开创新局面。中央外事工作会议的精神和部署，同样适用于国际法领域的各项工作。从事国际法工作的同志要认真学习、深刻领会和准确把握会议的精神实质，增强做好国

---

* 本文是唐家璇同志2007年5月24日在中国国际法学会2007年学术年会开幕式上的讲话（摘要），标题为编者所加。

** 中华人民共和国国务院国务委员、中国国际关系学会会长。

际法领域工作的使命感、责任感和紧迫感。

加强国际法研究和应用，首先要兼顾国内国际两个大局，自觉贯彻落实中央确定的各项方针政策，紧密围绕国家发展的中心任务开展工作。中央一贯强调，做好各项工作，必须统筹国内国际两个大局。国内大局是改革、发展、稳定，维护国家发展重要战略机遇期，落实科学发展观、构建和谐社会和实现全面建设小康社会目标；国际大局是和平、发展、合作。统筹两个大局，就是做国内工作要考虑国际影响，做对外工作要考虑国内需要，处理好内政与外交的关系，把国内发展同对外开放更好地统一起来。对于从事国际法工作的同志，兼顾两个大局，就是要结合国家发展和对外工作新的形势需要，着重研究和努力探索如何更好地发挥国际法的作用，用法律手段体现国家意志，维护国家根本利益。目前，我国的国家利益在全球不断延伸，维护国家利益的任务更加艰巨。在此形势下，我们一定要加强国际法理论研究与外交实践的有机结合，充分运用国际法为全面建设小康社会服务，为维护我国重要战略机遇期服务，为促进祖国和平统一大业服务，为维护国家主权、安全和发展利益服务。当前形势下，国际法的研究和应用一定能够大有作为，也必须大有作为。

加强国际法研究和应用，要继续大力开展国际交流。随着我国改革开放的扩大和深化，做好任何领域的工作，都离不开对外交流与合作，国际法领域的工作尤为如此。有一种说法，未来大国关系的发展，很大程度上取决于各国之间通过不同渠道、不同形式进行交流和对话的程度。随着我国国际地位的提高和影响力的扩大，我们与外部世界的互动、联系日益紧密，这为国际法研究和应用提供了广阔的空间和舞台。要本着以我为主的原则，加大走出去、请进来的力度，扩大对外交流，向国外同行学习有益的理论、经验和方法，也积极向外界介绍中国的国际法理论和实践，增强我们在制定国际规则方面的主动权和话语权。目前国际上各种新的国际关系、国际法理论很多，我们在加强研究的同时，也要充满自信，敢于提出自己的理论。

目前的重点之一，要放在构建和谐世界理念的研究和推动方面。从事国际法工作的专家学者，要继续深化有关研究工作，为推动构建和谐世界发挥应有的作用。总之，要充分调动和利用好各种资源，适应新形势，研究新问题，探索新思路，拓展新领域，努力做到大有作为。我们一定要增强紧迫感、危机感，不能安于现状。要进一步加大工作力度，不断改进工作，把国际法领域的工作提高到一个新的水平。

深入学习贯彻“十七大”精神 开创我国国际法事业的新局面*

曹建明**

党的“十七大”报告全面总结了中国特色社会主义事业取得的伟大成就，对我们党和国家所面临的形势和任务进行了透彻的分析，对中国特色社会主义建设作出了新的战略部署。报告是新阶段指导我们各项工作的纲领性文献，是新世纪实现民族伟大振兴的宏伟蓝图。特别是，报告科学地总结和论述了我国民主和法制的发展方向，系统地阐述对国际形势的基本认识和中国始终不渝走和平发展道路的基本方针，还首次明确地将“恪守国际法和国际关系准则”明确写入其中。党的“十七大”报告对于我国对外交往工作和国际法事业的发展，具有深远的历史意义。我们国际法学界和国际法工作者，一定要深入学习领会，坚决贯彻落实。

（一）

党的“十七大”报告强调深入贯彻落实科学发展观。科学

---

* 该文撰写于2007年11月。

** 中国国际法学会会长，最高人民法院常务副院长、一级大法官，教授。

发展观，是对党的三代中央领导集体关于发展的重要思想的继承和发展，是马克思主义关于发展的世界观和方法论的集中体现。科学发展观的第一要义是发展，核心是以人为本，基本要求是全面协调可持续，根本方法是统筹兼顾。要统筹国内、国际两个大局，树立世界眼光，加强战略思维，善于从国际形势发展变化中把握发展机遇、应对风险挑战，营造良好国际环境。我们国际法工作者，一定要以科学发展观统领我们未来国际法的研究和工作，牢牢树立大局的意识。从国际法的角度，为全面落实依法治国基本方略，加快建设社会主义法治国家，完善中国特色社会主义法律体系服务；要密切关注世界政治、经济、科技、文化、军事、外交及其法律的发展变化，准确判断国际形势和国际法发展变化的总体走向，更加注重从国际、国内两个大局的相互联系中把握中国发展的方向；要充分估量国际因素包括国际法对国内发展的影响，妥善应对国际社会的关切，正确处理国家之间存在的问题，着力维护国家主权、安全和发展利益，维护中国良好的国际形象；要充分运用国际法，为营造有利于我国经济发展的外部环境、推动建设持久和平共同繁荣的和谐世界作出应有的服务。

（二）

当今世界正处在大变革大调整之中。和平与发展仍然是时代主题，求和平、谋发展、促合作已经成为不可阻挡的时代潮流。世界多极化不可逆转，经济全球化深入发展，科技革命加速推进，全球和区域合作方兴未艾，国与国相互依存日益紧密，国际力量对比朝着有利于维护世界和平方向发展，国际形势总体稳定。同时，世界仍然很不安宁。霸权主义和强权政治依然存在，局部冲突和热点问题此起彼伏，全球经济失衡加剧，南北差距拉大，传统安全威胁和非传统安全威胁相互交织，世界和平与发展面临诸多难题和挑战。从国际法角度看，国际社会的法制化进程加快，联合国改革、国际体系与国际秩序之争空前激烈，国际法的价值和作用日益凸现，国际法无论在深度和广度方面都得到长足的发展。与此同时，国际法在诸多领域中，面临诸多新的问题和挑战。如何使国际秩序向公正合理的方向发展，使人类社会向有利于共同繁荣的方向发展，国际法的发展也正处于一个关键时期。

我国经历了30年的改革开放历程，在党中央的正确领导下，成功把握住了当代国际秩序带来的机遇和挑战，不仅经济高速发展、人民生活水平空前提高，同时深入和广泛地融入了当代国际秩序之中，顺应当代国际潮流，进入了和平发展的快车道。随着我国综合国力和国际地位大大提升，与世界经济的相互依存度越来越高。中国已成为推动世界经济增长的重要力量。作为联合国安全理事会常任理事国和一个经济快速增长的发展中大国，在维护世界和平、促进人类共同发展方面，中国肩负着越来越重要的责任。正如党的“十七大”报告所指出，当代中国同世界的关系发生了历史性变化，中国的前途命运日益紧密地同世界的前途命运联系在一起。

在这种形势下，如何应对国际局势的变化，把握国际形势的发展规律，更加妥善地处理国际事务、国际关系，进一步消除发展中所出现的不利因素；如何把握和参与国际秩序的维护和构建，为世界的和平发展合作作出更大的贡献，党的“十七大”报告对此给出了高屋建瓴地回答，把推动建设和谐世界写入了党的全国代表大会报告。

“十七大”报告指出，共同分享发展机遇，共同应对各种挑战，推进人类和平与发展的崇高事业，事关各国人民的根本利益，也是各国人民的共同心愿。我们主张，各国人民携手努力，推动建设持久和平、共同繁荣的和谐世界。为此，应该遵循联合国宪章宗旨和原则，恪守国际法和公认的国际关系准则，在国际关系中弘扬民主、和睦、协作、共赢精神。政治上相互尊重、平等协商，共同推进国际关系民主化；经济上相互合作、优势互补，共同推动经济全球化朝着均衡、普惠、共赢方向发展；文化上相互借鉴、求同存异，尊重世界多样性，共同促进人类文明繁荣进步；安全上相互信任、加强合作，坚持用和平方式而不是战争手段解决国际争端，共同维护世界和平稳定；环保上相互帮助、协力推进，共同呵护人类赖以生存的地球家园。

和谐世界的思想根植于中华悠久文明的深厚积淀，体现在新中国的和平外交思想和实践中，集中体现了中国对当今国际局势、全球问题、人类命运和理想目标的基本判断和价值，也与《联合国宪章》的宗旨和原则相符合。符合当今世界发展潮流和各国人民的共同利益与愿望。特别是，报告首次明确了构建和谐世界的要求中，应当“恪守国际法”，这是对国际法作用和地位的充分肯定和高度期望，具有重要的历史和现实意义。

早在2006年4月，胡锦涛总书记在沙特阿拉伯王国协商会议演讲时就指出：“建立和谐世界，必须致力于实现各国和谐共处。各国应该恪守公认的国际法和国际关系的基本准则。”表明了中国党和国家领导人高度重视国际法在构建和谐世界中的重要地位和作用，为国际法发展和研究指明了基本的方向。

构建和谐世界，国际法无疑并必须发挥巨大的作用。我认为，摆在我们面前的重大课题是：如何从理论上认识国际法在构建和谐世界过程中的重要作用；如何运用国际法建设一个持久和平、共同繁荣的和谐世界？特别是，如何运用国际法，促进各国间的相互信任、和谐相处，并通过公平、有效的安全机制，建设一个和平、稳定的和谐世界；如何运用国际法，坚持各国主权平等，在国际关系上坚持以法治和多边主义为主，建设一个民主、公正的和谐世界；如何运用国际法，正确应对世界多极化、经济全球化和科技进步的发展趋势，促进国际社会共同发展特别是发展中国家的发展，建设一个互利、合作的和谐世界；如何运用国际法，承认世界多元性、承认人类文明多样性、承认发展中国家与发达国家利益的差异性，运用国际法主张在多样性中和谐共处，在差异性中求同存异，建设一个开放、包容的和谐世界。这些都需要我们从国际法角度深入研究，作出回答。

（三）

党的“十七大”报告要求全党：实践永无止境，创新永无止境。全党同志要坚持解放思想、实事求是、与时俱进，勇于变革、勇于创新，永不僵化、永不停滞。

改革开放以来，特别是近些年来，我国的国际法研究和运用不断深入，获得了巨大的成果。党的“十七大”报告要求我们，必须清醒地认识到，我们与形势的要求还存在很大的差距。我们面临着前所未有的机遇，也面临着前所未有的挑战和任务。

随着我国法制建设的深入和全方位的对外开放，中国国际法学者对国际法研究已基本覆盖了国际法各领域，既涉及到对国际法基础理论的研究，也涉及到对国际法的重大现实问题研究。但是，我们目前的研究和应用还远远不能满足实践的需要，与一些国际法研究较发达的国家相比，也存在很大差距。

要高度重视国际法的基础理论研究和重大现实问题的研究有机结合。基础理论研究是学术发展的根基，是学科体系和教学的支撑。研究解决重大现实问题是理论工作的根本目的，是推动理论创新、促进学术繁荣的源泉和动力。国际法的基础理论研究不扎实，国际法的重大现实问题研究就缺乏扎实的根基；离开对国际法重大现实问题的关注，国际法的基础理论研究就会失去活力乃至生命力。我们必须坚持把国际法的基础理论研究和国际法重大现实问题的研究结合起来，以基础理论研究带动重大现实问题研究的深化，以重大现实问题的研究促进基础理论的研究和发展。

同时，当代国际法面临的重大问题，大都具有综合性和交叉性，涉及到国际法的多个领域。不仅涉及国际公法，也涉及国际私法、国际经济法，还涉及国内法。因此，国际法的研究工作需要更广阔的战略思维和法律思维，不仅需要从各个领域分别深入进行，也需要加强各个领域的交叉综合研究，提倡和促进各个领域学者的相互沟通、借鉴与合作。要采取各种方式，加强创新能力，努力解决新问题，开创新局面。

总之，正如党的“十七大”报告所揭示，当今世界正在发生广泛而深刻的变化，当代中国正在发生广泛而深刻的变革。这种形势，既为中国国际法学者提供了难得的历史机遇和广阔舞台，也向中国国际法学者提出了严峻挑战和艰巨任务。我们一定要坚定不移地贯彻党的“十七大”精神，高举中国特色社会主义伟大旗帜，从新的历史起点出发，进一步加强国际法研究，以高度的责任感和紧迫感，完成时代赋予我们的崇高使命，努力开创中国国际法事业的新局面。

论　　文

论武装冲突中的习惯国际人道法

周忠海[*]

传统上人们认为国际人道法仅规定了武装冲突中使用武力的问题。进入21世纪后，这种传统观念已经发生了重大变化。2001年“9·11”事件，反映出现代武装冲突的性质越来越复杂。依赖全球化和技术进步从事跨国活动而受益的各种集团，正在威胁着国际秩序的存续。同时，日益增加的国内武装冲突同样是对民族国家内复杂的安全形势的挑战。这些冲突并非总是像跨国恐怖活动那样引起公众的广泛注意，然而，它们对国际社会和人类安全构成威胁。对于武装冲突中武力的使用，则越来越多地从国际人道法的视角进行评判和研究。①

武装冲突中主要适用国际人道法，但是同时也会涉及到人权法和刑法。因为现在的武装冲突涉及非国家行为者，恐怖活动和反恐行动，所以，至今尚没有法律上的武装冲突的分类，难以划分国际人道法、人权法和刑法实施的准确的法律分野。国家在维护国际、国内秩序时，这三类法律体系有着不同的作用。如在国际武装冲突中暴力的性质和范围要以国际人道法予以影响和控制，而对于国内武力的使用一般是依照人权法加以处理。尽管对

---

* 中国政法大学教授、中国国际法学会副会长、中国海洋法学会副会长。

① Kenneth Watkin, Controlling the Use of Force: A Role for Human Rights Norms in Contemporary Armed Conflict, The American Journal of International Law, Vol. 98. p. 1.

于上述观点有不同看法，但是，在武装冲突中上述几种法律可能会同时适用。在国内武装冲突和紧急状态、叛乱团体占领和全球性恐怖主义的情形下，这种法律交互适用的情况便会发生。[①] 本文则重点对武装冲突中习惯国际人道法的适用问题进行探讨和研究。

一、国际武装冲突和非国际武装冲突

武装冲突法（law of armed conflict）是现代国际法的一个有机组成部分，它是调整各种形式的武装冲突中交战国（方）之间、交战国（方）与中立国之间的关系，规范作战行为的原则、规则和规章制度的总称。[②] 武装冲突法是20世纪下半叶随着禁止使用战争和《非战公约》的签订，国际上出现越来越多的非战争状态的武装冲突现象而产生的一个法律概念。在使用范围上，武装冲突法将传统的战争法观念扩至一切国际性武装冲突。

武装冲突法，又称“国际人道法”，是指国家之间或国家与政治实体之间的武力对抗。联合国国际法委员会在2005年6月《武装冲突对条约的影响条款草案》第2条（B）款规定：“武装冲突”是指战争或冲突状态，所涉武装行动由于其性质或范围可能影响武装当事国之间或武装冲突当事国与第三国之间条约的实施，不论武装冲突任何当事方或所有当事方是否正式宣战或作出其他声明。[③] 因此，武装冲突是国与国之间、政府与反政府武装团体之间或反政府武装团体相互之间的达到一定规模的武装敌对行为。它既包括国际性武装冲突，也包括非国际性武装冲

---

① Kenneth Watkin, Controlling the Use of Force: A Role for Human Rights Norms in Contemporary Armed Conflict, The American Journal of International Law, Vol. 98, p. 2.

② 薛刚凌、周键主编：《军事法学》，法律出版社，2006年4月第一版，第18章，第312页。

③ 《武装冲突对条约的影响条款草案》。

突，既包括有战争状态的武装冲突，也包括没有战争状态的武装冲突。《国际刑事法院规约》第 8 条第 2 款第 4 项规定，规约关于适用于非国际性武装冲突的规定，“不适用于内部动乱和紧张局势，如暴动、孤立和零星的暴力行为或其他性质相同的行为”。这说明达到一定规模是“武装冲突”的一个要件。

第二次世界大战结束以来，国际实践发生了变化，不宣而战的、没有战争状态的武装冲突大量发生，而完全符合传统国际法战争定义并出现战争的各种法律后果的“战争”极其少见，甚至可以说没有。为了适应这种变化，1949 年日内瓦四公约共同的第 2 条明确规定：“本公约适用于两个或两个以上缔约国间所发生之一切经过宣战的战争或任何其他武装冲突，即使其中一方不承认有战争状态。”[①] 1954 年《武装冲突情况下保护文化财产公约》、1961 年《维也纳外交关系公约》以及联合国安理会有关设立“起诉应对 1991 年以来前南斯拉夫境内所犯的严重违反国际人道法行为负责的人的国际法庭”和“卢旺达国际刑事法庭”的决议等，都使用“武装冲突”的概念。1969 年《维也纳条约法公约》则使用“爆发敌对行为”（the outbreak of hostilities）一词。显然，“战争”的提法逐渐少了。有关的条约倾向于采取“适用于武装冲突的国际法规则”的提法，如《禁止或限制使用某些可被认为具有过分伤害力或滥杀滥伤作用的常规武器公约》等。

武装冲突法的内容随着社会的发展、军事技术的改进而变化和发展。如果因为国际关系变化、科学技术的发展和武器的不断更新而在武装冲突法领域内出现新的问题，那么，就应当从事武装冲突法的编纂和逐渐发展工作。这样做的目的，不是认可武装冲突的合法性，而是为了通过使现有的原则和规则更加明确、更

① 参见《1949 年 8 月 12 日日内瓦四公约关于保护非国际性武装冲突受难者的附加议定书（第二议定书）》，第 2 条。

加具体，或者为了确立新的原则和规则，以便减轻武装冲突的残酷性和破坏性，以及降低武装冲突爆发的可能性。1907 年第二次海牙和平会议修订后的《陆战法规和惯例章程》序言明确指出："将战争法规及其惯例重新加以修正的目的在于，或明立限界，使益精确，或加以限制，使免残酷。"1977 年《1949 年 8 月 12 日日内瓦四公约关于保护国际性武装冲突受难者的附加议定书（第一议定书）》序言指出：缔约各方"宣布其愿见和平普及于各国人民之间的热望"，"回顾到每个国家有义务按照联合国宪章，在其国际关系上不以武力相威胁或使用武力，或以与联合国宗旨不符的任何其他方式，侵害任何国家的主权、领土完整或政治独立"，"然而认为有必要重申和发展关于保护武装冲突受难者的规定，并补充旨在加强适用这些规定的措施"，"深信本议定书或 1949 年 8 月 12 日日内瓦四公约的内容均不能解释为使任何侵略行为或任何与联合国宪章不符的武力使用为合法或予以认可"。

武装冲突分为两类：国际武装冲突和非国际武装冲突。国际武装冲突适用武装冲突法和国际人道法。非国际武装冲突原则上是国家的内政，受国内法的管辖。但是，在一定范围内和现在越来越多的情况下，非国际武装冲突也适用武装冲突法，特别是有关国际人道法的规则。也就是说，武装冲突法也开始适用于国内武装冲突。

（一）国际武装冲突

传统武装冲突的概念是狭隘的法律上"战争"的概念，即国家之间的冲突。这可能是最清楚的关于国际武装冲突的表述。第二次世界大战以来，国际武装冲突一直被用来表述国家之间的各种形式的武装斗争。[①] 因为，战争法或武装冲突法那时只适用于国家之间的武装冲突——国际武装冲突。人类历史上自国家产生后，战争——国家之间的武装冲突—— 一直是连绵不断的。战争绝不是人与人之间的一种关系，而是国家与国家间的一种关系。在战争之中，个人与个人绝不是以人的资格，而是以公民的资格才偶然成为仇敌的；他们不是作为国家的成员，而只是作为国家的保护者。据挪威史学家统计，到1982年在有文字记载的5560年中，世界上共发生14531次战争，平均每年2.6次；[②] 公元20世纪爆发了两次世界大战。在古代是如此，在近代由于战争日益残酷、范围日益扩大的情况下，则更是如此。第一次世界大战后，经过国际联盟盟约，特别是1928年巴黎非战公约和1945年联合国宪章，战争制度在法律上被废除了。但是，各种各样的小规模的地区性的武装冲突从来就没有间断过，如：中东战争、越南战争、马岛战争、两伊战争、海湾战争、科索沃战争等，武装冲突实际上还是战争，只不过是由于废除了战争的合法性，武装冲突在法律上有些与战争不同的效果而已。近年来，国际武装冲突不断，给当地居民和人类造成人道主义灾难。如中苏边境武装冲突，朝、韩双方在军事分界线附近发生的军事冲突，巴基斯坦和阿富汗边境发生的武装冲突，埃及加沙边境的武装冲突，以色列与巴勒斯坦人员在约旦河西岸和加沙地带发生的武装冲突，埃塞俄比亚与厄立特里亚的边界武装冲突，泰国与缅甸的边境冲突和海上交火，阿塞拜疆与亚美尼亚在纳卡地区的武装冲突，以美国为首的多国部队与伊拉克反美武装的武装冲突以及最近的黎以武装冲突等，绵延不断，造成重大人员伤亡和灾难。

---

① L. C. Green, The Contemporary Law of Armed Conflict 54 - 55 (2d ed. 2000). 另参见 Prosecutor v. Tadic 案，Appeals Judgment, No. IT - 94 - 1 - A, para. 84 (July 15, 1999), The American Journal of International Law, vol. 98: 1, p. 3.

② 薛刚凌、周键主编：《军事法学》，法律出版社，2006年4月第一版，第18章，第311页。

（二）非国际武装冲突

非国际性武装冲突基本上是国家的内战，或国内武装冲突。如海地武装冲突，刚果（金）武装冲突，格鲁吉亚军队与格自治州南奥塞梯发生武装冲突，尼泊尔武装冲突，车臣武装冲突等。1999年是武装冲突发生比较多的一年，全年共有40起。在1999年发生的40起武装冲突中，大部分是已经持续多年的内战，只有少数几起是国家间武装冲突。其中，国内武装冲突主要有阿富汗武装冲突，斯里兰卡国内政府军与泰米尔叛乱分子的武装冲突，土耳其军队与北部库尔德人的冲突，苏丹国内宗教武装冲突，安哥拉武装冲突，几内亚（比绍）武装冲突，塞拉利昂武装冲突，布隆迪的部族武装冲突，有六国卷入其中的刚果（金）内战，西班牙国内巴斯克分离主义者的武装冲突，法国科斯加地区的分离恐怖活动等。非国际武装冲突主要包括这些国内武装冲突，虽然不很引人注目，但也造成了重大伤亡、破坏和大量人口流离失所。例如，苏丹内战七年造成军民伤亡150万人，安哥拉内战吞噬了50万人的生命；塞拉利昂内战在过去八年里使500万人流落他乡，刚果（金）内战造成的难民也有81万之众。①

钱其琛同志2004年在“加强国际和地区合作消除武装冲突及其根源”② 的发言中指出，国内冲突不同于国家间冲突，往往更具复杂性和敏感性。归纳起来，有如下的特点：第一，起因复杂。从现代史看，引发内战原因各有不同，有的是因为主权国家要争取民族统一；有的是要进行革命，有的是要实施政变；也有的是因国内种族、宗教矛盾加剧或政治派别争权夺利而引发的。第二，后果严重。在国内武装冲突中，最遭殃的莫过于广大无辜

---

① 1999年世界武装冲突，http：//www. pladaily. com. cn/ kj/20000612

② “加强国际和地区合作消除武装冲突及其根源”是钱其琛同志在日本研讨会上的主旨发言（2004年7月9日，京都），http：//www. chinataiwan. org.

百姓。久拖不决的内战，使冲突国家满目疮痍、经济百废待举。无政府或混乱无序状态，又使恐怖主义、大规模杀伤性武器扩散、跨国有组织犯罪等有机可乘。从阿富汗到刚果（金），从海地到苏丹，百姓吃尽了武装冲突的苦果。第三，影响巨大。在全球化的进程中，各国彼此关联，利益交织。一国内部冲突的影响往往超越国界，对地区乃至世界的和平与稳定造成威胁。中东地区的阿以冲突延续了半个世纪。科索沃的冲突牵动了几乎整个欧洲的神经，刚果（金）的冲突使大湖地区各国反目为仇，至今仍彼此关系紧张。第四，解决困难。“冰冻三尺，非一日之寒。”许多国内冲突是积压多年矛盾的大碰撞，是各种错综复杂问题的大爆发。解决起来并非易事。

一国内部冲突说到底是主权国家的内部事务。国际社会在处理一国内部武装冲突时，应以《联合国宪章》为基础、以国际法为准绳，以逐案处理为原则，采取谨慎和负责任的态度，以免外力大规模地卷入。1. 预防冲突是防止内战的重要措施。预防胜于干预。预防冲突的工作做得好，便可能事半功倍。2. 对话谈判是结束内战的最佳手段。能否最终妥善解决武装冲突，取决于当事方是否具有政治意愿。历史证明，武力得不到和平，战争赢不到人心。3. 发挥联合国和地区组织的作用是解决内战的有效途径。应当事方的请求或得到当事方的合作，国际社会可以协助解决一国内部的武装冲突，但这种介入应该始终坚持中立、客观的原则。经联合国安理会授权部署的维和部队，应避免介入冲突本身。4. 促进发展是消除冲突根源的根本保障。和平是发展的基础，发展是和平的保障。解决冲突根源关键在于促进发展。

“9·11”事件却将国际武装冲突和非国际武装冲突的界限模糊了，甚至将国际人道法、人权法及刑法的实施和适用重叠起来。暴力和恐怖活动，特别是非国家行为者的暴力活动会使得社会动荡和不稳定。所以，甚至有人认为应该将“9·11”事件确定为一种战争行为，应作为一种国际刑事犯罪，将肇事者绳之以法，审判治罪。[1] 非国家行为者全球性的暴力袭击可能会构成国际武装冲突。恐怖活动和反恐行动，及非国家行为者的暴力行为都往往会引用联合国宪章中的自卫的权利。全球的恐怖集团成为武装攻击的目标。而有的人则认为在阿富汗的反恐军事行动构成国内武装冲突的干涉或一种国内战争的国际化。[2]

禁止使用武力原则是当代国际法的一项强行法，是维持国际和平与安全的重要保障。《联合国宪章》第 2 条第 4 款规定，“各会员国在其国际关系上不得使用威胁或武力，或以与联合国宗旨不符之任何其他方法，侵害任何会员国或国家之领土完整或政治独立。”这是 20 世纪以来国际法防止战争制度中的首要内容。国际法防止武装冲突的制度包括：（1）制止使用武力；（2）确保此种制止的集体措施；（3）用和平方法解决争端的义务；（4）有关限制军备和裁军的规章；（5）和平变更的规则。这一条规则是战后研究禁止非法使用武力的基础，成为和平的基石。它确立了禁止在国际关系中使用武力或武力威胁的原则，即禁止使用武力原则。这是强行法规定，是为了整个国际社会的共同和根本利益而规定的。其中规定的自卫原则和集体自卫原则是国际法效力的根据和禁止使用武力的例外。在尼加拉瓜案（Nicaragua Case）中，法院将武力的使用分为两类：“极其严重”（构成武装攻击）和“较为严重”。这种分类将武装攻击和纯属边境事件清楚地分开。[3] 这样似乎将学者们分为两大阵营。一方认为这种划分过于狭隘和绝对，似乎在鼓励一种低度的侵略。而另一方则支持集体自卫原则，认为武装攻击的低门槛，对于世界

---

① Anthony Dworkin, Revising the Law of War to Account for Terrorism, FINDLAW’S WRIT: COMMENTARY (Feb. 4, 2003), <http://writ.news.findlaw.com/commentary/20030204_dworkin.html>.

② Adam Roberts, Counter-Terrorism, Armed Force and the Laws of War, SURVIVAL, Spring 2002, p. 7, p. 16.

③ Christine Gray, International Law and the Use of Force (2000), p. 141

和平是一种威胁，很可能导致国内武装冲突国际化和扩大国家之间武装冲突的风险。①

非国家行为者的攻击是对将武装冲突简单地分为国际武装冲突和非国际武装冲突两个方面这种观点的挑战。确定非国际武装冲突的界限并非一件易事。而国际人道法解释为，对于达到国内动乱和紧张之情势，诸如暴乱、孤立的和分散的暴力行为的影响是有限的。②

二、武装冲突对条约的影响

无论在法律上或在事实上，近代的国际社会以和平为常态，战争或武装冲突为变态；战争或武装冲突扰乱国际秩序，甚至威胁国际社会的生存，任何国家在通常情形下都以和平为对外关系的基础。这是关于战争所应注意的一点。其次，无论在法律上或在事实上，战争与和平显然属于两个不同的状态，战争状态与和平状态有深切的差别；从和平转入战争使国家从友好变成敌对关系，战争状态虽非无法律状态，但在战争中国家是以武力决定对敌国关系，其结果甚至决定国家的生存或灭亡。③ 第二次世界大战，特别是冷战结束以来，暴力活动，恐怖主义，民族矛盾等各种原因使得世界很不安宁和稳定。在人类漫长的发展历程中，和平与战争一直相互交织，从未间断。人类社会在向前进步的同时，大大小小的战争和内乱亦相伴而行。国际武装冲突此起彼

① W. Michael Reisman, Allocating Competences to Use Coercion in the Post - Cold War World: Practices, Conditions, and Prospects, Law and Force in the New International Order, p. 26

② 《1949 年 8 月 12 日日内瓦四公约关于保护国际性武装冲突受难者的附加议定书（第一议定书）》第 1 条，《国际刑事法院罗马规约》（1998），第 8 条 2 款（f）。

③ “战争对条约的影响：理论与实践”（1944 年），载于邓正来编：《王铁崖文选》，中国政法大学出版社，1993 年，第 665 页。

落，国内武装冲突更是风烟四起。国际人道法、人权法和刑法的适用和重叠更是值得注意，应该研究。在国际法领域，如国际人道主义法律、自卫以及国家责任等密切相关。“武装冲突对条约的影响”已经成为国际法中急待探讨、研究和解决的问题之一。

联合国国际法委员会第56届会议于2004年8月6日第2830次会议上决定将“武装冲突对条约的影响”专题列入其目前的工作方案，并任命伊恩·布朗利先生为这个专题的特别报告员。此专题一般属于条约法的一部分，而不是使用武力法律的一部分，而且与国际法的其他领域，如国际人道主义法律、自卫以及国家责任等密切相关。将条约法与国际法的其他分支，如有关在国际关系中禁止使用武力或武力威胁的规则、国际人道主义法、国家对国际不法行为的责任法进行严格的区分是不可能的，这些分支对本专题也具有意义。①

国际武装冲突与非国际武装冲突的区别是根本性的，但是准确地加以区分又是不易的。这里的武装冲突主要是指国际武装冲突。有人认为还应考虑尚未生效或武装冲突当事方尚未批准的条约，把占领方与被占领领土的行政当局之间签订的协议，例如基于政权的《奥斯陆协议》也包括在内。应该说专题的范围限定为在国际法框架内订立的协议是妥当的。至于是否应明确地包括国内武装冲突是有争议。国内冲突不直接影响条约缔约国之间的关系，而是可能导致这样的情况，能间接地影响条约的适用。这种情况可能包括无法履行，或情况改变从而使卷入国内冲突的国家所参加的条约暂停实施或终止，而条约的其他缔约国并没有介入。对于这类情况，最好在1969年《维也纳条约法公约》的框架内予以分析。

---

① 联合国国际法委员会报告第58届会议（2006年5月1日至6月9日和7月3日至8月11日）大会正式记录第61届会议补编第10号（A/61/10），第10章第282页。

武装冲突是否也应包括为军事占领，是否应处理“第三种”冲突，诸如“反恐战争”，是否将非国家行为者的活动包括在内等是应该考虑的和认真讨论的。但是，多数不赞成将这个问题扩展太大，因为这样做会威胁到整个条约制度的稳定。侵略国不能与根据《联合国宪章》行使自卫权——不论是单独自卫权还是集体自卫权——的国家置于同等地位。现在需要的是一个完整的武装冲突定义，确定缔约国意图的标准之一是有关冲突的性质和范围。武装冲突的爆发并不具备自动终止或中止条约的效力。在发生武装冲突时终止或中止条约的可能性，根据缔约方在缔约时的意图确定。根据条约明示规定适用于武装冲突情况的条约在发生武装冲突时实施，但不妨害武装冲突当事方之间就中止或放弃相关条约缔结合法协定。武装冲突爆发不影响武装冲突当事方依照《维也纳条约法公约》规定缔结条约的权力。①

根据条约的目标和宗旨的必然含义实施条约是可取的，这是一些可能的指导原则或政策要素。但是必须承认，一些习惯法，或正在产生的习惯法是支持某些类别的，即使不是支持所有的类别。如果条约的目标和宗旨包含在武装冲突期间继续实施条约的必然含义，发生武装冲突本身不妨碍这些条约的实施。有此特点的条约包括：(a) 明示适用于武装冲突情况的条约；(b) 声明、确立或规定永久权利或永久制度或地位的条约；(c) 友好、通商和航海条约及关于私权的类似协定；(d) 保护人权条约；(e) 保护环境条约；(f) 关于国际水道和有关装置和设施的条约；(g) 多边造法条约；(h) 关于以和平手段，包括通过调解、调停、仲裁和国际法院，解决国家间争端的条约；(i) 与商业仲裁和执行裁决有关的多边公约引起的义务；(j) 外交关系条约；(k) 领事关系条约。列出一些因素，由这些因素有可能得出这样的结论，即一项条约或其某些规定在发生武装冲突时应当继续有效或应当

① “武装冲突对条约的影响”条款草案第 5 条关于实施条约的明示规定。

暂停实施或终止。武装冲突期间的保护跨界含水层或含水层系统及有关工程、设施和其他工事应享有适用于国际性和非国际性武装冲突的国际法原则和规则所给予的保护，并且不得以违反这些原则和规则的方式加以使用。

此外，根据一般国际法原则或《联合国宪章》的规定，条约的终止或中止情事，不受武装冲突当事方行为合法性的影响，不妨碍安全理事会根据《联合国宪章》第七章所作决定的法律效力，不妨碍第三国作为武装冲突中立国的地位，不妨碍基于下述原因而终止或中止条约：（a）当事方达成协定；或（b）发生重大违约情事；或（c）事后的履行不可能；或（d）情况发生根本变化。不妨碍武装冲突当事方根据协定调整因武装冲突而终止或中止的条约的继续或重新生效问题的权力。①

三、国际人道法与习惯国际人道法

“武装冲突”的用语基于这样的认识，即国际人道法的适用不应仅是根据与战争相关的情势的存在。② 传统武装冲突的概念是狭隘的法律上的“战争”的概念，即国家之间的冲突或国际武装冲突。国际人道法、特别是习惯国际人道法在21世纪适用于国际武装冲突和非国际武装冲突，包括反恐和暴力活动。国际人道法适用于武装冲突的过程中，会涉及到人权法和刑法的实施，但是，不能解释为在武装冲突中适用和实施人权法和刑法。

实际上，世界上每天都在发生各种各样的武装冲突，成千上万的人在饱受着战乱之苦，忍受着痛苦和折磨，经历着死难的威

① “武装冲突对条约的影响”条款草案第10条、第11条、第12条、第13条、第14条。

② Christopher Greenwood, The Concept of War in Modern International Law, INT'L & COMP. L. Q. Vol. 36（1987）, p. 283, p. 294.

胁。但是，与伊拉克和中东地区的冲突相比，这些武装冲突并没有受到国际社会的高度关注，它们便是——看不见的战争。之所以称作“看不见的战争”，是因为这些冲突一般不出现在报纸的头版上，电视新闻中也大多听不到有关它们的报道。伊拉克战争在全世界的报纸上经常刊登在头版位置，但是几乎没有几家报纸还记得在索马里、哥伦比亚、布隆迪等地发生的情况。在这些地方，成千上万的人生活在恶劣的环境中，为生存而挣扎着，每天都有上百人死亡。这些战争就是地球上成千上万的人多年来一直遭遇的各种武装冲突。传统上人们认为国际人道法仅规定了武装冲突中使用武力的问题。进入21世纪后，这种传统观念已经发生了重大变化。

1996年红十字国际委员会与许多著名的专家一起，应国际社会的要求，承担起对于国家在国际人道法中的实践进行国际研究的主要任务，以便在这方面确立习惯国际人道法。这项研究的目的是促进国际人道法的实施和遵从，以便更好地保护战争难民。此项研究将为世界提供一部适用于武装冲突的共同法典，所有冲突方必须遵守。红十字国际委员会进行国际评议的目的在于推动对于在国际武装冲突和其他暴力情势中国际人道法、人道活动和政策的辩论和具体的分析。这项研究同样意味着对于适用于国际武装冲突和非国际武装冲突的国际人道习惯规则的全面分析和检讨。

（一）国际人道法（International humanitarian law）①

国际人道法（国际人道主义法）的内容包括在一系列的条约之中，也大量地以国际习惯法的形式存在。国际人道法是一系

① 在王铁崖的有关著作中和薛刚凌、周健主编，法律出版社出版的《军事法学》中使用的用语是“国际人道主义法”。

列为了人道的原因而对武装冲突的后果加以限制的规则。它保护没有参加或不再参加敌对行动的人员，限制战争的手段和方法。国际人道法也称为“战争法”和“武装冲突法”。国际人道法是国际法的一部分，是调整国际关系的总规则。国际法包含在国家之间的协定——条约和公约，习惯法规则——其中包括国家承认其具有法律拘束力的国家实践和一般原则之中。国际人道法适用于武装冲突，但它并没有规定国家是否可以实际上使用武力的问题；联合国宪章中所确立的国际法部分对此作出了重要而清晰的规定。[①]

由国际人道法的宗旨所决定，除其他外，国际人道法具有以下特点：（1）“互惠原则”、“对等原则”原则上不适用于国际人道法。他方违反人道法的行为不能使自己违反人道法的行为合法化，国际人道法保护的对象不能成为报复或反措施的对象。（2）违背国际人道法往往构成国际罪行。国际刑事法院管辖的四种严重的国际罪行，都直接或间接与违背国际人道法有关。（3）国际人道法条约应尽量扩大适用范围。

武装冲突中国际人道法的基本规则，也是日内瓦公约及其附加议定书规定的冲突各方最低限度应遵守的七项基本规则：即（1）非战斗员和不实际参加战事之人员，应尊重其个人生命、道德和人身尊严。它们应在一切情况下得到人道待遇和保护，不得有所歧视。（2）禁止杀害或伤害战俘或放下武器之武装部队人员。（3）伤者、病者应由有权控制它们的冲突的一方予以收集和照顾。医务人员、设备、运输和设施也在保护范围。红十字或红新月标志是这种保护的象征，必须予以尊重。（4）交战国对于在其权利下的战俘和平民应在一切情况下给予他们以人身及荣誉之尊重，个人权利和信仰之尊重。他们有权与其家人通信和

① http：//www. ICRC. org/web/eng/

得到救济。[①] (5) 每人都应享有基本司法之保障。任何人员不应对其未作为之行为承担责任。他们不应受到身体和精神上的虐待、酷刑或体罚、残酷或屈辱之待遇。(6) 在任何武装冲突中，冲突各方和他们的武装部队人员选择作战方法和手段的权利，不是无限制的。禁止使用属于过分伤害和不必要痛苦的性质的武器、投射体和物质及作战方法。禁止使用旨在或可能对自然环境引起广泛、长期而严重损害的作战方法或手段。[②] (7) 冲突各方应在所有时间内区分平民和战斗员，以避免对于平民和其财产的伤害。诸如上述的平民居民和平民个人都不应该成为攻击的对象，攻击应该仅针对军事目标。

(二) 习惯国际人道法

条约法和习惯国际法都是国际法的渊源。[③] 一方面，诸如1949年日内瓦四公约，是各国为确立某些规则而签署的书面公约。条约仅对那些明示，通常是通过批准表示它们同意接受其法律约束的国家具有法律约束力。另一方面，习惯国际法是“作为通例之证明而经接受为法律者”。这种通例可以在军事活动的官方意见中找到，而且也反映在大量的在其他官方文件中，包括军事条例、国家立法和判例法。

习惯国际人道法和条约法不同，它是不成文的。为了证明某一规则是习惯规则，人们便必须证明该规则是反映一国的做法，而且在国际社会有这种确信，即将这种做法作为法律予以遵守。这种“做法”在某种程度上与主要国家的做法相关，因此，也

① 《关于改善战地武装部队伤者和病者境遇的公约》(1906 年 7 月 6 日订于日内瓦)，王铁崖等编：《战争法文献集》，解放军出版社，1986 年，第 34 页。

② 《1949 年 8 月 12 日日内瓦四公约关于保护国际性武装冲突受难者的附加议定书（第一议定书)》，第 35 条。载于王铁崖等编：《战争法文献集》，解放军出版社，1986 年，第 410 页。

③ 联合国《国际法院规约》第 38 条。

包括各国的正式声明。只要在一般情况下这种做法被认为是对现有规则的违反，且不意味着对一种新规则的承认，某些国家与此相反的做法不得妨碍某一习惯国际法规则的存在和效力。由于国际关系变化迅速，国际习惯形成的时间有缩短的趋势。有不少国际法原则、规则和制度，如关于大陆架、专属经济区等法律制度，关于外层空间、环境保护法等法律原则，等等，在较短的时间内就形成了习惯国际法。

习惯国际人道法的形成，需要两个要素：国家的做法和法律确信。其中国家的做法或行为，应该是国际法领域的主要机构认定的国家官方声明和做法，如国际法院的案例“渔业管辖权案”，“尼加拉瓜案”，“嘎茨科窝·纳吉摩罗斯工程案（Gabcikovo－Nagymaros Project Case）”① 中所采用的国家做法。② 国际法委员会同样认为国家的口头行为也可以构成习惯国际法，如其在国家责任条款草案中即将“危机情况”的概念作为习惯国际法规则。③ 前南国际刑庭在赞赏习惯国际人道法规则的形成时指出，“首先我们必须信赖和依靠各国正式声明，军事条例和司法判决的诸因素。”④ 2003 年红十字国际委员会有关“国际人道法的习惯规则”的研究报告，探讨习惯国际人道法适用于国际武装冲突和非国际武装冲突的国际人道习惯规则。此项报告涉及国际人道法的各个方面，其内容主要包括总结相关条约和有关国家的实践，涉及立法、军事条例、判例法、官方声明和国际组织的实践、会议、司法和准司法机关等实践活动。此项报告不仅研究

---

① 分别参见 ICJ Report 1969，p. 3. ICJ Report 1974，p. 47. 和 ICJ Reports 1997，pp. 39－46.

② Jean-Marie Henckaerts and Louise Doswald-Beck，Customary International Humanitarian Law，Cambridge Press，2005. p. xxxiii.

③ 贺其治著：《国家责任法及案例浅析》，法律出版社，2003 年 11 月第一版，第 342 页。

④ ICTY，Tadic case，Case No. IT－94－AR72，，§99.

每项条约是构成习惯国际人道法规则，而且更重要的是探讨分析各国在这方面的实践和具体做法，可以形成习惯国际人道法的规则。

当然必须指出，1949 年日内瓦公约的绝大多数条款，包括第 3 条，已经被认为是习惯国际人道法规则，1907 年海牙规则同样被认为是习惯国际人道法规则。日内瓦公约体系作为条约法，已有 192 个国家批准，因此，几乎对所有的国家都具有法律拘束力。最近出版的《圣雷莫海上武装冲突国际法手册》对上述日内瓦公约和海牙公约体系的习惯法规则进行重述，适用于海战。而书中所述的一般规则被认为是适用于所有类型战争的习惯法规则，这对于评估习惯国际人道法规则的形成有所裨益。①

2003 年红十字国际委员会有关“习惯国际人道法”的研究报告，认为这方面的习惯国际人道法规则有以下六个方面：

1. 区别原则。该报告认为该原则包括下列内容：（1）区分平民和战斗员；（2）区分民用目标和军事目标；（3）禁止不分皂白（不加选择）的攻击；（4）攻击的相称性；（5）攻击前的预先警告；（6）防止攻击影响的预防措施。

2. 具体作战方法。报告认为这方面的习惯规则包括：（1）禁止拒绝投降、禁止杀害投降或丧失战斗力的敌军；（2）禁止破坏和劫掠财产；（3）饥饿和利用人道主义救济；（4）禁止背信弃义；（5）与敌方的联络。

3. 武器的使用。这方面的习惯规则包括：（1）限制武器残酷性的一般原则；（2）禁止毒素武器；（3）禁止生物武器；（4）禁止化学武器；（5）禁止膨胀性子弹和爆炸性子弹；（6）禁止主要以无法检验的碎片造成伤害的武器；（7）禁止饵雷等

① Jean-Marie Henckaerts and Louise Doswald-Beck, Customary International Humanitarian Law, Cambridge Press, 2005. p. xxx. 另见任晓锋、杨晓青译，《圣雷莫海上武装冲突国际法手册》，海军军事学术研究所、海潮出版社，2003 年 5 月第一版。

诱杀性武器；（8）禁止杀伤人员地雷；（9）禁止燃烧性武器；（10）禁止激光致盲武器。

4. 某些特定保护。这方面涉及如下事项：（1）保护医疗和宗教人员和物体；（2）保护人道主义救济人员和物体；（3）保护涉及维持和平使命的人员和物体；（4）保护记者；（5）保护区；（6）保护文化财产；（7）保护包含危险力的工程和设施；（8）保护自然环境。

5. 平民和丧失战斗力的战斗员的待遇。这方面涉及下列事项：（1）基本保证；（2）战斗员和战俘地位；（3）伤病员和与船难者；（4）死亡人员；（5）失踪人员；（6）被拘禁人员；（7）转移和被转移人员；（8）其他有特定需要的人员。

6. 国际人道法的执行。这方面主要包括：（1）国际人道法的遵守；（2）国际人道法的实施；（3）赔偿；（4）个人责任；（5）战争罪。

2002年11月19日联合国大会关于“1949年日内瓦四公约关于保护武装冲突受难者的附加议定书的现况”的决议强调在发生武装冲突时可以按照第一议定书第90条利用国际实况调查委员会，进行调查以及于必要时进行斡旋，促进恢复对日内瓦四公约和第一议定书的遵守。军事指挥员有责任保证其部队遵守法律。如有违反，可以通过外交途径包括国际组织，诸如通过联合国安理会通过一定的措施实施国际人道法，另一种方式是通过国内和国际的法院和法庭，如通过审判追究个人违法的责任。在武装冲突中如有违反行为，便会受到别的国家和国际舆论的谴责。美国近年来在国际武装冲突和非国际武装冲突中，无视习惯国际人道法，制造了一起又一起的人道主义灾难，屡屡受到国际社会的谴责。

四、结论

武装冲突是指国家之间或国家与政治实体之间的武力对抗。武装冲突对于条约具有重要影响。习惯国际人道法适用于国际武装冲突和非国际武装冲突或国内武装冲突。国际武装冲突与非国际武装冲突的区别是根本性的，但是准确地加以区分又是不易的。国际人道法（国际人道主义法）的内容包括在一系列的条约之中，也大量地以国际习惯法的形式存在。国际人道法是一系列为了人道的原因而对武装冲突的后果加以限制的规则。国际人道法有两类，即国际人道法和习惯国际人道法。应该说，国际人道法的原则和规则大多已经成为习惯国际人道法规则。习惯国际人道法应适用于国际武装冲突和非国际武装冲突。武装冲突中主要适用国际人道法，但是同时也会涉及到人权法和刑法。

（一）武装冲突法是国际法的一个重要分支，是战时国际法的一项重要内容。“武装冲突”是指战争或冲突状态，所涉武装行动由于其性质或范围可能影响武装当事国之间或武装冲突当事国与第三国之间条约的实施，不论武装冲突任何当事方或所有当事方是否正式宣战或作出其他声明。武装冲突法的内容随着社会的发展、军事技术的改进而变化和发展。武装冲突又可分为国际武装冲突和非国际武装冲突或国内武装冲突。非国际性武装冲突基本上是国家的内战，或国内武装冲突。“9·11”事件却将国际武装冲突和非国际武装冲突的界限模糊了。所以，确定非国际武装冲突的界限并非一件易事。

（二）国际人道法是战时国际法的一项重要内容。国际人道法（国际人道主义法）的内容包括在一系列的条约之中，也大量地以国际习惯法的形式存在。国际人道法是一系列为了人道的原因而对武装冲突的后果加以限制的规则。几乎对所有的国家都具有法律拘束力。

（三）武装冲突爆发不影响武装冲突当事方依照《维也纳条约法公约》规定缔结条约的权力。根据一般国际法原则或《联合国宪章》的规定，条约的终止或中止情事，不受武装冲突当事方行为合法性的影响，不妨碍安全理事会根据《联合国宪章》第七章所作决定的法律效力，不妨碍第三国作为武装冲突中立国的地位，不妨碍武装冲突当事方根据协定调整因武装冲突而终止或中止的条约的继续或重新生效问题的权力。

（四）国际人权法在武装冲突法中，如人权条约中明示条款规定的那样，仍然适用。尽管国际人权法的有些规定在公共紧急情况下受到某种特定的限制，但是，应该说国际人权法在武装冲突中还是适用的。人权法在武装冲突法中的继续适用性，在许多情况下和案件中已经得到国际法院和条约缔结机构的认可和肯定。人权法在武装冲突法中的继续适用，可以支持、强化和显晰国际人道法中的类似原则。另外，作为国际法的不同分支，国际人权法和国际人道法一直在相互影响，在武装冲突中也是这样。因为，（1）依照国际人权法便可确定是否尊重或违反国际人道法。（2）在国际人道法中可以找到人权法的类似规定，而在国际人权法的规定中也同样可以找到国际人道法的类似规定。（3）最重要的是，各国和各国际组织的大量实践说明，他们在按照人权法来评价各国在武装冲突中的行为。①

（五）研究证明，习惯国际人道法规则适用于国际和非国际武装冲突。也就是说，这些规则适用于任何武装冲突。一般来说国际法是调整国家之间关系的，因此，国际法对国家具有法律拘束力。习惯国际人道法同样主要是调整国家之间的武装冲突，适用于国家。但是，国际人道法的一个特点是其有些规则是调整发生在一个国家和一个武装对抗集团或在这种集团之间发生的武装

---

① Jean-Marie Henckaerts and Louise Doswald-Beck, IRCR, Cambridge Press, 2005. p. xxxi., Customary International Humanitarian Law, Cambridge Press, 2005. p. xxxi.

冲突。调整这种冲突的习惯国际人道法规则适用于冲突各方。国家的实践表明，许多习惯国际人道法规则适用于非国际武装冲突中的国家，同时也适用于武装对抗集团。最后，习惯国际人道法也可以适用于多国联盟战争。现代的武装冲突经常会涉及多国联盟。当组成这种联盟的各国由于没有批准同样的条约而不承担条约义务时，习惯国际人道法则是对所有联盟成员都适用的规则。这些规则则可以作为起草共同安排，采取目标性政策的最低标准和依据。但是，这些习惯规则不能降低各联盟成员的条约义务。

《联合国宪章》的解释规则

刘 洋*

《联合国宪章》是联合国组织的创立文件，是国际组织基本文件中最为重要的代表，在当代国际法中具有举足轻重的地位，更有学者称之为“国际社会的宪法”②。围绕《联合国宪章》的国际法问题中，其解释规则问题是争议较大者之一。本文将以《联合国宪章》的解释规则问题为研究起点，从一个侧面对国际组织基本文件的解释问题进行初步探讨。

一、《联合国宪章》解释的国际法相关规则

（一）《维也纳条约法公约》的规定

1969 年《维也纳条约法公约》（下称《公约》）对于条约解释的一般规则进行了规定，其具体内容如下：

1.《公约》第 31 条规定了解释之通则。该条首先强调了善意解释这一基本原则，③ 第 2、3 款则具体规定了可参照的上下

---

* 北京大学国际法硕士。

② See Sloan, The United Nations Charter as a Constitution, PUSLYIL, 1, 1989, p. 116 - 117; Watson. G., Constitutionalism, Judicial Review and the World Court, HILJ, 34, 1993, p. 3; Pollux, The Interprelation of the Charter, BYIL, 23, 1946, p. 54.

③ 即“条约应依其用语按其上下文并参照条约之目的及宗旨所具有之通常意义，善意解释之。”

文以及应与上下文一并考虑者之范围，允许主体之间采用后来的协定或后继的实践。同时，其第 4 款的规定[①]充分地顾及到了缔约国缔结条约的意图。

就该条的解释规则问题加以讨论可知：首先，规定中使用的修饰语是“拟给予的”（to be given to），这是否意味着还存在一个赋予“词语”以“通常意义”的主体呢？如果是这样的话，词语“通常意义”的赋予者只能是条约的缔结者。[②] 从而该条实际上是建立在意图说基础上的，国外有学者持这样的认识[③]；其次，规则提出结合条约的目的与宗旨来探讨词语的“通常意义”，这显然是目的学派的做法；再次，将词语的“通常意义”放在“上下文”中进行理解，又给予“上下文”以广泛规定，在一定程度上反映了意图说的立场；最后，条约的“前言”往往是关于条约的目的与宗旨的确切说明[④]，因此，这也是目的学派的观点。但上述讨论的前提是，文本解释仍是《公约》确立的基本规则。

2.《公约》第 32 条针对解释之补充资料作出了规定。在一般规则引致荒谬的或不合理的结果或使条文或条款的意义模棱两可或晦涩难懂时，《公约》补充性的允许采用一种历史的方法来解释。该条将条约准备资料作为解释的补充，显然与意图学说的主张背道而驰，正因为如此，美国代表团对《公约》的解释条款才大加挞伐。[⑤] 本人认为，既然在第 31 条中已经给予了意图

① 即“倘经确定当事国有此意愿，条约用语应使其具有特殊意义”。

② 宋杰：“对《维也纳条约法公约》关于条约解释规则的再认识”，载于《孝感学院学报》，2007 年 1 月，第 27 卷第 1 期。

③ See Maarten Bos, Theory and Practice of Treaty Interpretation, Netherland International Law Review, 1980（XXVII）, p. 145.

④ See Isabelle Buffard & Karl Zemanek, The “Object and Purpose” of a Treaty: An Enigma, Austrian Review of International & European Law, 1998（3）, p. 342.

⑤ 李浩培：《条约法概论》，法律出版社，2003 年版，第 352 页。

学说一定的地位，那么，在第32条中减损其意义的做法，实际上是一种矛盾。

3.《公约》第33条针对以两种以上文字认证之条约之解释作出了规定。需要特别注意的是其第4款对目的解释规则的补充接纳[①]。

从上述分析可以看出，《公约》的规定在客观解释规则和目的解释规则之间体现了一定程度的妥协，也适当补充考虑了缔约当事方的原意，未完全排斥主观解释规则的观点，是一种建立在三种学说混合的基础上的综合性解释规则。

（二）联合国国际法委员会关于解释规则的阐释

关于《公约》确立的解释规则，联合国国际法委员会强调，一项明确的解释方法首先是将条约文本看作是当事国意图的正式表达，其次是将当事国的意图作为主观因素与文本区别开来，最后探究条约宣告的或明显的目的和宗旨。因而，外在的缔约意图以及条约的目的和宗旨在条约解释程序中都只能起辅助作用。"这种情况很可能是由于国际法委员会基于文本能够最精确的反映起草者的意图的假设，认为解释是'文本意义的解释'的变通观点。[②]"

虽然根据国际法委员会的上述解释性注释，条款的理解应反映文本主义，但国际法委员会无意在补充性解释资料和权威性解释因素之间划出一条严格的界线。[③] 并且，一旦在《公约》文本起草完毕之后，《公约》就应该独立于该委员会的意思，因为《公约》不是适用于该委员会的条约，而是适用于国家之间。因

---

① 即"倘比较作准约文后发现意义有差别而非适用第31条及第32条所能消除时，应采用顾及条约目的及宗旨之最能调和各约文之意义。"

② See Jan Klabbers, An Introduction to International Institutional Law, Cambridge University Press, 2003, p. 96 –97.

③ 李浩培：《条约法概论》，法律出版社，2003年版，第351 –352页。

此，委员会的阐释并不能作为否定主观解释或目的解释的依据。

（三）各种解释规则对《联合国宪章》解释的适用

对《联合国宪章》（下称《宪章》）的解释问题，是作为国际法部门的条约法的一个问题，因此，它既要遵循一般国际法的原则和规则，又要遵循而且特别要遵循条约法的规则。这里集中体现在遵循《公约》所规定的关于条约解释的原则、规则和方法。在实践上，联合国各机关（特别是国际法院）、各专门机构，甚至包括国内法院在解释《宪章》时，都是将《公约》的规定类推适用的。与《公约》一样，《宪章》适用的规则也反映了多种学派之综合。

1. 善意原则

依善意解释条约不是一项特别的解释规则，而是一项总的法律原则。这一原则要求不对条约作任意解释，解释不能偏离条约真正的、实质性的意思。善意是解释《宪章》的一个前提和出发点，离开了它，其他的解释原则、规则和方法都是空洞的。

2. “词语”的“通常意义”规则

“词语”的“通常意义”只能根据它在具体上下文中的使用来确定。在这方面有一个著名案例，即在“政府间海事协商组织案”中关于“被选举”（elected）的解释。在该案中，国际法院强调：“在条文中，‘被选举’这一用语的意思不能孤立地通过探寻它的惯常的、普通的意思来予以确定，也不能将这种意思添附到条文中所用的词之上。这个词从它用于其中的上下文中获得了它的意思。”① 一般来说，由于实现联合国的宗旨是联合国的根本任务，而“隐含权力”正是联合国实现这一任务的条件之一。因此，《宪章》未明文规定，而在后来的实践中发展起来

① 转引自 Bruno Simma, The Charter of the United Nations: A Commentary, 1994, p. 31.

且符合《宪章》宗旨的《宪章》条款的“隐含”意思，是《宪章》条款所具有的“通常意义”。

3. 以多种语文认证的条约的解释规则

《宪章》第111条并未规定遇有意义分歧时某一特定文本在解释上居优先地位，同时，《宪章》的宗旨是必须考虑的因素之一。如各种文本中《宪章》某一条款或用语在意义上存在差别，那么首先运用解释通则和解释的补充资料予以消除。如果这样仍不能消除上述意义差别，则采用针对《宪章》宗旨最能调和各约文的意思。

4. 解释中的时际法原则

《宪章》用语或条款的意思如果按其缔结时的原始意义确定，就称为“静态解释（static interpretation）”；而用语或条款的意思如果按发展了的情况确定，就称为“动态解释（dynamic-evolutionary interpretation）”。静态解释和动态解释在《宪章》解释中都是必需的。在《宪章》解释中采用静态的还是动态的方法取决于采用哪种方法能够更充分地体现缔约国的意图和实现联合国组织的宗旨，而这需要根据《宪章》用语或条款的不同性质和其他特征来决定。

二、实践中采纳的《宪章》解释规则及其发展

联合国在实践中对于解释规则的采纳是经历了一个变化和发展过程的，以下部分将针对联合国对《宪章》解释的系列实践来探寻其采纳的解释规则的发展脉络和趋势。

（一）接纳一国加入联合国的条件案

联大于1947年11月向国际法院提出请求，法院于1948年5月28日对此问题发表了咨询意见。该案的主要问题是：《宪章》第4条规定的接纳会员国的各项条件是否为接纳会员国的充分条

件。为了合理地解释该项，法院首先审查了该条的文本，确认“用语的自然意思导致了这样的结论：这些条件构成了穷尽一切的列举，而不是仅仅作为指导或范例加以陈述的。[①]”也就是说，第4条第1项规定的条件不仅是必要的而且是充分的。国际法院这种以完全的字面意义进行解释是着眼于限制国家权利的行使，维护宪章的权威性，保证联合国接纳会员国问题不至于高度政治化。可见该案中国际法院的咨询意见体现了客观解释规则的倾向，以文本为考察对象加以解释。

（二）联合国大会接纳会员国的权限案

根据阿根廷的建议，联合国大会于1949年11月22日请求国际法院发表咨询意见。该案涉及到对《宪章》第4条第2项的解释。根据该项，国家可以由大会根据安理会的推荐纳入联合国成为会员国。问题的关键是如何解释“推荐”一词，换句话说，在缺乏安理会推荐的情况下，大会能否接纳一国作为联合国会员国？法院以12票对2票的咨询意见认为，如果安理会没有作出接纳某一国家作为联合国会员国的推荐，大会不能接纳该国。法院将“推荐”解释为积极的推荐，否认了没有推荐也是一种推荐，不过是一种建议不接纳的推荐的观点。该观点是建立在维护《宪章》的统一性并进而保证联合国各机构协调运转的基础上。显然，如果不如此解释，就会造成在联合国系统内部大会与安理会的严重对立。法院认为，“被要求对条约规定进行解释和适用的法庭之首要义务，是力图按照这些规定在上下文中的自然和通常意义给它们以效力，而这也就是该事项的结果。[②]”

---

① “The natural meaning of the words used leads to the conclusion that those conditions constitute an exhaustive enumeration and are not merely stated by way of guidance or example.”

② See Advisory Opinion on the Competence of the General Assembly for the Admission of a State to the UN, ICJ Reports, 1950, p. 8.

该案也确认了客观解释规则，只不过此时的文本扩大到了上下文理解的范畴。

（三）执行联合国职务时遭受伤害的赔偿案

1949 年在“赔偿案”的咨询意见中，国际法院完全采纳了目的解释规则。一方面，法院首次正式阐述了作为目的解释规则之表现的暗含权力规则。法院指出，“诸如联合国这样的实体的权利和义务，必须视其目的和职能而定，这些目的和职能明确规定于或暗含于其基本文件中，或在实践中得以发展。”“根据国际法，联合国必须被认为拥有那些为使它履行自身职责所必需的权力，虽然这些权力没有明确规定在《宪章》中，但它们可通过必要的暗含而赋予联合国。”[①] 另一方面，法院也确实的适用了有效性规则。只是国际法院面临着这样一个问题：应该给予一个条款以多大效果？在本案中，如果给予《宪章》第 100 条以完全的效果，正如劳特派特所指出的，国际法院就必须在联合国的外交保护权与受害者国籍国的外交保护权之间作出取舍[②]。国际法院显然只给予了其部分效果，强调应在二者间进行协调[③]。

（四）联合国行政法庭的补偿裁决效果案

在 1954 年发表的“联合国行政法庭的赔补偿裁决效果”的咨询意见中，国际法院探讨了联合国大会设立行政法庭的权力问题。法院在探讨了《宪章》、《国际法庭规约》、《国际法院规约》有关规定所暗含的意思后，依据目的解释的暗含权力规则指出，行政法庭的判决应接受到除自身外其他机构的审查。关于

---

① See ICJ Report, 1949, p. 179, 180, 182 – 184.

② See H. Lauterpacht: Restrictive Interpretation and the Principle of Effectiveness in the Interpretation of Treaties, p. 72.

③ See ICJ Report, 1949, p. 185 – 186.

此点，（行政）法庭规约或其他法律文件中应该作出安排。但规约中并没有这样的规定，这样，大会行使这种对行政法庭判决进行审查的权利就没有法律基础①。但“建立一个公正评判联合国及其职员纠纷的法庭之权力，是确保秘书处有效运作并达到效率、才干和忠诚的最高标准所必不可少的。这样做的能力源于《宪章》必然的意旨。”国际法院之所以采取这种态度，主要原因就在于《宪章》强调了对个人人权与自由的保护与提高，国际法院应尽可能地让这一目标实现，而大会作为一个政治机关，显然不是这样一个合适的场所。从而得出结论：大会本来就将法庭设计成一个独立的司法机关，并且大会有在《宪章》规定之下这样做的法律权能。为了实现这一目标，其就应该为在本组织自己与其工作人员间的争议提供司法或者仲裁救济措施②。

法院在作上述论证时，使用了客观的和目的的解释规则，但其可靠性遭到了主观解释学派的怀疑。例如，波兰籍法官明尼亚尔斯基（Judge Miniarski）在其发表的异议意见中提出，虽然这种方法从逻辑上讲是靠得住的，但是它会引起背离《宪章》和《法庭规约》创立时事实和情况的人为结果的产生。赫克沃斯法官也指出，如果借助于准备资料就会发现：大会是没有权利来设立行政法庭的③。可见，该案的结果虽然是客观解释辅之以目的解释规则得到了适用，但主观主义的异议已经相当明显。

（五）西南非洲的国际地位问题案和关于就西南非洲领土的报告和请愿书问题进行表决的程序问题案

在 1950 年国际法院发表的关于“西南非洲的国际地位”的

① See Dissenting Opinion of Judge Hackworth, ICJ Report, 1954, p. 56.

② See Advisory opinion of July13, 1954 of ICJ, International Law Report, Volume21, p. 318.

③ See Dissenting Opinion of Judge Hackworth, ICJ Report, 1954, p. 78.

咨询意见中，国际法院明确拒绝仅根据字面含义来认识委任制度。按照劳特派特的认识，“事实上，法院的意见仅在于给予宪章的主要宗旨以效力”，而“这恰恰是解释的真谛”[①]。同时，法官德·维斯歇尔（De Visscher）在该案的异议意见中阐述了有效性规则，体现了目的解释的观点。他说：“在解释条约的各条款时，不仅应将它们视为一个整体，而且还应尽可能地避免为了其他条款的利益而使其中的一个条款丧失实际效果，这是一项被普遍认可的解释规则。此规则尤其适用于像联合国宪章那样具有宪法特性的条约文本的解释。”

在1955年关于表决程序的咨询意见中，国际法院一方面认为自己1950年所发表的咨询意见中强调联合国的监督“应尽可能（as far as possible）按照国联理事会的程序进行”；另一方面国际法院却认为，联合国的投票程序却并不包含在其中。联合国监督委任统治的监督权力直接源于《宪章》第10条，因而在投票问题上应完全按照《宪章》第18条的规定进行，而不应受到国联表决程序的影响[②]。显然，国际法院必须尽可能地维护《宪章》的权威与统一，因而在解释方法上尽可能地使用了主观方法，尽管其推理过程还不如几位发表个别意见的法官严密。

（六）空中事件案

在1959年的“空中事件案”中，针对《国际法院规约》第36条第5条款，国际法院是“按该条款的上下文并考虑《联合国宪章》和该规约的一般主题”进行解释的。[③] 以《宪章》第51条为例，对该条不是孤立地加以解释，而是将它与《宪章》

---

① See Admission of Hearing of Petitioners by the Committee on South-West Africa, Separate Opinion of Judge Lauterpacht, ICJ Report, 1956, p. 56.

② See International Law Report, Volume21, p. 656 - 659.

③ See Aerial Incident, ICJ Reports, 1959, p. 142. 《国际法院规约》也是《联合国宪章》的一部分。

第 2 条第 4 款、第七章和第 53 条第 1 款等规定联系起来看，得出的解释结论是：预先性自卫是与《宪章》不相容的。从整部《宪章》的规定来看，《宪章》第 2 条第 4 款普遍禁止在国际关系中使用武力或武力威胁，这是《宪章》的一项重要原则；《宪章》第七章将合法使用武力集中于联合国安理会。故关于自卫权的第 51 条是作为第 2 条第 4 款关于禁武原则的一个例外来规定的，应当作严格的限制性解释，否则，任意扩大第 51 条规定的自卫权概念，势必打开滥用自卫权的方便之门，对国际和平与安全将带来严重的后果。此外，根据《宪章》第 53 条第 1 款，区域安全办法的各当事国，可以不经安理会的授权，直接对前敌国的再度侵略采取防止性的武力强制行动。如果第 51 条允许预先性自卫，那么，第 53 条第 1 款的规定岂不成了多余？因此，该案的解释充分的采用了目的解释的方法，以《宪章》的目的和宗旨为出发点。

（七）政府间海事协商组织海上安全委员会组成案

政府间海事协商组织（IMCO，1982 年更名为国际海事组织）的组织文件第 28 条规定，其海上安全委员会包括 8 个最大的船舶拥有国的代表。纯粹从登记吨位上看，这就不得不包括 2 个“方便旗”国：利比里亚（第三大）和巴拿马（在劳埃德船籍社排第八）。一些西方国家，特别是英国和荷兰表示反对，并最终成功的回避了利比里亚和巴拿马。因此，利比里亚要求政府间海事协商组织的秘书长向国际法院请求咨询意见。这里，法院被要求解释“最大的船舶拥有国”的概念，该概念是否纯粹意味着登记吨位，还是指的所有者的国籍？法院以纯粹的文本解释为基础，认为只应看登记吨位，并通过第 28 条的起草历史和通常的海事实践支持了自己的观点。法院认为：“该条文的含义已经是明确的，所以依旧按照约文的自然和通常含义予以解释。[①]”本案中，法院没有在任何问题上援引政府间海事协商组织的目的、海上安全委员会的目的或任何相似的依据，而是采取了客观解释的规则。

（八）联合国某些经费案

在1962年“某些费用案”中，在判断用于刚果维和与驻中东的紧急部队的费用是否构成《宪章》第17条第2款中的“组织的经费”时，国际法院使用了目的与整体的解释方法，以9票对5票做了肯定的回答。法院确认，该项所传达的“本组织的经费”的字面含义，意味着所有经费，而不仅仅是指称为“日常经费”（regular expenses）的某类经费。法院强调，联合国的相关决议是否是以实现《宪章》的宗旨为目的，如果是，则由此而产生的费用当然应该构成“组织的经费”。“当组织采取的行动证明其对实现联合国宣示的宗旨是合适的时，该行为就不是组织的越权行为。[②]”维持国际和平与安全是联合国的宗旨，而维和行动的花费正是为了实现这一宗旨。在该案中，目的论方法的积极拥护者，国际法院的前法官斯潘德（Spender）采用有效性规则解释该条款，也得出相同的结论。他认为，该条款的规定是不清楚的和模棱两可的，所以应适用有效性原则予以解释，提出：“如果对于宪章的某一条款有两种解释，有利于实现宪章宗旨而不是限制之的那种解释应该优先。”“宪章的宗旨应成为解释宪章时的首要考虑[③]”。因此，从费用与联合国宗旨的关系上来判断，维和行动的经费实属“本组织之经费”。

① See ICJ Reports, 1960, p. 150.

② See Certain Expenses of the United Nations, ICJ Report, 1962, p. 151, 159, 168.

③ See Certain Expenses of the United Nations, Separate Opinion of Judge Spender, ICJ Report, 1962, p. 186, 187.

本案中明确的结合了客观解释与目的解释两种规则。它揭示出，对于条约解释者来说，寻求文本外更大范围的参考资料以达到客观地服务于组织的宗旨和目的，是十分重要的。因为，“任何一项条约或公约都不是在法律真空中起作用的，寻求法律和事实情况这种外在证据不会贬损而会增加解释的可信度。①”

（九）《西南非洲委任统治协定》的解释案

1962年，埃塞俄比亚和利比里亚就“西南非委任统治的继续存在及南非作为受委任国在该委任统治协定下的义务和履行”问题对南非进行起诉。南非以客观解释规则为依据对国际法院的管辖权和原告国的诉讼资格提出质疑。国际法院对《西南非洲委任统治协定》所作的解释拒绝采用这一规则，指出：“该项辩论被主张为基于该规定所使用的文字的自然的和通常的意义。但是，这个解释规则不是绝对的规则。在采用这种解释方法所得到的意义与载有该文字的约款或文件的精神、目的和上下文不相容时，不可能令人信服地依赖这种方法。②”并完全根据委任协定的目的对该协定相关条款进行了解释，维护了国际正义和“文明的神圣信托”。③

此后，1971年关于各国继续留驻南非的法律后果案（即纳米比亚案）的两个咨询意见中，国际法院进一步适用暗含权规则来阐述《宪章》条款的含义④。

从上述案例中可以看出，国际法院在实践中对《宪章》的解释体现了由限制性的客观解释规则走向开放性的目的解释规则之发展趋势，而主观解释规则适用的较少。国际法院在其司法实

① 万鄂湘等著：《国际条约法》，武汉大学出版社，1998年版，第233页。

② See ICJ Report, 1975, p. 53; ICJ Report, 1962, p. 336.

③ 参见李浩培：《条约法概论》，法律出版社，2003年版，第358－361页。

④ See Dissenting Opinion of Judge Hackworth, ICJ Report, 1954, p. 57.

践中，对《宪章》的解释坚持了一种较自由和开放的立场：主要使用目的解释规则；以维护《宪章》的权威和统一为基本出发点；以目的规则为基础，综合使用了多种解释方法[①]。虽然在实践中也存在规则选择态度上的反复波动，这与个案的实际情况有关，但总体上不可否认上述趋势的存在。

三、一点评论

（一）关于向目的解释规则发展的趋势

虽然有学者提出"条约解释的起点，是条约的约文及其用语的正常或通常意义"，这已成为主流看法[②]。相似的，在对判例法进行了仔细而深入的研究之后，萨托（Sato）教授总结说，在条约文本相当清楚的情况下，解释者通常不需要作更进一步的考虑[③]。然而，也有不少学者认为，基于国际组织的特殊性，一般的条约解释方法对国际组织章程的解释并不完全适用，而应当更多地选用目的解释的方法或"以目的为取向的灵活解释方法"。[④]

目的说的法理依据是，人类行为都是有一定目的的，受"目的律"的支配，立法者制定法律时也都有一定的目的，故法律解释者当然要使解释的结论与此目的保持一致。[⑤] 目的解释规

① See Maarten Bos, Theory and Practice of Treaty Interpretation, Netherland International Law Review, 1980（XXVII）, p. 7.

② See Rudolf Bernhardt, Interpretation in International Law, Encyclopedia of Public International Law（EPIL）, North-Holland Publishing Company, Vol. 2, 1995, p. 1420.

③ See Sato, Evolving Constitution, p. 153（emphasis omitted）. 实际上，其本人是倾向于目的解释的。

④ See M. N. Shaw, International Law, Cambridge University Press, 2003, p. 1194.

⑤ 梁慧星：《民法解释学》，中国政法大学出版社，1995年1月第1版，第226页；张志铭：《法律解释操作分析》，中国政法大学出版社，1998年9月第1版，第96页。

则的广泛发展可以说是理论和实践需要的产物。一般来说，通过考虑《宪章》的目的及宗旨，可以使《宪章》的解释具有一定的灵活性，从而使联合国的实践得以丰富或扩充，以满足国际社会的各种需要。而相应的，意图说被认为存在被解释方滥于规避不利后果的风险。正如爱瑞克·贝克特爵士所指出的："在法规解释中参考想象的立法机关的立法意图，而在事实上，几乎总是可以肯定：立法机关对所起之问题绝对不曾考虑到了——这样做是完全不现实的。"在条约解释的情况下，这样做更不现实。经验表明，经常会有这样的情况发生：条约缔约各国之间的意见分歧起源于在条约缔结时缔约各国根本不曾想到的问题。因而，它们也绝对不会于此问题上有共同的意图。在另外一些情况下，缔约各国或许就现实争议的问题一直存有歧见。同样，文本说也在对条约进行解释时不免对其予以限制解释，从而既牺牲了条约的目的与宗旨，也无视条约谈判的现实性，也不符合章程解释的实际运作过程，因为"在实践中约文解释方法经常让决策者在多种可能的含义中进行选择，而决策者在选择时就不可能不考虑政策因素。①"

可见，从正反两面来说，目的解释规则在《宪章》解释中的广泛应用是具有相当的理论和实践基础的，因而得到了学者和法官的广泛支持。美国赫克斯纳教授提出，对政府间国际组织的基本文件应采取目的解释的方法，以使基本文件能回应变化着的政治、社会和经济的发展。② 菲茨摩里斯法官在对国际法院关于条约解释的实践进行了深入研究后指出："条约应参照其宣告的或显明的目的及宗旨来解释；解释特定条款时，应给它们以其符

① ［英］布朗利：《国际公法原理》，法律出版社，2003年版，第691页。

② See Ervin P. Hexner, Teleological Interpretation of Basic Instruments of Public International Organizations, in S. England R. A. Metall, eds., Law, State and International Order, 1964, p. 120 et seq.

合词语的和约文其他部分的正常意义的充分的分量和效果，以这种方式解释条约，能够使约文的每个部分都有理由和意义。”1999年，国际法院在渔业管辖权案中也再次使用了目的解释规则。[①]

（二）对应然之《宪章》解释规则的一点看法

虽然目的解释规则已成为越来越被认可的未来发展趋势，但是，这并不意味着这一规则就是完美无缺的。首先，怎样判断《宪章》的目的与宗旨，以何标准来判断就是一个重要的问题。同时，究竟应该给予一个条款以多大限度的效果，也是一个有着相当大的自由裁量权的问题，因而不免有很大的主观性。于是，产生“对于目的解释这一包含自由裁量因素具有较高灵活程度解释方法而言，这将不可避免地导致成员国与第三方之间的冲突，同时削弱对国际组织性质和领域的国际认同[②]”的看法就很容易理解了。

那么，对《宪章》进行解释的应然规则到底何在呢？要寻找这一答案，首先应当解决目的与缔约意图的关系问题。缔约意图显然是条约解释的真谛。如果任意赋予一个条款以效果而不顾及缔约意图，则在一定程度解释就不是解释而演变为立法了。但另一方面，在对宪法性条约进行解释时，也不应该将缔约意图放在首要的位置，因为必须要考虑到两个事实：后加入联合国的国家，其意图不可能在《宪章》中得到体现；联合国本身要发展，要适应时代的需要。因此随着国际组织的扩大，缔约意图的重要性也应该逐渐降低[③]。二者存在一种灵活的平衡。

---

① ICJ Report, 1999, p. 432, 435.

② See M. N. Shaw, International Law, Cambridge University Press, 2003, p. 1194 - 1195.

③ See Edward Gordon, The World Court and the Interpretation of Constitutive Treaty, American Journal of International Law, p. 59, 822 - 823.

波斯纳的观点或许可以借来回答本人的疑问。他认为，解释目的决定解释方法，只要目的一致，方法则可以多种多样，这可能是解释在方法论上的真谛[①]。他还进一步提出了“超越解释”的观点：解释或法律推理都只是形式，不是必须遵守的“规则”，对它们的选择与运用说到底是一个司法认知的问题。[②] 因此，或许并不存在所谓固定的一种或几种《宪章》解释规制，它们总是同时存在，而在特定的时空、历史、社会等条件下被选择单独或配合使用的，这一切都受到解释的目的和大的法律解释精神的制约。寻求某种固定的模式或许并不是探寻应然的解释规则的唯一路径。当然，本人这样的说法“并不是否认通常涉及到章程解释的时候更多的还是适用目的性解释。可能更好的观点是不要坚持某种刻板的规则的存在，而去允许实践要求的改变。[③]”国际性司法机构在实践中亦可印证此种说法，它们往往并没有绝对地强调任何一种条约解释的方法，相反，法院在进行解释时经过相当慎重的选择。为了达到理想的目的，它们往往还毫不犹豫针对各种不同的解释方法混合使用，颇具有政策定向的色彩。[④]

综上所述，作为《宪章》解释规则的主观解释、客观解释和目的解释各有其天然的优势和局限，它们在选择者当时的具体考量下，以不同的形式在国际法规则和司法实践中发挥着重要作用。三者之间并不能被孤立的看待，也不能脱离了具体的社会现

① ［美］理查德·A. 波斯纳著，李国庆译：《法律与文学》，中国政法大学出版社，2002年版，第278页。

② ［美］理查德·A. 波斯纳著，苏力译：《法理学问题》，中国政法大学出版社，2002年版，第375页。

③ See Jan Klabbers, An Introduction to International Institutional Law, Cambridge University Press, 2003, p. 100.

④ See C. F. Amerasinghe, Principles of the institutional law of international organizations, Cambridge University Press, 1996, p. 32, 38.

实而被孤立的看待。虽然目前的现实似乎偏向了目的解释规则的适用，但它们都将继续保有其生命力，并在现实的环境下，随时等待被呼唤的“命运”。

《联合国海洋法公约》迅速释放程序的可适用性问题

高健军*

一、引论

1982年《联合国海洋法公约》（以下简称公约）第292条所规定的迅速释放被扣船只和船员的程序是海洋法领域内的一个创造。① 据此，如果公约缔约国当局扣留了一艘悬挂另一缔约国旗

* 中国政法大学国际法学院副教授，法学博士。

① 1952年《统一有关扣押海运船舶的规定的国际公约》和1999年《联合国关于扣押船舶国际公约》针对的是为保全海事请求而扣押船舶的情况，因此属于海商法，而非海洋法的范畴。参见两公约第1条。

帜的船只，[①] 而且扣留国在合理的保证书或其他财政担保经提供后没有遵从公约的规定将该船只或其船员迅速释放，那么船旗国就可以向包括国际海洋法法庭在内的国际法院或法庭提出释放申请。法院或法庭应不迟延地处理关于释放的申请。[②] 在法院或法

① 值得注意的是，公约没有给“扣留”这一概念下定义。在“卡莫科号案”中，当事双方在船长是否被扣留这一问题上意见相左。国际海洋法法庭指出：“船长目前在法院监督下，其护照也被法国当局拿走，因此他无法离开留尼旺。”法庭据此认为，适宜根据公约第 292 条第 1 款命令释放船长。The “Camouco” Case（Panama v. France），Judgment of 7 February 2000，para. 71. 而在“朱诺商人号案”中，当事双方对船员是否被扣存在不同看法。被告几内亚比绍主张，其已经无条件地将护照交还给船员，而且所有船员都可以自由离开几内亚比绍。但国际海洋法法庭强调：“船员仍在几内亚比绍并受其管辖”，因此裁定被告未遵从公约第 73 条第 2 款，并宣告所有船员应当无条件地自由离开几内亚比绍。See the “Juno Trader” Case（Saint Vincent and the Grenadines v. Guinea-Bissau），Judgment of 18 December 2004，paras. 78－80. 其实，就适用第 292 条程序而言，扣留国国内法的表述只有有限的意义，关键在于从国际法的角度看是否存在特定意义上的扣留，包括逮捕、妨碍（hindrance）、控制（holding）、拘押（keeping in custody）、拒绝或延迟审理（retardation or restraint from proceeding）——这些都是《布莱克法律词典》中提到的同义词。See the “Camouco” Case，Declaration of Judge Laing.

② 第 292 条第 3 款。而《国际海洋法法庭规则》（下称《法庭规则》）第 112 条第 1 款规定，法庭应当优先所有其他程序来处理迅速释放的申请。在 2001 年 3 月 15 日修订之前，《法庭规则》第 112 条第 3 款要求法庭（在法庭不开庭时则为庭长）确定可能的最早开庭日期，但不应超过自收到申请书起的 10 天，并且开庭时一般只给予每一当事方不超过一天的陈述时间。第 112 条第 4 款规定，法庭的判决应尽早作出，并应在开庭结束后的 10 天内宣读。这样，《法庭规则》为完成全部审理程序规定了 22 天的时限。修订后，开庭的时间改为在收到申请书后第一个工作日起 15 天内，而且法庭在开庭结束后有最长 14 天的时间来作出判决。如此，目前的时限被扩展到 31 天。而如果船旗国行动迅速的话，那么自扣船到宣布判决不会超过 41 天（按照公约第 292 条第 1 款，在扣船和提起释放申请之间有 10 天的协议期限）。此外，扣留国没有义务提交答复陈述（statement in response），因为《法庭规则》第 111 条第 4 款规定，扣留国“得提出一项答复陈述。”第 111 条第 6 款中也没有关于答辩状和复辩状的规定，虽然法庭有裁量权要求当事方提供进一步的材料。《法庭规则》1997 年 10 月 28 日制订，2001 年 3 月 15 日和 9 月 21 日修订，载于国际海洋法法庭网站：www. itlos. org/ start2_ en. html。

庭裁定的保证书或其他财政担保经提供后，扣留国当局应迅速遵从法院或法庭关于释放船只或其船员的裁定。[①] 公约第 292 条的目的在于释放由于扣留国国内法院强加不合理的担保或其国内法律没有关于提供合理担保后释放被扣船只的规定而被长期扣押的船只及其船员，这种扣押会给船东或其他受影响的人员造成原本可以避免的损失。[②] 另一方面，该程序也保证了沿海国的利益，因为它规定，只有在第 292 条所指的法院或法庭所裁定的合理保证书或其他财政担保经提供后，扣留国当局才有义务释放被扣船只，而且法院或法庭对释放问题的处理不影响在扣留国主管的国内法庭对该船只、其船主或船员的案件的是非曲直。[③]

截至 2008 年 4 月，已经有 9 个迅速释放申请提交给根据公

① 第 292 条第 4 款。然而，未迅速遵从法院或法庭关于释放船只或其船员的裁定并不一定导致扣留国当局为此承担责任。例如，在有关“赛加号”的争端中，国际海洋法法庭 1997 年 12 月 4 日作出迅速释放的判决，原告圣文森特和格林纳丁斯同年 12 月 10 日将银行担保提交给扣留国几内亚的代表，但“赛加号”直到 1998 年 2 月 28 日才获释。由此，在提交银行担保和几内亚释放船只及其船员之间至少有 80 天的延迟。然而，法庭并没有支持原告关于被告应对延迟遵从法庭迅速释放的判决支付赔偿金的主张。法庭指出，在提供保证书 80 天后才释放船舶不能说是迅速释放，但有许多因素造成延迟释放船舶，而并不能将它们全部归咎于几内亚的过错。因此，在本案的情况下，法庭并不认为几内亚未遵从其 1997 年 12 月 4 日的判决。See the M/V “Saiga” (No. 2) Case (Saint Vincent and the Grenadines v. Guinea), Judgment of 1 July 1999, paras. 164 - 166. 根据莱恩法官，这些造成延迟释放的因素包括：当事方关于履行迅速释放判决的要求存在分歧；银行担保的实际表述（最初为英文）；通信困难；当事方代表的旅行；以及公约的迅速释放要求在国际社会为新鲜事物。The M/V “Saiga” (No. 2) Case, Separate Opinion of Judge Laing, para. 57.

② The “Camouco” Case, para. 57.

③ The “Camouco” Case, para. 57. 同时参见第 292 条第 3 款。

约附件六成立的国际海洋法法庭,[1] 占这一新成立的国际司法机构所受理案件总量（15起）的60%。这一事实充分显示出公约缔约国是多么钟爱利用这一程序来使其被扣船只获释。而且，虽然迅速释放程序规定在公约第十五部分（争端解决）第二节中，但其适用是强制性的，并不受第十五部分第三节有关“适用第二节的限制和例外”规定的影响。有鉴于此，对公约迅速释放程序进行认真研究是很有必要的。需要指出的是，尽管第292条的标题是“船只和船员的迅速释放”，但并非所有被扣船只和船员都可以利用这一机制来寻求获释。在国际海洋法法庭受理的9个迅速释放申请中，除一例主动撤诉外,[2] 法庭在6个案件中作

① The M/V “Saiga” Case (Saint Vincent and the Grenadines v. Guinea), Judgment of 4 December 1997; the “Camouco” Case; the “Monte Confurco” Case (Seychelles v. France), Judgment of 18 December 2000; the “Grand Prince” Case (Belize v. France), Judgment of 20 April 2001; the “Chaisiri Reefer 2” Case (Panama v. Yemen), Order of 13 July 2001; the “Volga” Case (Russian Federation v. Australia), Judgment of 23 December 2002; the “Juno Trader” Case; the “Hoshinmaru” Case (Japan v. Russian Federation), Judgment of 6 August 2007, and the “Tomimaru” Case (Japan v. Russian Federation), Judgment of 6 August 2007. 所有这些案件的判决和命令都载于国际海洋法法庭网站：www. itlos. org/ start2_ en. html。应当指出的是，国际海洋法法庭并非第292条程序中唯一的主管机构：争端各方可以协议将释放问题向任何法院或法庭提出。然而，在第292条的程序中，国际海洋法法庭无疑被赋予了“保底法庭”（tribunal of last resort）的职能：为了防止扣留国无限期拖延程序，只要当事各方不能在扣船后10日内就释放问题提交其他法院或法庭达成协议，国际海洋法法庭就有权处理这一问题。参见第292条第1款。其实，考虑到第292条第1款所设定的时限以及将案件提交其他法院或法庭所需耗费的时间，更不用说达成协议以建立一个全新的机构，迅速释放问题极有可能成为国际海洋法法庭的专属管辖事项。Florian H. TH. Wegelein, The Rules of the Tribunal in the Light of Prompt Release of Vessels, 30 Ocean Development and International Law (1999), p. 265.

② 在“查斯里冷藏船案”（第2号）中，在以巴拿马的名义于2001年7月3日向国际海洋法法庭提交申请并被列为第9号案后，也门于2001年7月12日释放了被扣船只、货物和船员，并保证将把从该船卸下的货物装回船上。于是，当事方同意终止诉讼。2001年7月13日，法庭发布命令将该案从案件清单上删除。See the “Chaisiri Reefer 2” Case.

出了命令释放的判决，但在“大王子号案”和“富丸案”中却分别以其缺乏管辖权和申请没有对象为由驳回了释放申请。本文的目的是结合到目前为止的国际海洋法法庭的所有相关案例，对公约迅速释放程序的可适用性问题，即这一程序的适用条件，进行研究。按照第 292 条第 1 和第 2 款的规定，公约迅速释放程序的适用条件包括：（1）作为被扣船只船旗国的原告和作为扣留国的被告都必须是公约的缔约国；（2）扣留国被指控未遵从公约关于迅速释放的规定；（3）释放申请由船旗国或以该国名义提出；（4）有关船只处于被扣留状态。另外，如果要将释放申请提交给国际海洋法法庭，还必须等到扣船超过 10 日。关于第一个条件，实践中从未发生争论。第二个条件其实是有关迅速释放程序的适用范围问题。最后两个条件实践中经常发生争论，并有时导致这一机制不适用，它们主要分别表现为被扣船只的临时登记证书过期和船只已被没收。

二、迅速释放程序的适用范围

按照公约第 292 条第 1 款，迅速释放程序的适用对象是：“据指控，扣留国在合理的保证书或其他财政担保经提供后仍然没有遵从本公约的规定，将该船只或其船员迅速释放”。首先应当指出的是，第 292 条项下的程序只能用来解决被扣船只及其船员的释放问题，而不能用来解决当事方之间的其他争端，即使这些争端与扣船有关联。这样，在 2000 年“卡莫科号案”（巴拿马诉法国）中，针对巴拿马请求法庭宣布法国违反了公约第 73 条第 3 款（不得监禁和体罚）和第 4 款（通知船旗国）的要求，国际海洋法法庭指出，其在第 292 条项下的程序中的管辖权仅包括“据指控，扣留国在合理的保证书或其他财政担保经提供后仍然没有遵从本公约的规定，将该船只或其船员迅速释放”的情况。由于第 73 条第 3 和第 4 款与第 2 款（迅速释放被扣船只和船员）不同，不是这种规定，因此有关违反它们的指控是不可受理的。[①] 其次，在公约的实体规定中，有三个条款明确规定了在合理的保证书或其他财政担保经提供后应迅速释放船只或船员的问题，它们是：[②] 第 73 条第 2 款（渔业）、[③] 第 220 条第 7 款（海洋污染），[④] 以及在某种程度上，第 226 条第 1 款（b）（调查外国船只）。[⑤] 这些规定分别对应第 73 条第 1 款、[⑥] 第 220 条第 6 款[⑦]和第 226 条第 1 款（a）。[⑧] 由此，当沿海国基于上述公约规定行使权力而扣押了另一缔约国的船只或船员时，在合理

---

① The "Camouco" Case, para. 59. 法庭在同年的"蒙特·卡夫卡号案"中重申了这一观点。The "Monte Confurco" Case, para. 63.

② See the M/V "Saiga" Case, para. 52.

③ 第 73 条第 2 款规定"被逮捕的船只及其船员，在提出适当的保证书或其他担保后，应迅速获得释放"。

④ 第 220 条第 7 款规定："虽有第 6 款的规定，无论何时如已通过主管国际组织或另外协议制订了适当的程序，从而已经确保关于保证书或其他适当财政担保的规定得到遵守，沿海国如受这种程序的拘束，应即准许该船继续航行。"

⑤ 第 226 条第 1 款规定："（b）如果调查结果显示有违反关于保护和保全海洋环境的可适用的法律和规章或国际规则和标准的行为，则应于完成提供保证书或其他适当财政担保等合理程序后迅速予以释放。"

⑥ 第 73 条第 1 款规定："沿海国行使其勘探、开发、养护和管理在专属经济区内的生物资源的主权权利时，可采取为确保其依照本公约制定的法律和规章得到遵守所必要的措施，包括登临、检查、逮捕和进行司法程序"。

⑦ 第 220 条第 6 款规定："如有明显客观证据证明在一国专属经济区或领海内航行的船只，在专属经济区内犯有第 3 款所指的违反行为而导致排放，对沿海国的海岸或有关利益，或对其领海或专属经济区内的任何资源，造成重大损害或有造成重大损害的威胁，该国在有充分证据时，可在第七节限制下，按照该国法律提起司法程序，包括对该船的拘留在内。"

⑧ 第 226 条第 1 款（a）规定："任何对外国船只的实际检查应只限于查阅该船按照一般接受的国际规则和标准所须持有的证书、记录或其他文件或其所持有的任何类似文件；对船只的进一步的实际检查，只有在经过这样的查阅后以及在下列情况下，才可进行：（1）有明显根据认为该船的情况或其装备与这些文件所载各节有重大不符；（2）这类文件的内容不足以证实或证明涉嫌的违反行为；或（3）该船未持有有效的证件和记录。"

的保证书或其他财政担保经提供后就应当迅速予以释放，否则被扣船只的船旗国就可以根据第 292 条提出释放申请。[①] 例如，国际海洋法法庭在 2002 年“伏尔加河号案”（俄罗斯诉澳大利亚）中说：“原告的指控是，被告没有遵守公约第 73 条第 2 款。这是第 292 条第 1 款所指的规定‘在合理的保证书或其他财政担保经提供后……将该船只或其船员迅速释放’的条款之一。本法庭因此裁定申请书是可受理的。”[②]

但问题是，公约的迅速释放程序是否只适用于这些公约的实体条款中专门规定了应予迅速释放的情况呢？其实，在国际海洋法法庭审理的第一起迅速释放申请，也是法庭受理的第一起案件——1997 年“赛加号案”（圣文森特和格林纳丁斯诉几内亚）中，原告圣文森特和格林纳丁斯就提出对第 292 条进行所谓的“非限制性解释”（non-restrictive interpretation）的主张。“赛加号”是一条悬挂圣文森特和格林纳丁斯旗帜的油轮。出事时，“赛加号”作为供油船向在几内亚海岸外作业的渔船和其他船舶提供燃油。1997 年 10 月 27 日凌晨，“赛加号”进入几内亚专属经济区，在距离几内亚阿尔卡特拉兹岛（Alcatraz）大约 32 海里的地方向三艘渔船提供燃油。10 月 28 日，“赛加号”在几内亚专属经济区外被几内亚海关巡逻艇逮捕，然后连同其船员一同被扣留。[③] 本案双方争论的一个焦点是，公约第 73 和第 292 条的可适用性。由于第 73 条第 2 款明确要求沿海国在被扣船只提出适当的保证书或其他担保后应迅速将其释放，因此，毫无疑问，如果可以援引第 73 条，那么就可以进一步引用第 292 条提出释放的申请。然而，圣文森特和格林纳丁斯在主张扣船行为属于公

① 第 226 条第 1 款（c）明确规定：“在拒绝释放或对释放附加条件的情形下，……船旗国……可按照第十五部分寻求该船的释放。”

② The “Volga” Case, para. 59.

③ See the M/V “Saiga” Case, paras. 25 – 30.

约第 73 条的范围，因此可以援引第 292 条程序的同时还主张，第 292 条可以适用于所有违反国际法逮捕船只的情况，而不必依靠公约有关迅速释放船只或其船员的专门规定。在圣文森特和格林纳丁斯看来，如果第 292 条涵盖合法扣船的情况，那么它就应也涵盖主要的非法扣船的情况，即在公约没有允许逮捕船舶时扣留船只的情况。[①] 因为如果迅速释放程序可以适用于那些公约允许扣船的情况（第 73、第 220 和第 226 条）但却不能适用于那些公约不允许扣船的情况，将是不公平的。[②] 遗憾的是，国际海洋法法庭在裁定圣文森特和格林纳丁斯关于公约第 73 条的主张确有根据后，认为不需要处理上述有关对第 292 条进行非限制性解释的主张，[③] 因此没有澄清这一问题。

其实，迅速释放程序似乎并不适用于所有逮捕船只的情况，而只适用于那些公约实体条款中专门规定了迅速释放船只的情况。[④] 第一，对公约第 292 条的文本解释支持这种观点。因为如果第 292 条意图包括其他扣船的情况，那么它就会采用不同的措辞，而不是明确规定“没有遵从**本公约的规定**，将该船只或其船员迅速释放”（重点后加，下同）这一表述。按照国际海洋法法庭筹备委员会秘书处的观点，这里的“本公约的规定”应当被解释为“本公约实体条款中的规定”，即“当一艘船舶或船只由于违反沿海国规章，如渔业或海洋污染，而被扣留时，如果公

① 该案中，圣文森特和格林纳丁斯认为几内亚违反了公约第 56 条第 2 款。The M/V “Saiga” Case, para. 53. 该款规定：“沿海国在专属经济区内根据本公约行使其权利和履行其义务时，应适当顾及其他国家的权利和义务，并应以符合本公约规定的方式行事。” See also Florian H. TH. Wegelein, The Rules of the Tribunal in the Light of Prompt Release of Vessels, 30 Ocean Development and International law (1999), p. 272.

② The M/V “Saiga” Case, para. 53.

③ The M/V “Saiga” Case, para. 73.

④ See the M/V “Saiga” Case, Dissenting Opinion of Judges Park, Nelson, Chandrasekhara Rao, Vukas and Ndiaye, paras. 23 – 24; Dissenting Opinion of Vice-President Wolfrum and Judge Yamamoto, paras. 16 – 19.

约的实体条款规定在保证书或财政担保经提供后释放它，那么一旦未能迅速获释，就可以诉诸国际法院或法庭。相关的实体条款可以在诸如第 73、第 220 和第 226 条中找到。"[①] 第二，第 292 条程序的特殊性质要求对其进行严格解释。如果放到公约第十五部分所规定的争端解决机制这一大背景中，第 292 条的程序可以"被视为公约第 297 条所规定的适用限制的一个例外。"[②] 为了维护沿海国在专属经济区内的主权权利和管辖权，公约第 297 条限制了导致有拘束力裁判的强制程序在专属经济区内的适用范围。然而，虽然"迅速释放的问题不可避免地与沿海国有关其专属经济区内渔业的规章制度的内容，以及这些规则的执行方式，联系在一起，"[③] 但是，由于第 292 条的程序只解决释放问题，而并不涉及争端的是非曲直，因此第 297 条中的限制并不影响第 292 条的运作。[④] 这样，公约迅速释放程序便构成了一个干预沿海国在其专属经济区内的司法权威的特例。而公约明文规定适用第 292 条程序的那些情况反映了国家间在行使专属经济区内的权利过程中存在着的最根本的紧张状态。[⑤] 这意味着，迅速释放程序必然有着十分精确的界限和详尽的规则。鉴于公约第 292 条程序的独特性，在对其进行解释时就必须保持谨慎和克制，避免通过解释将第 292 条的程序转变为一个涵盖大部分扣船情况的程序，否则将侵犯公约第 287 条所赋予缔约国的选择争端解决程序

---

① See Report of the Preparatory Commission, Vol. III, p. 390, in UN Doc. LOS/PCN/152.

② The M/V "Saiga" Case, Dissenting Opinion of Vice-President Wolfrum and Judge Yamamoto, para. 18.

③ Shigeru Oda, Dispute Settlement Prospects in the Law of the Sea, 44 (4) The International and Comparative Law Quarterly (1995), p. 866.

④ Natalie Klein, Dispute Settlement in the UN Convention on the Law of the Sea (Cambridge: Cambridge University Press, 2005), p. 107.

⑤ Natalie Klein, Dispute Settlement in the UN Convention on the Law of the Sea (Cambridge: Cambridge University Press, 2005), p. 118.

的权利。[①] 第三，至于圣文森特和格林纳丁斯所提的公平论据，[②]应当看到，不能诉诸第292条项下的程序并不意味着就无法获得正义，因为船旗国可以根据公约第286条提起程序以解决有关船舶逮捕的合法性争端——无论逮捕的理由是走私、非法捕鱼还是其他刑事指控。此外，船旗国还可以根据公约第290条第5款通过临时措施的途径来寻求被捕船只的获释。该程序不仅同样迅速，而且还不用提供保证书或其他财政担保。[③] 综上所述，迅速释放程序"**并不适用于所有扣船的情况**（例如那些在领海中的扣船），……抱怨扣船的权利仅限于公约实体部分明文规定的情况。"[④]

在明确了迅速释放程序的适用范围后，下一个问题是，应当如何判断某一扣船行为是否属于第292条的适用范围呢？这一问题有时并不容易处理，特别是当争端涉及到一种公约没有明确规定的活动时。而这恰恰就是国际海洋法法庭在审理"赛加号案"时所遇到的情况。该案的一个关键问题是在油轮他国专属经济区内给渔船"补给燃料"（bunkering）这一活动的性质。换句话

---

① See the M/V "Saiga" Case, Dissenting Opinion of Vice-President Wolfrum and Judge Yamamoto, paras. 16, 18. 公约第287条第1款规定，一国在签署、批准或加入公约时，或在其后任何时间，有自由用书面声明的方式选择下列一个或一个以上方法，以解决有关公约的解释或适用的争端：（a）按照附件六设立的国际海洋法法庭；（b）国际法院；（c）按照附件七组成的仲裁法庭；（d）按照附件八组成的处理其中所列的一类或一类以上争端的特别仲裁法庭。

② See the M/V "Saiga" Case, para. 53.

③ See the M/V "Saiga" Case, Dissenting Opinion of Vice-President Wolfrum and Judge Yamamoto, para. 19. 然而，由于公约临时措施程序没有规定可以以国家的名义提起申请，而是要求一般的国际法程序，因此私人不得不花费大量时间和精力在其国内官僚机构中。这使得该观点在实践中并不具有很强的吸引力。Florian H. TH. Wegelein, The Rules of the Tribunal in the Light of Prompt Release of Vessels, p. 273.

④ Myron H. Nordquist (editor-in-chief), Satya N. Nandan and Shabtai Rosenne (vol. eds.), United Nations Convention on the Law of the Sea 1982: A Commentary, Vol. II (Martinus Nijhoff Pub., 1993), p. 69.

说，给渔船补给燃料是否可以被界定为与捕鱼活动相关从而受沿海国对其专属经济区内渔业资源的管辖权的调整。这一问题直接关系到第 73 条的可适用性，从而进一步关系到第 292 条程序的可适用性。因为如果给渔船补给燃料被视为属于“沿海国行使其勘探、开发、养护和管理在专属经济区内的生物资源的主权权利”的范畴，那么违反沿海国有关此类供油的规则就等于违反了为规制在专属经济区内的渔业和其他有关生物资源的活动而制定的法律和规章。逮捕被指控违反了此类规则的船只和船员就属于公约第 73 条第 1 款的范畴，而根据第 73 条第 2 款，在适当的保证书或其他担保经提供后迅速释放船只和船员就将是沿海国的义务。如果沿海国没有迅速释放，那么就可以援引第 292 条。[①] 但问题是，公约根本没有提及“补给燃料”这种活动，因此，就需要对第 73 条进行解释。[②] 原告声称“赛加号”是因为违反几内亚渔业法而被扣留的，因为属于第 73 条的范畴，但被告几内亚则主张“赛加号”是因为违反其海关法的走私行为而被捕的，并因此否认第 73 条的可适用性。

法庭经过审理，最终在这一问题上接受了原告的主张，裁定：为本程序的目的，几内亚的行为可以被视为属于公约第 73 条的范围内，因此释放申请是可接受的。[③] 其一个重要的理由是：法庭的理由是“在第 292 条的程序中，本法庭需要评价原告有关涉及公约特定条款的‘指控’，以及被告根据他自己对其采取行动时所依据的法律规则的定性所提出的反对意见。在这种情况下，很清楚，法庭不可能完全依靠当事各方给出的定性”。[④] “鉴于迅速释放船只和船员程序的独立性质，当它对扣留国的法

① The M/V “Saiga” Case, para. 56.

② The M/V “Saiga” Case, Dissenting Opinion of Judge Anderson, para. 2.

③ The M/V “Saiga” Case, para. 71.

④ The M/V “Saiga” Case, para. 51.

律进行分类时，本法庭不受该国所做分类的限制。”[①] 而“为什么法庭在进行法律分类时选择将这些法律与公约第73条联系起来，而不是扣留国所提出的分类呢？对这一问题的答案是，将禁止给渔船补给燃料归类为‘海关法’，鉴于事实，将导致有充分的理由主张，几内亚当局从一开始就违反了国际法，而归类于第73条就可以假设几内亚在逮捕‘赛加号’时确信他是在公约赋予的权利范围内行事”。“本法庭的意见是，当在一个暗示违反国际法的法律分类和一个避免此种暗示的法律分类之间加以选择时，它必须选择后者。”[②]

“赛加号案”的判决是一个非同寻常的有争议的判决（12票对9票），庭长和副庭长都加入了少数派法官阵营，并对多数派法官的意见提出了强烈批评。他们指出，为了将被告的行动置于第73条的范围以便适用第292条的目的，法庭从一开始就选择完全摈弃几内亚对“赛加号”的指控——尽管几内亚当局在审理的全过程中都坚持这一指控，[③] 并将被告行动的性质从打击走私改为维护渔业。那么，法庭是否有权摈弃一国在采取行动时善意（或许并不合理）作出的法律选择呢？

根据国家主权原则，应当由有关国家自己来决定其采取措施时所依据的法律类别。[④] 因此，逮捕船舶笔录中的指控是国际法庭面前的事实，[⑤] 法庭只有在极其例外的情况下才可以质疑这一

---

① The M/V “Saiga” Case, para. 71.

② The M/V “Saiga” Case, para. 72.

③ The M/V “Saiga” Case, Dissenting Opinion of President Mensah, para. 27.

④ The M/V “Saiga” Case, Dissenting Opinion of Vice-President Wolfrum and Judge Yamamoto, para. 9. 另一方面，有些学者主张，在国际法领域一国的行为是根据其国际影响来加以判断的。因此，按照公约来解释几内亚的行为也未尝不可。否则，国家就极易通过国内立法来逃避导致有拘束力裁定的强制管辖。See Florian H. TH. Wegelein, The Rules of the Tribunal in the Light of Prompt Release of Vessels, p. 277.

⑤ The M/V “Saiga” Case, Dissenting Opinion of Judge Anderson, para. 9.

分类。[1] 例如，当沿海国给出的行动理由明显不符合案件事实时，国际法庭或可以决定，所给的表面理由实际上并非有关行动的真实原因。另外，如果有明显证据证实沿海国或其官员在给其行动定性时出于恶意，法庭也可以采取行动。[2] 然而，如果所有已知事实都证实，有关行动是根据沿海国官员认为应当适用于该情况的法律而采取的，那么无论这种认识正确与否，国际法庭都不应宣布他们在执法活动中所清楚依赖的法律其实并不构成他们活动的基础。[3] 本案显然不属于这些例外情况。其实，法庭自己也承认，关于界定“给渔船供油”行为的性质存在一些困难：一方面，可以主张燃料补给本质上是一种附属于被补给船舶行为的活动（本案中是渔业）；但另一方面也可以主张，海上燃料补给应当被界定为一种独立的活动，受航行自由制度的调整。而且，那些未就在专属经济区内给渔船供油制订规则的国家的立场可以被解释为，这些国家并不认为给渔船供油与渔业活动相关。[4] 甚至法庭在支持原告的主张后还说，如果提交其案件需要全面审查是非曲直，它也可能得出不同的结论。[5] 更为有趣的是，圣文森特和格林纳丁斯在关于逮捕“赛加号”合法性的“赛加号案”（第2号）中也承认，“赛加号”所从事的活动没有影响几内亚根据公约第56条在其专属经济区内享有主权权利或管辖权的事项。[6] 至于法庭认为，与几内亚自己决定的法律相

① The M/V “Saiga” Case, Dissenting Opinion of Vice-President Wolfrum and Judge Yamamoto, para. 9.

② The M/V “Saiga”, Dissenting Opinion of President Mensah, para. 18.

③ The M/V “Saiga”, Dissenting Opinion of President Mensah, para. 18。庭长门萨批评法庭冒称它拥有一种其实它并不享有的权力。其实，为履行其使命，法庭也不必享有这样的权力。The M/V “Saiga”, Dissenting Opinion of President Mensah, para. 27.

④ The M/V “Saiga” Case, paras. 57 – 58.

⑤ The M/V “Saiga” Case, para. 51.

⑥ See the M/V “Saiga” (No. 2) Case, para. 93.

比，其选择的法律更可能在国际法上证明该国行为的正当性这一说法也是占不住脚的。需要指出的是，法庭为几内亚所选择的国际法上的“正当理由”同样也为法庭在本案中作出不利于几内亚的判决提出了唯一的基础。[1] 这样，法庭实际上不是在潜在违反国际法和不违反国际法之间进行选择，而是在两种不同的违反国际法情形之间进行选择。法庭最终裁定几内亚违反了迅速释放的义务，但似乎认为几内亚更喜欢这个结果，而不是一个暗指其违反公约其他规定的裁定。[2] 法庭这样的推断显然是缺乏法律和事实根据的。综上所述，本案法庭将被告行动的性质从打击走私改为维护渔业是没有正当理由的。[3]

三、临时登记证书过期

确定被扣船只的国籍对于决定公约迅速释放程序能否适用十分重要，因为根据第 292 条第 3 款，释放申请“仅可由船旗国或以该国名义提出”。如果被扣船只在申请提出时不具有原告的国籍，那么法庭就将裁定其对该申请缺乏管辖权。船舶是否有权获得某一特定国家的国籍是由该国的国内法所决定的，这是国际法的一项传统规则。[4] 在这方面，公约第 91 条编纂了一条牢固确立的一般国际法规则。该条第 1 款规定：“每个国家应确定对船

① The M/V “Saiga” Case, Dissenting Opinion of President Mensah, para. 20.

② Vaguchan Lowe, The M/V Saiga: The First Case in the International Tribunal for the Law of the Sea, 48 (1) International and Comparative Law Quarterly (1999), p. 194.

③ The M/V “Saiga” Case, Dissenting Opinion of Judges Park, Nelson, Chandrasekhara Rao, Vukas and Ndiaye, para. 17. 还参见安德森法官，他的整体结论是，“赛加号”不是第 73 条第 2 款意义上的“被捕船只”，第 292 条也不是此类案件中适当的救济。The M/V “Saiga” Case, Dissenting Opinion of Judges Anderson, paras. 9, 10, 13.

④ The M/V “Saiga” (No. 2) Case, Separate Opinion of Vice-President Wolfrum, para. 18.

舶给予国籍、船舶在其领土内登记及船舶悬挂该国旗帜的权利的条件。船舶具有其有权悬挂的旗帜所属国家的国籍。”值得注意的是，第91条第1款同时提到国籍和登记，但却没有澄清这两个概念之间的关系。就大多数国家的实践而言，给予商船国籍需要特定国家的相关部门做出构成性行为（constitutive act），而除较小的船舶外，此类构成性行为依靠的就是登记，即国籍是通过登记给予的。[①] 此外，为了有效地给予船舶悬挂该国旗帜的权利并确保其受到尊重，第91条第2款进一步要求“每个国家应向其给予悬挂该国旗帜权利的船舶颁发给予该权利的文件。”在迅速释放的程序中，船舶的国籍问题主要是由被扣船只的临时登记证书过期所引发的。其核心问题是，临时登记证书过期是否就意味着该船丧失了其原先的国籍呢？

这一问题实际上在“赛加号案”中就已经存在了。该案原告圣文森特和格林纳丁斯是一个著名的“开放登记”的国家，拥有庞大的船队。1997年3月12日，根据1982年《圣文森特和格林纳丁斯商业运输船只法》下称《商业运输船只法》第36节，“赛加号”被临时登记为圣文森特和格林纳丁斯的船舶。其临时登记证书规定：“此证书于1997年9月12日失效。”这样，当“赛加号”1997年10月28日被几内亚官员以走私罪名逮捕时，其临时登记已经失效一个多月了，而且也没有根据圣文森特和格林纳丁斯的法律获得其他的登记。这种状态甚至在以圣文森特和格林纳丁斯的名义提起迅速释放程序时也没有丝毫改变。直到半个月后，即1997年11月28日，圣文森特和格林纳丁斯才给该船颁发了永久登记证书。然而，本案被告几内亚在迅速释放程序中却并未质疑“赛加号”的登记或国籍，以及圣文森特和格林纳丁斯的船旗国地位。直到在关于逮捕“赛加号”合法性

---

① The M/V “Saiga” (No. 2) Case, Separate Opinion of Vice-President Wolfrum, para. 20.

的"赛加号案"（第2号）中，几内亚才提出这一问题，并借此主张圣文森特和格林纳丁斯的主张不可受理。几内亚认为，在从1997年9月12日到1997年11月28日的这段时间内，"赛加号"没有进行有效登记，因此其在被捕时可以被视为一艘无国籍船舶。由于"赛加号"被捕之日"并未有效登记在圣文森特和格林纳丁斯的旗帜下，"因此圣文森特和格林纳丁斯没有就几内亚针对该船所采取的措施提出主张的法律资格。① 另一方面，圣文森特和格林纳丁斯则主张，根据其《商业运输船只法》第36节（2），一艘船舶并不由于其临时登记证书失效而丧失圣文森特和格林纳丁斯的国籍。该款规定，临时证书"应与普通登记证书具有同样效力，直到自颁发之日起满一年。"这样，尽管颁发给"赛加号"的临时登记证书上明确规定其6个月后失效，但《商业运输船只法》第36节（2）却规定临时登记证书的有效期为一年。

国际海洋法法庭首先指出，当有关船舶的国籍问题发生争端时，"船舶的国籍是一个……根据当事方提交的证据加以决定的事实问题。"② 经过审理，法庭以18票对2票拒绝了几内亚针对"圣文森特和格林纳丁斯主张的可受理性"提出的这一反对意见。③ 法庭的一些理由包括：第一，"没有证实在从临时登记证书所规定的失效日期到永久登记证书的颁发日期的这段时间里，'赛加号'的圣文森特登记或国籍已经消灭。"④ 法庭在这里依据的是圣文森特和格林纳丁斯的《商业运输船只法》的相关规定以及该船上所载的显示其圣文森特国籍的标志物，包括船尾上标注"金斯敦"（圣文森特和格林纳丁斯的首都）是其登记港口，

---

① The M/V "Saiga" (No. 2) Case, Separate Opinion of Vice-President Wolfrum, para. 20.

② The M/V "Saiga" (No. 2) Case, para. 66.

③ The M/V "Saiga" (No. 2) Case, para. 183 (3).

④ The M/V "Saiga" (No. 2) Case, para. 73 (a).

船上的文件，该船图章中含有“赛加号·金斯敦”的字样，以及最近的租船合同中将该船的船旗国记载为“圣文森特和格林纳丁斯”。[①] 第二，圣文森特和格林纳丁斯在该案的所有阶段都作为该船的船旗国行事。法庭强调：其“一致的行为为如下结论提供了充分支持，即‘赛加号’在本争端的所有关键时刻都保有圣文森特和格林纳丁斯的登记和国籍。”[②] 第三，在1998年10月提交其辩诉状以前，几内亚虽有许多合理的机会（包括在1997年11月进行的迅速释放程序中）质疑圣文森特和格林纳丁斯声称其为“赛加号”船旗国的主张，但均未这样做。而且，在几内亚科纳克里（Conakry）初审法庭审理船长的程序中，几内亚当局指责圣文森特和格林纳丁斯应负民事责任，并将其列入传唤名单中；在其上诉法院的裁定中，圣文森特和格林纳丁斯也被说成是“赛加号”的船旗国。有鉴于此，法庭裁定几内亚不能在这一阶段成功地质疑“赛加号”的登记和国籍。[③]

首先需要指出的是，虽然法庭在这里处理的是被告在实体审理程序中基于船舶的国籍反对案件的可受理性问题，而非扣留国在迅速释放程序中质疑申请国的船旗国地位问题，但法庭在本案中的一些看法对于后者也是密切相关的。换言之，即使几内亚当初在迅速释放阶段就提出这一问题，按照法庭所给的上述理由，它也未必会得出不同的结论。然而，单就“赛加号”被捕时是否具有圣文森特和格林纳丁斯的国籍而言，由于事关船舶登记和国籍的问题是由一国在其国内法中加以规定的，[④] 因此法庭应当集中精力于圣文森特和格林纳丁斯的《商业运输船只法》，并通过评估当事方提交的与此相关的书面证据以便得出恰当的结论，

① The M/V “Saiga” (No. 2) Case, para. 67.

② The M/V “Saiga” (No. 2) Case, paras. 73 (b), 68.

③ The M/V “Saiga” (No. 2) Case, paras. 69, 73 (c).

④ The M/V “Saiga” (No. 2) Case, para. 63.

而不应将“船上所载的显示圣文森特国籍的标志物”或当事方的行为作为这一决定过程中的关键证据。就国籍标志而言，它们只是登记的产物，但如果没有其他的登记证据，它们本身并不能构成有效登记的独立和充分的证据。[①] 特别是，它们本身是如何令临时登记在期满后继续有效的这一点并不清楚。无论如何，原告的《商业运输船只法》中并没有这样的规定。[②] 关于圣文森特和格林纳丁斯在争端解决过程中一致的行为，虽然公约第 91 条将设定给予船舶国籍条件的专属管辖权授予了国家，但排除了一国仅凭其行为就成为船旗国的可能性。[③] 按照圣文森特和格林纳丁斯《商业运输船只法》的规定，船舶是通过登记行为——临时的或永久的登记，而获得其国籍的。由此，确定“赛加号”被捕时是否具有圣文森特和格林纳丁斯的国籍似乎并非难事：只要查明该船当时是否根据该法中规定的条件进行了有效登记即可。如果“赛加号”被捕时没有国籍，那么圣文森特和格林纳丁斯此后的行为也并不能弥补这一缺陷。[④] 因为圣文森特和格林纳丁斯的所作所为不会改变其法律或该船登记证书中的规定，也不会改变其船舶登记簿中的记载。[⑤] 至于几内亚的行为，法庭实

① The M/V “Saiga”（No. 2）Case, Separate Opinion of President Mensah, para. 14.

② The M/V “Saiga”（No. 2）Case, Separate Opinion of Judge Chandrasekhara Rao, para. 5.

③ The M/V “Saiga”（No. 2）Case, Separate Opinion of Vice-President Wolfrum, para. 33.

④ The M/V “Saiga”（No. 2）Case, Separate Opinion of Vice-President Wolfrum, para. 33。但庭长门萨强调，本案的证据使其确信，圣文森特和格林纳丁斯的官员和“赛加号”船东真诚地相信 1997 年 9 月 12 日后该船的临时登记继续有效。因此，他的结论是，“赛加号”登记中的缺陷虽然是真的，但却是技术性的，而非实质性的。The M/V “Saiga”（No. 2）Case, Separate Opinion of President Mensah, para. 17.

⑤ The M/V “Saiga”（No. 2）Case, Dissenting Opinion of Judge Warioba, para. 46. 由此，法官沃瑞巴认为法庭关于圣文森特和格林纳丁斯行为的主张“在公约第 91 条的上下文中十分奇怪。”The M/V “Saiga”（No. 2）Case, Separate Opinion of President Mensah, para. 17。

际上试图未加解释就引入类似禁止反言或默认的概念。[①] 然而，根据上述鉴别“赛加号”登记和国籍的标准，这些原则并没有用武之地。

就“赛加号”被捕时的国籍而言，关键问题是如何解释圣文森特和格林纳丁斯《商业运输船只法》第 36 节（2）关于临时证书“应与普通登记证书具有同样效力，直到自颁发之日起满一年”的规定。应当指出的是，虽然“一艘船舶是否有权主张属于一国的问题首先是由该国法律来决定的。但不能说其他国家及其法院没有权力查明该船的文件是否完备以及所挂旗帜是否真实显示了该船的国籍。”[②] 同样，在国际诉讼中，为了查明船舶的国籍，国际法庭当然有权解释有关的国内法规定。[③] 本案中，虽然几内亚和一些法官将第 36 节（2）中“满一年”的规定解读为“不超过一年”的最终界限，但法庭的多数法官显然必定认为那个给予临时证书“一整年有效期”的理解更有说服力。[④] 无论后一种解释是否合理，但凭借《商业运输船只法》第 36 节（2）的规定，法庭关于“赛加号”的临时登记在 1997 年 9 月 12 日后继续有效的裁定也并非显得十分唐突。[⑤]

然而，考虑到该案中导致法庭在这一问题上作出对几内亚不利决定的关键因素之一是几内亚自己的行为，特别是它没有在迅

① The M/V “Saiga” (No. 2) Case, Dissenting Opinion of Judge Warioba, para. 50.

② O' Connell, The International Law of the Sea (Oxford: Clarendon Press, 1984), Vol. II, p. 756.

③ The M/V “Saiga” (No. 2) Case, Separate Opinion of Vice-President Wolfrum, para. 27.

④ Louise De La Fayette, ITLOS and the Saga of the Saiga: Peaceful Settlement of A Law of the Sea Dispute, 15 (3) The International Journal of Marine and Coastal Law (2000), p. 368.

⑤ 法官拉奥甚至认为第 36 节（2）是法庭作出这一裁定的“主要根据”。See the M/V “Saiga” (No. 2) Case, Separate Opinion of Judge Chandrasekhara Rao, para. 5.

速释放程序中质疑圣文森特和格林纳丁斯作为“赛加号”船旗国的地位，似乎还有一个问题没有解决，那就是，为何法庭自己未能主动在迅速释放程序中发现“赛加号”登记上的瑕疵呢？难道法庭在迅速释放程序中对船舶国籍采取的是不告不理的态度吗？这一假设显然与法庭后来在“大王子号案”（伯利兹诉法国）中的做法不符。该案中，被告法国的作为与“赛加号案”中的几内亚极其相似：非但根本没有质疑原告伯利兹的船旗国地位，而且其位于圣丹尼斯的刑事法院在关于“大王子号”的判决中也称该船为伯利兹船只。然而，国际海洋法法庭却宣布其有权主动审查原告船旗国的资格，最终以 12 票对 9 票否定了伯利兹的船旗国地位，并由此裁定它没有管辖权审理迅速释放该船的申请。①

“大王子号”是一艘渔船。当其2000 年 12 月 26 日被法国逮捕时，悬挂的是伯利兹的旗帜。伯利兹国际商船队登记局（International Merchant Marine Registry of Belize，IMMARBE）2000 年 10 月 16 日颁发给该船临时航行执照（patent of navigation），并规定该执照的失效日期为 2000 年 12 月 29 日。这样，与“赛加号案”不同的是，当“大王子号”被捕时其临时执照尚未过期。在 2001 年 3 月 15 日的信中，伯利兹司法部长通知国际海洋法法庭书记官长，阿尔瓦雷斯（Alvarez）先生被授权根据公约第 292 条以伯利兹的名义就“大王子号”向法庭提出申请，因为该船“悬挂伯利兹的旗帜”。2001 年 3 月 21 日释放申请提出后，IMMARBE 在其 2001 年 3 月 30 日的证明中，不但证实“大王子号”曾登记在伯利兹旗帜下，而且声明，虽然航行执照和船舶地位执照（Ship station license）已经期满，但该船仍被视为在伯利兹登记直到其作出进一步的决定。②

① The “Grand Prince” Case, para. 93.

② See the “Grand Prince” Case, paras. 69 – 74.

伯利兹当局的这些行为是否可以令“大王子号”在伯利兹的登记于临时航行执照期满后继续有效呢？对此法庭表示了怀疑。法庭指出，根据1989年伯利兹《商船登记法》，渔船悬挂伯利兹旗帜的权利源于登记行为。因此，除非一艘渔船在伯利兹登记，伯利兹将不是该船的船旗国。而需要有充足的证据证明一艘船已经登记因此有权在相关时间内悬挂伯利兹的旗帜。在本案提交给法庭的文件中，唯一由伯利兹根据其《商船登记法》颁发给“大王子号”的就是临时航行执照。该文件明确规定，其失效日期为2000年12月29日。原告没有主张船东寻求该临时航行执照展期或该临时航行执照被另一份法定证明书展期或替代。[①] 尽管IMMARBE在其2001年3月30日的证明中宣布：“虽然航行执照和船舶地位执照已经期满，但船仍被视为在伯利兹登记”，但法庭认为该声明“尚无确实根据”，而且“含有虚构的成分，没有为主张出于根据公约第292条提出申请的目的伯利兹是该船的船旗国提供充分依据。”并且，该证明本身也“不能被视为公约第91条第2款意义上的‘文件’”而只具有“行政信件的性质，既未记录在伯利兹商船队登记簿中，也未获得法律所要求的任何其他行为的支持。”此外，法庭还注意到，该文件是在提出释放申请后才发出的。[②]

加深法庭对提出申请时“大王子号”国籍地位的怀疑并最终裁定原告提交的书面证据未能确立伯利兹在提出申请时是该船船旗国[③]的一个重要事实是，在“大王子号”被捕后不久，伯利兹外交部在2001年1月4日致驻萨尔瓦多法国大使的照会中宣布：“由于这是该船被报告第二次违法，伯利兹当局正在采取的

① The “Grand Prince” Case, paras. 83 – 84.

② The “Grand Prince” Case, paras. 85 – 86.

③ The “Grand Prince” Case, para. 93.

惩罚措施就是自即日，2001 年 1 月 4 日起，注销其登记。”[①] 虽然后来在 2001 年 3 月 26 日的信中，IMMARBE 通知法国，为了授权“大王子号”的船东诉诸国际海洋法法庭，它已经暂停了注销登记，并将视法庭审理的结果再决定是否执行将该船从登记簿中删除的决定。但法庭强调指出，2001 年 1 月 4 日的“照会是伯利兹致法国的官方通信，展示了伯利兹政府在该船登记问题上的法律立场。如果一个文件说其中所述的措施从该文件发布之日起生效，那么就不能说该措施的生效取决于任何此后发生的事件。当该照会说‘自即日……起，注销其登记，’注销登记的行为就必须被认为从 2001 年 1 月 4 日起生效。”[②]

除这些书面证据外，法庭还重申了其在“赛加号案”（第 2 号）中重视船旗国行为的观点，即在决定一艘船的国籍或登记时，船旗国在争端的所有关键时刻（at all times material to the dispute）的行为都是一个重要的考量。鉴于伯利兹发出的注销登记照会，法庭裁定原告没有在争端的所有关键时刻都以“大王子号”的船旗国身份行事。[③]

就本案情况，特别是伯利兹提交给法庭的文件从表面上看就暴露出一些矛盾之处——在关于该船的临时航行执照、注销登记和暂停注销登记问题上存在不一致的地方，[④] 就此而言，法庭的裁定并无不妥之处。但问题是，在确定船舶国籍的时候，书面证据和船旗国行为这两种证据之间是何种关系呢？由于本案中这两种证据的证明方向一致，因此这一问题并不突出。然而，如果伯

① 原文是“the punitive measures being imposed... is its de-registration effective today 4 January 2001.” The“Grand Prince”Case, para. 72.

② The“Grand Prince”Case, para. 87.

③ The“Grand Prince”Case, para. 89.

④ The“Grand Prince”Case, para. 76.

利兹没有发出注销“大王子号”登记的照会，[①] 那么法庭会维持现今的结论，还是会得出“大王子号”在伯利兹的登记于临时航行执照期满后继续有效的结论呢？换言之，当原告在争端的所有关键时刻都以被扣船只的船旗国身份行事时，其行为是否足以令临时登记证书在期满后继续有效呢？对此法庭没有给出明确的答案。其有关伯利兹在提出申请时不是“大王子号”的船旗国的结论是“鉴于临时航行执照期满，或鉴于 2001 年 1 月 4 日照会所述的‘大王子号’被注销登记，并基于对所有材料的整体评估。”[②] 值得注意的是，法庭在书面证据和注销登记行为之间用的是联结词“或”，而非“和”。这样的表述意味着，这两种证据中的任何一种都足以支持法庭的结论，而且它们之间没有主次之分。然而，这样的表述本身却陷法庭于自相矛盾的境地。一方面，法庭认为临时航行执照期满后没有展期的事实使得“大王子号”丧失国籍；另一方面，法庭认为伯利兹当局注销登记的行为使得“大王子号”丧失国籍。法庭似乎是说，无论发生上述两种情况中的任何一种，“大王子号”都将丧失伯利兹国籍，因此在它们之间使用了“或”字。但问题是，如果临时证书过期就导致丧失国籍的话，那么“大王子号”就是在 2000 年 12 月 29 日丧失国籍的。然而，如果是由于伯利兹的注销登记行为而导致“大王子号”丧失国籍的话，那么这一日期是 2001 年 1 月 4 日。两者之间相差 6 日。在这短暂的期间里，“大王子号”的国籍状况如何呢？值得注意的是，在其判决书中，法庭没有强

---

① 例如，一些法官认为，该照会应当被解读为仅仅表明伯利兹当局正在注销“大王子号”。The “Grand Prince” Case, Dissenting Opinion of Judges Caminos, Marotta Rangei, Yankov, Yamamoto, Akl, Vukas, Marsit, Eiriksson and Jesus, para. 5. 这些法官认为，鉴于伯利兹立法规定了延展临时航行证书的方法，伯利兹主管当局有关“大王子号”在伯利兹注册的声明足以履行证明该船具有伯利兹国籍的初始义务。由此，法庭有管辖权审理该申请。The “Grand Prince” Case, para. 14.

② The “Grand Prince” Case, para. 93.

调临时证书的失效日期，但却十分强调注销登记的日期，认为“注销登记的行为就必须被认为从 2001 年 1 月 4 日起生效。”[①]这样，与船舶登记相比，法庭似乎更加重视船旗国的行为。然而，虽然公约第 91 条第 1 款授权国家制定规定登记条件的国内规则，但该条并没有允许一国在不存在有效登记时在国际诉讼中主张船旗国的地位。[②] 鉴于船舶的国籍问题往往涉及国际法庭的管辖权或案件的可受理性等重大问题，政府或准政府部门就国籍问题所发布的非正式和临时声明不应成为确定公约第 292 条程序中的管辖权这一重要问题的关键因素。[③] 而如果接受了这种方法，就意味着法庭的管辖权将取决于国内官员们的决定。这将腐蚀船旗国制度。[④] 相反，法庭在查明被扣船只国籍的时候，应当采用一种更简便、更谨慎和更少引发争议的方法，那就是，严格按照船旗国的国内法律，而非其行为来判断一艘船舶的国籍。如果一国是通过登记来授予船舶国籍的话，那么一旦临时登记证书期满且未展期，有关船舶就应被视为在相关时间点上丧失该国国籍，而无论其船旗国在丧失国籍后的作为如何。考虑到船旗国在船舶国籍问题上所享有的广泛裁量权，重视船旗国国内法律规定的做法不仅是对船旗国此种裁量权的尊重，同时对当事他方也更为公平。由于被扣船只临时登记证书过期而致使该船丧失国籍所产生的不利后果应当由该船船东或其船旗国承担——他们对此结果的产生负有这样或那样的过错：或者未申请展期或者未批准展期，而不应由在这方面毫无过错的扣留国承担。

如上所述，本案国际海洋法法庭是在扣留国没有质疑被扣船只的登记状况的情况下主动审查申请国的船旗国资格的并由此裁

① The “Grand Prince” Case, para. 87.

② The M/V “Saiga” (No. 2) Case, Separate Opinion of Vice-President Wolfrum, para. 33.

③ The “Grand Prince” Case, Separate Opinion of Judge Laing, para. 8.

④ The “Grand Prince” Case, Declaration of Judge Wolfrum, para. 4.

定其缺乏管辖权的。与法庭在存在着更加明显的登记瑕疵的“赛加号案”中对原告的船旗国地位采取不告不理的态度相比，①这的确有些出人意料。而迫使法庭在本案中背离其先前的实践的一个重要原因很可能就是，法国法院在伯利兹提出释放申请前已经没收了“大王子号”。②

四、没收被扣船只

就没收被扣船只对公约迅速释放程序的可适用性的影响而言，主要涉及两个问题：一是没收是否导致原告的释放申请丧失标的，从而使迅速释放程序不适用；二是没收是否导致被扣船只的国籍自动转移或丧失，从而使原告不具船旗国的地位。截至目前，国际海洋法法庭已经在3个迅速释放案件中涉及到扣留国没收被扣船只所引发的法律问题，包括：“大王子号案”、“朱诺商人号案”和“富丸案”。

在某种程度上讲，“大王子号案”的关键问题是没收对迅速释放程序所产生的法律效果。2001年1月23日，即在法国圣保罗一审法院确定了释放该船的保证书后的第11天，法国刑事法院就发布判决命令没收该船、其设备和传动装置，以及被扣押的鱼货，并且立即执行——虽然可以上诉。③ 在此情况下，法国主

① 当“赛加号”被逮捕的时候，它的登记证书已经过期，但当“大王子号”被捕时，它仍然有权悬挂伯利兹的旗帜。而法庭在迅速释放“赛加号”的程序中还特别强调：“几内亚没有质疑圣文森特和格林纳丁斯是该船的船旗国。”The M/V “Saiga” Case, para. 44.

② 例如，奥曼和班茨认为，鉴于法国宣布没收了“大王子号”，法庭在本案中严格要求申请者具备形式要件的说法似乎不仅是最容易的，而且也是最谨慎的。Bernard H. Oman & Vincent P. Bantz, The “Grand Prince” (Belize v. France) (Judgment). ITLOS Case No. 8, 96 (1) The American Journal of International Law (2002), p. 225.

③ The “Grand Prince” Case, paras. 45, 50.

张伯利兹的释放申请没有标的［sans objet］，因此必须予以驳回。[①] 法国坚称，既然公约第292条第3款所述的适当国内法庭已经就案件的是非曲直作出了没收船舶的判决，那么伯利兹就不能再提起公约第292条项下的迅速释放程序；而如果国际海洋法法庭受理了该申请，它就将干涉国内法院有关该案是非曲直的判决，从而违反了公约第292条第3款。[②] 另一方面，伯利兹主张，法国刑事法院“迅速没收”（prompt confiscation）该船的判决等同于“诡计”或“法律诈欺”（fraud of law），而如果此类没收被允许的话，那么公约第73条就将变成“一纸具文”（dead letter）。[③] 如上所述，由于国际海洋法法庭裁定提出申请时伯利兹不是“大王子号”的船旗国，因此它没有管辖权审理该申请，从而也就没有处理这一棘手问题。

没收船舶的问题再次出现在2004年“朱诺商人号案”（圣文森特和格林纳丁斯诉几内亚比绍）中。“朱诺商人号”是一艘悬挂圣文森特和格林纳丁斯旗帜的冷冻货船。2004年9月19日至23日，“朱诺商人号”在毛里塔尼亚水域内，从其姊妹船——“朱诺武士号”上接收了1183.8吨打包的冻鱼和112吨鱼肉，后者是一艘持毛里塔尼亚许可在毛里塔尼亚专属经济区内作业的拖捞船。转运结束后，“朱诺商人号”离开毛里塔尼亚水域前往加纳卸货。2004年9月26日，“朱诺商人号”在几内亚比绍专属经济区的界限上被几内亚比绍渔业检查署（Fisheries Inspection Service）的官员登临并遭到逮捕，随后被引入几内亚比绍的比绍港，而其船长和船员也被扣留。2004年10月19日，几内亚比绍海洋控制部长联席委员会（Interministerial Maritime

---

① The “Grand Prince” Case, paras. 30, 61.

② The “Grand Prince” Case, para. 57.

③ The “Grand Prince” Case, para. 54. 值得注意的是，伯利兹现行的渔业立法本身也规定，司法程序中一旦罪行确立即可没收渔船。Fisheries（Amendment）Act 1987, available at the FAO Legislative Database: www. fao. org/.

Control Commission，IMCC）在其所制作的第 14 号备忘录中决定：对该船及其船长各处以一定数额的罚金，并没收船上的所有渔货。该备忘录命令 15 日内交清全部罚金。2004 年 11 月 3 日，船东交纳了“朱诺商人号”船长的罚金，但却没有交纳被扣船只的罚金。同年 11 月 23 日，比绍地区法院命令“立即暂停第 14 号备忘录的执行。”然而，值得注意的是，虽然该决定命令“立即暂停支付对该船船长的罚金，”但没有提及暂停支付对“朱诺商人号”的罚金。2004 年 12 月 3 日，几内亚比绍国家渔业检查和控制署（National Fisheries Inspection and Control Service，FISCAP）宣布：“由于没有支付［部长间海洋控制委员会］决定所判处的罚金，根据 2000 年 8 月 22 日第 6 - A 号法律的第 60 条第 3 款，“朱诺商人号”的所有权自 2004 年 11 月 5 日起转归几内亚比绍国家。”①

基于此，几内亚比绍主张国际海洋法法庭没有管辖权，因为在 2004 年 11 月 18 日释放申请提出之前“朱诺商人号”的所有权就已经转属它人，因此圣文森特和格林纳丁斯在提出申请的时候不是“朱诺商人号”的船旗国。基于同样的理由，几内亚比绍主张迅速释放申请不可受理，因为“朱诺商人号”连同其设备和货物如今是几内亚比绍的财产，所以几内亚比绍目前不是扣留该船，而是作为合法的所有者拥有该船。② 国际海洋法法庭没有具体处理几内亚比绍的这些反对主张，而是强调比绍地区法院的决定暂停了第 14 号备忘录的执行。法庭指出，由于暂停执行对该船的罚款，比绍地区法院的决定已经排除了不支付所引发的

① See the “Juno Trader” Case，paras. 33 - 53. 该法令第 60 条规定：“1. 违反本法所致罚金应当自不能上诉之日或部长间海洋控制委员会适用该判决之日起 15 日内支付。2. 应船东或其代表的请求，前款所述期限可以延长 15 日。3. 如果在前款所述延长期限内未支付全部或部分罚金，已经扣押的资产应转属本国家。”See the “Juno Trader” Case，para. 54.

② The “Juno Trader” Case，paras. 58，67.

任何制裁，包括没收船只。“无论如何，不管船只所有权的确实变化会对其国籍产生何种影响，本法庭认为在本案的特定情况下，没有法律基础认定‘朱诺商人号’的国籍确实发生了变化。”出于这些原因，法庭拒绝了几内亚比绍的这些主张。[①]

直到2007年“富丸案”（日本诉俄罗斯）中，国际海洋法法庭才就没收被扣船只对适用公约迅速释放程序的影响这一问题作出明确说明。拖捞船“富丸”是一艘日本渔船。按照俄罗斯主管当局颁发给它的捕鱼执照，该船被授权从2006年10月1日到12月31日在西白令海的一块俄罗斯专属经济区内捕捞斜眼绿鳕和青鱼。捕鱼执照所规定的捕捞配额是：斜眼绿鳕1163吨，青鱼18吨。2006年10月31日，“富丸”被俄罗斯官员登临和检查，发现有未予说明的斜眼绿鳕5.5吨。11月8日俄罗斯当局对“富丸”的船长提起刑事诉讼，11月14日对船东提起行政诉讼。2006年12月28日勘察加彼得罗巴甫洛夫斯克城市法院针对船东的诉讼作出判决，裁定，除其他外，没收“富丸”及其所有技术和其他设备、通讯设施、海上救助装备和器材。2007年1月6日，船东上诉至勘察加地区法院。2007年1月24日勘察加地区法院确认勘察加城市法院没收“富丸”的决定。船东遂于3月26日向俄罗斯联邦最高法院提起监督审查程序。4月9日，俄罗斯联邦财产管理机构发布第158号-r命令，将“富丸”“没收为国有”，并作为俄罗斯联邦的财产记入联邦财产登记簿。7月6日日本向国际海洋法法庭提起迅速释放申请，此时俄罗斯联邦最高法院的审理仍在进行中。然而，当国际海洋法法庭的庭讯结束后，2007年7月26日俄罗斯通知法庭，其最高法

① The “Juno Trader” Case, paras. 62－65, 68. 一旦国内法律程序完成，迅速释放程序就没有任何意义了。但这并不意味着一个行政行为就可以排除第292条程序的适用，特别是当该国法律所规定的司法程序仍然在进行中。The “Juno Trader” Case, Joint Separate Opinion of Judges Mensah and Wolfrum, paras. 8－12.

院已经驳回了针对没收“富丸”决定的申诉。[1]

在这种情况下，原告日本强调，即使“富丸”真的已经被俄罗斯没收了，它也仍然是日本船舶。无论如何，船舶的所有权不同于船舶国籍的变更。由于“富丸”是日本船舶，因此日本有权提起迅速释放该船的申请，而无论其所有者的国籍为何。日本认为，如果允许扣留国通过没收被捕船只来阻止法庭行使其迅速释放的管辖权的话，那么公约中迅速释放的责任和程序就将全部丧失实际意义。[2] 另一方面，被告俄罗斯虽未质疑日本作为“富丸”船旗国的地位，但却认为由于没收而造成的该船所有权的变更使得日本的申请没有了对象。[3]

国际海洋法法庭强调，必须区分两个问题：（1）没收是否会对船舶的国籍产生影响；（2）没收是否使得迅速释放船舶的申请丧失了对象。[4] 关于第一个问题，法庭指出：“没收船舶本身不会造成船旗的自动变更或丧失。没收改变了船舶的所有权，但船舶的所有权和船舶的国籍是不同的问题。根据公约第 91 条，是由每个国家确定授予船舶国籍和船舶登记的条件的。船舶的国籍国是船旗国或船舶有权悬挂其旗帜的国家。如公约第 94 条所指示的，一国和有权悬挂其旗帜的船舶之间的法律联系产生了一个相互权利和义务的网络。鉴于公约第 94 条所规定的船旗国的重要职能以及船旗国在提起公约第 292 条项下的迅速释放船舶程序中所扮演的关键角色，不能假定所有权的变更自动导致船旗的变更或丧失”。[5]

关于第二个问题，法庭认为需要考虑迅速释放程序的对象和

① See the “Tomimaru” Case, paras. 22 – 46.

② The “Tomimaru” Case, para. 66.

③ The “Tomimaru” Case, para. 50.

④ The “Tomimaru” Case, para. 69.

⑤ The “Tomimaru” Case, para. 70.

目的以及公约第 292 条第 3 款。[①] 法庭强调，公约第 292 条项下的判决必须不影响在主管的国内法庭对该船只或船员的任何案件的是非曲直，“而这也是一个维持沿海国和船旗国之间利益平衡的要素”。[②] 法庭指出：“考虑到迅速释放程序的对象和目的，没收船舶的决定不能阻止本法庭考虑迅速释放该船舶的申请，如果扣留国国内法院的审理尚未终结的话”。[③] 鉴于俄罗斯联邦最高法院的决定终结了国内法律程序，法庭认为，根据公约第 292 条作出释放该船的决定将与那个终结了主管国内法庭审理的决定相冲突，并且将侵犯其国内管辖权，从而违反公约第 292 条第 3 款。出于这些原因，法庭全体一致裁定日本的申请不再有任何对象，因此法庭不需要就此作出裁决。[④]

应当看到，本案与“朱诺商人号案”有明显不同。在“朱诺商人号案”中，被扣船只是由几内亚比绍的行政机关决定没收的，而且其法院已经暂停了该行政决定的执行。但在本案中，俄罗斯法院不仅审理了案件的实体问题，而且其没收船只的命令也已经被执行。[⑤] 不言而喻，迅速释放预示着有关船只仍处于被扣留状态。而一旦船只被没收，扣留状态就终止了。因此，如果由于法律的自动实施，或是国内的司法决定，或是扣留国任何其他有权当局的决定，该船只已经成为扣留国一个不可逆转的没收决定的对象，那么该船就不再处于公约第 292 条意义上的被扣留状态。由此，迅速释放“被扣”船只问题就变成假命题了。[⑥] 此

① The “Tomimaru” Case, para. 73.

② The “Tomimaru” Case, para. 74.

③ The “Tomimaru” Case, para. 78.

④ The “Tomimaru” Case, para. 82. 实际上，该申请在俄罗斯最高法院作出判决前就已经丧失对象了，因为根据俄罗斯法律，联邦地方法院有关行政犯罪的决定不能被上诉，该决定一经公布立即生效。The “Tomimaru” Case, Separate Opinion of Judge Lucky.

⑤ The “Tomimaru” Case, Separate Opinion of Judge Lucky.

⑥ The “Tomimaru” Case, Separate Opinion of Judge Jesus, para. 9（d）.

时第 292 条项下的程序也就不再有用武之地了。因为没收船只的决定构成国内程序中有关“案件的是非曲直”的组成部分，而第 292 条第 3 款要求对迅速释放申请的审理不应“影响在主管的国内法庭对该船只、其船主或船员的任何案件的是非曲直，”所以第 292 条项下的法院或法庭不可能做出在保证书或其他财政担保经提供后释放被扣船只的判决。在此情况下，法庭对释放申请的审理将没有任何实际意义，因此也就没有必要对释放问题作出裁决了。

然而，值得注意的是，虽然本案法庭没有质疑沿海国没收被扣船只的权利，但却强调：“不能以颠覆公约所确立的船旗国和沿海国之间利益平衡的方式没收渔船”。[①]“没收的决定消除了扣留船舶的临时性，使得迅速释放该船的程序丧失了对象。**此类决定不应以阻止船东诉诸可能的国内司法救济，或阻止船旗国诉诸公约规定的迅速释放程序的方式作出；该决定也不应通过不符合正当法律程序的国际标准的审理作出。特别是，无理匆忙决定的没收将损害公约第 292 条的运作。**”[②] 法庭的这段宣示似乎意味着，一方面，沿海国不应在逮捕或扣留渔船后就立即将其没收——这样可能阻挠了诉诸国内或国际救济的可能性，从而给船旗国一定的时间来申请提交保证书以使被扣船只获释；[③] 另一方面，扣留国没收船只的决定应通过符合正当法律程序的国际标准的审理作出。更为重要的是，它还似乎暗示法庭有权力审查船东是否被禁止诉诸可以利用的国内或国际司法程序，有权查明扣留国的审理是否有违正当法律程序，[④] 因为法庭强调：“本法庭还注意到，没有人主张不符合正当法律程序的国际标准，也没有人

① The “Tomimaru” Case, para. 75.

② The “Tomimaru” Case, para. 76.

③ The “Tomimaru” Case, Separate Opinion of Judge Jesus, para. 8.

④ The “Tomimaru” Case, Declaration of Judge Nelson.

声称导致没收的审理阻挠了诉诸国内或国际救济的可能性。”[①] 而按照这一逻辑，一旦能够证明扣留国法院出于规避公约第 292 条的目的而加速进行刑事审判，或者国内程序迅速得出结论而没有认真考虑有利于被扣船只和船员的主张，那么国际法庭似乎就有权排除这种违反正当程序作出的迅速没收的决定，将有关船只仍然视为公约第 292 条意义上的被扣船只，从而宣布其有管辖权。[②]

然而，国际海洋法法庭的这种宣示及其可能引发的后果与公约第 292 条第 3 款的要求并不相符。首先应当强调的是，沿海国有权在其法律中规定没收违反船舶这样的刑罚并予以执行。同时，“第 292 条的目的是避免不适当的长期扣留船舶，而并非意图排除沿海国刑法对专属经济区内犯罪的适用。将其解读为违法者支付了保证书就可以不受惩罚是奇谈怪论。如此，‘合理的保证书’将会替代沿海国法律所规定的刑罚。”[③] 无论如何，没收船只的处罚和金钱处罚存在着质的差别。[④] 因此，不应为适用第 292 条程序的目的而先验地怀疑扣留国没收被扣船只决定的正当性。其次，第 292 条第 3 款要求法院或法庭“应仅处理释放问题”。因此，关于“迅速没收”、“诈欺公约”或违反正当程序等主张不应是第 292 条机制中处理的问题。[⑤] 如果船旗国认为扣留

① The “Tomimaru” Case, para. 79.

② See the “Juno Trader” Case, Joint Separate Opinion of Judges Mensah and Wolfrum, paras. 8 – 12, the “Juno Trader” Case, Separate Opinion of Judge Treves, para. 6, the “Grand Prince” Case, Declaration of Judge ad hoc Cot, paras. 7 – 8. 莱恩法官甚至主张，没收外国船舶即使按照国内法是有效的，国际裁判机构也不应接受，如果该没收的目的或其效果将排除该机构的管辖权或消除为一个获得广泛参与的重要文件所明确承认了的权利或整个救济机制，如 1982 年公约。The “Grand Prince” Case, Separate Opinion of Judge Laing, para. 10.

③ The “Grand Prince” Case, Declaration of Judge ad hoc Cot, paras. 7 – 8.

④ The “Grand Prince” Case, Separate Opinion of Judge Anderson.

⑤ The “Tomimaru” Case, Declaration of Judge Nelson.

国没收船只的决定违反了公约规定，那么此种质疑将是有关公约解释或适用的"争端"，而非第 292 条项下的"问题"。此时它可以从第十五部分的其他部分，包括关于临时措施的第 290 条，寻求有效救济。[①] 不应忘记，第 292 条项下的特殊程序是与公约第十五部分其余部分所规定的解决有关公约的争端的正常程序并存的。"赛加号案"（第 2 号）充分显示了公约争端解决的一般规定是如何适用于有关船舶的争端，包括释放船舶的问题。[②] 另外，如果认为导致没收的国内程序反复无常或有违法行为，船东则可以寻求当地救济。[③] 第三，第 292 条第 3 款还要求处理释放问题应"不影响在主管的国内法庭对该船只、其船主或船员的任何案件的是非曲直。"需要强调的是，该条并未给国内法院的判决设置"不应以阻止船东诉诸可能的国内司法救济，或阻止船旗国诉诸公约规定的迅速释放程序的方式作出；该决定也不应通过不符合正当法律程序的国际标准的审理作出"这样的限制。相应地，该条自然也就未赋予国际法院或法庭评判国内法庭判决的权力。其实，在迅速释放案件中，扣留国的法律及其法院的裁判非但不应成为价值判断的对象，[④] 而且应被法庭"视为相关事实"。[⑤]"在作出有可能暗含批评国内法院的程序和决定的言论

---

① The "Grand Prince" Case, Separate Opinion of Judge Anderson. 此时应当根据公约有关争端解决的一般规定来判断国际法庭是否具有管辖权，因为这些规定中包括第 298 条第 1 款（b），它授权国家可以将涉及在专属经济区内行使渔业执法权的争端排除出去。Bernard H. Oman & Vincent P. Bantz, The "Grand Prince" (Belize v. France) (Judgment), p. 224.

② 在关于逮捕"赛加号"的合法性的审理阶段，船旗国就是通过申请第 290 条项下的临时措施来寻求"赛加号"获释的。See The M/V "Saiga" (No. 2) Case, Request for Provisional Measures, Order of 11 March 1998, available at the ITLOS website: http: // www. itlos. org/ start2_en. html.

③ The "Tomimaru" Case, Separate Opinion of Judge Jesus, para. 9 (c).

④ The "Tomimaru" Case, Separate Opinion of Judge Jesus, para. 9 (b).

⑤ The "Monte Confurco" Case, para. 72.

时，法庭应进行最大限度的自我克制。”① 至于何时采取没收渔船的措施是一个与对案件的是非曲直的考量密切相关的问题。因此，不管沿海国在扣船后就立即加以没收还是以后再行没收，都完全属于沿海国有关当局职权范围内的事项，对此法庭在处理迅速释放案件时应予以尊重。相反，无论法庭基于何种原因否定国内法院没收船只的决定并命令释放该船，都将不可避免地“影响在主管的国内法庭对……任何案件的是非曲直”，从而违反第292条第3款的明确要求。总之，鉴于第292条的宗旨和目的，以及适用第292条程序的预想环境，一旦国内法院已经就案件的是非曲直作出没收船只的决定，国际法院或法庭就不适宜再审理释放的申请，更不应命令释放被扣船只。而这一结论要求船旗国在其船只被扣留后尽可能迅速地诉诸第292条的程序，而不应像押宝一样坐等一个法庭作出决定后再诉诸另一个它认为或许会带来更好结果的法庭。②

结论

迅速释放程序是《联合国海洋法公约》创设的一个重要的程序。虽然该程序并不处理有关争端的是非曲直，但释放被扣船只的命令将直接影响沿海国在其专属经济区内的一些重要权利的行使。为此，迅速释放程序应仅适用于那些公约明确规定了沿海国应在合理的财政担保经提供后迅速释放被扣船只及其船员的情况，而不应包括所有扣留船舶的情况。在确定扣船是否属于第292条的适用范围时，除非法庭有充分理由认定扣留国在逮捕船只时恶意适用其国内法，否则不应更改扣留国对被扣船只所提出

① The “Monte Confurco” Case, Separate Opinion of Judge Mensah.

② Natalie Klein, Dispute Settlement in the UN Convention on the Law of the Sea, pp. 99 – 100.

的指控。然而，即使扣船的情况属于公约第 292 条的适用范围，一旦被扣船只已经被扣留国法院最终裁定予以没收，公约迅速释放程序也就不适用了。就第 292 条项下的法庭或法院的管辖权而言，最棘手的问题是原告在提出释放申请时是否为被扣船只的船旗国。鉴于公约已经在船舶的国籍问题上赋予船旗国高度的裁量权，法庭应严格参照原告国的有关国内法律来确定被扣船只在提出申请时是否在该国有效登记，而不是注重原告国在船只被扣后是否始终以该船的船旗国行事。

国际商业惯例的效力基础及其适用模式

陈亚芹*

随着国际商事交往的日渐频繁和深入，对跨国性商事纠纷处理的适当与否成为推动或阻碍国际商业发展的重要因素。解决跨国纠纷的传统法律适用方法是通过设计“指示器”的方式在不同国内法之间寻找适当的法律。但是，由于国内法处理国际商事纠纷所具有的固有的不适当性,① 一些国际法学者开始致力于寻找可以取代国内法调整国际商事活动的规范。在这种情况下，国际商业惯例便成为具有吸引力的选择。但随之而来的问题是，国际商业惯例取代国内法的依据何在，国际商业惯例能否担负调整国际商事活动的功能，国际商业惯例可以何种方式取代国内法，等等。本文试通过对相关理论争议以及国际商业惯例适用的现状和前景的评述对上述问题予以探讨，并进一步分析中国立法有关国际商业惯例法律作用规定的积极意义和不足。

---

* 复旦大学法学院国际法博士生。

① 如美国学者劳恩费尔德认为：“法律选择程序所指引的国内法规则，与国际商业的需要和习惯是不协调的。各国自行制定国内法规则，本是为了调整国内事项，而非国际范围内的事项。”见 Lowenfeld, Lex Mercatoria: An Arbitrator 's View, 载于 Thomas E. C. Lex Mercatoria and Arbitration, 1998, p. 90. 另可见：Abul F. M. Maniruzzaman, The Lex Mercatoria and International Contracts: A Challenge for International Commercial Arbitration? 14 AMUILR, 1999, p. 658.

一、国际商业惯例的含义

国际商业惯例通常又称"国际贸易惯例",[①] 是指国际商事交易领域中的国际习惯和惯例，它大致包括在国际合同、运输、保险、支付与仲裁等方面存在的国际惯例。[②] 对于国际商业惯例的含义，学者的界定各从不同的角度并有不同的侧重，但在以下几个方面则基本一致：即自发性、广泛使用性以及普遍承认性。首先，国际商业惯例是在国际商业实践中自发形成的，"它植根于参与国际商事交往的行为主体的长期反复的实践"。[③] 作为自发性立法的产物，国际商业惯例与自觉制定的行为规范不同，后者具有统一权利义务的目的，是对未来行为的一种有意识的规范，而前者是在过去实践中普遍适用的结果，是一种既有事实。[④] 另外，一些非任意性的国际公约即使在国际实践中得到广泛的适用，但当事人对其适用是基于公约的强制性而非自发的选择，这些公约的规定因此缺少自发的要件而不能成立国际商业惯例。[⑤] 其次，国际商业惯例在实践中具有广泛适用性，这是其得以成立的客观要件。各种国际组织或其他机构所自觉制定的任意

---

① 如在韩德培主编的教材中，既使用了"国际贸易惯例"，又使用了"国际商业惯例"的术语。参见韩德培：《国际私法》，武汉大学出版社，1989 年，第 196 页。

② 郑远民：《现代商人法研究》，法律出版社，2001 年，第 103 页。

③ 赵秀文：《国际商事仲裁及其适用法律研究》，北京大学出版社，2002 年，第 163 页。

④ Roy Goode, Rule, Practice and Pragmatism in Transnational Commercial Law. ICLQ, Vol. 54 July, 2005, p. 547.

⑤ 施米托夫对此持不同观点。他在其一项研究报告中提出，国际公约一经国内立法所接受，就可成为国际贸易惯例的一种，即所谓的"规范性贸易惯例"（normative trade usages），如由英国先后立法接受的《关于提单的海牙—维斯比规则》、1964 年的两个关于国际货物买卖的统一法，等等。（C. M. Schmitthoff, International Trade Usages, as a special issue of NWESLETTER of the Institute of Business Law and Practice, 1987, p. 28.）

性行为规范包括一些任意性国际公约（如《1980年联合国国际货物销售合同公约》（CISG）），以及国际组织在编纂国际惯例时所作的对实践现状的偏离，都只有在实践中得到广泛适用后才能成立新的惯例。[①] 第三，实践中的习惯做法必须符合“主观义务感”这一主观要件，即只有被作为“法”来遵守时，才能成立国际商业惯例。[②] 对这一主观要件的证明是极其困难的，在实践中一般都推定该条件已经成就，而提出异议方须对其不存在承担举证责任。[③] 而在国际商事领域具有较大影响力的国际立法（如CISG）和国内立法（如《美国统一商法典》（UCC））已经抛弃了这一要求。因此，虽然在理论上“主观义务感”仍为学者所普遍主张，但在实践中其已经基本丧失了现实意义。

二、国际商业惯例的效力依据及其可适用性

（一）国际商业惯例的效力依据

从现实的角度看，国际商业惯例因其实践来源性、针对性以及统一性而比国内法更能反映国际商业共同体的利益需求。[④] 但是，从理论的角度看，国际商业惯例在多数情况下既非由国内立法机关制定，又非各国共同意志的产物，因此其取代国内法处理国际商事纠纷的依据何在一直是困扰着国际法学者的根本问题。

---

① Roy Goode, Rule, Practice and Pragmatism in Transnational Commercial Law. ICLQ, Vol. 54 July, 2005, pp. 550 – 551.

② 如罗伊·古德（Roy Goode）主张，私法中的惯例与国际公法中的国际习惯法具有惊人的相似之处，国际商事做法要取得惯例的规范性效力也必须要求交易当事人具有义务感从而对其进行一贯的采用。（Roy Goode. Rule, Practice and Pragmatism in Transnational Commercial Law. ICLQ, Vol. 54 July, 2005, p. 551.）

③ Roy Goode, Rule, Practice and Pragmatism in Transnational Commercial Law. ICLQ, Vol. 54 July, 2005, p. 551.

④ Christopher R. Drahozal, Contracting out of National Law: An Empirical Look at the New Law Merchant. Notre Dame Law Review, 2005, January, p. 535.

反对适用国际商业惯例的学者最根本的理由在于：国际商业惯例不是法律。在反对者看来，“能否成为一个独立的法律体系……是能够去独立的解决国际商业纠纷所必需的。”[①] 因此，国际商业惯例取代国内法的必要前提是其必须归属于独立的法律体系。但是，根据主要受奥古斯丁影响的实证主义者的观点，法律主要有三个一般的和重要的特点，即规范性，制度化和强制性（normative, institutionalized and coercive）[②] 从这个意义上来说，国际商业惯例不具备实证法的要件，因为它不完全符合为法律体系所特有的制度化和强制性，[③] 因此它不是法律，而只是一种贸易原则（principia mercatoria），[④] 不能够取代国内法而独立地处理国际商业纠纷。

相反，一些支持者们则基于对“法律”的不同理解而主张国际商业惯例的法律性，例如，我国台湾学者柯泽东从法律规范应具备的三个条件出发，论述了国际商业惯例的法律性：即具备法律规范的一般性和普遍性、权威性以及制裁力。[⑤] 法国学者卡恩（P. Kohn）则认为，按法社会学的观点，任何有组织的社会均可制定法律，因此，国际商业社会的自治规则，如惯例、一般条件、常用合同条款及一般法律原则等，也可以视为适用于国际

---

① Filip De Ly, International Business Law and Lex Mercatoria, 1992, p. 286.

② 规范化是指其有意并实际上指引人们的行为；制度化是指其制定、适用以及修改，在很大程度上是由机构来完成或控制的。强制性是指对其的遵从，以及其适用都是内在的最终由强制力的使用来保证。（Abul F. M. Maniruzzaman, The Lex Mercatoria and International Contracts: A Challenge for International Commercial Arbitration? 14 AMUILR, 1999, p. 699.）

③ Michael Mustill, The New Lex Mercatoria: The first twenty five years, 载于 Boss, M., Brownlie, I. Liber Amicorum for the Rt. Hon. Lord Wilberforce, 1987, p. 152-153.

④ Keith Highet, The Enigma of the Lex Mercatoria, 载于 Thomas E. C. Lex Mercatoria and Arbitration: A Discussion of the New Law Merchant, 1990, p. 108.

⑤ 柯泽东：《国际贸易法专论》，台大法学丛书，1981 年，第 31-34 页。

商业社会或其分支部门的贸易活动的法律规范。[①] 还有一些学者更试图避开有关国际商业惯例是否是法律的争论，而从现实的角度为其独立调整功能寻求依据，主张“如果‘法律规则’能够为纠纷提供适当的解决，就没有必要考虑他们是否构成了一个法律体系”。[②] 例如詹克斯（Jenks）指出，国际商业惯例“能否作为合同适用法并不依赖于关于什么构成法律体系的先入为主（preconceived）的观念，而是依赖于他们是否能够在实践中实现合同适用法的功能以及实际上被基于那种目的而适用”。[③] 还有学者认为，在实践中，国际合同纠纷可能被通过适用原则、规则或惯例而非适用法律体系本身解决。这些纠纷可能与国内、国际或跨国的公共秩序问题没有任何关系，而且相关当事人愿意通过这种方式解决并愿意据以执行，在这种情况下，“是否适用这些规则原则或惯例应决定于其在法律框架中的存在而非其解决纠纷的适当性将是值得怀疑的”。[④]

不难看出，上述有关国际商业惯例独立调整功能的支持者都将其效力依据建立在商业共同体自发制裁和自动执行的基础上。但不可否认的是，建立在这一基础上的强制力不论在实践中是如何强大，都仍只是事实上的而非实证法意义上的，因此仍难以摆脱实证主义学者的质疑。

与上述学者的立场不同，兰度则主张，国际商业惯例（现代商人法）是否由国家权力机关制定和颁布并不是其取得法律

---

① Filip De Ly, International Business Law and Lex Mercatoria, 1992, p. 215 - 216.

② Abul F. M. Maniruzzaman, The Lex Mercatoria and International Contracts: A Challenge for International Commercial Arbitration? 14 AMUILR, 1999, p. 733.

③ Abul F. M. Maniruzzaman, The Lex Mercatoria and International Contracts: A Challenge for International Commercial Arbitration? 14 AMUILR, 1999, p. 704.

④ Abul F. M. Maniruzzaman, The Lex Mercatoria and International Contracts: A Challenge for International Commercial Arbitration? 14 AMUILR, 1999, p. 706.

约束力的必要条件，其法律效力的有无取决于商业社会和国家权力机关承认它为一种自治体系的事实。[①] 换言之，国际商业惯例法律效力的取得并不依赖于其本身是否符合实证法的构成要件，而只须其对国际商事交易的调整由国内法强制力予以保证即可。因此，国际商业惯例独立调整合同的依据不是来自于其自身，而是来自于主权国家的认可。从某种意义上说，兰度的这一观点正是对可追溯至中世纪甚至更早时期的在商业实践中发挥着重要调整功能的商人习惯法效力根源的实证总结。实际上，正如有的学者所指出的，不论中世纪商人习惯法被描述得如何自治，他们仍然很明显地受到地方权力，最主要的是所有地方君主等的控制和约束，[②] 因此其法律效力最终仍是缘于地方权力的认可，而非来自于其自身。

因此，作为本部分的初步结论，笔者认为，国际商业惯例是否构成实证意义上的“法律”并不是判断其是否可独立调整合同的标准，国内法对其独立调整功能的认可及保障是其法律效力的根据。国际商业惯例事实上的规范功能本身不能为其提供取代国内法的依据，而只是决定国内法在多大程度上认可其自治性的影响因素。

---

① Ole Lando, The Lex Mercatoria in International Commercial Arbitration, ICLQ Vol. 34 1985, p. 752.

② Leon E. Trakman, From the Medieval Law Merchant to E-Merchant Law, UTOR-LJ, Vol. 53 2003, p. 265.

（二）国际商业惯例的可适用性

除上述有关效力根据的争论外，国际商业惯例在现实中能否担负独立调整合同的作用也是引发各种争议的焦点问题之一。按照美国学者哈赫特（Keith Highet）的观点，能够独立调整合同的法律规则或者“法”必须符合这样的标准：即一般可适用性；权威性和连贯性；相对可预测性；明显的公平性。① 而在反对者看来，国际商业惯例至少在以下三个方面难以符合上述要求：

首先，国际商业惯例不具有一般可适用性。有学者从社会学的观点出发，认为惯例必须以某一共同体为依托，在时间与空间的制约下，方能成立。② 而现代世界的商业社会并未构成一个共同体，所以从法的观点来看，不存在所谓的“国际惯例”。③

其次，国际商业惯例缺乏可预测性。导致国际商业惯例不可预测的根本原因在于其不确定性，而对国际商业惯例取代国内法的最普遍的批评正在于此。④ 有学者主张，国际商业惯例所可能带来的任何益处都是“以牺牲确定性为代价的”。⑤ 法国学者桑德若克（Sandrock）认为：除少数领域外，还未从国际习惯或为所有或多数国家所共有的法律原则中产生一套确定的规则，为解决国际贸易中出现的复杂法律问题提供明确的指导，因此建议企

---

① Keith Highet, The Enigma of the Lex Mercatoria，载于 Thomas E. C. Lex Mercatoria and Arbitration：A Discussion of the New Law Merchant，1990，p. 624.

② 张锦源：《贸易契约理论与实务》，台湾，三民书局，1988 年，第 55－56 页。

③ Filip De Ly，International Business Law and Lex Mercatoria，1992，p. 228.

④ Christopher R，Drahozal，Contracting out of National Law：An Empirical Look at the New Law Merchant，Notre Dame Law Review 2005，January，p. 535.

⑤ Christopher R，Drahozal，Contracting out of National Law：An Empirical Look at the New Law Merchant，Notre Dame Law Review 2005，January，p. 536.

业不要约定国际贸易惯例为合同的准据法。① 尼斯（Peter Nyth）也将国际商业惯例的模糊和不确定性作为其反对国际商业惯例作为合同适用法的理由之一。②

第三，国际商业惯例缺少对各种利益的平衡和保护机制，因此缺乏公平性。法国学者巴迪福尔在论及非国内规则的适用条件时认为，在解决合同的法律适用问题时，必须考虑诸如公益、处于弱势地位的当事方利益及第三方利益的保护问题。③ 而国际商业惯例则往往只反映商业团体自身的利益追求而忽视国家、社会利益与私益之间的平衡。④ 另外，国际商业惯例中缺乏强制性规定，适用国际商业惯例调整合同将导致“合同有效性的问题，误述，不正当影响，惩罚性条款以及对弱方利益的保护都处于真空状态”。⑤ 因此，国际商业惯例难以担负独立调整合同的功能，“其适用只能在由准据法（国内法）设定的框架内运行”。⑥

反对者所指出的上述缺陷使国际商业惯例在合同调整中的可适用性令人怀疑。对此，一些国际法学者试图从理论层面予以补救。例如，针对国际商业惯例在保护国家和社会利益方面的缺陷，法国学者哥德曼在国内公共秩序和国际公共秩序的基础上提

---

① Sandrock, Arbitration between U. S and West Germany Companies: An Example of Effective Dispute Resoution in International Business Transaction, University of Pennsylvania Journal of International Business Law, 1987 (9), p. 55－57. 在由跨国法中心所发起的世界性调查中，大多数回答者认为，作为国际律师，他们强烈反对选择商人法（包括国际商业惯例）作为准据法。

② Peter Nygh, Autonomy in International Contracts, 1999, p. 182.

③ 贺万忠：“国际商事惯例合意选择条款的思考”，《外交学院学报》，2005 (2)，第99页。

④ Christopher R. Drahozal, Contracting out of National Law: An Empirical Look at the New Law Merchant, Notre Dame Law Review 2005, January, p. 535.

⑤ Georges van Hecke, Contracts Subject to International or Transnational Law, in International Contracts (Hans Smit et al. eds., 1981) p. 25.

⑥ Georges van Hecke, Contracts Subject to International or Transnational Law, in International Contracts (Hans Smit et al. eds., 1981) p. 25.

出了“第三种公共秩序”即“真正的国际公共秩序”或“跨国公共秩序”的概念，[1] 并主张国际商业惯例应受“跨国公共秩序”的限制。[2] 而施米托夫则将克服上述不足的期望寄于国际组织的制法活动，强调作为商人法渊源的国际商业惯例必须是“由诸如国际商会、联合国欧洲经济委员会、国际法协会或其他国际组织制定的商业习惯性做法或标准”。[3] 但从实践的角度看，“跨国公共秩序”不仅过于笼统而难以操作，[4] 而且哥德曼对“跨国公共秩序”的界定也使其不足以排除不公平的国际商业惯例的适用。而施米托夫将“国际商业惯例”严格界定为国际组织的制法成果，又过分限制了国际商业惯例的范围，从而“抑制了各种形式的试图去统一各国商法的努力”。[5]

事实上，从现有的状况看，不仅国际组织对惯例的编纂活动提高了国际商业惯例的可预测性，而且国内法和国际公约对惯例的纳入，也使国际商业惯例因具有了书面形式和国家主权的参与

① 哥德曼认为这种公共秩序的规则包括自然法则的规则、普遍的公平原则、国际公法中的强制性规定和为文明国家所承认的一般法律原则。参见单文华，“国际商事惯例基本理论问题研究”，《民商法论丛》，第691页。）

② Filip De Ly，International Business Law and Lex Mercatoria，1992，p. 215.

③ ［英］施米托夫：《国际贸易法文选》，赵秀文译，中国大百科全书出版社，1993年，第266页。

④ 国内一些学者认为，所谓的“国际公共秩序”的根据仍然是国内的，其成立与适用仍需国内法的认可或作出解释。所以，这种区分在目前似乎只有理论上的意义，在实践上很难实行。参见韩健：《现代国际商事仲裁法的理论与实践》，法律出版社，1993年，第347－348页。

⑤ Filip De Ly，International Business Law and Lex Mercatoria，1992，p. 319－320.

而更为确定和公平。[①] 即使现有的某些国际商业惯例忽视了国家或社会的公共利益，也必须承认在与国家或社会公共利益无关的范畴内，国际商业惯例的这种缺陷也不足以成为其发挥独立调整作用的障碍。而将目光放诸于国际商业惯例的未来，各种国际商业规则的制定者对确定、统一和公平等价值的追求，也使我们更有理由期待更具有可适用性的国际商业惯例。在这一方面，最典型的例证即为国际统一私法协会所起草的《国际商事合同通则》（下称《通则》）。《通则》不仅对一些模糊概念规定了确定的内容，甚至比国内法的规定更为详尽和确定。[②] 另外，《通则》中

① 例如：1906年《英国海上保险法》被认为是对海上保险领域习惯性做法的集合（Donald M. Waesche. Choice and Uniformity of Law Generally. Tul. L. Rev, Vol. 66 1991, p. 293, 297－300）；《1980年联合国国际货物销售合同公约》（CISG）中的一般原则和条件也被普遍视为是贸易惯例的证明，而且其中某些惯例被认为比国内法更为公平。例如，在国际商会的某一仲裁案中，仲裁小组认为，由于"卖方营业所在地的国家的法律对买方因货物缺陷而向卖方发出通知规定了极短的期限和特别的要求"，而CISG中所规定的两年期间对缺陷产品的买方提起诉讼更为有利，该国内法的规定"看起来偏离了反映在CISG中的被普遍接受的贸易惯例"。因此适用了CISG的规定。〔ICC Case No. 5713, as reported in UN Commission on International Trade, "Cases on UNCITRAL Texts" A/CN. 9/SER. C/ABSTRACTS/3 (1994)〕

② 《通则》对一些被承认的概念增加了确切的定义，如善意、不可抗力以及终止权。善意行为是商人法以及大多数法律体系的基本理念，但在第2.1.15条中，《通则》进一步界定了善意谈判的义务：（1）当事人可自由进行谈判，并对未达成协议不承担责任；（2）但是，如果一方当事人以恶意进行谈判，或恶意终止谈判，则该方当事人应对因此给另一方当事人所造成的损失承担责任；（3）恶意，特别是指一方当事人在无意与对方达成协议的情况下，开始或继续进行谈判。关于不可抗力，第7.1.7条一般性地沿袭了CISG中的语言，而没有指明在第三方未能履行时可依赖的权利，但在第6.2.2条和第6.2.3条中仍有重要的改进，规定了艰难情形的含义及出现艰难情形的后果。从其明确性程度看，这些规定远远超越了美国统一商法典中有关"商业无法实施"的规定。第三部分的规定也使《通则》作为商人法更为确定。第7.3条详细描述了当事人因对方"根本不履行合同"时终止合同的权利。第7.3.1条特别着眼于一方的不履行是否"已经实质上剥夺了受害方本期望从合同中获得的权利"，以及违约的性质和相应的损失。预期违约概念，有关通知的程序要求，以及有关终止效果的规定都在随后的五条中有所规定。

已经包含了一些强制性规定，这些规定反映的是在大多数国内法中也同样具有强制性的行为原则和标准，反映了《通则》在保障特殊利益方面的努力。[①] 尽管《通则》目前尚不是国际商业惯例，但其规定的合理性使其被广泛接受和适用的前景值得期待。另外，随着国际商业交往的日益频繁和国际商事纠纷的增多，法官和仲裁员处理适用国际商业惯例的商事纠纷的逐渐增加，将使国际商业惯例的内容更容易证明。[②]

因此，针对上述反对者对国际商业惯例的可适用性所提出的质疑，似乎可以借鉴塞尔登（Selden）的观点来予以答复：[③] 国际商业惯例现在是否已经足够明确和公平以致可以被用来取代国内法来规范国际商事合同？今天的答案是"不"。但是国际商业惯例作为合同适用法独立调整合同的前景是可以预见的。目前，一些发展成熟的国际商业惯例在某些特定的领域已经足以承担这一功能。因此，现在应探讨的不应是国际商业惯例是否具有独立调整合同的可适用性问题，而应是基于国际商业惯例现有不足的存在，为国内法认可哪些国际商业惯例以及在哪些领域认可国际商业惯例确定一个现实的标准。

---

① 如第 1.7 条关于"诚实信用和公平交易"的规定［（1）每一方当事人在国际贸易交易中应依据诚实信用和公平交易的原则行事。（2）当事人各方不得排除或限制此项义务。］，第三章关于实质效力的规定，第 5.1.7 条第 2 款关于价格的确定的规定（如果合同的价格应由一方当事人确定，而且此定价又明显地不合理，则不管合同中是否有任何条款的相反规定，均应以一个合理的价格予以代替），第 7.4.13 条第 2 款关于对不履行协议的支付的规定（如果约定金额大大超过因不履行以及其他情况造成的损害，则可将该约定金额减少至一个合理的数目，而不考虑任何与此相反的约定）和第 10.3 条第 2 款关于时效期间的规定［当事人不能（a）将一般时效期间缩短至一年以下；（b）将最长时效期间缩短至四年以下；（c）将最长时效期间延长至十五年以上］。

② Barton S. Selden, Lex Mercatoria in European and U. S. Trade Practice: Time to Take a Closer Look, Annual Survey of International and Comparative Law, 1995, p. 127.

③ Barton S. Selden, Lex Mercatoria in European and U. S. Trade Practice: Time to Take a Closer Look, Annual Survey of International and Comparative Law, 1995, p. 127.

三、国际商业惯例调整跨国商事活动的理论模式

基于对国际商业惯例的性质及其重要性的不同认识，主张国际商业惯例作为合同适用法的学者对其取代国内法的方式设计了不同的模式，这些模式的合理性、现实可行性及其相互之间的关系如何也是为学者所争论不休的问题。

（一）自动适用论

即国际商业惯例可直接自动调整其范围内的国际商事合同，而无须国内法冲突规范的指引。持这种观点的学者将国际商业惯例视为一种超国家的规范，科尔（Michael Kerr）更形象地将其描述为一种独立的“漂浮在跨国上空”的法律规范（legal norm “floating in the transnational firmament”），[①] 认为其存在使“法律选择规则以及原则就变得多余了”，[②] 因此可以“排除对合同适当法的寻找，或更广泛地说，就是对冲突法规则的寻找”。[③] 哥德曼则认为以国际商业惯例为主要支柱之一的现代商人法是一种自治法律体系，是本身具有法律拘束力的正式法律渊源，它不仅有自己的实体法，而且发展了自己的冲突规则，即跨国性实体规则（substantive transnational rules）。[④] 根据这种规则，商人法可以无须借助各国内法的冲突规范而直接凭借该体系内的“实体跨国规则”予以适用，从而使国际商事交易完全摆脱国内实体

① Roy Goode, Rule, Practice and Pragmatism in Transnational Commercial Law. ICLQ, Vol. 54 July, 2005, p. 548.

② Friedrich K. Juenger, American Conflicts Scholarship and the New Law Merchant, 28 Vand. J. Transnat' l. L., Vol. 28 1995, p. 497.

③ Frederick A. Mann, England Rejects “Delocalised” Contracts and Arbitration, ICLQ Vol. 33, p. 193, 196 - 197.

④ 单文华：“国际商事惯例基本理论问题研究”，《民商法论丛（7）》，第660页。

法和冲突法的影响。马斯蒂尔（Mustill）则更明确地主张"可能有一种专门的只有一种规则的冲突体系——即所有的与国际贸易有关的纠纷在仲裁时都被商人法（国际商业惯例）所调整"。[①]但他进一步认为，国际商业惯例只有在当事人没有明确选择适用其他法律的情况下才具有自动适用性，因为在这种情况下，直接适用国际商业惯例"意味着重写了合同"，不论动机有多好，都将对当事人构成伤害，从而导致对交易自由的干预。[②]

自动适用的观点与我国法学界所主张的国际统一实体法理论相近，[③] 其核心在于国际商业惯例无须经国内冲突规范的指引可直接适用于国际商事合同。这与传统上所主张的国际私法规则的作用是相对立的。根据传统的国际私法理论，跨国合同的适用法应根据国内冲突规范来确定，这"反映了地域主权为了其存在而控制具有涉外因素的私法关系以维护其社会和经济政策的需要"；[④] 而自动适用论则力求摆脱国内冲突法的约束，实际上将跨国范畴内的私人利益置于特定地域范围内的更宽泛的共同利益之上，在一定程度上与国际商业社会对"自我管理"的要求日益增长的需要相一致。

由于自动适用论将国际商业惯例完全置于国内法，包括国内冲突法和国内实体法之上，从现实的角度看，其被国内法接受的可能性无疑是较低的，因此有学者称之为是"理想主义"的。[⑤]但是，这一理论在实践中被接受的情况也并非是绝无仅有的，如

① Michael Mustill, The New Lex Mercatoria: The first twenty five years, 载于 Boss, M., Brownlie, I. Liber Amicorum for the Rt. Hon. Lord Wilberforce, 1987, p. 154.

② Michael Mustill, The New Lex Mercatoria: The first twenty five years, 载于 Boss, M., Brownlie, I. Liber Amicorum for the Rt. Hon. Lord Wilberforce, 1987, p. 168.

③ 韩德培:《国际私法》, 武汉大学出版社, 1989 年, 第 4 页。

④ Abul F. M. Maniruzzaman, The Lex Mercatoria and International Contracts: A Challenge for International Commercial Arbitration? 14 AMUILR, 1999, p. 682.

⑤ 郑远民:《现代商人法研究》, 法律出版社, 2001 年, 第 275 页。

西班牙和伊拉克的法律规定，西班牙的一切进口交易和伊拉克的所有进出口交易，都必须受《国际贸易术语解释通则》的约束；[①] 我国最高人民法院公布的司法解释也认可了有关信用证的国际惯例具有自动适用于信用证纠纷的地位。[②] 也许，在某些国际惯例发展成熟并且与国家和社会利益关系较少的领域，认可国际商业惯例的自动适用地位并不仅是一种理论上的奢望。

（二）替代适用论

替代适用论主张国际商业惯例是一个规则体，可供合同当事人将其纳入合同，或明示或默示选择适用以摆脱本应适用的国内法的约束。[③] 持这种观点的学者主张，当事人自治是解决国际商事纠纷的首要宗旨，因此，除非当事人明示或默示选择国际商业惯例，否则国际商业惯例不能自动适用于调整国际商事合同。[④] 而在当事人未明示选择合同准据法的情况下，适用国际商业惯例比适用国内法更接近当事人的意愿。[⑤]

替代适用论的提出突破了“以主权国家或政治实体为本位”[⑥] 的传统法律适用方法理论。根据传统的国际私法理论，当事人意思自治是通过选择某一立法管辖权从而获得具体的国内法作为准据法。而在替代论者看来，这种传统理论“扎根于中央集权以及实证主义（in statism and positivism）之中”，“在现代

---

① 郑远民：《现代商人法研究》，法律出版社，2001 年，第 275 页。

② 见 2006 年 1 月 1 日施行的《最高人民法院关于审理信用证纠纷案件若干问题的规定》第二条。

③ Michael Mustill, The New Lex Mercatoria: The first twenty five years, 载于 Boss, M., Brownlie, I. Liber Amicorum for the Rt. Hon. Lord Wilberforce, 1987, p. 160.

④ Peter M. Flanagan, Demythologisng the Law Merchant: The Impropriety of the Lex, I. C. C. L. R. 2004, 15 (9), p. 299.

⑤ W. Craig, W. Park & J, Paulsson. International Chamber of Commerce Arbitration, 1984, p. 81 – 82.

⑥ 柯泽东：《国际私法》，中国人民大学出版社，2003 年，第 22 页。

已经过时了”，因为“商业行为正被从国家干预中解放出来”。[①] 因此，替代适用论的学者抛弃了适当国内法必然是适当法律的这一理论假设，主张径直寻找实体意义上适当的规则作为商事交易准据法，从而使当事人合意不仅仅起定域功能，而是直接指向应适用的法律规则。这样不仅可以免除当事人在不同国家法律之间进行抉择的困难，而且可以降低适用外国国内法的诉讼成本。[②]

替代适用论在国际商事仲裁领域得到了较为广泛的接受。一些国内仲裁立法和国际公约以及1985年《贸易法委员会国际商事仲裁示范法》等都不再将合同当事人的法律选择限于“法律体系”，而是允许当事人选择“法律规则”（rules of law）。[③] 有学者称，在国际商事仲裁领域，允许当事人享有广泛的法律选择自由（包括选择国际商业惯例的自由），是当代国际商事仲裁法律适用理论和实践的发展趋势之一。[④] 相比较而言，目前尚没有一个国家的冲突法明确准许国际合同当事人选择国内法之外的其他法律规则。一些学者主张在处理选择了国际商业惯例的合同的纠纷时，国内法院将只应在“其不会影响适用法中的当事人不得以协议减损的强制性规定的情况下”适用该惯例。[⑤]

① Friedrich K. Juenger, Contract Choice of Law in the Americas Am. J. Comp. L., Vol. 45 1997, p. 203.

② Roy Goode, Rule, Practice and Pragmatism in Transnational Commercial Law. ICLQ, Vol. 54 July, 2005, p. 545 -546.

③ 如1981年法国仲裁法率先规定仲裁庭应依据当事人选择的“法律规则”（rules of law）判定争议，而未将当事人的法律选择限定为“法律体系”（system of law）。此后，1989年《瑞士联邦国际私法典》、1986年《荷兰仲裁法》以及1965年《华盛顿公约》第42条第1款也使用了同样的措辞；另外国际法协会通过的一项决议也规定，基于“跨国性规则而非一个特定国家的法律”所作出的仲裁裁决是“有效的可以执行的”，在（1）当事人同意仲裁员可以适用跨国规则；或（2）当事人未选择准据法。

④ 朱克鹏：《国际商事仲裁的法律适用》，法律出版社，1999年，第128页。

⑤ Michael Joachim Bonell, The UNIDROIT Principles and Transnational Law, s. II. 1., www. unidroit. org/english/publications/review/articles/2000 -2. htm

支持国际商业惯例作为合同适用法的学者一般通过列举几个国家，诸如法国、德国、意大利、奥地利等国法院的几项判例，以此说明到目前为止世界上还没有哪一国的法院仅以仲裁裁决是根据现代商人法（包括国际商业惯例）作出的为由而拒绝承认这种裁决的法律效力，[①] 并据此证明国内法院对于当事人选择国际商业惯例等非国内法调整合同的理论所持的肯定态度。但更多的学者对此现象则存在不同的解释：法院对适用商人法所做出的仲裁裁决的一般性接受是对当事人自治选择仲裁方式的司法尊重，因此基于这种尊重不愿意考虑这些纠纷处理的实体性的内容，[②] 不能把法院的执行与其认可混为一谈。另外，由于案例的有限性，也有学者对这种实证结果的全面性和科学性提出质疑。[③] 尽管如此，仍有学者从国内法院的表述中窥见了其接受非国内法调整合同的可能性。例如针对英国上诉法院对国际商会在DST v. Rakoil 案[④]中根据非国内法律体系做出的仲裁裁决的支持，哥哈瓦格里（Mark Garavaglia）指出，“既然上诉院的判决明确拒绝了传统的‘法律体系’的主张而认为当事人有权不将其合同限定于单一的国内体系”，那么对非国内法律体系的适用是在仲裁还是在诉讼中的区别将“仅具有表面上的意义”。[⑤] 也许从长远来看，尼斯（Peter Nygh）的观点对国内法院接受国际商业惯例具有一定的启发意义：现在的问题不是我们该不该承认

---

① 韩健：《现代国际商事仲裁法的理论与实践》，法律出版社，1993 年，第 252 - 254 页。

② Roy Goode, Usage and its Reception in Transnational Commercial Law. ICLQ Vol. 46 1997, p. 31.

③ 黄进、胡永庆：“现代商人法论——历史和趋势”，《比较法研究》，1997 (2)，第 158 页。

④ DST v. Rakoil (Deutsche Schachtbau-und Tiefbohrgesellschaft mbH v. R' as Al Khaimah National Oil Co), 2 Lloyd 's Rep. 246 (1987).

⑤ Mark Garavaglia, In Search of the Proper Law in Transnational Commercial Disputes, New York Law School Journal of International and Comparative Law, 1991, p. 71.

当事人在国内法之外的选择权，而是如何合理地划定选择非国内法的权利和国内法必要地介入之间的界线。①

（三）补充适用论

补充适用论主张商人法（国际商业惯例）至多可作为一种补充性的规则被用于纠纷的处理，② 商人法（国际商业惯例）不是“革命的”，③ 而只是可被用于“阐明和弥补个别国家法律的缺陷，以及减少根本不是为国际交易而设计的个别国家法律的特殊性的影响。”④ 因此，按照补充适用论者的观点，国际商业惯例只是本应适用于合同的国内法的补充，国际商业合同最终仍摆脱不了国内法律体系的约束。

与自动适用论和替代适用论相比，“补充适用论”对国际商业惯例法律作用的界定显然最为狭窄，有学者认为这过分贬低了国际商业惯例实际的法律作用，⑤ 更有学者将具有补充作用的国际商业惯例等同于“法律漏洞补充的工具”而否定其法律性质。⑥ 但不能否认，将国际商业惯例视为国内法的补充在一定程度上也具有简化法律选择排除国内法适用的作用。在适用分割理论的情况下，根据国内冲突规范所确定的国内法对所涉案件没有相应规定时，以国际商业惯例作为国内法的补充可能省却适用最密切联系原则继续确定准据法的麻烦及其由此而产生的不确定

① Peter Nygh, Autonomy in I nternational Contracts, 1999, p. 173.

② Abul F. M. Maniruzzaman, The Lex Mercatoria and International Contracts: A Challenge for International Commercial Arbitration? 14 AMUILR, 1999, p. 733.

③ Andreas F. Lowenfeld, Lex Mercatoria: An Arbitrator ' s View, 载于 Thomas E. C. Lex Mercatoria and Arbitration, 1998, p. 90.

④ Andreas F. Lowenfeld, Lex Mercatoria: An Arbitrator ' s View, 载于 Thomas E. C. Lex Mercatoria and Arbitration, 1998, p. 90.

⑤ 宋晓：《当代国际私法的实体取向》，武汉大学出版社，2004 年，第 226 页。

⑥ 单文华：“国际商事惯例基本理论问题研究”，《民商法论丛（7）》，第 660，645 页。

性。从这个意义上说，具有补充作用的国际商业惯例仍具有一定的独立价值。

从另一个角度看，由于“补充适用论”对国内法地位的冲击最小，因此，其被国内法接受的程度更高。许多国家与地区（如瑞士、土耳其、泰国、阿根廷、奥地利及我国台湾）的民法典都赋予“惯例”或“习惯”以补充法律的地位。[①] 例如，瑞士民法典第一条规定，“如本法无相应规定的，法官应依据惯例；无惯例时，依据自己作为立法者所提出的规则裁判，在前款情况下，法官应依据经过实践确定的学理和惯例。”我国台湾民法第一条也规定：“民事，法律所未规定者，依习惯；无习惯者，依法理。”我国《民法通则》第一百四十二条第三款则规定，“中华人民共和国法律和中华人民共和围缔结或者参加的国际条约没有规定的，可以适用国际惯例。”

从上述分析可见，三种有关国际商业惯例的适用模式各以不同的理论假设为前提，表面上看似乎各不相容。但是应该注意到，三种理论模式都分别只从一个角度关注了国际商业惯例的一种特性，而由于不同领域的国际商业惯例的成熟程度及其与国内公共秩序和社会公共利益关系的紧密程度不同，三种模式都既存在片面之处，也各有其发挥作用的空间。因此，孤立地评判某种模式比其他模式更为合理和完善是不恰当的，正确的态度应是全面地分析三种模式各自的适用条件和范畴，从而在国内立法中适当地选择采纳。

① 张坦：“论习惯在民法典中的地位”，《河北法学》，1996年第7期，第13－14页。

四、中国有关国际商业惯例法律地位的立法实践评述

自 1985 年《涉外经济合同法》第五条首次规定“中华人民共和国法律未作规定的，可以适用国际惯例”之后，1986 年《民法通则》第一百四十二条、1992 年《海商法》第二百六十八条、1995 年《民用航空法》第一百八十四条以及 2004 年《票据法》第九十五条也都沿袭了这一做法，规定在涉外法律关系中，“中华人民共和国法律和中华人民共和国缔结或参加的国际条约没有规定的，可以适用国际惯例”。[①] 类似的规定在 2002 年全国人大法工委提交审议的《民法典草案》中也得以保留。[②]

另外，1985 年的《涉外经济合同法》第五条、《民法通则》第一百四十五条、《海商法》第二百六十九条、《民用航空法》第一百八十八条以及 1999 年《合同法》第一百二十六条都规定涉外合同当事人可以选择合同所适用的法律。对于可以选择的“法律”是否包括国际惯例，立法没有作出明确的规定。最高院 1987 年《关于适用 <涉外经济合同法> 若干问题的解答》的二（三）中也只规定“当事人选择的法律，可以是中国法，也可以是港澳地区的法律或者是外国法”，但不包括国际惯例；1989 年全国沿海地区涉外、涉港澳经济审判工作座谈会时，各法院则一致认为“涉外、涉港澳经济纠纷案件的双方当事人在合同中选择适用的国际惯例，只要不违背我国的社会公共利益，就应当作

---

① 《票据法》规定的是“本法”而非“中国法律”，从而使国际惯例成为票据法的补充性渊源。

② 《民法典草案》第四条第二款规定：依照本法规定应当适用的法律为中华人民共和国法律，而中华人民共和国法律对于该涉外民事关系的争议事项未作规定的，可以适用国际惯例。

为解决当事人间纠纷的依据”;[①] 而在最高人民法院民事审判第四庭颁布的《涉外商事海事审判实务问题解答（一）》中更明确地规定涉外合同当事人可选择的准据法包括“国际公约、国际惯例、外国法或者有关地区的法律”。[②]《民法典草案》第九编“涉外民事关系的法律适用法”第四条也明确规定“涉外民事关系的当事人可以经过协商一致以明示方式选择适用国际惯例”，第五十条“涉外合同的当事人可以选择合同所适用的法律、国际条约、国际惯例，但法律另有规定的除外”。而在涉外合同当事人未明示选择准据法的情况下，根据相关规定，法院仍将根据最密切联系原则确定合同的准据法，而非直接适用国际惯例。

但2006年1月1日施行的《最高人民法院关于审理信用证纠纷案件若干问题的规定》第二条则规定：“人民法院审理信用证纠纷案件时，当事人约定适用相关国际惯例或者其他规定的，从其约定；当事人没有约定的，适用国际商会《跟单信用证统一惯例》或者其他相关国际惯例”。该条显然具有双重的意义：其一，是对当事人明示选择国际惯例作为准据法的认可；其二，是对当事人未选择准据法时国际惯例自动适用性的认可。

从上述立法实践看，我国立法对国际惯例法律效力的认可兼采了三种理论模式，其中以补充适用论最为突出，而且有继续予以保留的趋势。至于替代适用模式的采用虽然在现行立法中还没有得到明确的体现，但司法解释已开始倾向于认可当事人合意选

① 最高人民法院《全国沿海地区涉外、涉港澳经济审判工作座谈会纪要》(1989年6月12日 法（经）发〔1989〕12号)。

② 最高人民法院民事审判第四庭颁布的《涉外商事海事审判实务问题解答（一）》第39条。

择国际惯例作为准据法，[①]《民法典草案》中的规定更进一步肯定了这一趋势。因此，似乎有理由相信，我国国内法准许涉外合同当事人选择国际惯例的立场是较为明确的。另外，通过司法解释的方式，我国法律也认可了在当事人未选择准据法的情况下有关信用证的国际惯例可自动适用。从最初的以补充适用论为主到现在对国际惯例的替代作用的基本认可以及对国际惯例自动适用的有限接受，国际惯例在中国法下发挥法律作用的空间越来越大。立法对国际惯例的这种逐渐放宽的态度反映了我国有关涉外商事交易的立法正逐渐向减少对跨国商事交易管制的方向转变的趋势，对国际商事交易的当事方无疑具有一定的吸引力，有助于提高中国法院和仲裁机构在国际商事纠纷解决中的影响力。但同时，中国法对于国际惯例的适用仍保留了“不得违反社会公共利益”这一必要的限制，[②]一定程度上可以克服因国际惯例的内在缺陷所可能造成的不利后果。从这个意义上说，中国法对于国际惯例的态度仍是较为理智的。但是结合我国的相关立法和实践，我国现有立法有关国际惯例的规定仍不乏需要进一步完善

① 在我国司法实践中，当事人选择非国内法通常被视为是将该非国内法的内容并入合同，而不被视为是有效的法律选择。但目前司法实践也开始出现承认当事人可选择非国内法作为合同准据法的现象。例如在“安徽省服装进出口股份有限公司诉法国薛德卡哥斯公司等海上货物运输合同货损索赔纠纷案”[（2001）武海法商字第19号]中，法院明确认定当事人选择的《海牙－维斯比规则》为案件的准据法。最高人民法院也在“巴拿马安第斯航运公司与中国中设（南通）机械进出口公司进口分公司海上货物运输合同货损赔偿纠纷上诉案”[（2002）民四提字第4号]中确定提单约定的海牙规则为案件准据法。理论上对此问题也多持肯定态度（黄进：国际私法．法律出版社，1999：405）；这一点也可以从中国国际私法学会起草的《中华人民共和国国际私法示范法》中的相关规定得以体现，该《示范法》第一百一十一条明确规定：“当事人在合同中可以选择适用国际惯例，也可以选择适用国际民商事公约。”

② 除了《民法通则》以及其他单行法中有关适用国际惯例不得违反社会公共利益的规定之外，《民法典草案》第十一条也同样规定：“依照本法规定适用外国法律或者国际惯例，不得违反中华人民共和国的社会公共利益。”

之处。

首先，就国际惯例的补充作用而言，现有立法只明确认可国际惯例作为我国法律的补充，即只有在我国法律作为合同准据法且缺乏相应规定时，法院才可以适用国际惯例。而在外国法为准据法且缺少相应规定时，能否以国际惯例作为外国法的补充在我国现行立法中并没有明确的规定。笔者认为，立法可以将国际惯例的补充作用扩大及一切本应适用的准据法，即只要就案件相关问题存在国际惯例而合同准据法没有规定时，可直接适用该国际惯例作为准据法的补充，这对于降低诉讼成本以及确保审理结果的确定性和稳定性都有一定的作用。

其次，从我国立法实践看，有关国际惯例适用的限制规定尚欠完备。我国有关法律适用的相关立法（包括《民法典草案》）仅以公共秩序保留作为适用国际商业惯例的防范工具，这对于克服现有国际商业惯例的不确定和不公平性明显不够充分。虽然作为适用外国法的安全阀，公共秩序保留为各国国际私法的理论和立法所广泛接受，但是随着国际经济交往的日益发展，这一原则一般仅被作为“相当严重的情况下例外地排除外国法的适用的手段和措施”。[①] 如果对我国立法中的“不得违反社会公共利益”也作如此严格解释的话，不仅立法有关国际惯例具有合理性及确定性的要求的缺失将可能增大适用国际惯例的风险，而且对当事人选择国际惯例作为准据法的一般性认可也将对现有立法的利益保护体制构成冲击。由此可见，在立法相关配套规定仍不完善，并且对可适用的国际惯例未进行严格考察的情况下，一般性地准许合同当事人选择国际惯例作为准据法未免过于仓促。

① 肖永平：《冲突法专论》，武汉大学出版社，1999 年，第 128 页。

IMF国家债务重组机制

李仁真[*]　刘　音[**]

引　言

所谓国家债务（也称“主权债”），即国家以其自身名义或信誉担保所举借的债务。20世纪80年代以来，墨西哥、俄罗斯、阿根廷等新兴的市场经济国家接连爆发金融危机，导致各该债务国无法偿还国家债务；另一方面，由于债权人主体结构急剧分化，传统的国家债务重组办法明显力不从心，无法解决新形势下的债权人集体行动问题。因此，如何化解国家债务危机，最大限度地保护债权人的利益、减轻债务国的债务负担，助其尽速恢复发展活力，是摆在国际社会面前的一大难题。围绕这一问题的解决，国际社会提出了各种重组国家债务的方法和建议。其中，有两种方法最为引人注目：一是允许特定多数债权人通过集体行动条款（Collective Action Clauses，CACs）变更债券合同的方法，通称为“契约方法”；二是通过签订国际条约或者修改《国际货币基金协定》的方式，建立具有普遍拘束力的国家债务重组机

---

* 武汉大学国际法研究所教授、博士生导师。本文是教育部人文社会科学重点研究基地2005年度研究项目“21世纪国际金融法律制度创新与发展研究”的中期研究成果。

** 武汉大学国际经济法专业博士生。

制（Sovereign Debt Restructuring Mechanism，SDRM），通称为“法律方法”。

相比较法律办法而言，契约办法更为现实可行。国际实践中，乌克兰、乌拉圭等发展中国家先后适用集体行动条款成功实现债务重组。2003年，墨西哥政府在纽约公开发行了含有“集体行动条款”的价值10亿美元的国债合同。同年，“多数重组条款”（Majority Restructuring Provisions）正式发展成为纽约州法支配下的国际债券合同的格式条款之一，[①] 这标志着国家债务重组安排朝着法律化、制度化的方向迈进了一大步。但是由于契约办法的任意性，它仍然无法完满地解决债权人多元化结构情势之下的集体行动问题。由此，国际货币基金组织（IMF）在借鉴“多数重组条款”的实践经验基础上，并针对“多数重组条款”的固有缺陷，提出国家债务重组机制的设计方案，试图通过制定法的形式，最大限度地平等保护债权人的合同权利。[②] 我们认为，传统国家债务重组方法的局限性、国际货币基金组织贷款援助政策的非合理性、新兴的契约办法的先天不足，是把国家债务重组改革引向法律化、制度化的三大制度因素。

一、国家债务重组方法的改革背景

（一）国家债务市场的晚近发展与变化

自20世纪80年代以来，国际融资手段和方式发生了重大的、深刻的变化，国际资本市场急速地、坚定地朝着一体化和证

---

① Sean Hagan, Designing a Legal Framework to Restructure Sovereign Debt, Georgetown Journal of International Law, Winter, 2005, 36 Geo. J. Int'l L. 299, p. 321.

② Patrick Bolton and David A. Skeel, Jr. Conference on Sovereign Debt Restructuring: The View From the Legal Academy: Inside the Black Box: How Should a Sovereign Bankruptcy Framework be Structured? Emory Law Journal (2004), 53 Emory L. J. 763, p. 777.

券化的方向迈进、发展。发展中国家对外债务的主要形式由举借国际银团贷款逐步发展为发行国际债券，因此其国家债务的主要债权人已不再只是外国政府和国际商业银行，而且还包括不计其数的各类中、小债券投资者。表面上乍看起来，国家债务的债权人主体范围的扩大化和多元化趋势，分散和稀释了投资风险，无疑能够起到优化资本配置、提高国际资本市场效益的作用。然而实际上，债权人主体结构的这一根本性变化却也使得国家债务的违约救济变得更加复杂。详言之，债权人主体结构的多元化导致债权人利益的多元化，直接造成债权人之间的利益冲突与摩擦升级。譬如，有的债权人关心债务重组是否迅速、有序，以便尽早实现债权请求；有的债权人（例如在二级市场受让债券的债权人）则希望通过诉讼实现利益最大化，因此希望重组是拖沓的、无序的。在市场发展的新形势下，重组国家债务的目的不仅在于解决债务国与债权人之间的利益冲突，而且还必须解决债权人之间的冲突。但是，作为20世纪中叶国际政治经济大环境下的历史产物，传统的国家债务重组安排显然无法胜任这一崭新的历史使命。

与作为贷款人的国际商业银行不同，广大的中、小债券投资者既无必要与债务国保持良好关系以便继续合作，也不太可能具有道义上的责任感，去顾及债务国的危难与救助。因此，他们往往采取竞相退出国家债务或竞相诉诸法律手段满足债权。其中，极端的表现如低价买进由债务危机国发行的国家债务，然后请求（内国）法院判决债务国还本付息，清偿债务；或在国家债务重组期间，为了最大限度地满足一己私利，恶意拖延谈判，或选择最有利于己方利益的诉因起诉债务国。与国际商业银行相比较，私人债券投资者更易于借助法律手段来影响国家债务重组，艾里奥（Elliott）合伙人案即是典型一例。

Elliott 合伙人于 1997 年购买了 2000 万由秘鲁政府担保的商业贷款。该笔贷款系秘鲁政府在 1983 年的违约债。1996 年，秘鲁政府安排发行布拉迪（Brady）债券，对包括该笔贷款在内的全部国家债务予以重组。但是，Elliott 买进该笔债务（债务额仅占全部重组债务的 0.5%）后，拒绝参加债务重组谈判，而是向纽约州法院提出告诉，请求法院判决秘鲁政府偿还债务。纽约州法院驳回了合伙人的申诉并指出，人们不能抱着起诉的目的去购买债务。Elliott 随后上诉至美国联邦上诉法院。1999 年 10 月，联邦上诉法院判决支持合伙人的请求。Elliott 随即在其他国家展开法律行动，其间取得了比利时上诉法院的支持，成功拦截了秘鲁政府通过欧洲清算银行中心系统向 Brady 债券持有人支付的款项。[①] 为了避免出现 Brady 债券违约的问题，秘鲁政府被迫于 2000 年 10 月同意偿还 Elliott 本金及利息，共计 4700 万美元。

本案是个体债权人发动国内诉讼程序，无视债务国和其他债权人的利益，片面实现一己私利的典型案例。我国有学者因此担心，国际社会可能出现国内债法凌驾于国际债务安排之上的趋势。[②] 但究其实，本案在法律适用方面所引发的实际争议在于，涉讼合同中含有的“比例平等（pari passu）”条款[③]是否应当做

① 按照债务重组协议，秘鲁政府每年分两次向 Brady 债券的持有人履行支付义务。由于 2000 年下半年的支付款项被 Elliott 拦截，因此秘鲁政府即面临不能在约定期限内向 Brady 债券持有人足额支付的问题。

② 贺力平：《评 IMF 国家债务重组新思路》，载《国际经济评论》，2002 年第 3 期，转自 http：//www. iwep. org. cn/chinese/jigou&renyuan/bianjibu/pinglun/pdf/2002_3－4－heliping. pdf（登陆时间：2005 年 9 月 28 日）。

③ 即确保无担保权益的贷款人与其他无担保权益的债权人处于平等受偿地位的条款。在政府作为借款人的情况下，比例平等条款可以阻止借款国政府将其收入划归某种特定用途或将其外汇储备调拨给某指定债权人，或采取行政措施优待部分债权人而使贷款人处于不平等的受偿地位（参见姚梅镇主编、余劲松主持修订《国际经济法概论》，武汉大学出版社，2001 年 7 月修订版，第 519 页。）

扩大解释；以往的司法实践一般采用限制解释。[1] 此外更为重要的是，本案所暴露出的实质问题在于，传统的国家债务重组办法在协调新形势下的债权人集体行动方面出现了真空，无法胜任公平保护债务国和其他债权人利益的新任务。假设与 Elliott 地位相同的其他债权人都效尤 Elliott，则债务国必疲于在世界各地应诉，债权人必难于执行债权。因此，如何解决广大债权人之间的集体行动问题，化解他们之间的利益冲突，是本案摆在国际社会面前的一大课题。

（二）传统国家债务重组办法的局限性

国家债务重组方法的产生具有其深刻的历史背景。传统的国家债务重组安排主要是由债务关系双方通过协商、谈判的方式，重新安排债务的偿还期，其实质是协议延缓债务。20 世纪 80 年代以前，国家债务的债权人主体结构基本维持着二元化的特点，即外国政府和商业银行是国家债务的债权人。传统国际法不涉及国家债务重组的制度安排，然而在国际实践中，巴黎俱乐部[2]和

① 本案原告以涉讼债券合同中含有“同等权利”条款为由，主张除非秘鲁政府同时向原告按比例偿还债务，否则，不得向 Brady 债券持有人履行支付义务。而在以往的司法实践中，“同等权利”条款一般被认为是限制债务从属的条款，而并非禁止债务人向特定债权人履行偿债义务，或要求债权人在同一时间向所有债权人偿还债务。另外，还有意见认为，无论作何解释，“同等权利”条款都不能构成胜诉债权人请求执行合同权利的理由，因为根据纽约法（本案准据法）中的归并原则，合同债权人一旦起诉即不再保有其于判决之前享有的合同权利，故不能再援引诸如同等权利等合同条款，请求法律救济。参见 Sean Hagan, Designing a Legal Framework to Restructure Sovereign Debt, Georgetown Journal of International Law, Winter, 2005, 36 Geo. J. Int'l L. 299, p. 315.

② 巴黎俱乐部是由国家债权人组成的旨在解决国家债务危机的非正式国际组织，其成员大多数为工业化国家。自 1956 年成立以来，巴黎俱乐部及其特设小组业已做成 300 多项协议，涉及 76 个国家的国家债务重组安排。

伦敦俱乐部①这两大非正式的国际组织，实际起到了实现国家债务重组的作用。该两大俱乐部主导下的延缓国家债务的谈判模式，可以认为是解决国家债务危机的传统办法。严格地来说，该两大国际组织主导下的国家债务重组方法实际并非具有普遍拘束力的国际制度，而是任意性的国际实践。经验表明，传统的国家债务重组程序虽然难免拖沓，但基本上都还是有序进行的。②

但是，传统的国家债务重组办法毕竟是20世纪80年代以前国际经济的产物，一旦国际经济情势发生了深刻变化，传统方法在化解债权人之间的冲突方面明显力不从心，无法解决新形势下的国家债务重组问题。国际法和国际实践在解决新时期的国家债务危机方面出现了真空。

（三）国际货币基金组织贷款援助政策的非合理性

向国际收支发生困难的成员国提供必要的资金融通，助其渡过难关，是IMF的一项重要职能。IMF提供的贷款援助被公认有两个目的：其一，防止国家债务违约；其二，便利债务国在违约之后重组国家债务。有批评者认为，这种观点恰恰容易误导债务国冒险举债，无视盲目举债的成本，引发所谓“道德风险”——贷款援助可能纵容债务国一方面维持不合理的经济政策，另一方面又在私人资本市场上盲目举债。这种道德风险主要

① 伦敦俱乐部系由商业银行组成的非正式国际组织，旨在解决商业银行与其国家债务人的国家债务重组债务问题。

② 首先，就国家之间的债务而言，出于政治上的考虑，债权国与债务国往往愿意尽速达成债务重组协议，经济地解决双方之间的债务问题。其次，商业银行与债务国之间的国家债务重组尽管不如国家之间的国家债务重组经济，但仍然是有序的。究其原因主要在于：其一，银团贷款协议中约定解决争议采取其他方法，而不诉诸法律；其二，银行出于发展业务的考虑，希望与债务国保持良好的关系；再次，商业银行债权人之间在金融和制度方面的利益是类似的，因此彼此之间的利害冲突比较有限；最后，商业银行出于道义上的考虑，也愿意与债务国进行合作，共同解决债务危机。

集中在债务国方面。退一步讲，即使贷款援助往往附加严格的借贷条件，债务国（在等待 IMF 援助期间）愿意改革不合理的金融政策，IMF 的贷款援助也仍然存在道德风险隐患，而且隐患不仅来自于债务国，而且还来自于债权人。具体来说，首先，在债务国方面，贷款援助可能干扰国家债务重组——IMF 向债务国伸出援手的前景可能扭曲债权人（在国家债务重组期间）的谈判动机，间接纵容他们拒绝在重组问题上作出积极的让步。其次，在债权人方面，贷款援助可能怂恿冒险投资或借贷——提供贷款援助是 IMF 的重要职能之一，所以可能导致债权人怠于谨慎计算投资、借贷的风险，从而间接怂恿债权人冒险投资、冒险借贷。因此，批评者们建议，IMF 应该把注意力集中在短期应急贷款援助上，向那些面临清算危机的债务国提供贷款，而不应该企图充当最后贷款人，帮助债务国解决债务危机。①

此外还有批评意见认为，IMF 的借贷决定代表了具有政治影响力的成员国（往往是美国）的政治愿望和经济利益。这些国家有时出于地缘政治上的考虑，要求 IMF 向相关国家提供贷款援助；有时从保护本国债权人利益的立场出发，要求 IMF 向那些拖欠本国银行债务的债务国提供贷款援助。显然，这与公平的价值目标是背道而驰的，既不能公平保护危机之中的债务国，又不能公平保护（不同的债务国的）私人债权人的利益。

（四）新兴契约方法的先天不足

CACs 是为解决（分化后的）债权人之间的冲突、协调债权人的集体行动，而产生的一种国家债务重组新方法，通称为“契约方法”。CACs 的核心在于，授权特定多数债权人变更债券合同，且该变更决定得拘束所有债权人。理论上，集体行动条款

① 转引自 Sean Hagan, Designing a Legal Framework to Restructure Sovereign Debt, Georgetown Journal of International Law, Winter, 2005, 36 Geo. J. Int'l L. 299, p. 307.

应该可以（在一定程度上）遏止债权人滥用全体债权人一致同意原则（Unanimous Action Clauses，UACs）恶意阻挠国家债务重组谈判，或竞相诉诸国内法，从而有利于国家债务重组有序地展开。有鉴于此，IMF 曾公开表示自己有义务在会员国境内推广适用 CACs。①

实践中，CACs 的内容不一而足，但基本都包括两类规定。其一，即“多数人有权修改条款”或“多数人有权决定重组债务条款”。该条款授权特定多数（一般要求 75%）债权人就国家债务重组安排中金融条款的内容作出决定，拘束所有债券持有人。由英格兰法或日本法支配的国家债券往往含有这类条款。2003 年，该条款正式成为由纽约州法支配的国家债券的格式条款。其二，即“多数债权人请求执行条款”（Majority Enforcement Provision）。该条款限制少数债券持有人请求强制执行债权的能力，以保证国家债务重组正常进行，不受干扰。由英格兰法、纽约州法支配的国家债券都曾出现过这类条款。

尽管 CACs 较法律办法更为可行，但它的实际作用是有限的，并不能解决涉及债权人集体行动的所有问题。首先，集体行动条款的适用范围缺乏一般性。除非债券合同中含有 CACs，否则，CACs 就没有拘束力，不能拘束债权人；然而，债务国可能请求对全部的国家债务进行重组，涉及债务国发行的所有债券——无论含有或不含有 CACs、银行贷款、贸易信贷等举借的债务及债务国请求重组的其他债务，这显然不是某一类或某几类债券合同中的 CACs 能够胜任的。其次，CACs 未必能够实际起到降低国家债务重组成本的作用。退一步讲，即使能够降低成本，一旦债务国发现重组债务能够更经济地解决债务危机，它就

① http://www.imf.org/external/np/exr/facts/sdrm.htm#b5（更新时间：2006 年 4 月 19 日，登陆时间：2006 年 6 月 1 日）。

不会努力地去避免危机，这就可能会导致国家债务危机频繁爆发。[①] 最后，集体行动条款只能解决单个债券问题，即债权人必须就各个债券问题分别作出决定。一旦需要解决的债券问题为数甚多，则集体行动条款很可能无法正常地发挥作用。同样地，由于集体行动条款只能就某个具体的债券问题拘束债权人，因此债权人仍得保留将其他债券问题诉诸法律的权利。

针对集体行动条款的固有缺陷，债权人团体又发展出所谓"超级集体行动条款"（Super CACs），[②] 即特定多数债权人有权变更集体行动条款，决定重组全部国家债务。但是，超级集体行动条款不仅没有能够完全克服契约办法的固有缺陷，如不能保证国家债务重组程序的公证性（主要是由于缺失专门的国际机构负责解决国家债务纠纷所致），而且还产生了新的问题。其一，没有证据显示，债权人愿意为了表决的目的而把自己的债权请求与其他（现时的和未来的）债权人的请求内容扯到一起，所以制订超级集体行动条款是不现实的。其二，即使债权人愿意接受超级集体行动条款，该条款本身却可能不符合债券合同准据法的规定。例如有些国家的法律明文规定，未经债权人同意，任何人不得变更其权利。如果数个债权人的债权请求混合在一起，这个问题就更加复杂了。其三，即使债权人愿意服从超级集体行动条款，该条款不与债券合同准据法相冲突，并且所有的国债合同都含有超级集体行动条款，甚至内容、措辞都完全一致，但是由于支配这些债券合同的准据法各不相同，同样无法保证所有法院或

① 参见 Barry Eichengreen&Ashoka Mody, Would Collective Action Clauses Raise Borrowing Costs, http://papers.nber.org/papers/w7458（发布时间：2000 年 1 月，登陆时间：2005 年 9 月 27 日）。

② Anne Krueger, New Approaches to Sovereign Debt Restructuring: An Update on Our Thinking, http://www.imf.org/external/np/speeches/2002/040102.htm（发布时间：2002 年 4 月 1 日，登陆时间：2005 年 9 月 28 日）。

其他裁判机关对该条款的解释和适用都是一致的。[①]

大概正是由于上述原因，直到2003年CACs的实践才发生转机，这为SDRM的设计积累了宝贵的经验。

二、国家债务重组机制（SDRM）设计思路

2001年11月，时任IMF第一执行副总裁克鲁格夫人在全美经济俱乐部年会致词中提出了建立SDRM的构想，大胆而乐观地建议建立具有普遍拘束力的SDRM和单一的、独一无二的国家债务争议解决论坛（Sovereign Debt Dispute Resolution Forum, SDDRF），公正地、有效地解决债务危机。这是IMF首次对外公布改革国家债务重组制度安排的工作计划，此时距离IMF开始酝酿设计新的国家债务重组办法已逾六年之久。[②] 之后，再经IMF反复论证、修改，IMF于2003年提出了最新的SDRM设计方案。

SDRM借鉴破产法的经验，并以美国联邦破产法第十一章为设计蓝本，试图把国家债务重组安排纳入国际法轨道，建议所有面临外债危机的主权政府在寻求国际资助或者重组债务之前，首先进入一种"破产状态"。"破产程序"一经启动，债务国政府位于其境内外的所有资产即被全部冻结，且冻结状况视债务重组的进程而定。克鲁格认为，启动SDRM将有助于推动债务危机的迅速解决，不仅能避免债务危机继续恶化，而且还能化解现行（债务）危机解决机制中潜在的道德风险，促使新兴的市场经济国家和国际投资界人士更加重视债务危机与债务国经济可持续发

① Anne Krueger, New Approaches to Sovereign Debt Restructuring: An Update on Our Thinking, http://www.imf.org/external/np/speeches/2002/040102.htm（发布时间：2002年4月1日，登陆时间：2005年9月28日）。

② Sean Hagan, Designing a Legal Framework to Restructure Sovereign Debt, Georgetown Journal of International Law, Winter, 2005, 36 Geo. J. Int'l L. 299, p. 303.

展之间的关系。[①]

必须强调指出的是，尽管 SDRM 有时被称为国家破产法，甚至有观点认为 SDRM 就是国家破产法，但究其实，SDRM 不是破产法，更不是“国家”破产法，[②] 而是一套便于债务国与债权人协商解决债务危机的程序安排，并不涉及具体安排的实质内容。按照 SDRM 的设计思路，如果债务国无能力偿还到期债务，且未能就国家债务重组内容与债权人协商一致，则债务国可以向 IMF 申请暂停偿债，请求就国家债务重组问题与债权人展开正式谈判。债务国一经 IMF 确认确无能力偿还债务，即进入所谓“破产程序”，所有资产全部被冻结。暂停偿债期间，债务国得就债务重组的内容、偿债时间表等债务重组的具体事项与债权人协商决定。债务国应当确保暂停偿债期间不发生资金外逃的现象，必要时得实行外汇管制。

（一）设计目的

传统的国家债务重组办法无法解决涉及中、小证券人、投资人的国家债务争议；在这个问题上，国际法与国际实践都是空白。针对国际资本市场发展现状和目前国家债务重组的国际实践[③]的缺陷，弥合国际实践与资本市场之间的缺口，SDRM 试图建立起一套规范的激励机制，促使债务国和债权人尽速就国家债务重组安排达成协议，实现资产保值，最大限度地（公平地）满足债权人利益，并帮助债务国尽快恢复发展活力。从理论上讲，SDRM 框架内的国家债务重组程序较之传统的国家债务重组程序，更具有可预见性、更稳定、更经济、更有效益。因此，从

① 参见贺力平：《评 IMF 国家债务重组新思路》，载《国际经济评论》，2002 年第 3 期，转自 http：//www. iwep. org. cn/chinese/jigou&renyuan/bianjibu/pinglun/pdf/2002_3 - 4 - heliping. pdf（登陆时间：2005 年 9 月 28 日）。

② 理论上讲，国家的资源是取之不尽、用之不绝的。

③ 巴黎俱乐部、伦敦俱乐部、CACs。

这个意义上讲，SDRM 应该能够起到提高国际资本市场效益的作用。

（二）设计原则

依据国际货币基金组织的工作报告，建设中的国家债务重组机制应当遵循以下八大设计原则：

第一，债务国请求适用 SDRM 进行重组的债务必须是其无能力偿还的到期债务。如前所述，SDRM 的设计目的在于促进经济地、有序地解决主权国家的债务危机，它不应当沦为债务国恶意逃债的方便之门。因此，债务非到期不能偿还之国家债务，不得适用 SDRM 重组。

第二，重大集体行动问题之外的其他实体问题不是 SDRM 的调整对象。SDRM 系规范国家债务重组安排的程序机制，不涉及重组内容的具体安排，不解决实体问题。

第三，透明原则。SDRM 支配下的债务重组程序应当透明，确保债权人之间信息畅通，不因信息不对称而相互倾轧。

第四，效益原则。SDRM 应当鼓励债权人积极主动地参加债务重组，最大限度地协调债权人集体行动，节约国家债务重组的成本。

第五，主权原则。SDRM 不是超国家的制度安排，因此它必须在充分尊重债务国主权的前提下发挥作用。主权原则体现在两个方面，首先，非经债务国申请不得适用；其次，应当限制 IMF 在 SDRM 框架内的权限范围。

第六，灵活性原则。SDRM 应当足够灵活且简单易行，符合资本市场的运作现状和发展趋势。

第七，补缺原则。SDRM 系填补现行金融制度漏洞的一项完善机制，应当配合现行的法律制度解决国家债务重组问题，而不是取而代之。

第八，公正原则。SDRM 框架内的争议解决程序应当是高效的、公平的，以此确保决策程序的公正。这也是 SDRM 较之契约方法更优越的一大特点。

（三）拟订的适用范围

原则上，SDRM 的适用范围取决于债务国与债权人谈判的结果，由双方协商决定债务重组的内容。IMF 建议把由内国破产法支配的和由内国法院专属管辖的请求权、优先权（非经债权人同意，不参加重组）等排除在适用范围之外。

（四）债务重组步骤

SDRM 框架内，一套完整的国家债务重组程序包括以下四个步骤：

第一，暂停偿债。自债务国申请暂停偿债之日起，债权国的所有财产即全部冻结，债权人暂停一切法律行动，由专门机构负责确认各债权请求，并安排表决。国家债务重组机制建议设立经常性机构专门负责登记债权并协助债权人的工作，以便提高重组国家债务的工作效率。时间成本的经济化对完善债务管理将起到积极的作用。表决之前，债务国可根据实际情况，暂时限制资本转移，防止资本外逃。

第二，延展暂停偿债期间。暂停偿债期间届满，而债务关系双方未能就债务重组达成协议的，多数债权人可以决定延展暂停偿债期间，继续重组谈判。这里必须解决两个问题。首先，债务国在谈判过程中，是否始终本着诚实信用的态度和保护债权人利益的精神；其次，债务国在暂停偿债期间是否采取了合理的经济政策，正朝着稳定经济的方向健康发展。对第一个问题，债权人可以自行判断。至于第二个问题，债权人的判断则取决于 IMF 是否支持债务国提出的重组安排。另一方面，债权人也应当本着诚信原则与债务国协商谈判。如果债权人为了达到获取 IMF 资金支持的目的，或者还指望债务国作出更大规模的经济调整，而拒绝延展暂停偿债期，则 IMF 可能作出延期放贷的决定，以支持债务国的债务重组安排，即使这样做对债权人是不利的。

第三，鼓励私人新增投资。特定多数债权人有权决定，暂停偿债期间内的新增债务具有优先地位，得优先受偿。

最后，通过重组协议。由债务国与特定多数债权人协商，达成债务重组安排的协议。但该重组协议要受到 IMF 评估报告的影响。如果该债务重组安排没有有效地把债务负担减轻到债务国能够承受的程度之内，则 IMF 将会取消其融资计划，迫使债务国与债权人重新协商新的重组方案，解决债务危机。

（五）国家债务争议解决论坛（SDDRF）

SDDRF 的职能包括行政职能、裁判职能和救济职能。以下分述之。

首先，行政职能，包括通知债权人、登记请求权和管理债权人表决程序。

其次，裁判职能。论坛负责解决债务重组过程中产生的所有争议，并对这些争议享有专属管辖权。国家债务重组争议既可能产生于验证各项请求（如请求的有效性和请求的价值）阶段，也可能产生于债权人表决阶段（例如债权人委员会的组成和运作）。SDDRF 在行使裁判职能方面是消极被动的，即非经当事人请求，SDDRF 不能自主启动调查程序，调查债权人、债务国是否有滥用权利的情况。

再次，救济职能。出于保障国家债务重组程序的公平、公正的目的，经债务国请求且债权人同意，SDDRF 应当有权签发令状，要求债务国境外的法院中止相关诉讼。当然，如何取得债权人的同意是值得再研究的。

三、国家债务重组机制的优越性

从建设框架上来看 IMF 就国家债务重组提出的法律方法，SDRM 并不是横空出世的新东西，而是在恪守主权原则的基础上，广泛地总结、吸收国际实践，渐进发展而来的国家债务重组新方法，既是国际实践的制度化、法律化，同时又从制度上对国际实践提出了更高的发展要求，体现了制度上的创新性和超前性。

在解决债务危机的手段上，SDRM 仍然延续了巴黎俱乐部、伦敦俱乐部的解决方法——协商，这也是主权原则的要求。SDRM 恪守主权原则，旨在提供一个低成本、高效率的谈判平台，协助债权国及时与债权人达成债务重组协议，尽可能地减小各方损失，更为经济地解决国家债务危机。

作为国家债务重组新方法之一，SDRM 与传统方法的不同之处在于：其一，SDRM 框架内，参与协商的债权人主体除了传统的债权人（如国际商业银行）之外，还包括广大的中、小证券投资人；其二，适用 SDRM 暂停偿债其间，债务国财产全部被冻结，并暂停一切法律行动；其三，SDRM 的实质不是延缓债务，而是减轻债务，把债务减小到债务国能够负担的范围以内。

SDRM 吸收了 CACs 的实践经验，把少数服从多数原则作为制度核心，授权特定多数债权人与债务国协商决定国家债务重组安排的具体内容。从这个意义上讲，我们甚至可以把 SDRM 等同于一个放大了的 CACs，综合性更强的 CACs。相较契约方法 CACs 而言，SDRM 的内容更广泛、更丰富，包含了许多制度创新和特色，主要表现在以下几方面：①

---

① 参见 http://www.imf.org/external/np/exr/facts/sdrm.htm#b5（更新时间：2006 年 4 月 19 日，登陆时间：2006 年 6 月 1 日）。

（一）适用范围更广泛。SDRM 适用于债务国的全部债务的重组谈判，不问债券合同中是否载明“CACs”；相反地，CACs 则只适用于那些明确写有“CACs”的国家债券，不能适用于其他不含有这类条款或者条款内容不同的国际债券。因此，国家债务重组机制的适用范围比集体行动条款要广泛得多。

（二）成本更经济。首先，SDRM 就债务重组方案的全部内容进行整体表决，CACs 只就个别债券争议进行单项表决。SDRM 综合所有债权人的意见，授权特定多数债权人决定是否接受由债务国拟定的国家债务重组方案。换句话说，在 SDRM 框架内，债权人就重组方案的全部内容做成单一的集体行动条款，由特定多数债权人决定是否接受重组方案；少数持异议的债权人得服从特定多数债权人的集体意志。显然地，CACs 由于只针对个别债券争议的问题进行单项表决，其成本明显不如 SDRM 经济。其次，由于 CACs 保留了债权人于债务重组期间另行采取法律行动的权利，故不能有效地遏止恶意诉讼的现象，同时债务国也可能藉此拖延谈判，加重债务重组的成本。相反地，SDRM 则要求债权人于债务重组期间暂停对债务国提出偿债之诉，应该更能起到防止恶意诉讼的作用，最大限度地节省债务重组成本、确保债权人和债务国的利益得到公平保护。① 这是 SDRM 对传统国家债务重组办法和契约方法的突破性发展。

（三）公平解决国家债务重组问题的制度保障。SDRM 从保护债权人利益的立场出发，拟设立 SDDRF，旨在从制度上保障债权人不受债务国的欺诈——这是契约方法无法企及的。CACs 一般不涉及债务重组程序上的制度安排。适用契约方法重组国家债务，其重组过程中的程序正义完全取决于各方自律，显然不及法律方法有力。

① 参见 http：//www.imf.org/external/np/exr/facts/sdrm.htm#b5（更新时间：2006 年 4 月 19 日，登陆时间：2006 年 6 月 1 日）。

（四）鼓励新增投资。SDRM 授权特定多数债权人决定是否新增投资。新增投资的目的在于，控制或扭转债务国于债务重组期间混乱的经济局势。新增投资产生的债权取得优先权地位。① CACs 对此则没有安排。

（五）效力更具普遍性。SDRM 一旦生效，即对所有国家同时生效。相反地，适用 CACs 集则面临一个"先吃螃蟹"的问题。这是因为，新兴的市场经济国家担心在债券合同中引入"集体行动条款"，会误导投资者以为其国家债务违约及债务重组的可能性很高，而影响其债券发行，因此一般不愿意把 CACs 写入国债合同。自 1996 年开始，IMF 一直呼吁成员国适用集体行动条款，但直到 2003 年 CACs 的使用才开始普遍起来。这一变化实际也为建设 SDRM 奠定了社会基础。

（六）信息透明原则。强调信息透明，是为了确保债权人之间信息通畅，便于他们了解自己和其他债权人在债务重组中所处的地位，从而避免债权人之间的冲突因信息不对称而恶化。②

（七）设立国家债务争议解决论坛（SDDRF），解决债权人表决过程中和验证债权请求的过程中产生的争议，包括债权人之间的争议和债务国与债权人之间的争议。IMF 把 SDDRF 作为 SDRM 的组成部分之一，目的在于确保国家债务重组程序的公平性和合法性。③ SDDRF 的决定必须服从特定多数债权人的集体意志，其效力应当等同于国内判决，在成员国境内具有强制执行

① Anne Krueger, A New Approach to Sovereign Debt Restructuring, http://www.imf.org/external/np/speeches/2001/122001.htm（发布时间：2001 年 12 月 20 日，登陆时间：2005 年）。

② Anne Krueger, A New Approach to Sovereign Debt Restructuring, http://www.imf.org/external/np/speeches/2001/122001.htm（发布时间：2001 年 12 月 20 日，登陆时间：2005 年）。

③ SDDRF 的职能范围包括，通知债权人债务国请求启动国家债务重组机制、验证债权人的各项请求、公告表决时间和地点、监督表决程序、组织表决会议、记录表决结果等。

力。在功能上，SDDRF 不同于司法机关，也不同于仲裁机构，实则系确认债权人表决程序合法性的平台，国家债务重组争议的最终结果实际仍取决于特定多数债权人的集体意志，而不是 SDDRF 委员们的自由裁量权。①

从理论上讲，SDRM 应该可以确保国家债务重组程序及时而有效地展开。正如克鲁格所指出的那样，SDRM 可以防止债权人挑选有利于实现一己债权的法院起诉、确保国家债务重组适用标准的集体行动条款、遏制债权人各行其是、有利于建立一个权威的国际机构，负责裁决和处理债务纠纷和监督债权人表决程序。简言之，SDRM 可以解决债权人之间的冲突，降低集体行动的成本，实现债务重组的成本经济化。IMF 设计 SDRM 的目的并不在于把国家债务重组的实体问题纳入 SDRM 的制度框架，建立一套全新的国际制度，取代传统的国家债务重组办法和契约方法，或把 SDRM 凌驾于相关的国内法律制度安排之上。SDRM 的首要目标实乃间接地鼓励，甚至刺激债权人与债务国尽速达成债务重组协议，适时而高效率地协商化解国家债务危机。究其实，SDRM 系由 IMF 为债务国和债权人搭建的债务重组谈判平台。这个平台在充分尊重、保护债务国和债权人意思自由前提下，试图公平、公正、经济地解决国家债务危机。

四、主权债重组机制的可行性分析与前景展望

理论上，法律方法较契约方法更为优越。但是实践中，建立 SDRM 仍有不少问题尚待解决。

① IMF Board Discusses Possible Features of a New Sovereign Debt Restructuring Mechanism, http://www.imf.org/external/np/sec/pn/2002/pn02106.htm（更新时间：2006 年 4 月 19 日，登陆时间：2006 年 6 月 1 日）。

（一）法律基础

SDRM应当是具有普遍拘束力的制度安排，因此IMF建议制订国际条约或修改《国际货币基金协定》。制订或修改国际条约，归根结底是各国主权范围内的事项，最终取决于各个主权国家。根据《国际货币基金协定》的有关规定，修改该协定必须经过基金组织五分之三会员国的同意，并且这些国家持有的投票权占总投票权的85%以上。由于美国政府明确表示反对，在现阶段修改《国际货币基金协定》是不现实的。冀望于签订国际条约，同样由于美国政府表明的反对立场，SDRM的前景亦不容乐观。我们知道，纽约州法一直是适用范围最为广泛的跨国国债合同的准据法。① 因此，美国的态度实际决定着SDRM的适用普遍与否。退一步讲，即使国际社会普遍同意接受SDRM的拘束，SDRM各项具体制度的安排仍需再思考、再研究。

（二）适用范围

SDRM的适用范围，主要指参加重组的国家债务类别。这是个很复杂的大问题，涉及到不少棘手的小问题。譬如，本国居民（债权人）持有的国家债务是否应当参与债务重组；本国居民所欠外债是否应当并入国家债务，参与债务重组等。原则上，参与重组的国家债务类别应当由债务国与债权人协商决定。不过IMF表示，由债务国法律支配且由该法专属管辖的国家债务，原则上不在重组的范围之内。②

---

① Sean Hagan, Designing a Legal Framework to Restructure Sovereign Debt, Georgetown Journal of International Law, Winter, 2005, 36 Geo. J. Int'l L. 299, p. 318.

② 参见 http://www.imf.org/external/np/exr/facts/sdrm.htm#b5（更新时间：2006年4月19日，登陆时间：2006年6月1日）。

（三）IMF的地位

原则上，（SDRM框架内）IMF不是国家债务重组安排的决策者——变更金融条款的决定/债务重组安排、暂停一切法律行动、新增贷款等决定均得由特定多数债权人与债务国的协调意志支配。但是，作为最具权威的国际金融组织，IMF无疑是评价会员国的偿债能力、经济政策，判断债务国是否为恢复国际收支平衡而采取了必要措施的不二之选，因此，它应当在SDRM中有所作为。然而，IMF目前的机构职能与SDRM还存在不少不相适应的地方。例如，SDDRF的职能拟包括，解决债权人与债务国之间的争议、债权人之间的争议、验证债权人的请求、确认重组谈判程序公正、评价债务重组安排是否有效地减轻了债务负担等，但是，这些都超出了IMF的职权范围。是故，除非修改《国际货币基金协定》，否则IMF只能利用现有的金融权力，鼓励、刺激，甚至逼迫债务国和债权人合理地利用SDRM，除此之外，别无其他作为。遗憾的是，正如我们已经说过的，由于美国的反对，修改《国际货币基金协定》尚不可及。

（四）IMF的贷款援助

向发生国际收支困难的会员国提供贷款援助是IMF的一项重要职能。IMF的意见显示，国家债务重组之后，IMF向债务国提供的融资金额应当以重建该国外汇储备和支付重要的服务费用和进口费用的数额为限，不包括重组之后的债务。

此外，还有诸如促进债权人与债务国之间的互动合作、外汇管制的作用、解决争议和海外投票程序等具体制度安排等，都有待于进一步研究。

综上所述，我们认为，SDRM是在克服CACs之固有缺陷的基础上发展而来的国家债务重组新方法，具有一定的创新性和超前性。从理论上讲，SDRM的建立和推广不仅对帮助深陷金融危机中的债务国摆脱危机是有利的，而且对公平地保护债权人的利益，乃至维护整个国际社会的金融安全也都是有利的。因此，SDRM被IMF视为最为理想的国家债务重组方法。但是，建立一项具有普遍效力的国际制度安排，毕竟不是一件轻而易举的事，这取决于其时深刻的国际背景。在民主政治大行其道的今天，作为中、小债权人利益的代言人，各会员国的权力机关不得本着保护本国债权人利益的精神，决定是否接受SDRM的拘束；而如何说服广大中、小债权人以国际经济发展大局为重，通力合作，协调集体行动实在是颇为棘手的问题。令人颇感欣慰的是，作为SDRM制度铺垫的CACs于2003年正式成为由纽约州法支配的债券合同的格式条款，广泛适用于国家债务合同。这似乎预示着SDRM的生机与希望。对于SDRM的发展前景，我们保持谨慎的乐观态度。

从国际法视角看非政府组织与国际联盟关系的演变

孙海燕*

非政府组织①作为一种社会政治现象由来已久②。从 20 世纪 90 年代开始，特别是 21 世纪以来，伴随着经济全球化和世界多极化两大趋势的深入迅猛发展，以非政府组织为主体的公民社会空前活跃，在各个领域都发挥着广泛和深刻的作用。非政府组织

* 北京大学国际法博士。

① 本文的研究对象是国际非政府组织，按照联合国经社理事会 1296 决议，指"具有代表性并具有被承认的国际地位，在一个以上国家开展活动，成员来自于一个以上国家的非政府组织"。为方便起见，本文使用"非政府组织"一词，指代国际非政府组织，不包含主要在一国内部开展活动的国内非政府组织。"国际组织"一词，严格的说，包含政府间国际组织和国际非政府组织，本文中用到"国际组织"一词，除特别注明外，一般指根据政府间协议成立的政府间国际组织。

② 一般认为，最早的非政府组织出现于 1617 年。参见 Borko D. Stosic, Les Organisations non Gouvernementales et les Nations Unies (Geneva: Librairie Droz, 1964), pp. 9 – 11, cited by Chiang Pei-heng, Non-Governmental Organizations at the United Nations (Praeger Publishers, 1981), pp. 20 – 21. See also Union of International Associations, Yearbook of International Organizations 的研究。

日益成为国际舞台上的重要角色，受到国际关系[1]、社会学[2]、国际法等多个学科的关注和研究。

在国际法研究的视野里，非政府组织与国际组织之间的制度化联系和法律关系是关键问题。特别是非政府组织与联合国的关系，吸引了绝大多数研究力量。从一般的法律形式上看，非政府组织同联合国的关系的正式框架是由1945年6月签订的《联合国宪章》第71条确立的。该条款授权联合国经社理事会“为同那些与该理事会所管理的事务有关的非政府组织进行磋商并作出适当安排”。这是在国际法律条文上首次正式承认非政府组织的存在。一些学者研究指出非政府组织与国际组织建立制度化联系始于联合国成立以后，认为《联合国宪章》开创了国际组织与非政府组织正式合作的先河[3]。

如果情况真的如此，那么为什么联合国这个初创的“世界政府”会在最重要的法律文本——《联合国宪章》作出这个创新之举呢？又是出于何种考虑对非政府组织的参与范围和方式给

---

① 研究国际关系的学者们关注非政府组织在何种条件下影响国际政治。参见Keck and Sikkink, Activists Beyond Borders, Cornell Univ. Press, Cornell., 1998; Risse-Kappen, Bringing Transnational Relations Back, Cambridge Univ. Press, Cambridge., 1995.

② 社会学重视分析非政府组织的跨国社会活动在社会学上的影响力。参见Della Porta et al., Social Movements in a Globalizing World, St Martin’s Press, N. Y., 1999; Princen and Finger, Environmental NGOs in World Politics: Linking the Local and the Global, Routledge, London, 1994; Smith et al., Transnational Social Movements and Global Politics: Solidarity Beyond the State, Syracuse Univ., NY., 1997.

③ 参见David Armstrong et al., From Versailles to Maastricht: International Organization in the Twentieth Century 5, 55, 85, Rights and the Environment, 3 Det. C. L. J. Int' L. & Practice 21, 29 (1994).

予一定的限制呢？研究人员对此观点不一①。其实，非政府组织早从 19 世纪初期就开始参与国际事务②，并在国际联盟成立后与之建立了相当深入广泛的制度性联系。笔者认为，非政府组织在联合国成立前所积累的参与国际事务的经验、特别是对国联各领域工作所作的贡献，为联合国纳入与非政府组织的咨商条款提供了信心和动力；国际联盟作为联合国的前身与非政府组织之间关系所经历的演变和调整，为第 71 条的具体内容提供了前车之鉴。本文将通过介绍非政府组织早期对国际事务的参与，特别是梳理国际联盟与非政府组织之间的制度化联系来论证上述观点。本文还试图通过回顾二者关系的演变历程，总结其经验教训，对非政府组织与国际组织法律关系的基本原则进行粗浅探讨。这对于我们在当今时代妥善引导非政府组织参与国际事务，从国际法的角度更好地规范国际组织与非政府组织的关系，推动国际组织和非政府组织更加健康协调地发展，均将具有重要的参考意义。

① 关于这一问题的研究并不多见。克里斯蒂·乔·施奈德（Christy Jo Snider）在博士论文中专门探讨了这个问题。他认为，联合国创始国同意在宪章中加入 71 条，主要基于三种考虑，一是当时世界的领导者们认识到一些大的非政府组织在影响公众意见方面的突出作用，希望对之加以利用；二是外交决策者们希望通过给予非政府组织正式地位，得到来自非政府组织的专家对国际事务的专业看法和建议；三是大国们认为把非政府组织拉入联合国框架内，可以对它们加以一定的控制。参见 Christy Jo Snider, Patriotism and Peace: Gender and the Politics of Transnational Nongovernmental Organizations, 1920 - 1945, a thesis submitted to the Faculty of Purdue Univ.,(2000), UMI Number: 3017868.

② 由于界定标准的差异，关于第一个国际非政府组织（INGO）的出现时间，学者们意见不一。斯托希奇（Stosic）认为应以 1823 年在伦敦成立的英国和外国反奴隶协会（The British and Foreign Anti-Slavery Society）为标志，国际联盟的国际组织手册认为应从 1846 年世界福音会（The World's Evangelical Alliance）为起点，怀特则提出 1855 年世界青年联盟（The World Alliance of YMCAs）才是第一个真正意义上的 INGO。得到相对普遍承认的一个时间是 19 世纪上中叶。

一、非政府组织对国际事务的早期参与（国联成立以前）

非政府组织自17世纪初期出现以来，很快就把目标瞄向了国际舞台，并通过参与政府间国际会议发挥影响。非政府组织第一次参加政府间国际会议的时间，至今没有准确定论。根据目前可以找到的最早记载，1815年维也纳会议（Congress of Vienna）召开时，法兰克福犹太人社团就派代表参加，并提交请愿书[①]。1899年第一次海牙和平会议召开，美欧多个和平组织派代表参加。会议期间，非政府组织代表与会议主席举行会晤，同与会代表广泛接触，向会议提交建议和申诉材料，还首次刊印了专刊，介绍自己的观点，抗议会议的保密规则[②]。由于非政府组织提交的申述和建议相当多，大会专门成立了一个委员会（Commission of Correspondence）审阅这些材料[③]。据当时的与会者评论，“他们（指非政府组织代表）仿佛自己是政府代表一样积极参与，与会各方都感受到了他们的影响[④]。”

除了上述政治性议题的国际会议以外，非政府组织还积极参与技术类国际会议。由于一些专业性的非政府组织拥有众多专家成员，在专业领域享有崇高威望，国际会议筹办方相当依赖他们的专业技能，在会议筹备和召开期间给予他们特殊地位，一些非

---

① 参见 Harold Nicolson, The Congress of Vienna: A Study in Allied Unity 1812 - 1822, p. 132（1946）.

② 这份“报纸”的作者是和平主义者斯特德（W. T. Stead），他在1907年第二次海牙会议期间又办了一份多达4页的日报。参见 James Brown Scott, the Hague Peace Conferences of 1899 and 1907, pp. 172 - 73（1909）.

③ 参见 The Right of Petition, at p. 13, U. N. Doc. E/CN. 4A/219（1950）.

④ 参见 Calvin De Armond Davis, The United States and the First Hague Peace Conference, pp. 97 - 102（1962）.

政府组织代表甚至具有了正式代表的资格。如 1851 - 1852 年第一届国际卫生会议（International Sanitary Conference）规定，每个国家派一名外交官，一名医生与会，两名代表具有一样的投票权并分别投票[①]。医生代表虽以个人名义参会，但有不少是非政府组织成员。

非政府组织早期参与国际事务的重要作用还突出体现在国际组织的创立和发展过程中。20 世纪初期，国际组织开始如雨后春笋般成立。有两类国际组织之出现，与非政府组织具有密切关系。一类国际组织由非政府组织演变发展而来，比如，国际教育局（The International Bureau of Education），制冷协会（The Institute of Refrigeration），国际食糖局（The International Sugar Office），国际锡委员会（The International Tin Committee），等等。还有一类国际组织是由于非政府组织的倡议、要求和推动才得以建立。比如，保护文艺作品联盟（The International Union for the Protection of Literary and Artistic Works），保护工业产权联盟（The International Union for the Protection of Industrial Property），国际救济联盟（The International Relief Union），国际农业协会（The International Institute of Agriculture），等等。由于非政府组织与上述两类国际组织之间的“骨肉情谊”，这些国际组织成立伊始就与非政府组织密切合作，彼此之间的关系开始向长期化、全面化、机制化方向发展。

以上充分说明，非政府组织与初期的国际会议和后期的国际组织之间是互需互助、互惠互利、相生相长的关系。在国家之间的往来日益密切，逐渐开始为了某种目的而临时聚在一起，即召

---

① 参见 Neville M. Goodman, International Health Organizations and Their Work, 43 (1971). 需要指出的是，作者在文中同时注明，对于以个人名义参加的医生代表是否是政府雇员并不清楚。还可参见 World Health Organization, The First Ten Years of the World Organization, 7 (1958)..

开国际会议的历史进程中，非政府组织也日渐活跃于国际关系，为国际会议的议题提起、会议筹备、决议起草，直至会议召开、决议签署和监督执行，都作出了不容忽视的重要贡献。而非政府组织也通过这些参与和贡献，表达了自己的意见，实现了自己的目标。更明确地说，非政府组织把自己所代表的一部分公众的利益，借助政府间的国际会议，通过游说政府代表、写入会议决议、敦促政府执行等方式，得到了实现；非政府组织自身也因此而赢得了更广泛的人员、资金、技术等各方面的支持，得到了发展和壮大。在20世纪初期国际组织出现的过程中，出于同样的目的，非政府组织积极支持、全力推动了国际组织的成立，并在国际组织初创时期积极参与了划分工作领域、确立业务标准、制定工作框架和流程等各个重要环节，在国际组织身上深深地烙上了自己的印记。这一切，毫无疑问的，为国联成立初期积极发展与非政府组织的关系奠定了坚实的基础。

二、非政府组织与国际联盟关系的建立和发展

国际联盟（League of Nations，简称“国联”）是根据1919年在巴黎和会上通过的《国际联盟盟约》，于1920年1月成立的世界范围的国际组织。当时一战刚刚结束，大国之间矛盾重重。作为人类历史上第一个一般政治性国际组织，国联在大国的相互妥协下成立，既雄心勃勃又脆弱无力。非政府组织凭借其在国际事务中多年参与历练的经验，专业领域的权威技能和议程设置能力，一大批专业人才和数量可观的忠实支持者，以及积极参与、“无私”奉献的热情，等等，成为初创的国联乐于借助和倚重的对象。因此，国联成立伊始即对与非政府组织开展和扩大合作持积极态度。国联秘书长在第一届大会报告中强调，“将利用

一切机会，对致力于促进国际合作的组织给予道义上的支持"①。

从法律框架来看，国联在盟约中并没有确立正式条款接纳非政府组织的参与。在盟约第 25 条中，国联成员国同意将推进与红十字会各国分支机构的合作②。盟约第 24 条使用了"所有国际机构（all international bureaux）"一词，涉及国联与国际组织的关系③。国联时期政府间国际组织和非政府组织④一般统称为国际组织，这为第 24 条中的"国际组织"是否包括红十字会之外的其他非政府组织，留下了质疑的空间。在成立初期的积极合作态度引领下，1921 年，国联行政院决定对盟约第 24 条进行扩大性解释，使国联有可能对非官方（non-public）和半官方（semi-public）的"国际组织"，即国际非政府组织，给予支持⑤。以此为标志，非政府组织与国联的"蜜月期"全面启动。

从非政府组织在国联的地位来看，其参与范围和享有的权利相当广泛。大会和行政院的辩论虽不对非政府组织开放，但其主

① Report by the Secretary-General to the First Assembly of the League on the work of the Council 21（1920）.

② The Covenant of the League of Nations, Apr. 28, 1919, Art. 25（"The member of the league agree to encourage and promote the establishment and co-operation of duly authorized voluntary national Red Cross organizations having as purpose the improvement of health, the prevention of disease and the mitigation of suffering throughout the world）. 1920 年，联盟理事会向红十字会大会派了代表。

③ Id. at Art 24（There shall be placed under the direction of the league all international bureaux already established by general treaties if the parties to such treaties consent. All such international bureaux and all commissions for the regulation of matters of international interest hereafter constituted shall be placed under the direction of the League）.

④ 实际上，在联盟时期对于非政府组织一般称作"Private Organization"或"Voluntary Agencies"，并不称作 NGO，但本文在此不作区别，统指非政府组织。

⑤ 1921 年 6 月 27 日，国联行政院通过决议，"Council Decided……to make it possible for the patronage of the League to be given to all international bureaux……"转引自 Bertram Pickard, "the Greater League of Nations. A Brief Survey of the Nature and Development of Unofficial International Organizations" reprinted from 'The Contemporary Review', Octo., 1936, p. 6 – 7.

席经常与非政府组织代表会晤[①]。每年大会主席都与国联社团联盟（Federation of League of Nations Societies）[②]领导人会晤，接受国联社团联盟提交的有关决议[③]，并将其发表在大会期刊上[④]。国联的一些委员会设立了“顾问成员”一职，由国际非政府组织代表担任[⑤]。“顾问”在不同的委员会内的地位有所不同。有些顾问被称为“无投票权的委员会成员”，享有除投票权以外政府代表所拥有的一切权利和特权，如提交报告、发起讨论、提出决议和修正案，等等[⑥]。1922 年成立的国联统计委员会正式吸纳了来自国际统计协会（International Statistical Institute）[⑦]的四名代表。国联海事委员会也包含了非政府组织代表[⑧]。1923 年，国联成立健康组织，明确规定该组织的职能之一就是发展与国际红

① Lyman Cromwell White, International Non-governmental Organizations: their Purpose, Methods, and Accomplishments, 250, Greenwood Press, N. Y., 1968.

② 国际社团联盟成立于 1919 年，旨在对联盟的工作发挥支持和建设性监督的作用。

③ Bull, Of the Int'l Fed'n of League of Nations Societies 224 (1934).

④ Bill Seary, The early history: from the congress of Vienna to the San Francisco Conference, in Peter Willetts ed., the Conscience of the World: the influence of Non-governmental Organizations in the UN System, 1996.

⑤ 如国联的儿童福利委员会由来自国际天主教妇女联盟协会（International Union of Catholic Women's League）和“拯救儿童”的顾问成员，来自全印度妇女会议（All India Women's Conference）的顾问成员在非法拐卖妇女建议委员会中工作，国际帮助青年妇女联盟（International Federation for Aid to Young Women）的代表在保护儿童和青年永久咨商委员会中担任顾问成员职位。

⑥ 参见 Bill Seary, The early history: from the congress of Vienna to the San Francisco Conference.

⑦ 国际统计协会成立于 1885 年，致力于提高统计工作的统一化，是一个纯粹的非政府组织，曾于 1919 年应邀参加联盟赞助的国际统计合作会议。

⑧ 来自国际商会、国际船运协会（the International Chamber of Shipping）、国际船运会议（the International Shipping Conference）等非政府组织的代表参加了委员会。参见 J. J. Lador-Lderer, International Non-Governmental Organizations 330 (1963).

十字会及其他类似组织的合作①。国际商会（International Chamber of Commerce）② 在国联的经济咨询委员会中占了三个席位，有正式的投票权并可直接参加有关磋商③。

除与联盟内的委员会合作以外，非政府组织还通过参加国际会议发挥作用。联盟经常邀请非政府组织参加有关会议④。非政府组织代表在会议上发表意见，向国联委员会口头报告，提交书面意见并参加讨论。如 1932 年世界裁军大会上，非政府组织代表直接向会议代表作了口头报告⑤。

特别值得指出的是，1923 年，在国际商会的积极倡议下，国联召开了关于简化关税手续的国际会议⑥。国际商会参与了会议筹备工作⑦，并以顾问的形式向会议派了 8 名代表⑧。大会决议采纳了国际商会代表提出的不少建议，会议主席还在闭幕讲话

① 参见 The League Year-Book 1934, at 64（Judith Jackson & Stephen King-Hall eds., 1934）.

② 参见 League of Nations, International Financial Conference, 1 Proceedings of the Conference 3 - 4（1920）. 国际商会成立于 1920 年。定期召开的成员大会被誉为“世界商业议会”，在当时的贸易领域有着重要地位。

③ 参见 Arlene I. Broadhurst & Grant Ledgerwood, Environmental Diplomacy Corporations and Non-governmental Organizations: the Worldwide Web of Influence, 14 INT' L REL. 8（1998）.

④ 参见 Norman Bentwich & Andrew Martin, A Commentary on the Charter of the United Nations 138（1951）; Bertram Pickard, The Greater United Nations 44 - 45（1956）.

⑤ 参见 Kerstin Martens, Examining the Non-Status of NGOs in International Law, 10 Ind. J. Global Leg. Stud. 1, 2003.

⑥ 参见 Ridgeway, Merchant of Peace: Twenty Years of Business Diplomacy Through the International Chamber of Commerce, at 76 - 77, 212（1938）.

⑦ Id., at 205 - 208.

⑧ 参见 International Conference on Customs and other Similar Formalities, Official Instruments Approved by the Conference, League of Nations Doc. C. D. I. 96（1）（1923）, at 22 - 23.

中专门对国际商会所作出的贡献给予点名表扬[①]。会议还有一项与以往任何类似国际会议都不同的实践，即允许国际商会签署会议最后决议[②]。1925年，国联成立第一届世界经济会议[③]筹备委员会，成员不仅有政府代表，还包括企业家、商人、农民、银行家、工会、消费者群体和经济学家等[④]。这恐怕是非政府组织集体参与国际会议筹备委员会的最早实践了[⑤]。

国联还努力从其他多个渠道支持非政府组织，给予非政府组织代表一定的特权。国联代表经常参加非政府组织的会议[⑥]。如国际商会的年度会议，国联经济和金融部和东道国政府均派代表参加[⑦]。秘书处出版一份季刊，详细记载非政府组织的活动和及其提出的政策建议[⑧]。非政府组织的决议经常刊印在国联的正式出版物上，如国联社团联盟的决议每年都刊印在国联期刊或大会

---

① 参见 International Convention Relating to the Simplification of Customs Formalities, Nov. 3, 1923, 30 L. N. T. S. 372.

② 参见 International Conference on Customs and other Similar Formalities, at 24 - 25.

③ 参见 The World Economic Conference: Final Report, League of Nations Doc. C. E. I. 44 (1) (1927), at 5.

④ 参见 Martin Hill, the Economic and Financial Organizations of the League of Nations: A Survey of Twenty-Five Years' Experience 47 (1946).

⑤ 参见 Steve Charnovitz, Two Centuries of Participation: NGOs and International Governance, 18 Mich. J. Int'l L. 183.

⑥ 参见 Union of International Associations, The 1978 Organizations Founded Since the Congress of Vienna, 21 (1957). The League's Handbook puts its founding in 1890. League of Nations, Handbook of International Organizations (1938), League Pub. XII. B. 4. 302 (1937) [hereinafter League of Nations (1938)].

⑦ 比如，国际商会1923年罗马会议的第一阶段由意大利首相贝尼托·墨索里尼（Benito Mussolini）主持。参见 Ridgeway, Merchant of Peace: Twenty Years of Business Diplomacy Through the International Chamber of Commerce 386 (1938).

⑧ 参见 e. g., Q. Bull. Of Info. on the Work of Int'l Orgs., League of Nations No. 1 (1922).

的期刊上①。国联还收集包括官方组织、半官方组织和国际非政府组织在内的国际组织信息，并出版国际组织手册②。在使用国联图书馆等方面，国联也给予非政府组织一定的特权，并可应设在日内瓦的非政府组织联盟的要求，对非政府组织代表参加国联会议提供特别帮助③。此外，国联还为一些国际非政府组织提供资金支持④。

国际常设法院对非政府组织的态度也与其后继者国际法院有所不同。法院规约第 66 条明确规定要听取国际组织对相关问题的意见，并支持盟约第 24 条、25 条中的“国际组织”扩大适用

① 参见 Sir Osborne Mance, International Sea Transport, Oxford, 1945, pp. 4 – 5.

② Handbook of International Organizations, League of Nations Pub. XII. B, International Bureau 1921. 1 (1921) [hereinafter League of Nations (1921)]; 2 League of Nations O. J. 795 (1921).

③ 参见 The Federation of Private and Semi-official Organizations Established at Geneva, Its Aims and Activities, Geneva, 1937, pp. 5 and 9. 这个非政府组织联盟包括 42 个国际非政府组织，致力于在税费、使用国联秘书处办公楼及裁军大楼、为非政府组织代表参与国联会议提供便利等方面为成员谋利益。

④ The grant, which was given to the Union of International Association, was to be used to publish resolutions of international congresses. 参见 1 League of Nations O. J. 305 – 307 (1920).

于国际非政府组织[①]。贸易工会和工人组织可以前往法院表达他们的观点，提出他们的诉求[②]。比如在关于国际劳工组织是否有权力制定劳工权益保护法的案件中，常设法院向三个非政府组织分发了征求意见通知，收到通知的非政府组织不仅向法院提交了备忘录，还派代表前往法院提供补充信息[③]。根据别列斯汀（Berestein）的研究，常设法院至少在四个案件中询问了非政府

① 参见 Hermann H. K. Rechenberg, Non-governmental Organizations, in 3 Encyclopedia of Public International Law 614（1997）. Statute of the Permanent Court of international Justice, 1936, art. 66（"1. The Registrar shall forthwith give notice of the request for an advisory opinion to the members of the League of Nations, through the Secretary-General of the League, and to any States entitled to appear before the Court. The Registrar shall also, by means of a special and direct communication, notify any Member of the League or State admitted to appear before the Court or international organization considered by the Court（or, should it not be sitting, by the President）as likely to be able to furnish information on the question, that the court will be prepared to receive, within a time-limit to be fixed by the President, written statements, or to hear, at a public sitting to be held for the purpose, oral statements relating to the question. Should any member or state referred to in the first paragraph have failed to receive the communication specified above, such member or state may express a desire to submit a written statement, or the be heard, and the court will decide. 2. Members, States, and Organizations having presented written or oral statements or both shall be admitted to comment on the statements made by other Members, States, or Organizations in the form, to the extent and within the time-limits which the Court, or, should it not be sitting, the President, shall decide in each particular case. Accordingly, the Registrar shall in due time communicate any such written statements to Members, States, and Organizations having submitted similar statements."), at http://www.worldcourts.com/pcij/eng/laws/law03.htm.

② 参见 Alexandre Berenstein, Les Organisations Ouvrieres, Leurs Competences et Leur Role Dans La Societe des Nations, Brussels and Paris, 1936, 转引自 Lyman C. White, pp. 256－257.

③ 国际工业雇主联盟（International Federation of Industrial Employers）、国际贸易工会联盟（International Federation of Trade Union）、基督教贸易工会国际联盟（International Federation of Christian Trade Union）等三个非政府组织收到了通知。参见 The American Foundation, The World Court（9th Edition）, N. Y., 1931, pp. 50－51.

组织的意见[①]。

在少数民族权益保护方面的非政府组织推动下，国联曾设立申诉程序[②]，接受来自个人和非政府组织提出的涉及侵害少数民族权益的申诉书[③]，同时还成立一专门委员会，审议是否把申诉书交行政院。行政院收到申诉书后可与相关政府进行讨论，可征求国际常设法院的意见，也可直接要求相关政府采取措施解决[④]。

从双方合作领域来看，这一时期也已相当广泛，非政府组织为贸易金融、运输、难民、少数人权益、裁军、妇女儿童、教育、媒体等很多领域的国际立法作出了贡献[⑤]。与联盟有合作关系的非政府组织数目也很可观。据统计，大概有450多个国际非政府组织与国联有着定期的密切联系[⑥]。一些非政府组织甚至是应国联建议而成立的[⑦]。

国联一份出版物描述了关于当时非政府组织与国联的合作，

① 参见 Alexandre Berenstein, Les Organisations Ouvrieres, Leurs Competences et Leur Role Dans La Societe des Nations, Brussels and Paris, 1936，转引自 Lyman C. White, International Non-Governmental Organizations: Their Purposes, Methods, and Accomplishments, pp. 257.

② 参见 Julius Stone, International Guarantees of Minority Rights: Procedure of the Council of the League of Nations in Theory and Pratice 50 (1932).

③ 虽然申诉程序和标准相当严苛，但一旦接收，将首先转到相关国政府征求意见。参见 Letter from the International Philarmenian Leauge, 2 League of Nations O. J. 510－11 (1921).

④ 参加 Julius Stone, International Guarantees of Minority Rights: Procedure of the Council of the League of Nations in Theory and Pratice 208－212 (1932).

⑤ Id, at 928－929.

⑥ 参见 Charles Chatfield, Intergovernmental and Nongovernmental Associations to 1945, in Transnational Social Movements and Global Politics: Solidarity beyond the State (Jackie Smith et al. eds., 1997).

⑦ 比如国际统计学院，国际农业协作委员会，主要国际组织的联合委员会，国际学生组织委员会，等等，都是国际联盟为促进在这些领域的国际交流而提议建立的。参见 Charles Chatfield.

可以帮助我们感受当时双方的融洽关系。“关注国联工作领域的非政府组织与国联有着广泛的联系。他们可以动态了解其感兴趣的问题在国联的进展情况，与国联建立了相当成熟的信息交换体系。国联秘书处成员经常参加非政府组织在世界各地举行的会议，及时收集非政府组织的意见和建议，也提供非政府组织希望了解的信息。虽然非政府组织代表尚不能参加决策，但是他们可以及时了解决策讨论进展并且有渠道让国联有关部门了解他们的想法和建议[①]”。

总之，国联初期对待非政府组织的态度是全心全意的合作[②]。有学者简要概括称，非政府组织代表除了没有投票权以外，与政府代表基本上享有同样的权利和地位[③]。这一阶段双方建立了相当丰富和成熟的制度化联系。甚至有学者认为，上个世纪初期非政府组织对国际组织活动的参与程度和享有的地位，在一定程度并不比一个世纪以后的今天逊色[④]。

三、非政府组织与国联关系的转折和调整

从国际法的视角历史地看，非政府组织与国际组织关系的发展历程相当复杂，期间经历了很大的起伏和变化。非政府组织与国联的关系也不例外。双方的蜜月期持续时间很短。1923 年 7 月，国联行政院在第 25 届会议期间通过决议，宣布第 24 条中的

---

① 参见 League of Nations, Secretariat, Ten Years of World Cooperation, Geneva, 1930, pp. 412.

② 参见 Lyman C. White, p. 252.

③ 参见 Mike Lempinen, Consultative Relationship between the United Nations and NGOs, (Finland, Abo Akademi University, 1999) p. 6.

④ 参见 Steve Charnovitz.

"国际组织"仅限于政府间国际组织[①]。这与当初行政院决定对第 24 条进行扩大性解释、确认"国际组织"适用于非政府组织正好相隔两年。以此为标志，国联与非政府组织的关系开始逐步收缩和倒退。

1927 年是非政府组织参与国联经济事务上的分水岭[②]。非政府组织虽然仍参与了 1927 年世界经济会议，但主要是通过参加政府代表团或应会议主席的特别邀请与会[③]。1930 年，国联的经济咨商委员会的活动中止，来自非政府组织的"顾问"失去了建言献策的机会[④]。1933 年举行的世界金融和经济会议上，非政府组织连像 1927 年那样被邀请参加的资格都没有了。当国联的社会问题委员会于 1936 年重建时，已变成纯粹的政府间组织，没有与非政府组织建立任何正式联系，顾问成员们也失去了自动参与权[⑤]。当初风头一时无两的国际商会也感觉到国联的疏远态度。

总结这一阶段的关系发展，国联已经从与非政府组织保持着密切联系倒退到保持着最低限度的联系。"如果说早期国联对非政府组织的立场是一种合作主义，后些年国联采取的则是更加矜持的态度。[⑥]"这种关系的转变方向，从总体上来说，是从在政策制定过程中听取并吸纳非政府组织的意见和建议，变为更倾向

① The Council, at its twenty-fifth Session, decided that Article 24 could only apply to official bodies, and gave as reason that "it is not desirable to risk diminishing the activity of these voluntary organizations, the number of which is fortunately increasing, by even the appearance of an official supervision." 转引自 Kerstin Martens, Examining the Non-Status of NGOs in International Law, 10 Ind. J. Global Leg. Stud. 1, 2003.

② 参见 Steve Charnovitz.

③ 参见 The World Economic Conference at 5. 另参见 International Economic Conference, List of Members of the Conference 46 – 47 (1927).

④ 参见 Wallace McClure, World Prosperity 121 – 122 (1933).

⑤ 参见 Bill Seary.

⑥ Id., p. 112.

于为非政府组织提供有关政策的信息和资料[①]。

从非政府组织角度来说，这种转变很难接受。1937 年一份国联文件中曾如实记录了非政府组织的这种心态："国联社会问题委员会直到去年还由政府代表和代表非政府组织的顾问共同组成……这些顾问除了没有投票权以外，享有与政府代表同样的权利和特殊待遇……1936 年委员会进行了重新改组，完全由政府代表组成……这些变化，使一些原来曾经是委员会成员的非政府组织产生了这样的感受：（1）我们这些与公众和实践工作有密切联系的人士，再也没有机会在委员会内表达公众的意见。除个别政府派了有经验的社会工作者作为政府代表参与委员会以外，大多数代表对所讨论的问题知之甚少；（2）委员会年度报告由政府代表选定议题，经过正式讨论后成文，了无新意，也不具可操作性……[②]"。

四、对国联与非政府组织关系调整的分析和思考

关于出现这种调整的原因，有很多分析。时任联合国非政府组织委员会秘书的怀特从国联的角度找原因，认为随着国联各项工作逐步走上正轨，对非政府组织的需要和依靠相应减少；与此同时，各项工作程序化，也开始官僚化，对于官员们来说，采纳非政府组织的建议将徒增一些非程序性的工作，多一事不如少一事；此外，国联人员和政府代表也担心非政府组织代表的专业水准有令自己相形见绌之嫌[③]。

有专家认为国联与非政府组织关系的倒退应主要归因于非政府组织：（1）非政府组织还不够专业化；（2）专业化非政府组

① 参见 Lyman Cromwell White, p. 252.

② Lyman Cromwell White, p. 254.

③ Lyman Cromwell White, pp. 253 – 254.

织应该主动承担政府无力进行的研究项目，并为官方提供咨询意见，但实际上很少这样做；（3）普遍性非政府组织（相对于专业性非政府组织而言）应发挥自身支持者甚广、影响更大的优势，与专业性的非政府组织相互支持，开展合作；（4）非政府组织过多依靠内容不够充分具体的决议来开展活动，其实应该提出更具操作性的建议；（5）非政府组织应与政府代表保持密切联系和沟通，而不只是需要信息或出现问题时才去找他们；（6）非政府组织应该采取有效措施，使支持者和广大公众及时了解自身的关注重点及其重要性；（7）非政府组织应采取一切手段使自身更具权威性和独特性[①]。还有人认为由于非政府组织热衷各种政治性问题，招致很多成员国不满和抗议，30 年代以后联盟本身力量减弱，无力再像初创时期支持非政府组织的工作[②]。

当时的国际背景也是一个不容忽视的因素[③]。在当时的国际形势下，民族保护主义势力上升，非政府组织的一些倡议和活动影响到了一些国家的主权利益，客观上阻碍了国联与非政府组织的合作。

上述原因都对国联与非政府组织关系的曲折演变产生了影响。但是，笔者认为，国联成立初期给予一些非政府组织与政府代表同样的地位和待遇，混淆了两者的区别，是国联初期的非政府组织政策失败的根本原因。国联对非政府组织的重视和积极开放的姿态，无疑鼓励了非政府组织以高涨的热情积极参与国联事务；在表达意见、争取自身利益的过程中，非政府组织赢得了更多的资金赞助，也扩大了支持群众的范围，单个组织从规模上获

---

① 参见 Bertram Pcikard, the Greater United Nations 44 - 45 (1956). He was secretary of the Federation of Private International Organizations.

② 参见 Lyman C. White, p. 250.

③ 当时的国际形势混乱动荡，日趋紧张。从 20 年代末开始经济大萧条，1931 年日本侵略满洲里，裁军会议失败，两年后希特勒执掌大权，西班牙燃起战火，1937 年远东再起战事。

得了较快发展，多个新的组织成立，非政府组织整体上出现了较快增长。这本来是好事，但是与之俱来的一些弊端却把好事变成了坏事。一是非政府组织素质参差不齐，特别是一些新出现或新扩张的组织，在专业程度、成员业务水平等各方面都无法与有长期参与国际事务经验的非政府组织相比，但是在国联的开放政策下，却与这些有经验的非政府组织一样，深度参与国联事务，严重影响了非政府组织的信誉度、权威性，也影响了国联成员和政府代表对非政府组织的信赖和倚重；二是在国联的积极合作政策鼓励下，非政府组织更热衷于政治事务，特别是一些资历较浅的非政府组织，在一些涉及成员国利益的重大问题上立场和政策过于激进，引发越来越多政府的不满甚至抗议；三是参与国联事务的非政府组织迅速增长，多达450多个，很多非政府组织把总部移到了日内瓦，以充分利用国联给予的使用有关设施的特权，从而导致非政府组织代表与政府代表争夺国联有限的物质资源等现象；四是一些非政府组织，包括一些资深非政府组织，倚仗国联的信任和倚重，出现了盲目自大、把自己等同于政府代表甚至对政府代表不屑一顾等问题，激化了政府与非政府组织之间的矛盾。这些问题看似不大，但纠结出现并持续累积起来，就严重影响了国际组织及其政府成员对非政府组织整体的态度，导致了政策的调整。而这些弊端出现的根源，都直接或间接由于国联的政策混淆了政府代表与非政府组织代表的区别。

客观地说，非政府组织早期对国际会议的成功举办和取得成效，对国际组织的形成和创建，都发挥了不容忽视的独特作用。即使在国联后期和二战期间，非政府组织仍积极活跃于国际舞台，找寻并不断拓展着自身发挥作用的空间。创立联合国的动议和宪章的最终成稿和签署，也离不开非政府组织的不懈努力和有效推动①。非政府组织几乎与国际组织同期出现②，并在一个半世纪以来保持几乎相对平行的发展③，最能证明非政府组织与国际组织之间这种取长补短、相生相长的关系。这一相生相长的、客观的、逻辑的发展进程，自然而然的把联合国与非政府组织联系到了一起，并在《联合国宪章》第71条最终确立了非政府组织的咨商地位。与此同时，国联在成立初期制定相应政策和制度，急速推进与非政府组织的关系，引发了非政府组织权利过大、领域扩张太快、政策过于激进等多方面的问题，以至于后期不得不重新调整对非政府组织的政策。这些对于联合国处理与非政府组织的关系提供了非常宝贵的经验，《联合国宪章》第71条对非政府组织参与的范围、地位给予一定的规范，就是这一经验教训的反映。

以上是非政府组织与国联关系的演变历程给我们的重要启

① 大约有250多个非政府组织参加了在旧金山召开的联合国成立会议。参见Bill Seary，“The Early History：From the Congress of Vienna to the San Francisco Conference，”与“The Conscience of the World：the Influence of Non-Governmental Organizations in the UN System，” ed. Peter Willetts（Washington：the Brookings Institution，1996），pp. 26－27.

② 如根据1856年《巴黎条约》成立的欧洲多瑙河委员会，1864设立的大气测量联盟（Geodetic Union），1865年国际电报联盟，等等。当前，必须强调，非政府组织的出现略早于国际组织。

③ 伴随着欧洲各国之间通商往来的增强和跨边界的国际化问题增多而出现；从二者都经历了最初的缓慢发展和随后高速增长的过程，特别是两次世界大战之后，都出现了飞跃式的发展根据UIA的统计，1909年共有176个国际非政府组织。由于概念和统计标准的不同，专注于NGO的历史研究的众多研究机构和知名学者有不同的统计数字。布鲁塞尔的国际组织联盟从1909年开始为非政府组织登记造册，忠实记录了非政府组织数量在20世纪突飞猛进的增长。按照UIA的统计，1909年由176个非政府组织活跃在国际上，到二战前，已经超过1000个（Yearbook of International Organizations，15th ed. Brussels：Union of International Associations，1974. p. s－36，Table 11.），这与怀特的统计也大致相似（White，International Non-Governmental Organizations：Their Purposes，Methods，and Accomplishments International Non-Governmental Organizations，pp. 5－7）。二战结束后的10年国际组织再一次飞跃发展。

示。但是现在回顾这段历史还具有更深远的重要意义。从国际法的视角来看，最值得记取的经验是，在处理非政府组织与政府间国际组织的关系中，混淆非政府组织与官方代表的区别，不符合二者关系发展的基本原则，最终损害非政府组织的利益；当然，排斥非政府组织的参与，在全球化的时代背景下，不仅不可能，也与国际组织的职责和发展方向相背离；关键的是把握制度化联系的“度”，通过妥善的制度安排，发挥非政府组织的优势，尽最大限度摒弃非政府组织带来的弊端，促进国际组织和非政府组织互利、健康、协调发展。

从这个角度来看，在《联合国宪章》第71条的框架下，非政府组织既享有一定的法律地位，又被适当的控制在一定领域和范围，在一定的历史时期内是基本符合非政府组织与国际组织关系的规律的。虽然冷战格局一度严重制约了第71条发挥应有的作用，但冷战后非政府组织与联合国及其系统各组织之间的关系出现了一个发展高潮，《联合国宪章》第71条无疑发挥了至关重要的引导作用。

21世纪，全球化势头继续向纵深发展，国际格局正在进行深刻调整。主权国家、国际组织与以非政府组织为主体的公民社会都面临着新的形势，三者之间的关系也在经历着新的调整。如何顺应新的形势，准确把握国际组织与非政府组织关系的发展规律，在《联合国宪章》范围内妥善调整和发展与非政府组织的关系，成为新时期国际法学者面临的重大课题，等待着我们的进一步研究和回答。

述　　评

国际法委员会《危险活动跨界损害损失分配原则草案》评析

苟海波*

工业化与科技发展过程中，一些对于社会有益、不为法律禁止的行为，由于具有内在危险，可能引起跨界损害后果。这些损害往往非常严重，经营者无力承担全部赔偿责任，由受害人承担损失又显失公平。为探讨解决之道，1978 年起，国际法委员会(下称“委员会”）开始审议“国际法不加禁止行为引起损害后果的国际责任”专题。继 2001 年通过《预防危险活动跨界损害条款草案》(《预防条款草案》）后，[①] 委员会于 2006 年第 58 届年会通过《危险活动跨界损害损失分配原则草案》（下称《原则草案》)[②]。《原则草案》具有一般性、剩余性，不具法律约束力，[③] 提出了在诸多主体间分配跨界损害损失的制度建议。

一、《原则草案》关于跨界损害损失的分担制度

《原则草案》将首要赔偿责任归于经营者，即在造成跨界损

* 吉林大学国际法硕士。

① ILC Report on the Work of its Fifty-third Session, p. 366 - 436.

② ILC Report on the Work of its Fifty-eighth Session, p. 101 - 182.

③ General commentary to the draft principles, para. 11, ibid. p. 113.

害的事故发生之时指挥或者控制危险活动者。[①] 经营者赔偿责任为严格责任，不需要证明过错。[②] 实际经营者在不同时段可能不同，[③] 可能包括母公司或国家。[④] 首要赔偿责任也可能归于其他主体，[⑤] 但为简便起见，《原则草案》使用了“经营者赔偿责任”的表述，本文将予延用。经营者赔偿责任的主要理据是，追求经济利益而产生高度危险者应当控制危险活动的负面后果，事故发生时能够最有效控制危险者或者具有赔偿能力者应当承担首要赔偿责任。[⑥]

委员会建议的分担损失的下一主体是财务担保机构和产业基金。财务担保和产业基金可以视为经营者赔偿责任集体形式的延展，因其资金主要源于从事危险活动的经营者的保险费或捐款，而保险费或捐款将内化为经营成本，最终由消费产品的公众承担。两者损失分配角色的主要区别在于，受害人可以直接向财务担保机构索赔，而只有经营者无力提供足够赔偿时，产业基金才发挥补充性作用。[⑦] 理论上讲，财务担保和产业基金对各方均有利，可使受害者获得有效赔偿，使经营者分担风险、管理不确定性，并为保险企业提供规模可观的市场。[⑧] 实践中，美、欧等已建立环境损害保险制度，海上运输石油领域存在产业基金的先例。但由于将不可避免地增加企业和社会发展成本，财务担保和产业基金机制在大多数发展中国家仍有待发展。

委员会接下来建议了起源国在损失分担中的角色。《原则草

① See commentary to Principle 2, para. 32, 33, ibid. p. 139 – 140.

② Supra n. 3, p. 155 – 158.

③ See http://www.basel.int/pub/protocol.html.

④ See commentary to Principle 2, para. 33, supra n. 3, p. 139 – 140.

⑤ See 8 ILM 453 (1969).

⑥ Commentary to Principle 4, para. 10, 11, supra n. 3, p. 154 – 155.

⑦ Commentary to Principle 4, para. 34 and 35, supra n. 3, p. 164.

⑧ See COM (2002) 17, para. 7 – 9.

案》第四条第五款建议，在前述措施不足以提供充分赔偿的情况下，起源国应确保可以获得额外的财政资源。关于起源国角色的建议被视为关于国家责任的国际法的渐进发展。由于《原则草案》的一般性质，而且对于本条的评注十分简单，[①] 有必要进一步研究委员会的起草过程以及起草过程中存在的国际法渊源，以进一步理解委员会所建议的渐进发展的具体内涵及其理由。

值得注意的是，《原则草案》中虽未明确建议，但暗含了另一潜在的损失分担主体。《原则草案》的目的之一是确保跨界损害受害人获得及时、充分的赔偿。根据草案评注，只要符合法律要求的适当程序，赔偿就是事实上充分的；只要赔偿决定并非武断作出，而且赔偿并非与实际遭受的损失严重不符，即使并非全部赔偿，也应视为充分赔偿。换言之，充分并非意味“足额”。[②] 因此，“迅速、充分赔偿”实质上即“公平、合理赔偿”，经过合理程序之后，受害人可能承担部分损失。

二、跨界损害分担中国家角色

在国际法委员会起草进程中，存在着一些关于具体跨界损害行为赔偿责任的国际协定。这些协定通常涉及民事赔偿责任，缔约国普遍较少。而关于国家赔偿责任的条约规则极为罕见。有关条约或者排除国家赔偿责任问题，如 1979 年《远程跨界空气污染公约》脚注中明确指出公约不包括关于国家对损害赔偿责任

① See Commentary to Principle 4, para. 35, 36, 38, 39, supra n. 3, p. 164 – 166.

② Commentary to Principle 4, para. 8, supra n. 3, p. 154.

的规则;① 或者要求缔约方努力防止、控制和减少跨界污染,② 而该要求并未设立国家不得污染的义务（结果义务），而只是确立预防、控制和减少污染的义务（行为义务），违反行为义务将引起过错责任；在外空领域，有关条约确定了发射国的绝对责任,③ 原因是外空活动主要由国家从事或者控制,④ 因此外空条约关于国家责任的规定难以构成其他领域国家赔偿责任的先例，也无法构成国家对其国民行为承担赔偿责任的先例。

与跨界损害相关的司法实践和外交实践中，有关解决方案并非基于一致原则。某些案件，如苏联核动力卫星案，政府为损害买单，但避免任何涉及责任问题的表述。⑤ 另一些案件，如马绍尔群岛案,⑥ 国家分担损失，但并不承认其国际责任，而是明确其支付是出于恩惠。更有一些案例，国家根本并未支付，如切尔诺贝利核电站事故。关于国家赔偿责任的经典案例是特雷尔冶炼厂案,⑦ 但对于此案中加拿大是否接受了损害赔偿责任，仍存不同观点。有学者指出，如果此案发生在当代，只要保证受害人跨国获得救济的平等权利，案件很可能通过跨国民事诉讼解决。⑧

---

① 18 ILM 1445 (1979), reproduced from U. N. Document ECE/HLM. 1/R. 1 of October 22, 1979.

② Examples include U. N. Convention on the Law of the Sea, 21 ILM 1261 (1982); UN Convention on the Prohibition of Military or any other Hostile Use of Environmental Modification Techniques, 16 ILM 88 (1977).

③ U. N. Doc. A/AC. 105/94 of July 8, 1971.

④ Xue Hanqin, Transboundary Damage in International Law, 2003, p. 309.

⑤ See 18 ILM 899 (1979), 20 ILM 689 (1981).

⑥ U. N. Document A/CN. 4/543, Survey of Liability Regimes relevant to the Topic of International Liability for Injurious Consequences Arising out of Acts not Prohibited by International Law (International Liability in case of Loss from Transboundary Harm arising out of Hazardous Activities), pp. 135 – 136, pp. 405 – 406.

⑦ RIAA, vol. III, p. 1905.

⑧ Patricia W. Birnie and Alan E. Boyle, International Law and the Environment, p. 147.

综上可见，国际法委员会审议的大多数案例并非国家赔偿责任案例。[①]

在国际软法方面，《斯德哥尔摩宣言》第21条原则规定国家有责任确保其管辖或控制的活动不对其他国家或者国家管辖以外的环境造成损害。这一原则及以此为蓝本的其他文书[②]是否与国家跨界环境损害责任直接相关，是否设立了结果义务和客观责任？研究《斯德哥尔摩宣言》的起草工作，将得出否定结论。在起草过程中，很多国家强烈反对将第21条原则解释为客观责任，起草小组以书面方式声明排除任何基于风险的公共机构责任，并且强调只有过失可能使国家涉及国际法意义上的责任。[③]宣言起草过程中，这一声明从未受到挑战。

在学术界，对于国家环境责任问题观点分歧严重。有的认为，对于高度危险活动造成的跨界损害，严格国家责任应成为国际法原则；另一些则反对国家对于合法行为的责任，强调国家赔偿责任只能源于违反具体国际义务，亦即只能源于非法行为。[④]

需要重申的是，国际法委员会跨界环境损害专题的前提假设是，起源国履行了国际法关于预防跨界损害的所有义务，[⑤] 而违反预防义务将构成国际不法行为，属于国际法委员会国家责任专

---

① See M. B. Akehurst, International Liability for Injurious Consequences arising out of Acts not Prohibited by International Law, Netherlands Yearbook of International Law, vol. 16 (1985), p. 3.

② U. N. Documet A/CONF. 48/14 and Corr. 1, Report of the United Nations Conference on the Human Environment, Stockholm, 5 – 16 June 1972. United Nations Convention on the Law of the Sea, supra n. 17, article. 194, para. 2; and Convention on Biological Diversity, 31 ILM 818 (1992), article 3.

③ See U. N. Document A/CONF. 48/PC. 12, Annex II, 15, para. 65.

④ See Riccardo-Pisillo-Mazzeschi, Forms of International Responsibility for Environmental Harm, in Francesco Francioni and Tullio Scovazzi (edited), International Responsibility for Environmental Harm, p. 22 – 23. See also supra n. 19, p. 301 – 306.

⑤ Commentary to Principle 4, para. 2, supra n. , p. 151 – 152.

题范畴。[①] 因此，学术界的第一种观点在试图将严格责任理论移植到国际法时，忽略了非法行为和合法行为的区别，忽略了经营者赔偿责任与国家角色的区别。迄今的实践倾向于支持后一观点。正如委员会所指出，“现存关于赔偿和责任的各种模式表明，国家赔偿责任只是例外情况”。[②]

学者观点迥异，国家实践多样，跨界损害国家赔偿责任的理论基础不明，关于国家角色的一般规则并不存在，国际法委员会审议跨界损害专题时，与国家角色相关的国际法渊源极不发达。有学者将之归因于国家的不情愿，或归因于国家主权以及国家价值和目标的多样性。[③]

国际法委员会内部对于国际法不加禁止行为的国家赔偿责任一直存在疑问。一些委员担心，并不存在确定不同领域跨界影响的公认的、科学的国际标准，在此情况下讨论一般原则会引发难以解决的分歧；关于国际法不加禁止行为的一般赔偿责任制度将涉及绝对责任，国家将难以接受。[④] 即使国家责任是剩余性的，仍有委员对于将绝对责任原则适用于国家犹豫不决，[⑤] 而更倾向于委员会建议一项开放性的制度，留由国家决定经营者应承担何种责任、国家应采取何种行动。[⑥]

同时，委员们普遍认识到，私法救济无法保证无辜受害人获得及时有效赔偿，受害人在遭受严重损害后，仍不得不在别国法

① U. N. Document A/RES/56/83, Responsibility of States for Internationally Wrongful Acts.

② ILC Report on the Work of Its Fifty-sixth Session, p. 159.

③ See Karl. Zemanek, Causes and Forms of International Liability, in B. Cheng and E. D. Brown (edited), Contemporary Problems of International Law: Essays in Honor of Georg Schwarzenberger on His Eightieth Birthday, 1988, p. 322.

④ Yearbook of the ILC 1987, vol. 2, part two, p. 42, pp. 138.

⑤ See for example, opinion of Mr. Ogiso, Yearbook of the ILC 1991, vol. 1, p. 115, pp. 15.

⑥ See for example, opinion of Mr. Hayes, ibid. p. 121, p. 64.

院追诉外国实体；私法救济并不鼓励国家就其境内具有潜在跨界损害影响的行为采行预防措施。[①] 因此，渐进发展国家的角色，是一种适宜的选择，[②] 委员会应承担这一渐进发展的职责。

一些委员强调，引入国家赔偿责任，须有充分理由。[③] 委员们提出的关于国家角色的理由包括使用自己财产不得损害他人财产原则、更好保护无辜受害人利益以及鼓励国家更加认真地对待不损害他人财产义务。[④] 有委员认为，不损害他人财产原则为国家的角色提供了充分的理念基础。[⑤] 但即便在国内法中，不损害他人财产原则仍存在诸多不确定性。委员会在将这一原则引入国际法中时，并未作系统论证，可能是因为委员会认为，"理论问题确实存在，但大可搁置理论问题，制订关于赔偿的具体规则"。[⑥] 因此，国家角色的法律基础问题并未解决。

结合起草过程来研究《原则草案》，可以发现国际法委员建议的起源国角色有三个特点：

首先，起源国角色为剩余性质。针对委员会内关于国家对国际法不禁止行为承担绝对责任的关注，专题特别报告员巴尔巴扎（Barbaza）提出结合民事责任与国家责任的制度，将民事责任定为首要渠道，辅之以国家赔偿责任，或者在民事责任主体无法确定时，代之以国家责任。[⑦] 这种新方法获得委员们的广泛支持，但关于追究国家剩余责任的条件、特别是无法确定经营者时国家

---

① Supra n. 33, p. 47 – 48, pp. 181.

② See for example, opinion of Mr. Pellet, supra n. 34, p. 106, pp. 32.

③ See for example, opinion of Mr. Graefrath, supra n. 34, p. 112, pp. 32.

④ First report on the legal regime for allocation of loss in case of transboundary harm arising out of hazardous activities by Mr. Pemmaraju Sreenivasa Rao, Special Rapporteur, A/CN. 4/531, p. 8 – 9, pp. 16.

⑤ Supra n. 33, p. 43, pp. 1143.

⑥ See for example, opinion of Mr. Roucounas, supra n. 34, p. 114, pp. 5.

⑦ Document A/CN. 4/437 and Corr. 1, Seventh report of Barboza, Yearbook of ILC 1991, vol. II, part one, p. 85, para. 50.

应否承担责任等问题，并未形成一致意见。①

其次，起源国角色是关于行为的初级义务。国际法委员会国家责任专题特别报告员阿戈（Ago）指出，行为规则是初级规则，而责任规则为次级规则。② 在非法行为责任的情况下，须存在违反初级规则的情形，而国家对合法行为的义务并非源于违反初级义务，而是由特定情形引发。③ 尽管“国家责任”、“国家赔偿责任”等用语在委员会起草过程中有所使用，但《原则草案》最终并未采用这些语汇，而仅规定“起源国应当确保可以获得额外的财政资源”。起源国承担的角色是其他措施“不足以提供充分赔偿”的情形所引发的义务，④ 并非责任，更非赔偿。

第三，起源国义务具有自愿性质、道义性质。《原则草案》本身即无约束性，其评注又多次重申起源国义务并非强制性。如《原则草案》评注中解释，关于财务担保、产业基金和起源国角色的建议是“鼓励起源国采用最佳实践的指南”，“本原则的主题是国家可以根据具体环境和条件自由选择方案”，⑤ 本原则不妨碍恩惠性付款以及国家或者其他实体可能向受害人提供的救济措施。⑥

鉴于上述妥协性的特点，委员会关于起源国角色的建议既难以完全满足国家赔偿责任的支持者，也无法取悦其反对者。在建议起源国的新义务时，委员会未作有力论证，可能遭到两派学者的批评。但是，对于笔者而言，委员会关于起源国义务的建议充分注意到国家在一些案件中分担损失的积极表现，进而超越了现

---

① Summary record of the 2222nd to 2228th meetings, supra n. 34. I. See for example, the opinion of Mr. Francis, ibid. p. 102, pp. 11.

② Yearbook of the ILC 1973, vol. II, p. 169.

③ Supra n. 33, p. 43, pp. 146.

④ Supra n. 34, p. 136, pp. 12.

⑤ Commentary to Principle 4, para. 39, supra n. 3, p. 166.

⑥ Commentary to Principle 4, para. 4, ibid. p. 152.

行国际法的预防义务；同时充分考虑到国家不愿承担赔偿责任的现实，因而建议起源国义务为剩余性的、并非责任、亦非强制性，以使这一义务更易被接受。委员会的建议符合国家已往实践的多样性，并为今后在具体社会和经济背景下平衡各方利益提供了充分弹性。这一明智的妥协和建设性的模糊可以涵盖各种解决方案，无论国家是否支付、以恩惠之名或赔偿之名，未来的实践都不会挑战这一建议。但是下文关于跨国公司在发展中国家的经营引起跨界损害的假想情境，将会质疑委员会关于起源国义务建议的公正性，并使这一建议难以发展成为习惯国际法。

三、跨界损害分担中跨国公司的角色

假设从事危险物质生产活动的 X 公司拥有 A 国国籍，通过几个附属公司被 B 国公司 Y 所间接拥有。X 公司发生爆炸，对邻近国家 C 造成重大跨界损害。X 公司的资产远不足以赔偿事故造成的跨界损害，C 国受害人是否可以向 Y 公司索赔？这一假设案例并不罕见，过去几十年，引起严重环境损害的主要工业事故大多涉及在国外使用高度危险技术的跨国公司。①

虽然跨国公司通过多个实体在不同国家经营，但其在经济意义上是统一的。母公司能够对附属公司施加实质影响，因而形成跨国公司的整体政策和共同策略。② 正如印度政府在博帕尔案中

① Francesco Francioni, Exporting Environmental Hazard through Mutinational Enterprises: Can the State of Origin be Held Responsible? Supra n. 28, p. 275.

② See the definition of multinational corporation by United Nations Centre on Transnational Corporations, Proposed Text of the Draft Code of Conduct on Transnational Corporations, in the New Code Environment (1990), p. 34.

所指出，“事实上，只一个实体，跨国集团公司”。[①] 虽然母公司从跨国公司整体运营中获益，却通过一系列法律上的设计来避免对附属机构行为承担责任。最为常见的设计是各个附属机构根据相关国内法律拥有独立资本和法律能力，因而根据公司法的有限责任概念，构成了保护公司集团的面纱，使得附属公司的赔偿责任难以延展至母公司。

20世纪60年代起，跨国公司在东道国境内影响问题引起国际社会关注。经努力，国际社会制订了一些无约束力的文件，包括经合组织《关于国际投资和跨国企业的宣言》及其附件《跨国企业指南》、[②] 国际劳工组织《跨国企业和社会政策原则三方宣言》[③] 以及联合国《跨国公司行为准则草案》。[④] 这些文件强调跨国公司不得干涉东道国内政，强调东道国对跨国公司的控制；关于跨国公司危险活动的基调在于预防，所建议的跨国公司预防义务包括对外国附属机构适用最高安全和健康保护标准、向东道国提供必要信息，等等。

这些国际软法中的预防义务并未能形成关于跨国公司赔偿责任的国际条约。但国家实践取得了一些进展，一些重要案例中，母公司尽管并不情愿，但确实赔偿了其附属机构造成的损害。

---

① Memorandum of Law in Opposition to Union Carbide Corporation' s Motion to Dismiss these Actions on the Grounds of Forum Non Conveniens, in Baxi and Paul (edited), Mass Disasters and Multinational Liability: the Bhopal Case, p. 93.

② 15 ILM 967 (1976), reproduced from OECD. Press Release A (76) 20 of June 21, 1976. For the new version of OECD Guidelines adopted in June 2000, see 40 ILM 237 (2001).

③ 17 ILM 422 (1978), reproduced from Tripartite Declaration of Principles concerning Multinational Enterprises and Social Policy, published by the International Labour Office, Geneva.

④ 22 ILM 192 (1983), reproduced from U. N. Document E/C. 10/1982/6 of June 5, 1982, Annex. The effort to reach agreement on the Code of Conduct failed in 1992 due to division between the industrialized and the developing world.

阿莫柯·凯迪兹溢油案中，跨国公司的面纱被明确揭开。引起溢油的阿莫柯·凯迪兹号超级油轮由利比里亚籍的阿莫柯运输公司拥有，而阿莫柯运输公司全部股份通过几个附属机构由美国标准石油公司拥有，与事故联系最大的附属机构是阿莫柯国际石油公司。审理案件的美国区域法院在1984年判决指出，油轮方向盘的维护和修理存在疏忽，影响了系统的可靠性，同时，对于船员培训不当，指挥失误，所有这些使得标准石油、国际石油和阿莫柯运输对于原告遭受的损失负有赔偿责任。区域法院认为，标准石油是控制庞大复杂公司系统的母公司，系统内的公司互相配合以实现标准石油的财务利益，并执行标准石油的公司意志。延展的决策和控制能力足以确定标准石油的赔偿责任。因此，标准石油应为其自身以及阿莫柯石油、阿莫柯运输公司在设计、经营、维护、修理和船员培训方面的疏忽承担赔偿责任。[①]

斯维索和博帕尔案中，跨国公司的面纱也被揭开，但不如阿莫柯·凯迪兹案明确。斯维索案中，母公司并不甘愿承担赔偿责任，但同意在赔偿问题上接替其附属公司的义务，并与受害人就赔偿达成协议。[②] 博帕尔案中，母公司美国联合碳化物公司（UCC）同样不甘承担赔偿责任，但不得不根据印度最高法院的指令支付赔款。由于救济受害人的迫切需要，印度最高法院并未明确将赔偿责任归于UCC。但印度政府通过发展“跨国集团公司”原理，对跨国公司赔偿责任理论作出重大贡献：“因跨国公司行为而受到损害者无法分辨跨国公司中引发损害的具体单位，但毫无疑问，造成损害的跨国企业应为此损害负责……跨国公司

---

① Tullio Scovazzi, Industrial Accidents and the Veil of Transnational Corporations, supra n. 28, p. 413 – 421.

② Tullio Scovazzi, Industrial Accidents and the Veil of Transnational Corporations, p. 397 – 403. See also F. Pocchiari, V. Silano and G. Zapponi, the Seveso Accident and its Aftermath, in P. R. Kleindorfer and H. C. Kunreuther (edited), Insuring and Managing Hazardous Risks: from Seveso to Bhopal and Beyond (1987), p. 60.

责任是保证安全和确保在跨国公司内部及与东道国分享信息的唯一有效办法……跨国公司拥有首要、绝对、不可转移的责任……”[①]值得一提的是，尽管印度政府拥有博帕尔公司20－22%的股份，但并未承担赔偿责任。因此，UCC赔偿受害人并非仅仅因为其在公司中的主要股份，而是由于其对公司的实质控制。

联合国经济社会理事会跨国公司委员会指出，“现有国内和国际法律与实践并无清晰的操作规则来分配企业与国家对跨界环境损害的责任。因此，很多涉及跨国公司的重大案件是基于各不相同的法律原则解决的。”[②] 这一说法不无正确之处，但在重要的案件中，法律面纱被揭开，母公司的实质控制得以确认。跨国公司全球财务责任、负责任管理等其他理论，也可以确立母公司的赔偿责任。[③] “跨国公司对其全球附属机构危险活动造成事故负有严格赔偿责任的国际法规则似乎正在形成之中”。[④]

国际法委员会的特别报告员拉奥（Rao）在其第二次报告中提出了12条《原则草案》，其中包括了母公司的角色——第二条e款明确指出经营者“可包括母公司或者其他无论是否为公司的相关实体”。[⑤] 但是，审议第二次报告后，委员会一读通过《原则草案》，母公司的作用仅在评注中提及，评注中称经营者“也可包括母公司或者其他无论是否为公司的相关实体，如果其实际控制经营”。[⑥] “如果”一词使得“实际控制”成为母公司承担赔偿责任的前提条件，但“实际控制”含义模糊不清，可能在跨界损害的当事人间引起不同理解，增加了受害人向母公司

① Supra n. 51.

② Doc. E/C. 10/187/12 of February 1987.

③ Jay Lawrence Westbrook, Theories of Parent Company Liability and the Prospects for and International Settlement, TILJ vol. 20 (spring 1985), p. 323.

④ Divan and Rosencranz, The Bhopal Settlement, 19 EPL (1989), p. 169.

⑤ Supra n. 31, p. 148.

⑥ Supra n. 31, p. 185.

求偿以获得充分赔偿的难度。

委员会二读通过的《原则草案》中，跨国公司责任问题仍然只在评注中表述，但具体措辞稍有变化。二读通过的评注指出，经营者“也可包括母公司或者其他无论是否为公司的相关实体，特别是如果其实际控制经营”。① 该评注实质含义何在？将如何运作？

让我们回到上文假设的情境。如果受害人向母公司 Y 索赔，母公司可以依据《原则草案》抗辩其对 X 公司并无实际控制，因此不应承担赔偿责任。同时，受害人也可以从评注中找到有利的答辩理由。“特别是如果”一词使得“实际控制”不再是母公司赔偿责任的前提条件，而只是一个典型情况。委员会在评注中表示经营者的定义为功能性定义，“经营者是实际上、法律或者经济上控制污染活动者”。② 将这些评注一并解读，可以认为母公司与赔偿责任的联结并非仅仅是“实际控制”，而是倾向于“实质控制”。

基于对评注的这些理解，可能会确认母公司的责任，但将是一个旷日持久的过程，而这就与《原则草案》保证受害人获得及时、充分赔偿的目标相悖。因此，可以说，《原则草案》包含了关于跨国公司责任渐进发展的建议，但这一建议隐于评注之中，语义含糊，效力极弱。

四、跨国公司母国角色的缺失

现在来继续前文假设的情境，进一步设想 A 国是发展中国家，而该国没有关于环境损害的保险制度。这种情况也不会罕见。全球化进程中，发展中国家宽松的环境管治被当作比较优

① Supra n. 7.

② Commentary to Principle 2, para. 32, supra n. 3, p. 41.

势，危险产业持续、大规模地转移到发展中国家，而发展中国家由于改善民生的迫切需要，即使并不充分知晓潜在风险、缺乏监管能力、不存在危险活动保险机制，也倾向于批准这些危险产业。

如果由于未确认Y公司的赔偿责任，或者由于Y公司资金不足，受害人未能从母公司Y得到充分赔偿，下一步可以采取何种行动？可否转而向跨国公司的母国B国求偿？

与关于跨国公司角色的条约规则状况相似，并不存在关于母国角色的条约。更为糟糕的是，甚至没有跨国公司母国赔偿跨界损害的重要案例，而且有关法律论著也极其缺乏。

相关的国际软法主要涉及跨国公司母国预防义务。如，经合组织《关于国际投资和跨国企业的宣言》规定了母国确保和促进遵守指南的合作责任，以及运用权力和影响以确保跨国公司采用充分安全和健康标准的责任。[①]《斯德哥尔摩宣言》第103项建议超越了预防义务，规定"工业化国家环境政策的压力不得直接或间接转移至发展中国家。作为一般规则，任何国家不得牺牲他国来解决其环境问题……"[②] 这一建议意味着有损生态的产业不得向发展中国家转移，[③] 而跨国公司附属公司在发展中国家造成的跨界环境损害显然足以证明存在被禁止的产业转移，这意味着母国应当承担相应责任。但是由于缺乏其他国际法渊源和国家实践的充足支持，第103项建议远远无法证明存在关于母国角色的习惯国际法。

---

① Supra n. 51, p. 968. See also Michael Bothe, the Responsibility of Exporting States, in Günther Handl and Robert E Lutz, Transferring Hazardous Technologies and Substances, the International Legal Challenge (1989), p. 166 – 167.

② 11 ILM 1462 (1972), reproduced from U. N. Doc. A/CONF. 48/14 and Corr. 1.

③ See Ingo Walter, Environmentally Induced Industrial Relocation to Developing Countries, in Seymour Rubin and Thomas R. Graham (edited), Environment and Trade (1982), p. 67.

缺乏关于母国角色的国际法，反映了母国不愿承担赔偿责任，也反映了东道国对干涉的担忧。[①] 这些态度与传统的领土控制链接方法相关，根据这一方法，国家可对其领土管辖范围内的私人行为承担国际责任，但对其国民的海外行为无责任。[②]

传统领土控制链接方法的出发点是所在国家的绝对控制。但是，跨国公司的海外运营从未失去与母国的实质联系。跨国公司母公司从属于母国的管辖，母国可以将其实质控制扩展至跨国公司的海外活动。尽管是跨国公司及其海外附属公司的行为具有环境风险，但母国确实保有对这些行为的控制。

有学者指出，比照关于外国人待遇的国际法，关于赔偿责任的国际法明显失衡，缺乏对等。一国可以援引关于其国民海外待遇的权利，对国民的行为却没有相应的责任。[③] 母国通过商业扩张和税收等形式获益于跨国公司的海外运营，却无须为海外运营造成的损失负责。母国对海外经营行使税收管辖，但当经营引起损害时，管辖却仅属于东道国。

事实上，问题已不仅是失衡，而是有失公平。在委员会内部和学术界，均有人提出专注于领土控制的方法过于局限，对于发展中国家的利益和特殊情况不公平。发展中国家缺少技术和财务资源，难于管治和控制跨国公司的危险活动。不仅需要向发展中国家提供帮助，更重要的是确定跨界损害责任者。[④] 如果损失分配制度忽视国家间生活水平的差异，不考虑世界大多数人口的发展需要，则难以视作公平、公正的制度。[⑤]

意识到传统方法可能导致的不平衡和不公正，一些学者认为

---

① Supra n. 48, p. 276 – 277.

② Michael Bothe, supra n. 62, p. 165.

③ Christenson, The Doctrine of Attribution in State Responsibility, in R. Lillich (edited), International Law of State Responsibility for Injuries to Alliens (1983), p. 321.

④ The view of Mr. Shi, supra n. 34, p. 117, para. 29.

⑤ The view of Mr. Rao, supra n. 34, p. 118, para. 36.

应该重新审视国家控制其公司海外运营的法律责任。[①] 应根据母国与跨国公司海外运营之间的经济、法律和实质联系来重新评估传统的领土控制标准，采用有效控制替代领土标准作为确定跨国公司海外运营损害责任的基础。跨国公司母国应有责任确保海外运营符合国际标准，应当分担跨界损害的损失。[②] 有学者指出，存在着发展新的初级规则作为责任基础的趋势。[③] 但是，正如上文所述，学者在这方面的评论非常之少。

上述学术评论和建议并未引起国际法委员会足够重视。委员会选择遵从传统的领土控制链接方法，其关于国家角色的建议仅针对起源国，即“危险活动在其领域内或者其管辖或控制下从事的国家”。[④]

应该指出，委员会的建议在澄清传统领土控制方法时，使之更加狭义。《斯德哥尔摩宣言》第21条原则关于“国家的管辖或控制”的表述为众多国际法文件延用，成为通用模式。委员会在两方面澄清此模式，致使排除了母国责任的可能性。首先，委员会引入“领土”概念，以强调领土联系的重要性。作为管辖的首要证明，领土联系成为主要标准。根据《原则草案》，“管辖”一词主要意在涵盖在外空或公海从事的活动。第二，根据委员会的解释，“控制”涵盖的是国家缺少法定管辖权而行使事实管辖的情形，如非法干涉、占领、非法吞并等。[⑤] 《斯德哥尔摩宣言》中初次使用“控制”一词时，并未限定其具体含义。国际法院曾裁定“对领土的事实控制，而非主权或者法定权益，

---

① Michael Bothe, supra n. 62, p. 165.

② Francesco Francioni, Exporting Environmental Hazard through Mutinational Enterprises: Can the State of Origin be Held Responsible? Supra n. 28, p. 275 – 298.

③ Michael Bothe, supra n. 62, p. 168.

④ Principle 2 (d).

⑤ Supra n. 2, p. 383 – 384.

是国家对影响他国的行为承担责任的基础”,[1] 但这并非是界定“控制”的概念,并未排除其他可能性。有学者指出,“控制”概念指的是事实影响、有效指挥能力或者实际限制,“控制”的一个典型的情形就是母国对跨国公司海外运营的有效规范和监管权力。[2] 而委员会的建议在强调领土联系的同时,忽略了母国的实质控制。

另外,应当注意,国际法委员会在母国角色问题上建议缺失,似乎与其关于预防问题的工作不尽一致。在《预防条款草案》中,起源国被界定为在其领土内或者管辖或控制下“计划或者从事”危险活动的国家。[3] 依此定义,从事活动所在的国家和计划活动所在的国家均有预防义务,而母国很可能就是计划活动所在的国家。但是在《原则草案》中,“计划”表述被删除。因此,在跨界损害案件中,行为得以计划的国家没有确保额外资源的义务,即使其并未履行预防义务。而行为得以实施的国家应确保额外资源,即使其已履行所有预防义务。结合跨国公司的角色,可以发现类似的问题。经营者的赔偿责任可以追溯至母国的母公司,但国家分担损失的角色却止于起源国。

如果委员会延用《预防条款草案》中的逻辑,很可能会就母国角色提出渐进发展的建议,或者至少隐含此种建议。如果委员会不如此局限地使用传统的领土方法,会给未来的渐进发展留有更多余地。如果委员会采用与起源国角色同样的理据,无论是依据不损害他人财产原则,或者为了更好保护无辜受害人利益,或者为鼓励国家认真对待不损害他人财产义务,母国均应分担跨界损害的损失。遗憾的是委员会狭义地严格遵循传统领土方法,

① I. C. J. Reports 1971, p. 16.

② Francesco Francioni, Exporting Environmental Hazard through Mutinational Enterprises: Can the State of Origin be Held Responsible? Supra n. 28, p. 289 -290.

③ Article 2 (d) of the Draft Articles on Prevention, supra n. 2, p. 371.

未对母国角色提出渐进发展的建议，致使母国实质控制被忽视，显著失衡和不公平依旧。委员会这一疏忽对其关于起源国角色的建议也将产生负面影响。

现在让我们来结束上文假设的情境。根据委员会的建议，受害人无法向母国 B 索偿，唯一的选择是追诉发展中国家起源国 A。此案中，危险活动起源国（东道国）和母国均从危险活动中获益，起源国分担损失而其他获益人袖手旁观，是否公平？存有这种疑惑，A 国可能不愿在母国 B 缺席的情况下分担损失，而受害人只好独自承担损失，委员会建议的权威性和有效性因此受到挑战。即使 A 国努力获取额外财政资源来分担损失，发展中国家的资源非常可能不足以补偿损失，委员会建议的有效性和公平性仍然存在问题。

结论

跨国公司角色不清，跨国公司母国角色缺失，因此国际法委员会关于起源国角色的建议无法成为国际法渐进发展的平衡基础。公平、有效的跨界损害损失分担制度应当认真考虑危险行业的全球转移、跨国公司及其母国的跨界影响以及发展中国家提高生活的强烈愿望和环境风险监管能力的欠缺。为取得这方面国际法的发展，需要学术界进一步论证，需要国际社会继续努力。

卢旺达问题国际法庭对非国际武装冲突中战争罪的审判

凌 岩*

把非国际武装冲突中严重违反国际人道法的行为规定为国际犯罪，受国际审判，是20世纪90年代才出现的。传统的国际法上很少有关于在国内武装冲突中应遵循的法律规定。例如1949年日内瓦四个公约的大部分内容是关于国际武装冲突的，只有它们的共同第3条是关于非国际武装冲突的。适用于国际武装冲突的1977年的《第一附加议定书》有102个条款，而适用于国内武装冲突的《第二附加议定书》只有28个条款。此外，1949年的四个《日内瓦公约》及其《第一附加议定书》中规定了严重违反公约的情事，要求各缔约国承担义务制定必要的立法，以对本身犯有或令人犯有严重违反公约行为的人，处以有效刑事制裁。[①] 但是，在1949年日内瓦四个公约及其《第二附加议定书》中都未规定各国应对严重违反适用于非国际武装冲突的《日内瓦公约》的共同第3条及其《第二附加议定书》的行为绳之以法，即国际法上未规定在国内武装冲突中发生的这些行为是犯

---

* 中国政法大学教授。本文为教育部“卢旺达问题国际法庭的理论和实践”项目的中期成果之一。

① 《日内瓦第一公约》第49条，第二公约第50条，第三公约第129条，第四公约第146条，《第一附加议定书》第85条。

罪，个人应承担刑事责任。违反这些规定只引起国家的责任。这是因为传统的国际法是建立在主权这个基石上的，主要是规定主权国家之间关系的法律。国际人道法作为国际法的一个分支也不例外。各国把国内武装冲突视为在国内刑法范围内的叛乱和造反，不愿让其他国家插手本国的国内管辖权。[①] 这种将国际武装冲突和国内武装冲突适用的规则加以区分的做法反映了传统的国际社会的结构，基于主权国家共存的国际社会更愿意注重它们自己的利益而不是社会的关心和人道的需求。[②]

一、《卢旺达国际法庭规约》对传统国际法的突破

（一）卢旺达问题国际法庭对于战争罪的管辖权

卢旺达国际法庭的规约规定法庭对三种犯罪有管辖权：灭绝种族罪、危害人类罪和严重违反 1949 年的四个《日内瓦公约》共同第 3 条及其 1977 年的《第二附加议定书》。与《前南国际法庭规约》相比，前南斯拉夫问题国际法庭管辖的犯罪中包括严重违反 1949 年的四个《日内瓦公约》的情事，但该项犯罪未包括在卢旺达问题国际法庭的管辖范围内。显然，安理会在设立卢旺达国际法庭时认为，在 1994 年发生灭绝种族大屠杀时，卢旺达境内不存在国际武装冲突，而只存在国内武装冲突，[③] 因此规定法庭对严重违反 1949 年四个《日内瓦公约》共同第 3 条及其 1977 年的《第二附加议定书》的行为有管辖权，[④] 因为 1949 年四个《日内瓦公约》共同第 3 条规定的是在国内武装冲突中

---

① The Prosecutor v. Tadic, ICTY Appeal decision, 2 October 1995, para. 80.

② The Prosecutor v. Tadic, ICTY Appeal decision 2 October 1995, para. 96.

③ 专家委员会的报告对卢旺达当时的情况定性为非国际武装冲突，见 UN Doc. S/1994/1125, paras. 90 - 91.

④ 《卢旺达国际法庭规约》第 4 条。

所应遵守的最低国际人道标准，1977 年的《第二附加议定书》是对共同第 3 条的补充和发展。

（二）两个创新

1994 年 11 月 8 日安理会设立的卢旺达国际法庭的规约第一次把严重违反 1949 年四个《日内瓦公约》的共同第 3 条及其 1977 年的《第二附加议定书》的行为规定为犯罪，个人要为此负刑事责任。《日内瓦公约》的共同第 3 条在当时虽然已被接受为国际习惯法，[①] 但国际社会尚未接受违反它们就为犯罪。卢旺达国际法庭的这一规定无疑是一个创新。此外，当时，《第二附加议定书》中的规定尚未全部成为国际习惯法，《卢旺达国际法庭规约》就规定了法庭对严重违反 1977 年《第二附加议定书》的行为有管辖权。这也是一个创新。相比之下，在设立前南国际法庭时，联合国秘书长在其报告中特别指出，前南国际法庭应适用已毫无疑问成为习惯法的国际人道规则，并指出属于这样的公约有哪些[②]，1977 年的《第一附加议定书》和《第二附加议定书》均未被提及，因为它们还没有被国际社会接受为国际习惯法规则。安理会在设立卢旺达国际法庭时选择的可适用的法律比前南国际法庭所适用的法律范围要广，并不局限于已成为国际习惯的法律规则，严重违反还未形成习惯国际法的 1977 年《第二附加议定书》的行为也成为法庭管辖范围内的犯罪[③]。这主要是因为前南斯拉夫与卢旺达的情况不同，前南斯拉夫当时分裂成数个主权国家后，不能保证它们都立即成为所有的国际人道法公约

---

① Military and Paramilitary Activities in and against Nicaragua, Nicaragua v. United States of America, ICJ Judgment, 27 June 1986, para. 218.

② 属于这样的公约有：1949 年的四个《日内瓦公约》、1907 年的《海牙公约》及其附件规则，1948 年的《灭种罪公约》和 1945 年的《纽伦堡国际军事法庭宪章》。联合国秘书长的报告，UN Doc. S/25074. para. 33 – 34.

③ 联合国秘书长的报告，S/1995/134, para. 12.

的缔约国而受它们的拘束。如果法庭对于冲突各国和各方均适用仅为条约法而非习惯法的条约，就会违反条约不拘束第三国的原则。在这种情况下，最好的选择就是适用已成为习惯法的国际人道法规则，这样无论前南境内的任何冲突方是否这些条约的缔约国，都要受这些条约的拘束，对违反者的审判绝不会违反“法无明文不为罪”的原则。而在卢旺达大屠杀发生时，卢旺达并未分裂成数个主权国家，因此只要卢旺达是1977年《第二附加议定书》的缔约国，该议定书中所规定的人道法规则就对卢旺达及其国民有法律拘束力。卢旺达国际法庭适用该议定书不会发生条约不拘束第三国的问题。

二、前南斯拉夫国际法庭对惩治非国际武装冲突中战争罪的推动

尽管违反1949年四个《日内瓦公约》的共同第3条和1977年的《第二附加议定书》为犯罪首先规定在卢旺达国际法庭的规约中，前南国际法庭却最先在其判决书中讨论了在国内武装冲突中违反国际人道法的人应承担刑事责任的问题。前南国际法庭在审理第一个案子时，被告人塔迪奇提出他所在的地区即使存在着武装冲突，该冲突也是非国际性质的，法庭无权审判在国内武装冲突中所犯的违反国际人道法的行为。前南国际法庭在关于法庭管辖权的中期上诉判决中，对这个问题进行了详尽的讨论。

法庭首先回顾了自1930年代以后，国际上对国际武装冲突和非国际武装冲突的区分变得越来越模糊，逐渐出现了规定国内武装冲突的国际法律规则。究其原因有四个，第一，国内战争越来越频繁，国际社会不能再对这种战争在法律上放任不管。第二，国内武装冲突变得越来越残酷和持久，国内武装冲突与国际武装冲突的程度差别越来越小。第三，在国际社会中国家之间日益互相依存，使第三国更容易直接或间接地卷入一国的国内冲

突，这要求国际法更多地考虑国内冲突的法律制度以便尽可能防止对外产生不利的影响。第四，人权理论在国际社会的迅猛发展和宣传，使国际法发生了重大改变，对人类的注重逐渐取代了对国家主权的注重。这样，在武装冲突方面，国家间的战争和国内战争的区别就人类而言正在失去它的价值。法庭向传统的国际法观念提出了挑战：为什么在两国从事战争时要保护平民不受战争的摧残，而在武装暴力仅在一主权国家领土内爆发时却不能对平民提供同样的保护？其结论是：如果国际法在保障各国的合法利益的同时必须逐渐地转向保护人类的话，上述的区分自然就会逐渐地失去存在的理由。①

前南国际法庭讨论的另一个问题是，《日内瓦公约》的共同第3条没有明确提到对违反这些规定的刑事责任，个人是否就不承担刑事责任。前南国际法庭援引了纽伦堡国际军事法庭所作出结论，没有对犯罪予以惩罚的规定不能阻止法庭判定个人承担刑事责任。法庭认为有关违反特殊禁止引起个人责任要考虑的因素有三个：第一，对国际法中战争规则的明确承认；第二，有表明国家意在使战争法上所禁止的行为成为犯罪的国家实践，包括政府官员和国际组织的声明；第三，有国内法院和军事法庭对违反规定的惩罚。如果满足了这些条件，个人必须承担刑事责任。上诉分庭认为国际人道主义的原则和规则反映了广泛被承认的“对人类的基本考虑”，这是从事任何类型武装冲突时的最低义务。无论违反这些最低义务的行为是在国内或国际武装冲突中所犯的，毫无疑问都使个人承担刑事责任。② 前南国际法庭还在审查了各国的军事手册、各国制定的执行《日内瓦公约》的国内法、安理会一致通过的一些决议等后得出结论：所有这些因素都

① The Prosecutor v. Tadic, ICTY Appeal decision, 2 October 1995, para. 97.

② The Prosecutor v. Tadic, ICTY Appeal decision, 2 October 1995, paras. 128 – 129.

确认了习惯国际法使得对严重违反《日内瓦公约》的共同第3条，以及违反在内战中有关作战手段和方法的一些基本原则和规则的人，承担刑事责任。[①]

三、卢旺达国际法庭对非国际武装冲突中战争罪的审判的合法性

卢旺达国际法庭的规约是安理会制定的，它能否代表国际社会已接受的法律呢？为避免受到违反“法无明文不为罪”原则的批评，卢旺达国际法庭在最初审理的几个案件的判决中都讨论了1949年四个《日内瓦公约》的共同第3条和1977年的《第二附加议定书》的可适用性问题。即法庭对严重违反《日内瓦公约》的共同第3条和1977年的《第二附加议定书》行为的审判是否合法。

关于1949年四个《日内瓦公约》公约的共同第3条，卢旺达国际法庭的意见与前南国际法庭的意见是一致的，审判分庭在阿卡耶苏案判决中说，“共同第3条的规范在大多数国家已取得习惯法的地位，它们的国内刑法典已将在国内武装冲突中所犯的严重违反共同第3条的行为规定为犯罪。”[②] 从现在的情况来看，全世界所有的国家都是该四公约的缔约国，无疑这些规定已成为国际习惯法。

关于严重违反1977年《第二附加议定书》的行为，法庭亦作了论证，法庭认为尽管不能说《第二附加议定书》中的全部规则都已成为习惯法，但其中的很多规定现在可以被认为宣告了已存在的习惯法规则或正在形成习惯法规则。《卢旺达国际法庭规约》的第4条关于严重违反1949年《日内瓦公约》共同第3

① The Prosecutor v. Tadic, ICTY Appeal decision, 2 October 1995, para. 134.

② The Prosecutor v. Akayesu, ICTR Judgment, 2 September 1998, para. 608.

条和1977年《第二附加议定书》中所列的行为与《第一附加议定书》第75条第2款和《第二附加议定书》第4条第2款共同的规定是一致的，也就是说，这些行为在发生武装冲突的任何时候、任何地方均应被禁止。法庭认为这两条规定的是在国际和国内武装冲突中的基本保障，也即最低人道标准。与共同第3条的性质一样，是习惯国际法。这些基本保障在卢旺达大屠杀期间是已存在的国际习惯法的组成部分。[①]

此外，法庭在判决中还指出，卢旺达在1964年5月5日和1984年11月19日分别批准了1949年《日内瓦公约》和1977年《第二附加议定书》。在卢旺达发生被指控的犯罪时，这些规约和议定书在卢旺达境内都是有效的，卢旺达人必须遵守这些公约和议定书。更何况法庭规约第4条所述的所有犯罪行为按照1994年的卢旺达国内法都构成犯罪，违反它们就要承担刑事责任。[②] 因此根据习惯国际法和协定国际法两方面，严重违反《日内瓦公约》共同第3条及其《第二附加议定书》的行为者都要承担个人的刑事责任。

第二审判庭在卡依稀马和如津达纳案的判决中认为考虑战争罪的习惯法地位是多余的，因而抛开从国际习惯角度去谈法庭对该罪行行使管辖的合法性问题，而是单刀直入地指出，卢旺达在1994年以前已参加了1949年四个《日内瓦公约》和1977年《第二附加议定书》，以及法庭规约第4条所述的所有犯罪行为按照1994年的卢旺达国内法都构成犯罪，违反它们就要承担刑事责任。与阿卡耶苏判决相比，这样做虽然能够解决卢旺达国际法庭对其审判卢旺达境内非国际武装冲突中所犯战争罪的合法性，但其对国际刑法发展所起的作用却有限，因为它只能成为这

---

① The Prosecutor v. Akayesu, ICTR Judgment, 2 September 1998, para. 610.

② The Prosecutor v. Akayesu, ICTR Judgment, 2 September 1998, para. 617; The Prosecutor v. Kayishema & Ruzindana, ICTR Judgment, 21 May 1999, paras. 156 – 158.

种审判的个案或特例，而不能像阿卡耶苏判决那样确认在国际法上审判国内武装冲突中战争罪的一般适用原则。

四、卢旺达国际法庭管辖范围内的战争罪的构成要素

在塞满萨和湘古古案的判决中，法庭指出，首先，检察官应该证明三个要素：（1）在有关国家的领土上存在着非国际性武装冲突；（2）在所称的违法行为和武装冲突之间存在的关联；（3）被害人在所称的违法行为发生时没有直接参加敌对行动。[①] 如果能够证明这些因素存在无疑，法庭就可以进一步考虑被告人是否对违反《日内瓦公约》共同第3条和《第二附加议定书》的具体罪行承担刑事责任。

（一）存在非国际性武装冲突

1949年《日内瓦公约》的共同第3条与1977年《第二附加议定书》的适用范围稍有不同。共同第3条适用于非国际性的武装冲突，而1977年《第二附加议定书》适用于“第一附加议定书未包括、而在缔约一方领土内发生的该方武装部队和在负责统率下对该方一部分领土行使控制权，从而使其能进行持久而协调的军事行动并执行本议定书的持不同政见的武装部队或其他有组织的武装集团之间的一切武装冲突。”

由于不存在对于非国际性武装冲突的定义，在穆塞马案判决书中，法庭对“非国际性武装冲突”作了解释，“非国际性武装冲突有别于国际武装冲突是由于相互对立的实体的法律地位：冲

---

① The Prosecutor v. Semansa, ICTR Judgment, 15 May 2003, paras. 368 – 369; The Prosecutor v. Ntagerura, Bagambiki and Imanishimwe, ICTR Judgment, 25 February 2004, para. 766.

突各方不是主权国家，而是一国的政府与在其领土内的一个或多个武装派系的冲突。”即武装冲突的主体不是主权国家。[①] 法庭还解释了“武装冲突”是：“有组织的武装部队之间存在的程度上或多或少公开的敌对行为。内部的动乱、紧张局势，孤立或不时发生的暴力行为不构成法律意义上的武装冲突”。法庭特别提到“即使政府被迫采取警察部队和武装分队以恢复法律和秩序，这种情况也不属于武装冲突”。最后，“非国际武装冲突是在一个国家领土内在武装部队和有组织的武装集团之间发生的敌对情事”。[②] 一个冲突是否符合共同第 3 条的要求，法庭认为应根据个案的情况来决定，阿卡耶苏判决书建议判定是否存在非国际性武装冲突的标准要看冲突的剧烈程度和冲突各方的组织情况。[③] 在前南国际法庭中遇到了非国际性武装冲突是否会转变成国际性武装冲突的问题，而卢旺达法庭没有遇到这样的问题，因此法庭没有讨论这个问题。

《第二附加议定书》的适用起点要比共同第 3 条的适用起点高些。它不仅要求武装冲突是发生在一国领土内的政府武装部队和持不同政见的武装部队或其他有组织的武装集团之间的武装冲突，还要求这些武装组织有负责的统帅，对一部分领土行使控制，因而能够进行持久而协调的军事行动和执行《第二附加议定书》。这就要求作为冲突方的武装部队或武装集团要具备一定的组织形式、规模和实力。

就卢旺达当时的情况而言，其武装冲突是卢旺达政府军和卢旺达爱国阵线之间的武装冲突，属于非国际性质的。卢旺达爱国阵线是个有组织的武装部队，在其指挥官卡嘎马将军的统帅下，

---

① The Prosecutor v. Akayesu, ICTR Judgment, 2 September 1998, para. 620; The Prosecutor v. Musema, ICTR Judgment, para. 247.

② The Prosecutor v. Musema, ICTR Judgment, 27 January 2000, para. 248.

③ The Prosecutor v. Akayesu, ICTR Judgment, 2 September 1998, para. 620; The Prosecutor v. Musema, ICTR Judgment, para. 250.

从乌干达攻入卢旺达北方，1994 年 5 月中已占领了卢旺达一半多的领土，它与卢旺达军队的战斗一直持续到 1994 年 7 月 18 日战争结束时。该军队是有纪律约束的、有上下级组织的，曾经通知红十字国际委员会它受国际人道法的拘束。这种冲突满足了适用《第二附加议定书》的条件。[①] 法庭断言，由于《第二附加议定书》所适用的起点较高，如果一个武装冲突满足了适用《第二附加议定书》的条件，那么事实上也就满足了适用共同第 3 条的条件。[②]

（二）在被指控的违法行为和武装冲突之间的关联

在 1994 年发生的最触目惊心的是对图西族的灭种大屠杀，这种灭种屠杀与卢旺达国内武装冲突之间是否有关联，法庭最初的看法是把两者区分开来。在阿卡耶苏案中，审判分庭说，虽然对图西族的灭种屠杀与卢旺达政府军和卢旺达爱国阵线间的冲突同时发生，但是很明显，灭种与该冲突是根本不同的。[③] 在这种思想指导下，在卢旺达国际法庭审判的案子中，证明被指控的违法行为与武装冲突之间的关联是个难点。法庭在卡依稀马和如津达纳案判决中说：关联一词不能被理解为含糊的和不明确的关联。在所称的犯罪和武装冲突之间应在事实上有直接的关联。[④] 在阿卡耶苏案中，法庭要求检察官出示足够的证据证明被告是如何和以何身份来支持政府作出反对持不同政见的武装部队和其他武装部队的努力。"[⑤]在如塔甘达案中，法庭认为虽然对图西族的灭种屠杀和卢旺达军队与卢旺达爱国阵线之间的冲突有着不可否

① The Prosecutor v. Akayesu, ICTR Judgment, 2 September 1998, para. 627.

② The Prosecutor v. Bagilishima, ICTR Judgment, para. 100.

③ The Prosecutor v. Akayesu, ICTR Judgment, 2 September 1998, paras. 127 - 128.

④ The Prosecutor v. Kayishema and Ruzindana, ICTR Judgment, 21 May 1999, para. 604.

⑤ The Prosecutor v. Akayesu, ICTR Judgment, 2 September 1998, para. 642.

认的联系，但检察官不能只依赖于有关灭种罪的判定就认为违反《日内瓦公约》的共同第3条和《第二附加议定书》也就自动确立起来了。[①] 但是法庭却没有对“关联”这个概念作出明确的定义，也没有说明检察官提供什么样的证据就能够无合理怀疑地证明存在这样的关联。因此法庭最初审理的数个案子都因为没能确立这种关联而没有判定被告犯了严重违反1949年《日内瓦公约》的共同第3条和1977年的《第二附加议定书》。这个情况一直延续到2003年5月26日，上诉分庭宣布了如塔甘达犯了这项罪行。

在如塔甘达上诉判决中，上诉分庭引用了前南国际法庭库纳拉茨案判决中有关确立所称犯罪与武装冲突关联的准则。该判决书说，武装冲突无需与犯罪有因果关系，但是武装冲突的存在必须至少在罪犯能够触犯、决定触犯，犯罪的方式和犯罪的目的方面起实质的作用。因此如果罪犯的行为是支持武装冲突或借武装冲突之机从事的，就足以下结论说他的行为与该武装冲突密切相关。[②]

上诉分庭进一步解释了“借武装冲突之机”并不仅仅意味着在武装冲突的同时和/或部分地因武装冲突造成的任何情况。例如，如果一个非战斗员利用武装冲突造成的无秩序状态使警察不能有效行使职能而谋杀了他仇恨了多年的一个邻居，仅这行为不能构成规约第4条所述的战争罪。但是，如果战斗员利用他们的军事权力地位，强奸那些流离失所的人，而使这些人的流离失所正是这些军人参加的军事战斗的明确目的，他们的行为就构成战争罪。[③]

① The Prosecutor v. Rutaganda, ICTR Judgment, 6 December 1999, para. 461.

② The Prosecutor v. Kunarac, ICTY Judgment, AC, 12 June 2002, para. 59. The Prosecutor v. Rutaganda, ICTR Judgment, AC, para. 569.

③ The Prosecutor v. Rutaganda, ICTR Judgment, AC, 26 May 2003, para. 570.

在确定具体的犯罪和一个武装冲突之间的密切关联时，上诉分庭认为需要考虑几个因素，而不是仅仅一个因素，这些因素中包括：被告人是个战斗员；被害人是反对派的成员；违法的行为是为达到一个军事行动的最终目的；以及该罪行是作为被告职责的一部分或在其职责范围内触犯的，等等。这些因素只是列举而不是在具体的犯罪和武装冲突间存在密切关联的穷尽因素。①

（三）触犯罪行的人

从以上的叙述，人们可能会认为只有战斗员才会犯战争罪。其实不然。在阿卡耶苏判决书中，第一审判分庭曾认为有关国际公约主要是针对那些依其权力对战争的爆发或从事敌对行动负责的人的。对战争犯罪承担责任的人的种类在大多数情况下限于指挥官、战斗员和武装部队的其他成员。② 在卡依稀马和如津达纳案中，第二审判分庭也采取了同样的看法，认为如果不属于部队的成员，就必须与武装部队有关系。③ 但是上诉分庭在阿卡耶苏的上诉案中否定了将有可能按规约第 4 条被起诉的人进行归类，以及限制将共同第 3 条适用于这些种类的人。上诉分庭指出："实际上，违反共同第 3 条的人很可能是这些种类的人员之一"，因为"共同第 3 条要求违法行为与武装冲突有密切的关联"，这种关联意味着在大多数情况下，战争罪犯可能与冲突一方有特殊的关系。但是，这种关系不是适用共同第 3 条和规约第 4 条的先决条件。④

后来审判分庭就采取了上诉分庭的观点："共同第 3 条和《第二附加议定书》并未明确规定可能犯此罪的人的种类，可是

① The Prosecutor v. Kamuhanda, ICTR Judgment, 22 January 2003, para. 736.

② The Prosecutor v. Akayesu, Judgment, 2 September 1998, para. 630.

③ The Prosecutor v. Kayishema and Ruzindana, ICTR Judgment, 21 May 1999, para. 175.

④ The Prosecutor v. Akayesu, ICTR Judgment, AC, 1 June 2001, paras. 430 – 446.

指出哪些人受这些规则规定的义务的拘束”。“共同第3条所提供的保护意味着要有效惩罚罪犯，无论他们是何人”。对战争罪的刑事责任者并不取决于所称的罪犯为何种类型的人。[①] 实际上，自二战以后的纽伦堡军事法庭和远东军事法庭审判以来，国际法庭都认为不仅军人会犯战争罪，而且非军人也同样会犯战争罪。

（四）被害人

在非国际性武装冲突中，受国际人道法保护的人根据《日内瓦公约》共同第3条，必须是那些不实际参加敌对行动的人，根据《第二附加议定书》第4条的规定，是所有未直接参加或已停止参加敌对行动的人。法庭在阿卡耶苏案的判决中说，战争罪的被害人必须是这些人。[②]

在如塔甘达的判决书中，法庭进一步解释说：“直接参加敌对行动是指那些依其性质和目的可能对敌方军队的人员和设备造成实际伤害的战争行为。”[③]

除了那些受伤的战斗员、俘虏，平民是最主要的被保护人。在卡依稀马和如津达纳案的判决中，法庭还将平民和平民人口作了区分。“有些平民是随军的，或附属于军队的。在直接参加敌对行动的战斗员中甚至也可能有平民。平民应受国际人道法保护，除非在他们直接参加敌对行动的时候。但是平民人口是不参加敌对行动的，《第一附加议定书》的第50条强调：在平民人口中有不属于平民定义范畴的人不剥夺这些人口平民的性质。”[④]

---

① The Prosecutor v. Semanza, ICTR Judgment, 15 May 2003, paras. 358 – 362.

② The Prosecutor v. Akayesu, ICTR Judgment, 2 September 1998, para. 629.

③ The Prosecutor v. Rutaganda, ICTR Judgment, 6 December 1999, Paras 100 – 101. n. 32.

④ The Prosecutor v. Kayishema and Ruzindana, ICTR Judgment, 21 May 1999, paras. 179 – 180.

在塞满萨案中，辩护律师争辩说，一些武装的卢旺达爱国阵线的渗透者引发了战斗或参加了战斗。法庭强调即使在教堂、清真寺避难的难民中有战斗员，也不能剥夺那些非战斗员的受保护的地位。[①] 法庭还采纳了前南斯拉夫国际法庭关于武装冲突法适用的起讫时间的观点，指出《日内瓦公约》共同第 3 条和《第二附加议定书》对武装冲突受难者提供的保护不限于战线和战斗实际发生的狭窄的地域范围，只要满足了适用这些规定的客观、实质的条件。[②]

五、构成战争罪的罪行

《卢旺达问题国际法庭规约》第 4 条规定的违反《日内瓦公约》的共同第 3 条和《第二附加议定书》的行为包括但不限于：(1) 强暴对待人的生命、健康以及身体或精神福祉、特别是谋杀以及诸如拷打、截肢和任何形式的体罚等酷刑；(2) 集体处罚；(3) 劫持人质；(4) 恐怖主义行为；(5) 残害人性尊严，特别是羞辱和贬损、强奸、逼良为娼以及任何形式的粗鄙攻击；(6) 劫掠；(7) 事先未经正规组成的提供文明人所承认且不可或缺的司法保证的法院审判而迳行宣判和执行；(8) 威胁要犯下上述的任何行为。

检察官对被告的指控只涉及其中第 1 款和第 5 款的行为，因而法庭在判决书中也只涉及这几项罪行的定义，并且大都采用危害人类罪中对相同罪行所下定义。

---

① The Prosecutor v. Semanza, ICTR Judgment, 15 May 2003, para. 515.

② The Prosecutor v. Kamuhanda, ICTR Judgment, 22 January 2003, para. 732.

（一）强暴对待人的生命、健康以及身体或精神福祉、特别是谋杀以及诸如拷打、截肢和任何形式的体罚等酷刑

1. 谋杀

穆塞马案判决书中的谋杀的构成要件是：（1）被害人死亡；（2）该死亡是由于被告或其下属的非法行为或不行为造成的；（3）在杀害时，被告或其下属有意图杀害或使死者遭受严重身体伤害，且知道这种伤害可能造成被害人死亡，而对其是否死亡全然不顾。[①] 在塞满萨案判决中补充说：谋杀是指故意地杀害另一人，且无需伴有预谋。[②]

2. 酷刑

在穆塞马案判决中，法庭采用了《禁止酷刑公约》中酷刑罪定义："为了向某人或第三者取得情报或供状，为了他或第三者所作或涉嫌的行为对他加以处罚，或为了恐吓或威胁第三者或为了基于任何一种歧视的任何理由，蓄意使某人在肉体或精神上遭受剧烈疼痛或痛苦的任何行为，而这种疼痛或痛苦是由公职人员或以官方身份行使职权的其他人所造成或在其唆使、同意或默许下造成的。纯因法律制裁而引起或法律制裁所固有或附带的疼痛或痛苦不包括在内。"[③] 但是，前南国际刑庭上诉分庭在库纳拉茨案的判决中说：酷刑公约中的定义反映了有关国际义务的习惯国际法，它与危害人类罪中的酷刑的定义是不一致的，危害人类罪中有关个人刑事责任的酷刑定义不要求被告有官方身份。[④] 因此，法庭在后来的判决中将酷刑的定义修正为：包括为了取得

① The Prosecutor v. Musema, ICTR Judgment, 27 January 2000, para. 215.

② The Prosecutor v. Semanza, ICTR Judgment, 15 May 2003, para. 373.

③ 《禁止酷刑和其他残忍、不人道或有辱人格的待遇或处刑公约》第 1 条。

④ The Prosecutor v. Kunarac, ICTY Judgment, AC, 12 June 2002, para. 146 – 148.

情报或供状等被禁止的目的，为了对被害人或第三者加以处罚，或为了恐吓或威胁被害人或第三者，歧视被害人或第三者，蓄意使某人在肉体或精神上遭受剧烈疼痛或痛苦的任何行为。酷刑行为并不要求仅为被禁止的目的之一而犯。①

3．截肢

截肢是指对被害人造成严重的身体伤害或损害。②

4．强暴对待人的生命、健康以及身体或精神福祉

对于强暴对待人的生命、健康以及身体或精神福祉的罪行，法庭注意到前南国际法庭和卢旺达国际法庭一直都没有判定任何人犯了这项罪行，而且前南国际法庭在瓦希利耶维奇案的判决书中指出，习惯国际法没有对这条规定提供充分精确的犯罪定义，因此，根据“法无明文不为罪”的原则，判定了被告对这项罪名无罪。卢旺达国际法庭采取了同样态度。③

（二）残害人性尊严，特别是羞辱和贬损、强奸、逼良为娼以及任何形式的粗鄙攻击

1．残害人性尊严

法庭对残害人性尊严的解释是：以为了破坏被害人的自尊的方式来对待他们，像侮辱人格一样，这些犯罪可被视为较轻的酷刑，但不要求有实施酷刑的动机，也不要求该行为是根据国家授权实施的。④

2．强奸

战争罪中的强奸罪与危害人类罪中的强奸罪的定义是一样的。卢旺达国际法庭的阿卡耶苏案判决对国内法上的强奸定义有

---

① The Prosecutor v. Semanza, ICTR Judgment, 15 May 2003, para. 343.

② The Prosecutor v. Musema, ICTR Judgment, 27 January 2000, para. 285.

③ The Prosecutor v. Ntakirutimana, ICTR Judgment, 21 February 2003, para. 860.

④ The Prosecutor v. Musema, ICTR Judgment, 27 January 2000, para. 285.

所突破。首先，在国内法上的强奸罪强调犯罪行为是在被害人不同意的情况下实施的。卢旺达法庭认为，在国际刑法中，绝大多数被告被控犯了灭绝种族罪、危害人类罪和战争罪，在这些情况下普遍存在着强迫，使真正的同意成为不可能。因此，只要证明强奸是在“在被强迫的情况下”实施的，而不必证明是在违反被害人的意志，在被害人“不同意”的情况下实施的。其次，法庭对强奸所下的定义是：“强奸罪和性暴力是具有性的性质的对身体的侵入，是在一个人被强迫的情况下对其实施的。”① 法庭认为，国内的强奸定义对于用以侵入身体的物体以及被侵入的身体的部分的规定过于呆板，因而判定将一木片戳入被害妇女的性器官也是对被害人身体的侵入行为，构成强奸。②

但是，前南国际法庭上诉分庭对强奸采取了一个较窄的定义，其物质要素仍明确指明用以侵入身体的物体以及被侵入的身体的部分。该强奸定义是：未经同意，罪犯以其生殖器或使用任何物体侵入受害人的生殖器或肛门，或以其生殖器侵入受害人的口腔，无论入侵的程度多么轻微。③

卢旺达国际法庭在塞满萨案的判决中采纳了前南国际法庭上诉分庭的定义。认为其他性暴力行为不符合强奸罪的定义，应该根据法庭管辖权中的其他罪行例如酷刑、迫害、奴役或其他非人道行为来指控。④ 因此在强奸的定义方面，两个国际法庭的实践以及在卢旺达国际法庭的各审判分庭间的实践也不完全一致。

3. 粗鄙攻击

粗鄙攻击是指被告以性性质的行为和以强迫、武力、威胁和

---

① The Prosecutor v. Akayesu, ICTR Judgment, 2 September 1998, paras. 598 and 688.

② The Prosecutor v. Akayesu, ICTR Judgment, 2 September 1998, para. 686.

③ The Prosecutor v. Kunarac, ICTY Judgment, AC, 12 June 2002, para. 127 - 128.

④ The Prosecutor v. Semansa, ICTR Judgment, 15 May 2003, para. 345.

不经同意的手段造成痛苦和伤害。①

六、被卢旺达国际法庭指控犯了战争罪的人

卢旺达国际法庭的检察官一共起诉了 90 人。有 2 人的起诉书后来被撤销。在被捕后送交法庭的 70 名被告中，有 43 人被指控犯了严重违反《日内瓦公约》共同第 3 条和《第二附加议定书》。至 2006 年 12 月 31 日，已有 31 人的案子审结，其中 17 人被指控犯了除其他罪行外，还犯了战争罪。但是这些人中大多数是文职官员，包括政府的部长、省长、市长和媒体的记者，只有 4 人是军队和民兵组织的成员，而这 4 人中有 2 人没有被指控犯了战争罪。因此只有 2 人被法庭判定犯了战争罪。

（一）被定罪的案件

如塔甘达被上诉分庭判定犯了战争罪，依马尼西姆维被审判分庭判定犯了战争罪。

1. 如塔甘达案

如塔甘达在卢旺达大屠杀期间是因特拉哈姆维国家委员会的副主席。因特拉哈姆维是多数派政党的民兵组织。如塔甘达因在一所学校和一个砾石坑附近杀人以及杀害了另一名受害人而被指控犯了三项战争罪。审判分庭认为检察官没有证明如塔甘达所犯的罪行与敌对行动和武装冲突有密切的关联，因而判定如塔甘达没有犯战争罪。检察官对审判分庭的这个判决提起上诉。上诉分庭判定检察官的确未证明如塔甘达犯了杀害那名受害人的罪行，但是判定如塔甘达在那所学校和砾石坑的地方杀害图西平民的行为是犯了战争罪。

检察官在上诉时提出，有清楚可靠的证据证明如塔甘达的罪

① The Prosecutor v. Musema, ICTR Judgment, 27 January 2000, para. 285.

行与 1994 年卢旺达政府和卢旺达爱国阵线之间的武装冲突相关。因为卢旺达政府有攻击图西人的政策，因特拉哈姆维是由政府建立、训练和利用来执行政府的政策。如塔甘达在因特拉哈姆维中起主导作用，因特拉哈姆维和如塔甘达实际攻击和杀害了图西平民以执行该政策。①

审判分庭在审判中认定检察官的这个意见有合理之处，但在判决中又说检察官没有无合理怀疑地确立起如塔甘达的犯罪行为与该武装冲突有关联。上诉分庭认为审判分庭的这两个断言相互矛盾，因而得出结论，审判分庭犯了一个事实错误。上诉分庭支持了检察官的上诉，判定已无合理怀疑地确立了如塔甘达的行为与该武装冲突有关联，因而犯了战争罪。②

2. 依马尼西姆维案

依马尼西姆维是卢旺达军队的军官，在 1994 年卢旺达大屠杀期间是卡拉姆波军营的执行指挥官。检察官指控他犯了战争罪。

审判分庭判定依马尼西姆维与其士兵在卡麦姆北市的市场逮捕了一些难民和平民并把他们关押在卡拉姆波军营。士兵们虐待和讯问被关押者时，依马尼西姆维在场，被关押者均是图西族人。士兵们拷问他们是否卢旺达爱国阵线的成员，指控他们与敌人里应外合。在这些士兵虐待关押者时，依马尼西姆维未予制止。卡拉姆波军营的士兵们还根据依马尼西姆维的命令杀害和促使杀害了一些被关押者。这些被害人大多是图西族难民和该省的图西平民，他们没有直接参加卢旺达的非国际性武装冲突。③

关于被告的犯罪行为与卢旺达境内卢旺达政府军和卢旺达爱

① The Prosecutor v. Rutaganda, ICTR Judgment, AC, 26 May 2003, para. 558.

② The Prosecutor v. Rutaganda, ICTR Judgment, AC, 26 May 2003, para. 580.

③ The Prosecutor v. Ntagerura, Bagambiki and Imanishimwe, ICTR Judgment, 25 February 2004, paras. 789 - 790.

国阵线间的武装冲突的关联，法庭判定那些士兵逮捕图西平民是因为他们被怀疑与卢旺达爱国阵线有关系。而且，当士兵后来在军营中打他们和虐待他们时，士兵讯问他们是否卢旺达爱国阵线的成员，指责他们帮助敌人。法庭认为这些士兵的行为是为了搜寻敌方战斗员和那些与他们联络的人，或至少他们的行为是以这种搜寻为借口而为的。法庭认为士兵的这种行为是为了推动该武装冲突或在武装冲突的借口下从事的。这就足以确立被指控的违反公约第4条的罪行与该武装冲突有必然的关联，从而满足了犯战争罪的行为与武装冲突有关联的要件。[①] 法庭判定依马尼西姆维犯了战争罪。

（二）未被判定犯了战争罪的案件

1. 未证明犯罪与武装冲突之间存在关联

有7名被告被指控犯了战争罪，但未被法庭定罪，原因是检察官没有无合理怀疑地证明他们被指控的行为与卢旺达当时的武装冲突有关联。这些被告都是非军事的政府和地方官员。如前所述，审判分庭并没有对检察官给予明确的指导，检察官应提供怎样的证据，才能证明被告的犯罪行为与武装冲突有关联这一因素。检察官与审判分庭对于如何能证明这种关联似有不同的看法。例如检察官在卡依稀马和如津达纳案中提出，图西人被搜出是以他们为卢旺达爱国阵线的同谋为借口的。在检察官看来，这个借口意味着在这些图西平民可被卢旺达爱国阵线征召和训练以同卢旺达军进行战斗前，被告就决定杀害他们，无论这些图西平民是否实际上是卢旺达爱国阵线的同谋。这种杀害形式是针对被认为适于从军的图西人口的。因此这种先发制人的攻击，其目的仅为了一个理由：所有的图西人口都是或可能是敌人、间谍或卢

---

① The Prosecutor v. Ntagerura, Bagambiki and Imanishimwe, ICTR Judgment, 25 February 2004, para. 793.

旺达爱国阵线的代理人，因而是卢旺达爱国阵线的同谋。①

但是审判分庭认为这种做法只能说明武装冲突被用作借口而导致官方的灭绝种族的政策。因此，这种主张不能被认为是被指控的犯罪与武装冲突相关联。结果就很难把非军事的高级政府和地方官员的行为与武装冲突相连而判定他们犯了战争罪。

2. 证明了犯罪行为与武装冲突的关联，但仍未被判定犯了战争罪

塞满萨案是审判分庭在犯罪行为和武装冲突关联问题上的一个转折点，第三审判分庭第一次接受了检察官关于被告的犯罪行为与武装冲突的关联。法庭认为在卢旺达政府军和卢旺达爱国阵线之间的武装冲突造成了广泛屠杀图西人口和对图西人口的其他残害情势，并且为这样做提供了一个借口。被告参加了对图西平民、难民的军事行动，尤其，他企图得到有关敌军行动的情报表明他的行为与敌对行动密切相关。因此，审判分庭判定被告的犯罪行为和在卢旺达的武装冲突存在着关联。② 审判分庭的多数法官（2 名）认为他的行为构成违反规约第 4 条，即严重违反《日内瓦公约》共同第 3 条和《第二附加议定书》中的谋杀罪。但是，由于这两名法官中的一名认为这项罪名与起诉书中起诉的其他危害人类罪的罪名完全一致，因而反对将他再判此罪名，而未给他定犯了战争罪中的谋杀罪。③

3. 未判定犯战争罪的其他情况

有 2 名被告在检察官提证完毕后，根据法庭规则第 98 条之二，向法庭提出要求宣判对其指控的战争罪无罪。法庭判定检察

① The Prosecutor v. Kayishema and Ruzindana, ICTR Judgment, 21 May 1999, paras. 615 – 624. Alex Obote Odora, Prosecution of War Crimes by the International Criminal Tribunal for Rwanda, University of Miami International and Comparative Law Review, 2001 – 2002, pp. 59 – 60.

② The Prosecutor v. Semansa, ICTR Judgment, 15 May 2003, paras. 515 – 522.

③ The Prosecutor v. Semansa, ICTR Judgment, 15 May 2003, para. 522.

官提供的证据不足，因此在被告提证之前就宣判被告无罪。[①] 被告如塔嘎尼拉则与检察官达成认罪协议，法庭接受了他们的认罪协议，宣判该犯犯了危害人类罪中的灭绝罪，被指控的其他罪行包括战争罪均为无罪。[②] 另外有1名被检察官指控犯了战争罪的被告的案子，在双方提证完毕，检察官再作审结陈词时主动撤销了对被告战争罪的起诉。[③]

4. 法庭正在进行的审判

至2006年12月底，卢旺达国际法庭有26名被告的案子正在审判之中，另有12名被告仍在等候审判。其中有5个合并审理的大案值得关注，他们是2个涉及8名卢旺达高级军事官员的军事案，2个涉及7名政府高级官员的政府案，1个涉及6名布塔里地方军政要员的布塔里案。这些案件中的被告都被指控犯了战争罪，在这些案件审理完毕时，可能会有更多的被告被定犯了战争罪。

七、结论

曾任前南国际刑庭庭长的美国法学家梅隆曾认为，《卢旺达国际法庭规约》对于战争罪的规定可以起一个安全网的作用，如果所指控的罪行不能满足灭种罪和危害人类罪的犯罪要件，就可以指控犯了战争罪。[④] 依他的意见，似乎战争罪更易定罪。但实际并非如此，灭绝种族罪、危害人类罪和战争罪各有不同的犯

---

① The Prosecutor v. Nahimana, Barayagwiza and Ngeze, ICTR Judgment, 3 December 2003, para. 74. The Prosecutor v. Kajelijeli, ICTR Judgment, 1 December 2003, para. 22.

② The Prosecutor v. Rutaganira, ICTR Judgment, 14 March 2005.

③ The Prosecutor v. Niyitegeka, ICTR Judgment, 16 May 2003, para. 468.

④ T. Meron, International Criminalisation of Internal Atrocities, American Journal of International Law, 1995, p. 558.

罪要件。卢旺达国际法庭的实践证明，被检察官起诉了的多数人都被定犯了灭绝种族罪和危害人类罪，而只有少数人被判定犯了战争罪。这是因为在 1994 年卢旺达种族大屠杀的情势中，大多数罪行明显符合灭绝种族罪和危害人类罪的犯罪要件，判定犯了这两种罪行更容易。另一方面，由于法庭对确立罪行与武装冲突的关联方面采取严格的标准，判定犯了战争罪比判定犯了其他两种罪行反而更困难。这也充分说明了这三种罪行是不同的罪行，没有孰重孰轻，孰高孰低之分。

对在国内武装冲突中违反国际人道法的战争罪进行国际审判的趋势始于卢旺达国际法庭的规约，前南国际法庭和卢旺达国际法庭对非国际武装冲突中战争罪的审判实践为惩治国内武装冲突中违反国际人道法的人在理论上铺平了道路，确立了该罪行为国际罪行的地位，它还促使国际刑事法院对非国际武装冲突中战争罪进行管辖和审判的进一步发展。如今，在国内武装冲突中犯了严重违反国际人道法罪行的责任人不能再期望躲避在不愿意或不能够惩罚他们的国家境内就可以不受法律的制裁。

《南极海洋生物资源养护公约》介评

吴 琼*

为了保护南极的生物资源，国际社会起草并签署了一些保护南极海域生物资源的国际条约，具体有：1946 年的《国际捕鲸管制公约》、1959 年的《南极条约》、1964 年的《保护南极动植物协议措施》（以下简称《南极动植物协议》）和 1972 年的《保护南极海豹公约》（以下简称《南极海豹公约》）。①

1977 年在第八次《南极条约》协商会议上，各国决定对南极海洋生物资源进行更广泛的保护。此次协商会议历时三年，最终 24 国于 1980 年 5 月 20 日在澳大利亚的塔斯马尼亚岛的霍巴特市签署了《南极海洋生物资源养护公约》（以下简称《养护公约》）。该公约于 1982 年 4 月 7 日生效，根据《养护公约》设立的南极海洋生物资源养护公约委员会（the Commission for the Conservation of Antarctic Marine Living Resources，CCAMLR）也于同月开始运作。截至到 2006 年，该公约已有 35 个缔约方，并在 2006 年 10 月 23 日至 11 月 3 日举行的 CCAMLR 第 25 届年会上首次以缔约方身份作为观察员与会。

《养护公约》共 33 条和 1 个附件，其宗旨是保护和合理利

---

* 上海师范大学法律系副教授，华东政法大学国际法博士生。

① 1991 年 10 月在马德里通过了《南极环境保护议定书》以及 5 个附件。《南极条约》和上述公约以及在历次南极条约协商会议上通过的具有法律效力的 160 余项建议措施，以形成有法律效力的较系统的“南极条约体系”。

用南极海洋生物资源，防止过度捕捞对生态系统造成的损害，加强对南极海洋生态系统的科学研究及有关国际合作。目前，该公约成为南极条约体系中的一项重要公约。

一、《养护公约》的成员规模和内容在不断地发展和丰富。

1980 年 24 个原始签署国缔结了《养护公约》。依据《养护公约》第 28 条规定："本公约应在第二十六条第一款所述国家交存了第八份批准书、接受书或核准书之日后第 30 天起生效。" 1982 年 3 月 8 日，8 个原始签署国，包括在公约区捕捞作业的 2 个国家批准了《养护公约》，使该公约在缔结的两年之后得以生效。同年另外 7 个原始签署国也随后批准了该公约并成为 CCAMLR 的成员。1982 年后，巴西、欧盟、印度、意大利、韩国、纳米比亚、西班牙、瑞典、乌克兰、乌拉圭、保加利亚、加拿大、中国、库克群岛、芬兰、希腊、毛里求斯、荷兰、秘鲁、瓦努阿图先后批准了该公约。截至 2006 年，该公约已有 35 个缔约方，CCAMLR 作为政府间国际组织有 26 个成员（中国为最新加入的成员）[①]。《养护公约》赋予 CCAMLR 的职责之一就是"以现有的最佳科学论证为依据，制定、通过和修订养护措施。"[②] 自 1982 年 4 月 CCAMLR 运行以来，其制定、通过、修订、废止的养护措施和决议有 346 项，2006 年有效适用的养护措施和决议有 71 项。从 CCAMLR26 年间所颁布的养护措施和决议来看，近 10 年中依据《养护公约》而颁布的新的养护措施和决议不断增多。如 1996 年以来，平均每年颁布的新的养护措施

① 有 9 个国家和地区是公约缔约方，但不是 CCAMLR 的成员。它们是：保加利亚、加拿大、库克群岛、芬兰、希腊、毛里求斯、荷兰、秘鲁、瓦努阿图。

② 《南极海洋生物资源养护公约》第九条第六款。

和决议达20项之多；2006年CCAMLR的年度会议就通过了24项新的养护措施和决议，其中重要的一项就是“捕鱼期环境保护的一般规定”。依据《养护公约》所颁布的养护措施和决议已不仅仅限于渔业的一般管理措施，其内容已扩展到了南极的科学和考察活动以及南极海洋环境方面。[①] 可见，无论是《养护公约》的成员规模还是内容都在不断地发展和丰富，《养护公约》已成为南极条约体系中最重要的条约之一。

二、基于《养护公约》的规定，CCAMLR已形成了独特和较为完善的南极海洋生物资源养护和管理措施。

《养护公约》的目的不仅是养护南极海洋生物资源，而且要维护南极海洋生态系统的平衡。基于此，CCAMLR对渔业管理采取预先防范方法（Precautionary Approach）和生态系统方式（Ecosystem Approach）。前者即为了防范捕捞带来的长期、负面的影响，CCAMLR先对尽可能收集到的南极海洋生物资源的信息进行分析和权衡，然后制定和实施具体的养护和管理措施；后者即给予南极海洋生态系统中的所有物种以关注并且注意维护这些物种间的生态联系。例如，CCAMLR对南极磷虾首次采用预防性渔获限量；对磷虾的捕捞活动进行管理，同时对捕捞可能会带给以磷虾为食或与磷虾有关的其他物种的影响予以关注。为了降低渔业对南极海洋生态系统造成的负面影响，CCAMLR对渔船作业时使用的渔具有若干限制，如延绳钓必须在夜间铺放，必须使用浮动线驱赶海鸟，并且铺放延绳钓期间禁止排放鱼下水（会吸引海鸟）；洋枪鱼捕捞季节也定于公约区海鸟较少之时开

① 24－01（2005）1，2，3 The application of conservation measures to scientific research. 26－01（2006）1，2，3 General environmental protection during fishing.

始。关于海底生态系统，CCAMLR 禁止在南乔治亚大陆架用底拖网捕捞冰鲭鱼和捕捞其他一些底栖鱼等。《养护公约》在缔结之初的远见卓识和 CCAMLR 史无前例的渔业管理方式，使之区别于仅关注商业目标种群的其他渔业国际协议和区域渔业国际组织，被视为渔业管理和养护海洋生物资源的典范。至今 CCAMLR 已处理了渔业与南极海洋生态系统之间的大量问题，形成了独特和较为完善的南极海洋生物资源养护和管理措施，并且这些养护和管理措施还处于动态发展之中，将进一步发展和完善。

三、《养护公约》强调缔约方的履约义务，其效力、实施和监督在不断地增强。

南极条约体系所确立的南极管理模式成为联合国之外管理全球公域的一种独特方式。自 1961 年以来，对南极自然环境的保护一直是《南极条约》协商国历次会议的中心议题之一。目前《南极条约》的 45 个缔约国基本上为《养护公约》的缔约方；对南极事务拥有决策权的 28 个《南极条约》协商国中，除厄瓜多尔、芬兰、荷兰、秘鲁外，其余的也为 CCAMLR 的成员。与其他国际公约相比，《南极条约》和《养护公约》的缔约国和缔约方虽然在数目上不多，但是这些缔约国和缔约方占有的人口量为全世界的四分之三，经济总量占全世界的 90% 以上，因此可以说条约和公约具有代表性和广泛性。依据“条约必须信守”的古老、公认的国际法原则，条约和公约生效后缔约各方应严格按照条约和公约的规定，行使自己的权利并履行义务，不得随意违反。因此任何一个缔约国或缔约方在条约或公约对其生效后，无论是立法机关的立法疏漏还是司法机关或行政机关违反本国或缔约方所承担的国际条约或公约的义务，都会引起该国或该缔约方的国家或缔约方责任。[①] 就《养护公约》的缔约方而言，CCAMLR 根据公约通过的养护措施在通知缔约方之后的第 180 天起对 CCAMLR 所有成员生效；非 CCAMLR 的成员依照公约第 21 条第 1 款的规定“应尽其所能，确保遵守本公约规定和委员会通过的对各成员有约束力的各项养护措施。”因此，对于任何接受养护措施的缔约方，如不遵守或履行该养护措施将会面临承担缔约方责任的风险。此外，为了有效地监督缔约方履行《养护公约》的情况，公约本身规定了一些具体的实施和监督制度，如《养护公约》第 10 条规定了 CCAMLR 提请缔约方和非缔约方的注意义务；第 24 条规定了“观察和检查制度”；第 21 条和第 22 条规定了缔约方向 CCAMLR 的报告制度。CCAMLR 的附属机构公约实施和遵守常务委员会（SCIC）为专门监督缔约方实施和遵守公约的机构，就缔约方的履约情况和所采取的国内措施每年向 CCAMLR 汇报。

近年来，《养护公约》的实施和监督在不断地增强。如 2000 年 5 月 7 日起生效的 CDS 对所有在缔约方登陆、转船和进口的齿鱼进行跟踪，不仅要求缔约方，而且要求非缔约方尽快实施 CDS；2006 年和 2007 年 CCAMLR 年度大会分别通过了“促使缔约方船舶遵守 CCAMLR 养护措施”[②] 和“缔约方对公约区本国船舶的许可证和检查义务”[③] 的法律文件，详细规定了缔约方的各项义务。对于在公约区的非法，无节制，无统计捕捞（illegal, unregulated and Unreported fishing, IUU）船舶，CCAMLR 采取公示 IUU 船舶名单的做法，以提请公约缔约方和非公约缔约方的注意，并禁止 IUU 名单的船舶在没有达到《养护公约》和

① 王铁崖主编：《国际法》，北京大学出版社，1995 年版，第 220 页。

② Conservation Measure 10 – 06 (2006) Scheme to promote compliance by Contracting Party vessels with CCAMLR conservation measures.

③ Conservation Measure 10 – 02 (2007) Licensing and inspection obligations of Contracting Parties with regard to their flag vessels operating in the Convention Area.

CCAMLR 养护措施前再次进入。再如，CCAMLR 通过的“检查制度”虽然规定了对于违反《养护公约》缔约方的船舶由船旗国国内管辖，但是却明确规定了受 CCAMLR 指派的观察员和检查员的报告应作为国内诉讼程序中有效的证据形式予以使用①，就“如同本国检查员的报告一样”。司法主权是国家主权的体现，一般情况下大多数国家均将指导法院在诉讼过程中查明事实的证据规则视为程序问题，由法院地法支配，即由法院依其自身的标准决定。而 CCAMLR 却规定了报告的强制适用规则，并要求缔约方应和观察员和检查员合作，为该报告的采用提供便利。“检查制度”中此条证据规则的规定，既增强了缔约方国内诉讼程序的可操作性，同时也约束了裁判者的自由裁量权。正是这些实施和监督措施的不断增强，使《养护公约》自生效以来，一直得以有效地履行和遵守，成为保护南极海洋生物资源的核心和基础。

四、基于《养护公约》的规定，CCAMLR 在未来几年中有待解决和关注的问题。

1. 海洋保护区（Marine Protected Areas，MPAs）的建立和发展

1991 年 10 月在马德里通过了《南极环境保护议定书》以及 5 个附件，其中第 5 个就是“南极特别保护区”附件。2006 年 6 月 12 日至 23 日，第 29 届《南极条约》协商国会议在英国爱丁堡召开，包括中国在内的 28 个南极条约协商国出席了会议。此次会议确定了 3 个南极特别保护区、1 个南极特别管理区并通过了相关管理计划。《养护公约》的缔约方和 CCAMLR 的成员积极与南极条约协商会议进行合作，力图使南极特别保护区和南极特

① Text of the CCAMLR System of Inspection—Article VI (g).

别管理区能扩展至南极海洋生物区域。为此，同年在 CCAMLR 的第 25 届年会上，CCAMLR 就建立和发展综合性、生态代表性的 MPAs 拟订了一系列的重要工作计划，其中尤为重要的是要确立和实施各国的专属经济区（Exclusive Economic Zones，EEZs）与南大洋、南大洋次区域重叠区域的 MPAs 的“国家代表制”，如澳大利亚专属经济区内的赫德岛和麦克唐纳群岛（Heard Island and the McDonald Islands）；南非专属经济区内的爱德华王子岛（Prince Edward Island）等。鉴于《生物多样性公约》（Convention on Biological Diversity，CBD）和联合国可持续发展高峰会议（World Summit on Sustainable Development，WSSD）强调在公海建立 MPAs 的紧迫性，全球最大的非政府环境保护组织（NGO）之一的世界自然基金会（WWF）认为，CCAMLR 将在公海建立 MPAs 方面起着举足轻重的全球引领作用。

2. 继续打击 IUU 船舶在公约区和公约临近区域的作业。

为了打击 IUU 船舶在公约区的非法作业，CCAMLR 通过了一系列有关 IUU 船舶的养护措施。几年来，虽然经过 CCAMLR 不懈的努力，公约区的 IUU 船舶作业已大量减少，但是 IUU 船舶作业仍然是信天翁、海燕、齿鱼等南极海洋生物资源的严重威胁。据统计，2003－2004 年公约区 IUU 船舶捕捞的齿鱼量为 2622 吨，2004－2005 年为 3023 吨。为了减少欺诈性的 CDS 报告，CCAMLR 正积极实施全面的、强制性的电子 CDS。集中化船舶监控系统（Vessel Monitoring System，VMS）的使用是打击 IUU 船舶的有力工具。CCAMLR 不仅要求船舶提交其在公约区的 VMS 数据资料而且应该是港口至港口整个航程的数据资料，以便对 IUU 船舶的非法捕捞物的登陆、转船、贸易等情况进行全程跟踪。此外，CCAMLR 正在加强与区域渔业管理组织和沿海国的合作，共同打击 IUU 船舶作业。例如，CCAMLR 与《濒危野生动植物种国际贸易公约》（Convention on International Trade in Endangered Species of Wild Fauna and Flora，CITES）在齿鱼贸易方面进行密切的合作。CCAMLR 通过 CITES 的缔约国大会与各缔约国保持永久的信息渠道，要求 CITES 秘书处作为回报，向 CCAMLR 秘书处提供任何可供利用的有关 IUU 船舶捕捞物非法贸易的信息；并请求所有感兴趣的国家、联合国粮农组织（FAO）及其他在这一领域活跃的政府间或国际组织通力合作，以阻止这些物种的非法贸易，并将任何相关的信息传递给 CCAMLR 的秘书处。

3. 制定并实施对海鸟的养护措施，加强对海鸟的保护。

CCAMLR 的管理已经使在合法渔业中对海鸟和海洋哺乳动物的偶尔兼捕减少到较低的水平，但 IUU 船舶的多钩长线捕鱼仍在夺去它们的生命。尤其是信天翁及海燕已面临全球性灭绝的威胁。如全球的 25 种信天翁中已有 23 种被列入世界保护组织（The World Conservation Union）的濒危或脆弱物种的红色名录中。为了保护信天翁和海燕，《保护信天翁和海燕协议》（The Agreement on the Conservation of Albatrosses and Petrels，ACAP）的最后草案在南非的开普敦完成，2001 年 6 月在澳大利亚的堪培拉供各国开放签字并于 2004 年 2 月 1 日生效。目前已有阿根廷、澳大利亚、智利、法国、秘鲁、英国、挪威等 11 个国家批准加入了该公约。信天翁和海燕是常年或季节性栖息在南极地区的主要两种鸟类，自然受到 ACAP 的保护，因此，CCAMLR 应与 ACAP 的缔约方和机构合作，共同保护南极地区的海鸟。

总之，《养护公约》体系非常健全、措施具体、手段先进，同时其措施更新快，监控力度大，需要我国对其进行全面深入的研究，在国内建立有效的协调机制，全面维护我国的权益，并为切实养护南极海洋生物资源作出贡献。

联合国安理会常任理事国双重否决权实践简评

王　晨*

双重否决权是联合国表决制度赋予安理会常任理事国的一项权利。然而，除早期安理会对此有丰富实践和争论外，20 世纪 50 年代末以后，常任理事国几乎再未行使过双重否决权。一般认为，这是常任理事国之间达成的限制行使该权利的君子协议使然。对于双重否决权是否仍为一项有效的法律权利及其对它的限制之争，至今仍无明确答案。本文将回顾双重否决权的历史，并对其现状作一简要评论。

一、双重否决权的含义

根据《联合国宪章》第 27 条，安理会关于程序事项（procedural matters）的决定需有 9 个以上理事国的赞成票通过；对于所有其他事项（all other matters）——一般又称为"实质事项"——的决定，则需包括所有常任理事国在内的 9 个以上理事国的赞成票通过，任何一个常任理事国的反对票将阻止有关实

* 原在中国外交部条法司工作，现在中国常驻联合国代表团法律组工作。本文仅代表个人观点。

质事项决定的通过，此即常任理事国的否决权。[①] 根据安理会惯例，常任理事国弃权或自愿不出席表决不视为否决。

常任理事国在程序事项方面没有否决权，但可要求安理会首先就确定有关事项是否属于程序性质（又称“先决问题”）适用实质事项的表决程序。这样，常任理事国即可首先对先决问题的表决行使否决权，否决有关事项的程序性质，并在随后对其具体内容按实质事项进行表决时再次运用否决权，阻止有关决定的通过。这就是安理会常任理事国的双重否决权，其实质是对先决问题采取实质事项投票方式，适用常任理事国的否决权。

二、双重否决权的由来及其法律依据

将先决问题视为实质问题进行表决，曾得到国际联盟实践的支持。[②]《联合国宪章》对此没有专门规定，只在第 27 条提及安理会常任理事国在非程序事项决策方面具有否决权。1945 年旧金山制宪会议上，各方对宪章第 27 条规定有较大争论。[③] 为此，中国、苏联、英国和美国四国共同发表声明（又称为“旧金山宣言”）[④]，明确安理会对某一事项是否属于程序事项这一先决问题的决定，应经包括所有常任理事国在内的安理会 7 个理事国多

① 《联合国宪章》第 27 条：

一、安全理事会每一理事国应有一个投票权。

二、安全理事会关于程序事项之决议，应以九理事国之可决票表决之。

三、安全理事会对于其他一切事项之决议，应以九理事国之可决票包括全体常任理事国之同意票表决之；但对于第六章及第五十二条第三项内各事项之决议，争端当事国不得投票。

② Leo Gross: The Double Veto and the Four-Power Statement on Voting in the Security Council, Harvard Law Review (1953).

③ 11 U.N. Conf. Int'l Org. Docs. 699 (1945).

④ Statement by the Delegations of the Four Sponsoring Governments on Voting Procedure in the Security Council, the San Francisco Declaration of June 7, 1945.

数赞成票作出。[①] 声明同时指出，它是在宪章通过之前以及缺乏安理会实践的情况下预先对宪章有关条款所作的官方解释。法国后来对此声明表示赞同。[②] 这构成了安理会常任理事国此后行使双重否决权的法律基础。

三、安理会有关实践及其发展

安理会常任理事国行使双重否决权的案例主要发生在联合国成立后的最初几年，并很快呈现出限制使用的趋势。

最早的案例表现出严格遵循旧金山宣言确立的规则，先决问题均由安理会按实质事项进行表决。例如，1946 年，一项有关西班牙的安理会决议草案获安理会 9 票赞成、2 票（波兰、苏联）反对，主席国墨西哥认为该决议草案已获通过，但苏联认为该决议草案属实质事项，声称其反对票构成对决议草案的否决。为支持其主张，苏联要求就该案所涉先决问题进行表决。安理会遂进行表决，苏联通过行使否决权否定该案属程序事项，该案进而作为实质事项被苏联否决，未能通过。[③]

但此后不久，安理会实践中开始频繁出现由主席对有关先决问题进行裁决的做法。1946 年，安理会审议推迟阿尔巴尼亚申请加入联合国决议草案时，主席裁决该案属程序事项，遭苏联反对，主席将有关先决问题及其裁决交由安理会表决，结果仅 5 个国家支持主席裁决，且反对票中包括 4 个常任理事国，主席据此

---

① 当时安理会成员为 11 个，多数票为 7 票。1966 年新修改的宪章将安理会成员扩大至 15 个，多数票调整为 9 票。

② Bruno Simma (Editor): The Charter of the United Nations, A Commentary, Volume I, Second Edition, 2002, p. 481.

③ Repertory of Practice of the United Nations, Article 27 of the Charter of the United Nations, (1945 - 1954), Volume 2, para. 25.

宣布该决议草案属实质事项。[1] 1947 年，安理会审议希腊与其北方邻国边境事件决议案时，安理会主席国苏联反对有关议案的程序性质，径自作出该案属实质事项的主席裁决并将其交付表决，然后使用否决权阻止了决议的通过。美国对此也予以认可，表示根据有关协议和宪章的规定，主席具有宣布议案属非程序事项的技术性权力。[2] 1948 年，安理会表决有关捷克斯洛伐克共产党执政问题的决议草案时，因为苏联投了反对票，安理会主席国法国因此裁决该问题属于实质事项，在遭到部分安理会理事国反对的情况下，主席将其裁决提交表决，结果只有 6 票反对，未达 7 票多数票，主席裁决有效，该决议草案被再次按实质事项提交表决，后因为苏联投反对票而未能通过。[3]

上述主席就先决问题作出裁决的案例，虽然在结果上都尊重了常任理事国的双重否决权，但也引发了一个潜在的问题：即如果主席裁决遭到安理会理事国的反对而交付表决，该表决是否应作为程序问题只需多数票既可通过或推翻？如果答案是肯定的，那一旦安理会主席自行裁决有关问题为程序事项，常任理事国就无法依赖否决权来推翻该项裁决，而原本常任理事国是可以在先决问题的表决中行使否决权的。这一问题最终反映在 1950 年安理会审议中华人民共和国政府谴责美国入侵台湾议案的事件中。[4]

厄瓜多尔于 1950 年在安理会提交了一份邀请中华人民共和

① Repertory of Practice of the United Nations, Article 27 of the Charter of the United Nations, (1945 - 1954), Volume 2, para. 41.

② Repertory of Practice of the United Nations, Article 27 of the Charter of the United Nations, (1945 - 1954), Volume 2, para. 42. Also, Security Council Official Records, 2d Year, No. 89 at 2397 - 2401 (1947).

③ Repertory of Practice of the United Nations, Article 27 of the Charter of the United Nations, (1945 - 1954), Volume 2, para. 43.

④ Yearbook of the United Nations (1950), p. 287 - 292.

国政府代表参加有关美国被控入侵台湾议案审议的决议草案。该案获得安理会7票赞成、3票反对（中国①、古巴、美国）、1票弃权（埃及）。主席认为该决议草案获得通过。当时仍窃据中国在联合国席位的“中华民国”政府代表指出，该草案涉及邀请非联合国会员国的国家或实体参加审议，属实质事项，其反对票构成否决。但多数其他国家认为，旧金山宣言第I部分第2段已明确将此界定为程序事项。主席遂将有关先决问题（即该事项是否属于程序事项）交付表决。表决结果为9票支持、1票反对（中国②）、1票弃权（古巴）。主席据此裁决该决议草案属程序事项。“中华民国”政府代表再次反对并强调，根据旧金山宣言的规定，常任理事国在先决问题的表决中拥有否决权，同时谴责主席裁决武断和越权，并建议向国际法院寻求咨询意见。主席遂又将是否推翻其上述裁决问题交由安理会表决，但没有国家对此投票赞成、反对或弃权。主席因此宣布其裁决有效。“中华民国”政府代表随后表示，其不参加投票是因为该表决本身违法，要求将有关主席裁决的武断、非法和无效的内容记录在案。

上述案例中，就安理会针对先决问题的表决，主席第一次作出了与旧金山宣言有关规则不一致的解释和裁决，并且该裁决未被表决推翻，其效力得到安理会默认，这几乎否定了常任理事国对先决问题拥有的否决权。从此案开始，常任理事国在先决问题上难以成功行使否决权的案例渐有增加。1959年，在就安理会关于设立下属委员会调查老挝局势的决议草案采取行动时，多数国家则认为设立下属委员会只涉及安理会内部的程序问题，旨在便利安理会进一步审议有关局势。苏联则认为该事项属维持和平与安全的实质事项并要求就先决问题表决。表决得到10票赞成、1票反对（苏联），主席据此认定该事项属程序事项，尽管苏联

① 当时所谓“中华民国”政府代表行使投票权。

② 当时所谓“中华民国”政府代表行使投票权。

主张其反对票构成否决。[1] 1960 年，在就关于召开特别联大审议刚果局势的安理会决议草案采取行动时，也有常任理事国认为其属实质事项，但安理会还是以 8 票赞成、1 票弃权、2 票反对（含上述常任理事国）通过该决议。[2]

上述案例成为最后几个涉及常任理事国试图动用双重否决权的案例，但其效力均未被主席和安理会多数成员认可，尽管有关常任理事国事后均表示抗议，强调这种无视否决权的做法的非法性。此后，安理会实践中再无出现常任理事国主张或动用双重否决权的案例。

四、关于限制双重否决权的争论

安理会常任理事国的双重否决权自其确立以来就受到不少非议，特别是它常作为大国间政治斗争的工具而被滥用，任一常任理事国都可肆意通过否决权将本属程序性的事项归入实质事项处理，并阻止安理会采取行动。因此，国际上也一直存在否定它的呼声。

一些国家和国际法学者质疑创设双重否决权的旧金山宣言的法律效力。他们认为，旧金山宣言只是有关四国对《联合国宪章》规定所作的单方面声明，制宪会议没有对其采取任何正式行动，它并非对《联合国宪章》的权威解释，充其量只能作为《维也纳条约法公约》第 32 条规定的条约解释之补充资料，对安理会非常任理事国没有拘束力。[3] 甚至有人从英美等国政府曾作出的关于反对滥用双重否决权和支持探索新的投票规则的立场

---

① Repertory of Practice of the United Nations, Article 27 of the Charter of the United Nations, Supplement No. 3 (1959 - 1960), Volume 2, para. 13 - 15, 18.

② Id., para. 16.

③ Jan Wouters and Tom Ruys: Security Council Reform: A New Veto For A New Century? www. internationallaw. be.

加以推断，否定宣言对常任理事国的拘束力。[1]

还有一种较为流行的“否决权限制理论”，主张安理会主席对每次投票所涉先决问题先自行作出解释，由其确定有关议案是否属于程序事项，该解释构成对程序问题的主席裁决，适用《安全理事会暂行议事规则》第30条规定。[2] 若遇安理会理事国反对，则应适用9票多数票决的方式进行表决，常任理事国没有否决权。这就绕开了安理会就先决问题进行表决，阻止了常任理事国本可以行使的否决权。这种理论的支持者认为该理论早已得到安理会实践的支持，特别是1950年安理会对中国议案的处理，而安理会久已没有使用双重否决权的新实践也证明了双重否决权的消亡。[3]

与上述观点相反，支持安理会常任理事国拥有双重否决权的人认为，安理会常任理事国在联合国创立和运作中有举足轻重的作用，反映他们立场的旧金山宣言不能不说是对宪章有关规则的较权威的解释，其法律效力在安理会此后的实践中也得到了证明；双重否决权背后反映的“大国一致原则”传承了国际联盟的有关先例，更是联合国的基石，没有它，安理会即使轻易通过决议，也会面临决议无法得到有效落实的困境，最终损害安理会的权威；尽管安理会有通过主席裁决阻止双重否决权使用的例外

① Leo Gross：The Double Veto and the Four-Power Statement on Voting in the Security Council，Harvard Law Review（1953）.

② 《安全理事会暂行议事规则》第30条：如有代表提出程序问题，主席应立即宣布他的裁决。对其裁决如有异议，主席应将其裁决提交安全理事会立即作出决定。裁决非经推翻，仍为有效。

《安全理事会暂行议事规则》第40条：安全理事会的表决应根据宪章和国际法院规约的有关条款进行。

《安全理事会暂行议事规则》第30条所涉主席裁决针对程序问题，推翻该裁决的表决应适用《联合国宪章》第27条中程序事项的表决方式，即9票多数票，常任理事国没有否决权。

③ Bruno Simma（Editor）：The Charter of the United Nations，A Commentary，Volume I，Second Edition，2002，p. 490.

实践，但这并不表明其合法性得到普遍认可，更不足以证明安理会已经摒弃了双重否决权，主席只能就程序事项作出裁决，先决问题超出了主席的裁决权限。①

较折中的观点认为，旧金山宣言所确立的就先决问题按实质事项表决的规则仍然有效，但为避免安理会常任理事国通过滥用双重否决权将明显属于程序性质的事项归入实质事项范围，安理会对先决问题的表决只能针对有关事项确属重大或在性质上确有合理疑惑的情况。② 这种观点支持 1950 年安理会对中国议案处理的有效性，认为该案虽然在形式上无视了一个常任理事国的否决权，但该案涉及邀请非联合国会员国的国家参与审议，这本来就属于旧金山宣言中明确为程序事项的问题。虽然这种观点在由谁判断和如何判断有关事项是否重大和性质不清的问题上缺乏客观操作标准，但它有限度地承认双重否决权的效力，还是较为客观地反映了实际情况。

五、联合国大会的有关努力

就在学术界对是否应限制双重否决权存在争论的同时，联合国大会也在从另一个角度努力解决这个潜在的问题，即通过有关研究和建议，详细列举属于程序事项的清单，反映大会对安理会所审议各事项性质的观点，促使安理会常任理事国避免滥用双重否决权。

1947 年联大设立的研究安理会表决问题的委员会就曾在其报告中提出了一些确定程序事项的一般标准，其中包括有关安理会内部工作程序的决定、所有在“程序”项标题下的宪章条款

① Leo Gross: The Double Veto and the Four-Power Statement on Voting in the Security Council, Harvard Law Review (1953).

② Bruno Simma (Editor): The Charter of the United Nations, A Commentary, Volume I, Second Edition, 2002, p. 492.

所涉事项等。[1] 1948 年，联大就安理会表决问题通过第 267 号决议，列举了大会认为应属程序事项的事项清单，建议安理会对清单内事项采用程序事项表决程序，避免适用否决权。[2] 该决议大体上采纳了前述 1947 年委员会的建议。事项清单包括关于是否审议和讨论有关争端或局势的决定（即议程的通过）、将审议或表决一国请求加入联合国的建议推迟至下次审议申请时处理的决定、非联合国会员国的国家参加联合国的条件，以及邀请非联合国会员国的国家参加安理会审议的决定（前述 1950 年安理会审议中国议案时就涉及该问题）等。

1993 年联大设立“安全理事会席位公平分配和成员数目增加及与安全理事会有关的其他事项的不限成员名额的工作组”。[3] 该工作组于 2000 年提出了关于增列程序事项范围的事项清单，作为联大第 267 号决议的补充，建议安理会在实践中采纳。[4] 该建议还将接纳新会员国（宪章第 4 条）、会员国权利的中止（宪章第 5 条）、驱逐会员国（宪章第 6 条）以及推荐秘书长人选（宪章第 97 条）等事项视为程序事项。

虽然上述联合国有关文件都没有法律上的拘束力，但其确立的事项清单对安理会具有相当参考作用，一定程度上可避免安理会就某些事项的先决问题出现争议进而引发行使双重否决权的问题。

值得注意的事，联大有关成果更多地反映了限制安理会常任理事国否决权的立场。因此，其中的某些建议实际上与安理会长期以来的实践并不完全一致。例如，关于推荐大会接纳新会员国的决定，安理会实践一般视其为实质事项[5]，《联合国宪章》第

① UN Doc. A/578.

② GA Res. 267 (III) (1948).

③ GA Res. 48/26, Dec. 3, 1993.

④ Report of the Working Group of July 25, 2000. UN Doc. A/54/47 Annex VIII.

⑤ Bruno Simma (Editor): The Charter of the United Nations, A Commentary, Volume I, Second Edition, 2002, p. 484.

18 条也规定大会将其作为须以三分之二多数票决的非程序事项，但联大工作组 2000 年报告却建议安理会将其视为程序事项；关于根据《联合国宪章》第六章“争端之和平解决”条款所作各项建议，安理会实践表明这类决定均为实质事项①，而联大工作组 2000 报告则建议将其中某些决定视为程序事项，如呼吁冲突各方和平解决争端、遵守国际人道主义法等的决定，采取调解或开展预防外交的措施的决定，启动调查事实的决定等。此外，对于联合国会员国权利的中止、驱逐会员国以及推荐秘书长人选问题上，联大有关建议与安理会实践也可能存在不一致。②

六、双重否决权的现状及结论

安理会早期实践体现出来的限制使用双重否决权的趋势以及安理会近半个世纪没有相关实践，都确实令人怀疑双重否决权是否已经消亡。但从另一个角度看，双重否决权得到了国际法律文件和安理会早期实践的有力支持，尽管存在一些安理会实践的转变以及限制双重否决权的各种呼声和理论，但至今没有明确依据可以表明安理会常任理事国的双重否决权已经消亡。安理会的一些偏离双重否决权制度的实践的合法性并未得到公认，有关案例更多地发生在所涉事项显属程序性质的较为极端情况，其是否能产生可以依循的先例效果也存在一定问题。因此，断言双重否决权已经消亡为时尚早。

此外，尽管基于联大的研究和建议以及安理会 60 多年来的丰富惯例和成熟经验，安理会审议的绝大多数事项性质已得到厘

① Bruno Simma (Editor): The Charter of the United Nations, A Commentary, Volume I, Second Edition, 2002, p. 486.

② Bruno Simma (Editor): The Charter of the United Nations, A Commentary, Volume I, Second Edition, 2002, p. 486.

清，在各审议事项的先决问题上存在争议的可能性大大减少，常任理事国罕有机会行使双重否决权，但是，考虑到至今仍有一些事项的性质尚不非常清晰，且联大有关建议与安理会实践有不一致之处，因此，不排除将来安理会在有关事项的先决问题上仍可能有所争论。例如，安理会审议涉及非联合国会员国的国家或独立实体的国际争端或局势的决定或邀请其参与审议的决定；新会员国加入的决定等。从这个角度看，双重否决权的存在也还是有一定的现实意义。

尽管理论上常任理事国仍有双重否决权这张法律牌可打，但其能否在将来的具体案例中有效行使该项权利尚难一概而论。能否成功运用双重否决权一方面要看联大建议和安理会实践对有关事项的性质界定，另一方面也涉及能否避免安理会主席通过不利的主席裁决取代安理会对先决问题的表决，以及在主席作出该裁决时争取安理会多数票将其推翻。而这又实际上是常任理事国之间的一场博弈，很大程度上取决于有关常任理事国是否能运用其在安理会的实力、地位和影响以争取到安理会内多数支持，而非简单依赖于主张双重否决权的理论。

从安理会1373号决议评安理会的决议的造法性

涂　铭*

引言

2001年9月11日上午8时37分（美国当地时间），作为美国经济实力的代表性建筑——纽约世贸中心“双子楼”遭到恐怖分子劫持的波音767飞机拦腰撞击并坍塌。几乎在同一时间，美国军方的中枢神经——五角大楼也遭到同样的袭击，而在附近的宾州，一架大型客机也因遭恐怖分子劫持而坠毁。一系列的恐怖袭击造成了美国历史上仅次于“珍珠港事件”的大灾难，数千人因这次袭击而丧生，经济损失自不待言，袭击造成的恐慌更是波及到全球的各个角落。事后，本·拉登领导的“基地组织”被指控发动了这一系列恐怖袭击，美国由此发动了针对被指控支持“基地组织”的塔利班政府的战争——阿富汗战争。在政治上，这次袭击造成的影响不仅仅在于美国外交政策的大调整，而且在于唤起了整个国际社会对于非传统安全的重新审视。

就在这次袭击发生的第二天，9月12日联合国安理会通过

* 北京大学国际法硕士。

了“谴责9·11袭击事件”的1368号决议，安理会使用了最为严厉的字眼对恐怖分子的暴行进行了谴责。2007年9月28日，安理会通过了建立“反恐怖主义委员会”的1373号决议。“9·11”事件以后，全球又相继发生了多起轰动全球的恐怖主义袭击事件。[①] 恐怖主义分子不断制造这些骇人听闻的暴行，不管是基于经济、政治还是宗教上的目的，都是为国际舆论所不能容忍的。对于这些袭击事件，安理会都以决议的形式进行了最严厉的谴责。

回顾安理会通过的这一系列决议，1373号决议毫无疑问是具有里程碑意义的一个决议。依据该决议，安理会建立了专门的“反恐怖主义委员会”，以作为监督和协助成员国执行决议的专门机构。最重要的是，该决议要求所有国家采取行动打击恐怖主义，为联合国所有191个成员国创设了统一的义务。而这种义务的创设方式，与现存的只约束缔约国的国际反恐怖主义公约及其相关的议定书相比较，毫无疑问是一种重大突破。[②] 无独有偶，2004年4月28日，安理会通过了“防止核生化武器扩散”的1540号决议，该决议也采用了同样的方式为联合国成员国确立了统一的义务，以防止核生化武器的扩散，尤其是防止这些武器被恐怖主义分子所利用。[③]

根据《联合国宪章》（下称《宪章》）第七部分授予的权力，安理会在过去60多年里通过了数以千计的决议，而大部分

---

① 这些事件分别是：2002年10月12日的“巴厘岛爆炸事件”、2002年10月23日的“莫斯科劫持人质事件”、2002年11月28日的“肯尼亚恐怖袭击事件”、2003年2月7日“波哥大恐怖袭击事件”、2004年3月11日“马德里恐怖袭击事件”、2005年7月7日“伦敦恐怖袭击事件”。事实上，恐怖主义袭击已经呈现愈演愈烈之势。

② Eric Rosand, Security Council Resolution 1373, the Counter-Terrorism Committee, and the Fight Against Terrorism, 97 A. J. I. L., 2003, p. 333.

③ SC/Res/1540, para. 1, 2, 3, 4, 5.

决议都是针对特定的情势作出有限度的命令，与大部分传统性质的决议相比，1373 号决议实际上是为国际社会“立法”。[①] 因此，许多国际法和国际政治学者以不同的口吻评价这个决议的意义，许多人认为这个决议反映了安理会作为“立法者”（legislator）或“立法机关”（legislature）的角色，[②] 有人甚至认为安理会已经进入到“立法”（legislate）的阶段。[③] 时任安理会轮值主席的冈特·普利乌哥（Gunter Pleuger）在 2004 年 4 月的一次新闻发布会上，更是评价道：“这（1373 决议）只是（安理会为联合国其他成员“立法”的）第一步……安理会需要做更多的“立法”工作。”[④]

“立法”（legislation）和“造法”（law-making）是有区别的。将联合国视为国际社会的“立法者”，首先在语义上讲，是值得商榷的。立法特指国内法上由专门的机关（一般指代议机关）进行的成文法制定活动。在国际法上，目前尚不存在一个具有立法权的“世界议会”（即使是联合国），所以将某一个国际组织或国际组织的机关称为“立法者”是难以成立的。但是，“造法”一词却能够表达法律得以确立的各种形式，[⑤] 因此用

① Craig Forcese, Hegemonic Federalism: the democratic implications of the UN Security Council' s "legislative" phase, 38 V. U. W. L. R. , 2007, p. 177.

② 持这种观点的有：Stefan Talmon, The Security Counsil as world legislature, 99 A. J. I. L. , 2005, p. 175 ; Paul C. Szasz, The Security Council starts legislating, 96 A. J. I. L. , 2002, p. 901; Craig Forcese, Hegemonic Federalism: the democratic implications of the UN Security Council' s "legislative" phase, 38 V. U. W. L. R. , 2007, p. 177; Eric Rosand, The Security Council as "Global Legislator": Ultra Vires or Ultra Innovative? 28 Fordham Int' l LJ. , 2005, p. 542.

③ Stefan Talmon, The Security Counsil as world legislature, 99 A. J. I. L. , 2005, p. 175.

④ 安理会主席新闻发布会，2004 年 4 月 2 日，http: //www. un. org/News/briefings/docs/2004/pleugerpc. DOC. htm.

⑤ 比如，在国内法上，行政机关可以制定行政法规、规章等，法官可以通过判例形式“造法”。

“造法”来说明安理会的这种决议的性质更为妥当。从安理会1373号决议的拘束性条款的内容来看，安理会实际上开创了一种新的制订国际法规则的形式——造法性决议。将1373号决议视为安理会的“立法”，正说明了1373号决议所具有的“造法”性质。下文将对安理会的造法性决议进行具体的分析。

一、对安理会造法性决议的历史考察

传统国际法认为，条约和习惯国际法是国际法的主要渊源，《国际法院规约》第38条也确认了这一点。条约成为国际法规则的前提是国家的协调意志，而习惯国际法成为国际法规则的前提是国家实践和法律确信。可以看出，国家是这两种国际法规则的创造者。传统的国际法并不承认政府间国际组织可以取代国家成为国际法规则的创造者。一般来讲，政府间国际组织只有向其成员国作出建议的权利。[①] 根据《宪章》第24条第1款、第25条、第48条第1款，安理会是对国际和平与安全负有重大责任的机关，可以作出有拘束力的决定，联合国成员国有义务履行安理会所作出的决议。《宪章》第七部分赋予了安理会对于和平之威胁、和平之破坏及侵略行为的判断权以及相应的应付方法。可以说，联合国安理会的这些权力是区别于传统政府间国际组织的一种“特权”，这种“特权”的确立，是对传统国际法的一次重大突破。

但是，在联合国建立之后的很长时间里，安理会并没有真正发挥其职能。尤其是在冷战期间，由于频繁地使用否决权，安理会实际上沦为了美苏进行对抗的冷战战场。在安理会和大会关系

① Paul C. Szasz, The Security Council starts legislating, 96 A. J. I. L., 2002, p. 901.

上，曾经出现过大会意欲取代安理会的情况。[1] 安理会的作用长期得不到发挥，甚至陷入瘫痪状态。冷战结束以后，安理会摆脱了美苏争霸带来的消极影响，提高了针对冲突和情势作出反应的效率。1990 年，伊拉克入侵科威特，安理会以最快的速度通过了谴责和制裁伊拉克入侵行为的 660 号和 661 号决议，受到国际社会的广泛认可，决议也得到了很好的执行。

审视安理会在过去 60 年里所作出的决议，我们可以看到，绝大部分决议只是针对特定的冲突和情势作出的，这些冲突和情势往往发生在局部地区，而且只是存续一段时间。从决议的内容来看，决议一般只针对特定的当事国施加义务，即使在某些作出经济制裁和限制的决议中要求所有成员国遵守相关义务，也只是确保该特定当事国能真正履行义务的手段。此外，这些决议往往都具有时效性，在决议确立的期间届满，义务履行完毕，决议目的即得以实现。[2] 因此，这些决议不能够称得上是造法性决议。

近年来，安理会决议开始越来越多的处理一些带有普遍性的全球问题，比如：儿童的保护问题；[3] 妇女地位问题；[4] 人权问题和人道主义问题[5]以及愈演愈烈的恐怖主义问题。[6] 但是，我们可以观察到，这些决议并没有对联合国成员国创设强制性的义务，一般只是“吁请”（call upon）、“敦促”（urge）成员国作出一定的行为，并不具拘束力。因此，这些决议也并不能称为造法性决议。

值得注意的是，在 1373 号决议之前，安理会的某些决议已

---

① 尤为突出的是 1950 年 11 月联大通过“团结一致共策和平”的决议。

② Paul C. Szasz, The Security Council starts legislating, 96 A. J. I. L., 2002, pp. 901 – 902.

③ SC/Res/1261, 1265, 1296, 1314.

④ SC/Res/1325.

⑤ SC/Res/1265, 1296.

⑥ SC/Res/1269.

经有了造法性的端倪。“洛克比空难”发生以后，利比亚拒绝与恐怖分子断绝关系并且将嫌疑人引渡，安理会于是在1992年通过了制裁利比亚的748号决议。决议要求所有国家采取一系列措施作为对利比亚政府的制裁。1993年和1994年，安理会先后通过了808号和955号决议，建立了两个对严重违反人道主义法的个人进行审判的国际刑事法庭，两个决议中都包含了特别法庭规约，以作为法庭适用法律的根据。规约要求所有的成员国与法庭合作，通过国内立法来执行决议和规约的规定，并向秘书长报告。[1] 虽然安理会的这一举措受到了许多国家的质疑，但这些决议，都体现了安理会决议中造法性倾向。

2007年安理会通过的1373号决议向前迈出了一大步。在决议正文的执行性条款中，安理会“决定”所有国家应当防止和制止恐怖主义行为，将本国国民个人或实体资助恐怖主义的行为界定为犯罪，冻结恐怖主义分子个人或组织的财产；决议还要求所有国家应当在信息预警、不为恐怖主义分子提供安全庇护、司法行为中相互提供协助，并且通过立法的形式将恐怖主义行为界定为最严重的刑事犯罪，同时在边界管制上实行有效控制，防止恐怖主义分子的跨国流动。[2] 此外，决议还建立了“反恐怖主义委员会”，吁请各国在该委员会成立90天后，并按照设定的时间表，向委员会提交执行决议所采取步骤的报告。[3]

与以往的决议相比，1373号决议所针对的不是一个特定的情势，而是对全人类和平和安全普遍威胁——恐怖主义行为。决议的执行条款对所有成员国都具有拘束力，由于联合国本身所具有的普遍性，并且根据《宪章》第2条第6款，实际上这一决议对于整个国际社会是具有普遍拘束力的。此外，决议并没有确

① SC/Res/955, para. 1, 2.

② SC/Res/1373, para. 1, 2.

③ SC/Res/1373, para. 5.

定一个具体的执行期限，相反，决议建立常设的“反恐怖主义委员会”，以监督和协助成员国对决议的执行。因此，1373 号决议实际上是在“建立有拘束力的国际法规则，而并非对特定情势所作的命令”[①] 1373 号决议创立了一种新的安理会决议形式——造法性决议，无疑是对国际法规则的一种补充。

二、安理会造法性决议的特征

通过对 1373 号决议和 1540 号决议的分析，我们可以总结出安理会造法性决议的一般特征，这些特征是与传统的安理会决议相比较而言的。

(1) 造法性决议所处理的冲突或情势一般具有普遍性。这种普遍性可以从两个方面来理解。第一，安理会造法性决议所处理的争端或情势并非局限在某一个地区，而是具有全球性；第二，安理会造法性决议所处理的争端或情势是长期存在的。

当今全球，除了传统的战争和武装冲突，还有非传统安全因素威胁着国际和平与安全。尽管战争仍然是世界的头号威胁，但是我们可以注意到，二战以后发生的战争和武装冲突都是局部性的，安理会对此都是通过专门的决议予以解决。而非传统安全因素，尤其是经济、社会、人道主义、生态环境等领域的不稳定因素，则逐渐成为了国际和平与安全的威胁。[②] 经济发展不平衡、宗教以及文明形态的冲突、人道主义危机、生态环境的严重破坏，等等，在全球范围内愈来愈具有普遍性，由此而导致的对和平与安全的威胁不能不令人警醒。以恐怖主义为例，恐怖主义行

① Paul C. Szasz, The Security Council starts legislating, 96 A. J. I. L., 2002, p. 902.

② UN Doc. S/23500, at 3 (1992), http://projects.sipri.se/cbw/docs/cbw-unsc23500.html

为往往隐喻着不同文明之间的分歧和对立，[①] 或发生在不同的宗教，或发生在同一宗教的不同派别，这种差异在全球范围内都存在，而且夹杂着历史积怨，难以在短时间内消弭。因此，世界范围内的恐怖主义很难根除。这些非传统安全问题的产生，单靠一个国家、一项具体的决议往往难以应对，而必须有全体国际社会的长期参与，并且能够建立起行之有效的规则制度。安理会造法性决议无疑迎合了这种需要。

（2）造法性决议所处理的冲突或情势一般会涉及到非国家行为者的行为，尤其是个人及其他私法实体的行为。传统国际法上，国家是国际法最重要的主体。现代国际法发展到目前，有关国家的国际法规则已趋于完善。随着国际实践的发展，国际组织、个人也越来越多地参与到国际交往中。国际法院 1949 年“赔偿案”之后，国际组织的国际法主体资格逐渐得到一般确认。[②] 而且有关国际组织的国际法规则也在逐步完善的过程中。但是，有关个人的国际法主体资格问题，并没有一般的国际法实践予以确认。尽管二战后的“纽伦堡审判”确立了个人应为其国际罪行承担责任的原则，但是个人的国际法地位仍然是不明朗的，目前国际法上明显缺乏有关直接规范个人的条约和习惯国际法规则。其他私法实体主要是指公司（一般指跨国公司）、非政府国际组织等，这些实体的国际法地位更为复杂，往往也缺乏相应的国际法规则。所以，对于这些非国家行为者的行为，国际法存在着空白。[③] 尤其是近年来一些恐怖主义组织和个人从事了大量皂白不分的恐怖袭击，国际社会如何对其进行打击和惩处，国际法就显得力不从心。习惯国际法的形成，通过谈判缔结条约或

① 美国学者亨廷顿持这种观点，他认为“9·11”恐怖袭击集中反映了伊斯兰文明与西方基督文明之间的冲突。

② 王铁崖主编：《国际法》，北京大学出版社，1995 年版，第 75 页。

③ 安理会主席新闻发布会，2004 年 4 月 2 日，http://www.un.org/News/briefings/docs/2004/pleugerpc.DOC.htm.

公约，都意味着国际社会需要耐心地等待。① 但是恐怖主义行为已经构成了对和平与安全的急迫的威胁，国际社会迫切需要相关的规则。传统的国际法规则显然不敷适用，安理会的造法性决议由此应运而生。

（3）造法性决议效力及于整个国际社会。1337 号决议和 1540 号决议在正文中的强制性条款中，都采用“所有国家应……”的措辞，而不是“成员国应……”。可以看出，安理会造法性决议的效力是及于整个国际社会，而非仅限于成员国。联合国发展到今天，已将绝大多数国家吸收到联合国的大家庭中，因此具有最广泛的代表性。此外，根据《宪章》第 2 条第 6 款（保证非成员国遵守《宪章》），安理会的造法性决议也是能够对非成员国产生效力的。

（4）抽象和笼统的义务。1373 号决议正文第一段和第二段是决议的执行条款，具有拘束力。但是，我们应该看到，这两段中，决议虽然给所有国家创设了强制性义务，但是对于许多义务并没有作出具体的可操作的规定。决议对于“恐怖主义”并没有给出明确的界定，同样，对于“资金”（fund）也没有明确化。决议要求各国“采取必要措施，防止恐怖主义行为”，而“必要措施”又是一个十分抽象和难以穷尽的概念。此外，决议还要求所有国家“在国内法中确定这种恐怖主义行为属于最严重的刑事犯罪，并确保惩罚能够反映此种恐怖主义行为的严重性。”实际上，决议将惩治恐怖主义行为的最终决定权交给了各国。

可以看出，安理会造法性决议所确立的义务一般都是笼统和

① 尽管世界各国都十分痛恨恐怖主义的犯罪活动，呼吁制裁国际恐怖主义分子，但是制裁国际恐怖主义的某些实质性措施可能涉及到有关国家的对外政策、法律原则，甚至可能涉及无辜。所以各国在具体措施上都采取了比较慎重的态度。到目前为止，制止恐怖主义的综合性的国际公约仍然没有问世。

抽象的。因此，有学者认为这种义务的性质类似于欧盟指令（direction）施加给欧盟成员国的义务。[①] 这种抽象和笼统的义务要求成员国通过国内立法对决议加以吸收或转化，并建立相应的机制来确保决议的执行。通过这种方式，决议给各国很大的自主权，以确保这种国际法规则与国内法体系相一致。[②]

这种笼统和抽象的义务有其现实原因。首先，各国法律体系的不一致，造法性决议须依赖于各国的立法机关通过立法程序加以执行。并且各国执行决议的能力也是参差不齐的，如果作出明确划一的规定，相反可能会折损决议的执行效果。此外，造法性决议实际上是以政治妥协作为保证得以通过的，通常会用空洞和笼统的语言加以表达。

（5）决议的执行没有时间的限制。不同于以往安理会作出的制裁决议，1373 号决议并没有就决议的执行制定时间表和最后期限。对决议的执行情况主要取决于决议所产生的义务和对国家执行决议的具体要求。决议最终的执行需要成员国立法机关的工作，但成员国的立法机关却不能参与到这种决议的制定过程中，因此决议在国内的执行并不能得到立法机关的保证。[③] 此外，由于与国内法律体系有一个协调的过程，并且各国在执行决议的能力上的差异，对决议的执行作出时间上的限制，是不合时宜的。

---

① Stefan Talmon, The Security Counsil as world legislature, 99 A. J. I. L., 2005, p. 189.

② Eric Rosand, The Security Council as "Global Legislator": Ultra Vires or Ultra Innovative? 28 Fordham Int' l LJ., 2005, p. 548.

③ Stefan Talmon, The Security Counsil as world legislature, 99 A. J. I. L., 2005, p. 191.

三、安理会造法性决议的效力依据

1373号决议通过以后，许多人也提出了对安理会是否有权以决议的形式为国际社会造法提出了质疑。这种质疑主要有：安理会15个成员国作为国际社会权力的核心是否能够代表其余177个国家？这种造法的民主性何在？[①] 安理会这种造法行为如何同以国家同意为基础的国际法律秩序相协调？[②] 这些质疑的核心，实际上就是安理会造法性决议的效力问题。笔者认为，安理会造法性决议的效力来源主要有两个方面：《宪章》的授权和国际社会的高度共识。

（一）《宪章》的授权

《宪章》第24条第1款实际上确立了安理会在“维持和平与安全”方面的特殊使命：安理会是对维持国际和平与安全负“主要责任”的机构，安理会履行此项责任下的职务时，即系代表成员国。第24条第2款授予了安理会在第六章、第七章、第八章及第十二章下的特殊职权。第24条是安理会造法性决议的拘束性效力的依据之一。

《宪章》第25条规定，联合国成员国同意依《宪章》之规定接受并履行安理会的决议。一国加入了联合国，即视为向国际社会表示了这种同意，并需承担相应的义务。第25条是安理会

① Craig Forcese将安理会这种造法性决议称为“霸权性的联邦主义”，他认为这种决议模式“实际上用寡头政治，而非民主，取代了国家主权，这是少数者的统治。”参见Craig Forcese, Hegemonic Federalism: the democratic implications of the UN Security Council' s “legislative” phase, 38 V. U. W. L. R., 2007, p. 177.

② 转引自Martin Kuhnemund, “Die Vereinten Nationen und der ‘Krieggegen den Terrorismus’” 54－55 (Forschungsstelle Dritte Welt Working Paper 34, 2003), http://www.forschungsstelle-dritte-welt.de/Schriften.htm.

决议的拘束效力的依据之二。

但是我们应该看到，第 24 条第 2 款规定安理会的职权应在第六章、第七章、第八章及第十二章所授权范围之内行使。尤其是《宪章》第七章规定的对于和平的威胁的确认以及对于这种威胁所应采取的应对措施。

首先，安理会造法性决议所针对的情势具有普遍性，这种具有普遍性的情势能否构成“对和平的威胁”？许多人认为安理会只能对特定的、具体的冲突或情势界定为“对和平的威胁”。[①] 实际上，安理会同样有权界定这种普遍的情势和冲突是否构成“对和平的威胁”。

作为一个普遍性的多边条约，《宪章》的解释应遵循条约解释的一般原则。即根据条约原文的通常意思，结合条约的目的和宗旨，善意地加以解释。同时，还应考虑到条约制定后的国家实践。[②] 前南特别法庭上诉庭在 Tadic 案就对“对和平的威胁”这一问题阐述了自己的看法，法庭认为，“对和平的威胁”是一个政治概念，决定“对和平的威胁”不仅仅要从《宪章》的文义考虑，而且有必要分析国际政治的现实状况，因此《宪章》赋予了安理会很宽泛的自由裁量权。[③] “对和平的威胁”是一个发展的概念，传统的“对和平的威胁”主要是战争和武装冲突，但是冷战结束以后，一些新的冲突和情势的出现，并不包含有军事因素，而是发生在经济、文化、人道主义和环境领域。[④] 对这些领域发生的冲突和情势，安理会适时地加以处理，而不是被动

① Matthew Happold, Security Council Resolution 1373 and the Constitution of the United Nations, 16 L. J. Int' L L., 2003, pp. 598 - 601.

② 《维也纳条约法公约》第 31 条第 1 款和第 3 款。

③ Prosecutor v. Tadic, Appeal on Jurisdiction, No. IT - 94 - 1 - AR72, para. 29 (Oct. 2, 1995), 35 ILM, 1996, p. 32.

④ 安理会主席新闻发布会，2004 年 4 月 2 日，http://www.un.org/News/briefings/docs/2004/pleugerpc. DOC. htm.

的等待冲突和情势愈演愈烈，对于维护国际和平与安全，有着重要的意义。

其次，《宪章》第 39 条规定了安理会可以采取措施，维持和恢复国际和平与安全。第 41 条虽然对于武力之外的方法作了规定，但是这些规定只是列举式的规定，缺乏明确的界定。根据上面对《宪章》解释的分析，笔者认为，这种列举式规定并非穷尽了安理会可以采取的措施。冷战结束以后，安理会为维持国际和平与安全，实际上采取了许多《宪章》上没有规定的措施，比如通过决议建立了两个国际特别刑事法庭，通过决议确定两个国家之间的边界。① 这些决议对于维持当地的和平与安全，起了至关重要的作用。因此，对于安理会可以采取的措施，不应当局限于《宪章》所列举的范围。那么，安理会的造法性决议，如果有助于安理会履行其维持国际和平与安全的使命，是应当有效拘束所有国家的。

（二）国际社会的高度共识

从表面上看，安理会 1373 号决议是对“9·11”事件所作的“仓促”的反应。但是，1373 号决议并非真正是仓促作出的。1373 号决议对所有国家都产生了强制性的义务，关乎国际社会的重大利益。因此，决议需要得到执行，必须得到国际社会的广泛接受和支持，否则将是一纸空文。② 1373 号决议背后，实际上是国际社会对这个问题的高度共识。

早在 1937 年，27 个国家就在日内瓦签订了第一个国际性反恐怖公约——《防止和惩治恐怖主义公约》。由于第二次世界大战爆发，该公约没有生效。20 世纪 60 年代以来，随着国际恐怖

---

① SC/Res/687, para. 3.

② Stefan Talmon, The Security Counsil as world legislature, 99 A. J. I. L., 2005, p. 188.

主义活动的猖獗，世界各国针对特定的恐怖主义形式，先后签订了一系列国际公约。[①] 进入20世纪90年代以后，随着全球一体化的加速，跨越国度的恐怖活动对整个世界的和平与安全构成严重威胁。1994年12月联合国大会通过《消除国际恐怖主义措施宣言》，要求各个国家采取措施消除恐怖主义。1996年12月联合国设立“反恐怖主义特别委员会”，后来又成立了工作小组，准备起草反恐怖主义的文件。该委员会于1997年先后起草了《制止恐怖主义爆炸事件国际公约》和《制止向恐怖主义者提供资助的国际公约》。而安理会早在“9·11”事件之前，就通过了“禁止国际恐怖主义”的1269号决议，从1373号决议的内容来看，该决议的拘束性条款实际上吸收了1999年联大全体一致通过的《制止向恐怖主义者提供资助的国际公约》的内容。“9·11”事件发生以后，全世界舆论对恐怖分子犯下的滔天罪行予以了齐声谴责，各国以及各政府间组织也通过声明、宣言等方式表达了打击恐怖主义以及在这一领域进行国际合作的决心，可以说，反对恐怖主义已经在国际社会形成了高度的共识。正是这种高度的共识，通过在联合国框架下的有权机关通过决议的形式予以表达，从而对国际社会产生了拘束的效力。

小结

从安理会1373号决议到1540号决议，安理会先后通过了两个具有造法性质的决议。我们不宜因此断言安理会造法性决议已经成为自成一体的国际法规则的形式。但是，正如保罗·斯查兹（Paul C. Szasz）所言：“安理会的成员在匆匆忙忙通过1373号这样一个开创性的决议的时候，或许是无意识的。然而，既然这扇门已经打开，（1373号决议）可能为后面的‘立法活动’创

① 比如《东京公约》、《蒙特利尔公约》、《反对劫持人质国际公约》等。

造了一个先例。如果（安理会对这种决议形式）审慎地加以利用，这一‘工具’将会大大壮大联合国并且造福整个国际社会，新千年的到来，迫切要求安理会通过决议的形式来创造国际法规则。”① 尽管这种论调稍显乐观，但是可以肯定的是，安理会造法性决议不会在1373号决议和1540号决议这里止步。随着国际社会对和平与安全的共识的不断提高，安理会通过决议来制订国际法规则的情况有可能会更多地出现。

① Paul C. Szasz, The Security Council starts legislating, 96 A. J. I. L., 2002, p. 905.

欧美两大法系中不方便法院原则的运用分析

吴一鸣*

一、欧美两大法系中不方便法院原则运用之比较

不方便法院原则的确切起源并不明确。一些人认为它最初来源于大陆法系的实践。不过，人们通常认为可以从17世纪苏格兰的案例中找到它的起源①。起初，苏格兰所用的是"无管辖权法院（forum non competens）"一词，直至19世纪的后半期才采用了现在的"不方便法院（forum non conveniens）"一词。但是，"无管辖权法院"的含义实际上与今天的不方便法院是一样的，这在19世纪苏格兰"Longworth v. Hope"案中得到了证明。法官在判决中写道："无管辖权法院的请求并非意味着法院对争议完全无管辖权。这一请求有着更广的含义，其经常在那些法院认为当事人应当在另一法院寻求救济更符合正义目标的案件中得

* 南京审计学院法学系讲师，厦门大学国际经济法研究所博士研究生。

① Gregoire Andrieux, "Declining Jurisdiction in a Future International Convention on Jurisdiction and Judgments—How Can We Benefit from Past Experiences in Conciliating the Two Doctrines of Forum Non Conveniens and Lis Pendens?" Loyola of Los Angeles International and Comparative Law Review, Vol. 27, 2005, p. 336.

到阐述[1]。”但与前者相比，不方便法院的含义更加准确，不易产生误解。它表明了其真实含义：并非有关法院无管辖权，而是在相关法院都有管辖权的情况下，哪一个优先[2]？所以，不方便法院原则指的是有管辖权的法院以外国法院是适当法院或其自身是不适当法院为由拒绝行使管辖权，它是法院的一种自由裁量权[3]。由于这种自由裁量权与英美法系国家一贯的法律精神和司法风格相吻合，不方便法院原则相继传入美国、英国等国家，并得到迅速发展，最终成为一项重要的法律制度。

从质的方面来说，不方便法院原则在两大法系主要国家和地区均有存在，但从量的方面来说，其运用的范围和频率具有较大差异。究其根本，这是与两大法系管辖权的确定方法和内容这一直接原因有关。

（一）英美法系：不方便法院原则作为一个一般的原则在各个领域得以广泛适用

英美法系国家存在着宽泛的国际民商事管辖权基础，为了避免司法实践中不合理的个案结果，必然要广泛地运用不方便法院原则予以矫正。

在美国，法院对于管辖权的获得必须有立法上的授权，同时要受到宪法中正当程序条款的限制。一般来说，根据立法的授权，法院行使属人管辖权的根据主要是被告的存在、国籍、住

---

① Gregoire Andrieux, "Declining Jurisdiction in a Future International Convention on Jurisdiction and Judgments—How Can We Benefit from Past Experiences in Conciliating the Two Doctrines of Forum Non Conveniens and Lis Pendens?" Loyola of Los Angeles International and Comparative Law Review, Vol. 27, 2005, p. 336.

② J. J. Fawcett, Declining Jurisdiction in Private International Law, Oxford: Clarendon Press, 1995, p. 207.

③ J. J. Fawcett, Declining Jurisdiction in Private International Law, Oxford: Clarendon Press, 1995, p. 10.

所、居所、成立公司或注册营业等。而对于包括外国人在内的非居民被告则有长臂管辖权的规定。许多法院认为只要不违反本州或联邦宪法的规定，则可根据长臂管辖规定行使管辖权。[①] 根据有关判例，起初正当程序对司法管辖权主要是严格的属地性限制，后来则采用了最低联系标准，即要求被告与法院间具有某种最低联系使得管辖权的行使不至于违背传统的公平和公正观念，再后来这一标准又被进一步解释为“有目的联系”和“合理性”标准。[②] 这一变化使得对属人管辖权的限制内容趋于模糊。宽泛的管辖根据和模糊的管辖权限制常会导致管辖权的不合理结果，再加之美国有利的实体法和程序法内容，当事人挑选法院并导致法院案件的积压也是很常见的现象，这些均导致了对不方便法院原则的普遍运用。

在英国，共有两套规则决定法院管辖权的行使：欧盟的相关公约和传统普通法。根据传统普通法，法院在以下情况下获得管辖权：传票合法地送达于一个在英国的被告；被告自愿接受英国法院管辖；根据《最高法院规则》第 11 号令第 1 条第 1 款，原告从最高法院获得许可向在英国境外的被告送达传票。因此，即使被告在境内没有住所或居所，只要被告在英国境内，无论停留时间的长短，法官均可通过传票的送达确立合法的管辖权。这种管辖权的获得被认为是过度的，有时是不适合审理的，同时也导致原告挑选法院寻求最好的救济的可能。当传票送达后，法院就可以进行审理，除非被告证明英国法院非自然法院并且存在另一个或获得法院对于案件的审理明显更加合适，也就是说，英国法

---

① 张茂：《美国国际民事诉讼法》，中国政法大学出版社，1999 年版，第 49 页。

② 张茂：《美国国际民事诉讼法》，中国政法大学出版社，1999 年版，第 50 - 55 页。

院是不方便法院[①]。

（二）大陆法系：不方便法院原则或类似做法作为一个例外在有限的领域内得以适用

大陆法系国家存在着对于法官的不信任的历史传统，因而法律的确定性则具有着至高无尚的价值。依据确定性的要求，立法应当完整、清晰、逻辑严密[②]。大陆法系国家和地区都会有一个严密的管辖权体系和完整的管辖权规则。大陆法系国家和地区的管辖权大多划分为一般管辖、特殊管辖、协议管辖、专属管辖、默示管辖等类别，每一类别中都有明确和详细的管辖权规则。如德国区分普通审判籍和地域审判籍，前者分为自然人、法人和其他具有当事人资格的组织、破产管理人的审判籍，后者分为持续居住地、企业营业所、财产、物、遗产事物、履行地、侵权行为、反诉的审判籍，等等。[③]

尽管如此，大陆法系并非比普通法系缺少“衡平”因素。其差别在于普通法体系国家的法官有固有的衡平权，而大陆法系国家则把这个权力交给立法机关。立法机关行使这一衡平权主要有两种方法：其一，在严格限制的情况下将衡平权授予法官；其二，自己制定并颁布“衡平”法规，同其他法规一样供法官适用[④]。大多数国家所存在的不方便法院原则或类似制度则是立法机关为了防止预制的管辖权规则过于僵硬违背正义而行使衡平权

① Abla Mayss, principles of conflict of laws, third edition, Cavendish Publishing Limited, London Sydney, p. 13 - 22.

② ［美］约翰·亨利·梅里曼著，顾培东、禄正平译，李浩校：《大陆法系（第二版）》，法律出版社，2004 年版，第 49 页。

③ ［德］奥特马尧厄尼希著：《民事诉讼法（第 27 版）》，周翠译，法律出版社 2003 年版，第 52 - 55 页。

④ ［美］约翰·亨利·梅里曼著，顾培东、禄正平译，李浩校：《大陆法系（第二版）》，法律出版社 2004 年版，第 54 - 55 页。

的一种方式，实际上是运用一般性规定的法律条款将权力授予法官。但很显然，由于已经存在严格的明确的管辖权规则，这些衡平权的行使无疑只能在有限的范围之内，作为例外而存在①。

因此，不方便法院原则的运用情况是与立法状况相对应的。英美法系宽泛的管辖根据势必要求司法上的宽泛的自由裁量权对其予以限制，而大陆法系较为严格和明确的管辖规则必然决定了自由裁量权仅能以例外、有限适用的形式而出现。

二、不方便法院原则及其运用的利弊分析

（一）不方便法院原则的共性功效

从各国现今的不方便法院原则的含义及适用来看，它已经发展成了不同的版本，发挥了不同的作用从而满足了各国的不同需要。然而，在各国的不同适用之下却体现了实质上的共性功效，这些共性功效表现为两点，一是维护当事人的利益，实现个案的公平与正义；二是节约司法成本，达到司法的经济与效率。

1. 维护当事人的利益，实现个案的公平与正义

不方便法院原则产生之初即是出于这一目的②。在英美法系，不方便法院原则主要用来消除宽泛的管辖权基础所带来的不利影响。通过瞬息规则或长臂管辖权，法院极易确立对与法院地几乎没有任何联系的案件的管辖权。再加上一些国家相对来说有利的实体法和程序法的优势，也产生了大量的挑选法院的现象。例如在美国诉讼的原告则会享有诸如证据开示、大型陪审团裁

---

① 其功能类似于法律选择领域中最密切联系规则发挥的矫正功能，如1989年《瑞士联邦国际私法》第15条第1款中的规定：如从全部情况来看，案件显然与本法指定的法律仅有很松散的联系，而与另一法律却有密切得多的联系，则本法所指定的法律即例外地不予适用。

② 徐伟功："我国不宜采用不方便法院原则——以不方便法院原则的运作环境与功能为视角"，《法学评论》，2006年第1期，第148页。

决、胜诉取酬制等程序优势[①]。而在诽谤和损害名誉领域，加拿大的法律对于原告更为有利[②]。大陆法系国家和地区虽然强调法律的确定性和可预见性，规定了明确的、严格的管辖权规则，但法律规定难免会过于机械和僵化，同时也不排除部分领域中存在着过度管辖。而且许多情况下，国际民事诉讼管辖采用与国内民事诉讼相同的管辖规则，二者的混同易于忽视国际民事诉讼的特殊性。这些都会让一方当事人在不合适的法院接受审判，给当事人带来不便，造成不公正的结果，违背个案的正义。

不方便法院原则的这一共性功效来源于它的本质及特点。不方便法院原则实质上是法官的自由裁量权。根据《牛津法律大辞典》的界定，法官的自由裁量权是指“酌情作出决定的权力，并且这种决定在当时情况下应是正义、公正、正确、公平和合理的。法律常常授予法官的权力或责任，使其在某种情况下可以行使自由裁量权。有时是根据情势所需，有时则仅仅是在规定的限度内行使这种权力[③]。”酌情意味着没有统一的、严格一致的规则，而是因不同的案件考虑不同的情况。因此，它具有相当的灵活性。正是这一灵活性，有助于克服法律不合目的性的这一局限。法的不合目的性是指法律的普遍规则适用于个别情况时可能违背自身的目的而导致非正义的情况。因为，法律的普遍性特征使法律只注意其适用对象的一般性而忽视其特殊性，然而适用于一般情况能导致正义的法律，适用于个别情况的结果即可能是不

① 张茂：《美国国际民事诉讼法》，中国政法大学出版社，1999 年版，第 105 页。

② Donald J. Carney, “Forum Non Conveniens in the United States and Canada”, Buffalo Journal of International Law, Vol. 3, 1996, p. 136.

③ 戴维·M·沃克：《牛津法律大辞典》，邓正来译，光明日报出版社，1998 年版，第 261 页。

公正的[1]。就国际民事诉讼管辖权来说，各国通过设立一定的管辖根据将某一类型的案件与某国法院联系在一起。大部分情况下，国家在设立管辖根据时会考虑到主权的行使、案件与本国的联系程度、案件的性质与特点、当事人的利益等因素。总的来看，就某一类型的案件其管辖根据是合理的。但是，这并不排除在某一具体案件中，管辖根据对当事人一方来说是极不公平的。在国际民事诉讼中，由于涉及到不同的国家，参与诉讼所需要的诉讼费用和成本、证据和证人获得的难易程度、判决的可执行性等因素都是需要加以特别考虑的。极不便利的诉讼对于被告来说无疑会使其承受不合理的负担，最终导致实体结果的不公正。同时，法院审理的不便及困难也会增加错案的风险，最终的后果同样也是由当事人来承担。因此，即使在管辖权的严格规则情况下，也需要一定的自由裁量权防止预制规则在实际运用中出现偏差。至于那些本来就很宽泛的管辖根据，则更需要如此的裁量权来消弭不合理的实体结果。此外，由于不同国家的管辖根据不同或者为某一类型的诉讼设立了多个管辖根据，一个案件会存在两个以上国家的法院有管辖权的情况，这一方面使得挑选法院成为可能，另一方面也使得更为合适的法院的存在成为可能，这不仅为不方便法院原则的运用提供了现实的必要性，也提供了现实的可能性。

2. 节约司法成本，达到司法的经济与效率

效率就是资源配置达到一种最优的状态。而司法效率则是解决司法资源如何配置的问题，即其核心应当被理解为司法资源的节约或对司法资源的有效利用的程度[2]。

在民事诉讼程序中，经济成本主要包括以下四个方面的内

① 徐国栋：《民法基本原则解释——以诚实信用原则的法理分析为中心（增删本）》，中国政法大学出版社，2004 年版，第 180 - 181 页。

② 钱弘道："论司法效率"，《中国法学》，2002 年第 4 期，第 50 页。

容：一是人力资源，如法官、翻译人员、陪审员、诉讼当事人、律师和证人等；二是物力资源，如法院进行的正当的诉讼活动所必备的法庭设施、通讯及交通设备等；三是财力资源，如案件受理费、律师费、翻译费、证人相关费用等；四是时间资源。① 对于国际民事诉讼来说，由于涉及到外国因素，相应的诉讼成本更为高昂，与国内诉讼相比还存在着特殊的司法成本，如外国法的查明与适用、判决的执行等。因此，合理的国际民事管辖制度除了能够便利当事人之外，还应能够节省司法成本，达到司法的经济与效率。

两大法系的不方便法院原则或类似制度中均考虑到了司法资源的节省和司法的经济与效率问题。例如在美国的不方便法院原则的分析中既要考虑到法院案件的积压情况、适用和解释外国法的复杂程度、当地居民充当陪审员的程度这些公共司法资源的耗费，还要考虑到证据获得、证人费用支付及其他能使审理案件容易、迅速和节俭的一切私人诉讼成本的问题。英国法院虽然没有明确提到公共利益的因素，但法官在判决中也指出另一更合适法院可以以实质上更少的花费审理案件。事实上法官在运用不方便法院原则过程中对于案件与某一法院的事实联系、解决实体争议的准据法、平行诉讼、关联诉讼、第三人及多位被告、外国语言文字等因素的考虑实质上也是出于司法效率的考虑。魁北克法院要考虑证人和证据在境内的存在、法院对外国法的熟悉程度、判决在外国的可执行性等因素。日本法院考虑对于判决的执行、迅速的审判等因素。德国法院行使管辖权中的自行裁量则是将效率和费用作为主要的考虑。

由于存在另一可获得的法院或替代法院，不方便法院原则的行使实际上是由对于同一案件均有管辖权的法院中更为合适的法

① 肖建国：《民事诉讼程序价值论》，中国人民大学出版社，2000 年 5 月版，第 212 – 213 页。

院审理这一案件，这其中司法的便利、司法资源的耗费成为重要的考虑因素。因此，从全球的角度来看，是司法成本在不同国家法院之间得到了转移[①]，实现了司法资源在全球范围内的合理配置，节约了司法成本，达到了司法的经济和效率。

（二）不方便法院原则可能的弊端

然而，不方便法院原则也可能存在一些弊端，这成为人们反对它的理由。

首先，违背了法律的确定性和可预见性。与严格的明确的管辖权规则相比，不方便法院原则确实会产生一定的不可预见性。因为，根据不方便法院原则，法院最终是否拒绝行使管辖权由多方面因素决定。一方面，在诉讼产生之前，这些因素并不可能为当事人所预知；另一方面，在诉讼过程中，这些因素的衡量和考虑并非是一个可以精确量化的科学计算过程，而是由法官个人进行判定，当事人无法预知管辖权的行使结果。对于将法律的确定性和安全价值奉为圭臬的大陆法系国家来说，这是其不能广泛接受不方便法院原则的一个重要原因。

其次，易于导致结果的任意性和不公正性。在上一点中已提到，不方便法院原则对多种因素的考虑并非是一个可以精确量化的用某种公式即可准确计算的过程，而完全是依靠法官的个人判断，法官的专业水平、道德修养、个人偏好等因素都会对结果产生重要的影响。而且，从某种程度上来说，无论他是否想行使管辖权，法官都可以从诸多因素中找出支持他的理由。此外，由于不同的法官存在着极大的个体差异，不同法官审理的类似案件会

① 有学者认为经济成本在法院间的转移主要是通过控制案件量在上下级法院之间的流向实现的，这源于管辖制度和上诉制度。肖建国：《民事诉讼程序价值论》，中国人民大学出版社，2000 年 5 月版，第 229 页。笔者认为，不方便法院原则则实现了相关成本在不同国家法院间的转移。

产生不同的判决结果。因此，确实存在着结果的任意性和不公正性这一风险，而这一现实的缺陷，则在美国体现得较为明显。

此外，从具体的适用结果来看，不公正性有时体现为造成管辖权的消极冲突，导致诉讼的迟延，甚至产生拒绝司法的后果。如在魁北克，法官行使不方便法院原则的后果是驳回诉讼，如果外国法院也不受理该诉讼时，原告就无法再回魁北克法院诉讼①。而在美国，据有关调查，被驳回的案件在国外得到救济的可能性微乎其微②。

然而，对于不方便法院原则的这些弊端，应当正确客观地看待。就不可预见性缺陷来看，对它的担忧来自于大陆法系。这一担忧不无道理，但应当注意的是，该原则的运用只是例外情况，在大部分情况下原先的成文法规则都是合理的。而且，确定性和灵活性本来就是法律的两个相互矛盾的方面。确定性固然是人类对于法律的要求，但是正义则是人类对法律的最终要求，有时确定性并不意味着正义，而灵活性却反而能够实现正义。

对于不方便法院原则可能造成的诉讼迟延乃至拒绝司法的后果则不必太过担忧，因为这完全可以通过一些制度设计来避免。如同时赋予法院中止诉讼的权力，如果在国外得不到救济，原告仍可回原法院继续诉讼。采取必要管辖、方便法院原则等应对管辖权消极冲突的措施也有助于克服这一缺陷。

就一般意义上来说，易于造成结果的任意性与不公正性是受到最多批评的。但是，结果的任意性与不公正性与其说是不方便法院原则的弊端，不如说是自由裁量权本身固有的缺陷。如果细心观察，并非在所有的国家都出现了这些问题或如此严重的问

---

① J. J. Fawcett, Declining Jurisdiction in Private International Law, Oxford: Clarendon Press, 1995, p. 147.

② 徐崇利："美国不方便法院原则的建立与发展"，载于董立坤主编：《国际法走向现代化》，上海社会科学院出版社，1990年版，第265页。

题，对于这一弊端批评最多，实践中体现得也最多的是美国，这与美国整个司法特点和长期以来的霸权主义的对外政策所息息相关。

美国虽然与英国属同一法系，但美国这根从普通法大树上生长出的主枝却在很大程度上与母体相异。独特的司法权的地位及运作模式、司法体制、司法职业制度及历史、联邦制所带来的复杂的法律体系和多重的法院系统等因素使得美国先例的效力极不稳定。异于英国的上诉审、陪审制度；法官遴选方式的复杂多样及较明显的政治化倾向；素有“政治家”之称的律师的参与都使得美国法官拥有更多的自由裁量权，并导致较英国有更多的先例被推翻。从美国推翻先例的依据来看，多半是正义、公平、道德、政策、观念等因素，其表现出实质性的特点，含义不稳定，弹性较大，充满了变数，法官的自由裁量权可以大行其道[①]。因此，对于类似的案情出现不同的结果这一现象并非是在运用不方便法院原则时所特有的，而是美国整个司法制度所特有的。

况且，我们不能过分夸大英美法系法官的自由裁量权并对其产生某种误解。西方国家的法律体系和制度经过几百年的发展和完善，已经相当详尽和完备。就司法实践来看，对于严格规则的全面遵循是司法的主题，自由裁量只在比较有限的情形和范围内被采用。在这个“有限的情形和范围内”，固有的法律规则要么完全空缺，要么其严格适用会造成相对不公正的后果，这是固有法律的“盲点”[②]。而且，无论美国人相对于英国人而言，是多么地喜欢挑战先例，遵循先例也是常规做法，推翻先例只是一种例外。相对来说，大陆法系为了严格维护法的确定性，有时也不

① 崔林林：《严格规则与自由裁量之间——英美司法风格差异及其成因的比较研究》，北京大学出版社，2005 年版，第 1－154 页。

② 崔林林：《严格规则与自由裁量之间——英美司法风格差异及其成因的比较研究》，北京大学出版社，2005 年版，第 1 页。

惜牺牲个案中的公平而确保整体的公平，这也并非完全可取。进入 20 世纪以来，两大法系表现出一定的趋同。正如德国比较法学家茨威格特和克茨所指出的："总体来说，在欧洲大陆，制定法占绝对优势的时代已过去了；相反地，在普通法法系中，倾向不断地利用立法使法律统一化、理性化和简化。在欧洲大陆，法律日益由法官发展，结果是，归纳方法与有关实际问题的风格有了更多的余地；反过来，普通法法系正在看到需要使法官发展的规则成为一个系统的体系，从而使它们易于理解和掌握。因此，人们有理由相信，虽然普通法法系和民法法系是从对立方向开始的，但是，它们在法律方法和技术上也正在逐渐靠拢[①]。"就国际私法来说，过去几十年的发展验证了单一的普通法的"方法"或是大陆法的"规则"都有其不足之处。任一法系都不能固守其传统，而须适当引进其他法系的可取之处，最终实现正义的目的。

综上可知，不方便法院原则并非天生就属于普通法系，也并非永远与大陆法系所不相融。不方便法院原则的本源及发展告诉我们：当我们将附着在这一原则之外的极具各国特色的表皮剥离时，可以发现它原本就是一种自由裁量权，一种为人类千百年来的法治历史所证明的任何国家都缺少不了的东西。这一自由裁量权最大的功效即在于通过灵活性的做法避免不方便的法院或不合适的法院管辖国际民事案件，最终求得个案的公平与正义、促进司法的效率。当然，它也存在缺陷，但这可以通过一定的制度设计将可能产生的负面作用影响降到最低。

① 刘永艳：《全球化视角下的两大法系》，中国商务出版社，2003 年版，第 204 页。

三、不方便法院原则在我国的运用问题

不方便法院原则在中国的借鉴或吸收实为法律移植问题[①]。一直以来，学者们都在争论是否需要法律移植，支持者和反对者们都竭力通过实证的方法来证明其各自的主张。但仅仅通过实证的——经验式的方法来论证法律移植的必要性似乎成效有限。法律移植问题不完全是或主要不是一个实证问题，在回答要不要法律移植时必须首先明确一个根本出发点，即我国社会的根本需要。也就是说，只有从我国社会的根本需要出发我们才能回答要不要法律移植的问题[②]。因为，“法律制度、社会制度并没有遗传基因，没有绝对不能移植的内在因素，而只有是否需要的内在动因[③]。”

（一）立法引入的必要性

中国有关涉外民商事案件管辖权的有关规定主要存在于《民事诉讼法》和相关的司法解释中，有关规定的缺陷或缺失以及对于公共利益因素的考虑要求引入不方便法院原则。

第一，立法中存在过度管辖或超常管辖的情形。典型的条款是《民事诉讼法》第 243 条关于对被告在中国境内没有住所的合同或其他财产权益纠纷的管辖规定。该条的管辖根据包括：合

---

① 法律移植（legal transplant）是西方比较法学中经常使用的一个词，其含义一般是：特定国家（或地区）的某种法律规则或制度移植到其他国家（或地区）。这相当于中国国内所讲的对其他国家或地区法律的借鉴或吸收。沈宗灵：“论法律移植与比较法学”，《外国法译评》，1995 年第 1 期，第 7 页。

② 吴玉章：“对法律移植问题的初步思考”，《比较法研究》，1991 年第 2 期，第 8 页。

③ 江平：“全球化、现代化与本土化”，载于江平主编：《比较法在中国（2003 年卷）》，法律出版社，2003 年版，第 5 页。

同签订地、合同履行地、诉讼标的物所在地、被告可供扣押的财产所在地、侵权行为地、代表机构所在地。只要其中任何一个管辖根据在中华人民共和国领域内，中国法院就有管辖权。该条所列举的管辖根据几乎包括了合同或其他财产权益纠纷的所有重要方面。因此，就一项具体的与中国有关的合同纠纷或者其他涉及财产权益的纠纷而言，几乎无法摆脱中国法院的管辖①。如果完全依照该条进行管辖，则会出现在某些案件中，除了一些与争议无关的被告财产在中国之外，还有有关案件的事实、证人、证据完全与中国无关的情形。如果强行让被告到中国来应诉，则会导致对被告的极不便利和不公。

第二，对于新型的涉外互联网案件，立法缺乏针对性。互联网的虚拟性、全球性使得传统国际私法受到了挑战，一些传统的连结因素、管辖权的界定方法在互联网案件中失去了原有的作用和意义。目前，适用于涉外互联网案件管辖权的法律规定除了原有有关管辖权的规定外，还有近几年最高人民法院出台的相关司法解释②。一方面，涉外互联网案件的种类多种多样，而中国有关的立法回应却未能全面涵盖所有相关纠纷；另一方面，有关司法解释也主要是针对国内案件，对涉外案件有着较少的针对性。在这种情况下，只能沿用传统的规定或者将解决有关国内案件的管辖权规定扩大解释适用到涉外案件中。然而，互联网的无国界性却使得原有管辖权规定的弊端在涉外案件中更加凸显。如对于侵权行为地的解释可能会产生中国为侵权结果发生地之一而具有管辖权，但有关侵权行为、证据等全部因素在外国，被告在中国

① 丁伟：“我国涉外民商事诉讼管辖权制度的完善”，《政法论坛》，2006年第6期，第158页。

② 这些司法解释包括《最高人民法院关于审理名誉权案件若干问题的解释》、《最高人民法院关于审理涉及计算机网络著作权纠纷案件适用法律若干问题的解释》以及《最高人民法院关于审理涉及计算机网络域名民事纠纷案件适用法律若干问题的解释》等。

更无任何可执行的财产的情况，这样即为当事人和法院带来极大的不便，如2004年广东省佛山市中级人民法院受理的中国广东佛山永恒控温器厂诉英人岛施特里克斯有限公司一案[①]。虽然目前相关案例还不是非常的多，但随着网络的发展，各种类型的涉外互联网案件必将增多。如果严格按司法解释中的国内互联网案件管辖规则管辖国际性案件，也会出现案件事实、证据、证人均与中国无关的情形，特别是当被告在中国无任何可以执行的财产时，既对被告产生不公，也极大的浪费了司法资源。因此，立法者应具有长远的眼光，法律必须有一定的超前性和预见性，而不能等问题出现后再通过各种司法解释进行应急式地补救，这样容易造成各种法律规范的效力和内容上的冲突和矛盾，导致法律整体的不协调性。

第三，对公共利益因素的考虑。在中国，法院行使国际民商事管辖权时也应从公共利益因素的角度考虑对于法院司法成本和司法资源的节约。这主要涉及两个方面：一是外国法查明和适用的复杂程度，一是法院案件的积压程度，即减轻法院的诉累。外国法的查明对于案件的解决是一个关键性的问题。当冲突法指向的外国法超出法官及内国当事人的认知范围时，欲查明外国法的内容需要花费大量的时间、人力和金钱成本。进而言之，即使外

① 该案涉及的中国原告诉称外国被告在其公司的英文网站上发布对原告不利的消息诋毁原告的商业信誉和商品声誉，故起诉其侵权。而被告提出管辖权异议，认为应交由被告住所地或侵权行为地（即网站主机所在地）法院审理。佛山中院最后根据《民事诉讼法》第29条、《民事诉讼法意见》第28条、《最高人民法院关于审理名誉权案件若干问题的解释》第1条驳回异议，广东省高院也以同样的理由驳回上诉。但与案件相关的具体情况是审理这一案件的主要证据、证人都在英国，被告在中国无任何的财产和机构，判决必须到英国申请承认与执行。因此，虽然法院最终驳回管辖权异议，但在审理过程中势必会出现诸多的问题。具体案情参见刘颖、李静：“互联网环境下的国际民事管辖权”，《中国法学》，2006年第1期，第56页。

国法的内容得以查明，其能否得到准确的适用仍然是一个问题。[①] 因此，在此种情形下，如果该外国法院是另一更合适的法院，则外国法查明和适用的复杂程度应成为拒绝行使管辖权的一个重要考虑因素。这将为中国法院减少司法成本，同时也有利于案件纠纷的解决。至于减轻法院的诉累问题，虽然目前尚未出现大量国际民商事案件涌入我国的情形，但由于较为宽泛的管辖权根据、实体法的进一步完善和集中管辖制度的实施，随着时间的推移，这一需要将很快显现出来。[②]

（二）立法引入的可能性

从法律制度配套和实际运用两个方面来看，中国引入不方便法院原则是可行的。

1．法律制度配套方面

首先，没有宪法上的障碍。有的大陆法系国家不接受不方便法院原则的一个重要原因是存在宪法上的障碍。例如，《德意志联邦共和国基本法》第 101 条规定：不得禁止任何人受其法定法官之审理。《意大利宪法》第 25 条第 1 款规定：任何人均不得被剥夺其业经法律规定的当然法官的指导。在这些法律制度中，存在着管辖法院应当由法律预先制定的思想。由于中国的《宪法》中无此规定，对于该原则的引进则不会存在这样的障碍。其次，中国法官的自由裁量权本来就较为广泛的存在。事实上，中国的《民法》和《刑法》已经赋予了法官各种自由裁量权，自由裁量权的行使在中国已经很常见。而且，完全排除自由裁量权意味着完全的严格规则主义，这要求非常细致而缜密的法

① 徐崇利：“冲突法之悖论：价值取向与技术系统的张力”，《政法论坛》，2006 年第 2 期，第 98 页。

② 王吉文：“论不方便法院原则在我国的适用”，《法律适用》，2005 年第 12 期，第 31 页。

典以至于可完全信赖法律规定而排除自由裁量权的情形。这是不符合中国的立法思想和法律现状的。再次，从某种意义上来说，现行涉外案件的集中管辖制度在一定程度上有利于保障法官的业务水平和素质①。

2. 实际运用方面

事实上，据学者们的统计，司法实践已经出现了运用不方便法院原则的相关判例②。在这些案件中，既有传统的离婚案件，也有根据《民事诉讼法》第243条的规定设立管辖权的案件。案由各不相同，但其共同点都是法院虽享有管辖权，但有关当事人和财产并不在中国或中国内地，或争议本身与中国或中国内地并无太大的关系，在证人出庭、证据提交、判决执行等方面都存在着极大的不便，会导致不公正的结果。

（三）具体制度设计

无论从必要性还是可能性来说，中国都应引入不方便法院原则。虽然在目前确实存在着一些为学者所担忧的法官素质的问题。但若通过牺牲当事人的利益、个案的公正来避免权力的滥用，则是因噎废食、削足适履的做法。包括自由裁量权在内的任何权力都存在被滥用的危险，这一危险不可能被绝对地消除，而只能相对地避免和减少。避免和减少的途径主要有两个，一是通过合理的制度设计将裁量权滥用的可能性降到最低，二是从源头

① 参见《最高人民法院关于涉外民商事案件诉讼管辖若干问题的规定》（法释2002年第5号）相关内容。

② 例如，日本公民大仓大雄要求在中国起诉离婚案、赵碧琰确认产权案、1995年广东省高级人民法院再审的原审原告东鹏贸易发展公司诉被告东亚银行有限公司信用证纠纷案、蔡文祥与王丽心离婚案、佳华国际有限公司、锐享有限公司与永侨企业有限公司、中国国货投资有限公司股东权益纠纷案、住友银行有限公司与新华房地产有限公司贷款合同纠纷案，等等。以上具体案情参见施适、滕梅："不方便法院原则在中国的发展现状——兼评中国涉外民商事案件管辖原则之异动"，《法律适用》，2003年第7期，第32页。

上采取措施，通过法官的选拔机制、培训考核解决。第二点并非为本文所讨论的问题。本文在此试图结合中国自身的法律传统和司法特点，对中国的不方便法院原则制度进行合理构建。

由于中国的立法现状和司法传统更接近于大陆法系，中国应采用大陆法系的做法，让不方便法院原则仅以例外、有限适用的形式而出现，作为法定管辖权的补充和矫正。但在具体的制度设计上，则可借鉴英美法系的一些有益做法，对不方便法院运用的前提和条件进行合理地限定。

首先，不方便法院的适用应由被告主动提出，并且当中国法院的管辖权来自于当事人的管辖协议的授权或专属管辖权时不能适用不方便法院。不方便法院原则的主旨是保护当事人的利益和公正，特别是对被告利益的保护，是对原告在起诉时已经享有的挑选法院的利益的平衡。而协议管辖中原告并不享有这一利益，因为所选择的法院是原被告双方共同选择的结果。对于因订立合同时急于成交的心理及对合同条款后果的无知可能造成的某些当事人在日后的纠纷中处于十分不利的境地的情形①，笔者认为应具体分析。如果存在着欺诈、胁迫、显失公平等原因，则直接可利用合同法上的相关条款质疑法院选择协议的效力，而不需运用不方便法院原则。如果不存在以上原因，也不可运用不方便法院原则，因为合同本身就是双方博弈、利益妥协的产物，一方当事人通过牺牲对其来说相对较小的利益来换得对其来说更大的利益是正当的。如果当事人的约定违反有关限制性规定，法院当然可以拒绝行使管辖权，但这只是基于协议自身的原因，而非不方便法院原则。此外，一国会在有关国家本身的实体法制度支配下的案件和私人权利的主张会影响到国家的政治利益以及国家机构的

① 奚晓明："不方便法院制度的几点思考"，《法学研究》，2002 年第 1 期，第 88 页。

利益大于当事人利益的案件中采用专属管辖权[1]。专属管辖权为了维护国家的利益，其设计的理念就在于某些特殊的情况下，国家的利益应高于当事人的利益，其与不方便法院原则是不相容的。

其次，对于不方便法院原则的适用可以采用英国的明确的两步分析法，即先由被告承担举证责任证明存在着中国法院明显不合适，并有另一个有管辖权的明显更合适的替代法院，再由原告承担举证责任证明到另一有管辖权法院起诉确实是不公正的，以至相当于拒绝了原告的正义。因为这一方法有着严格的步骤和举证责任的划分，运用起来更加明确，而较少有滥用自由裁量权的可能。中国的法律引进这一方法，可以引导法官自由裁量权的运用，降低滥用裁量权的可能性。

在被告的证明责任上，应借鉴加拿大的“明显不合适法院”标准而非英美的“更合适法院”的标准。后者只要证明外国法院为更合适法院就可拒绝行使管辖权，而前者则要证明受理案件的中国法院明显不合适。相对来说，后者的证明难度要大于前者，更有利于案件在中国的继续进行，由此法院拒绝管辖权的机会也会减少，更少有滥用裁量权的可能。因此，只有当中国法院明显不合适时才可拒绝，而虽然外国法院更为合适，但中国法院非明显不合适，则不应以不方便法院原则为由拒绝管辖。对于被告的举证，法院应从私人利益因素和公共利益因素两方面进行考虑。私人利益因素主要包括：诉讼当事人、案件与法院地的联系；证据取得的难易程度；证人费用支付的高低；关联诉讼；第三人及多方被告的情形等。公共利益因素主要包括：解决实体争议的准据法的查明与解释的复杂程度；法院案件的积压情况；判决在外国的承认与执行的可能性等。

---

① 李双元、谢石松著：《国际民事诉讼法概论》，武汉大学出版社，2001 年版，第 175 页。

对于原告的举证，则应考虑：外国法院诉讼程序的公正性；诉讼时效，即原告没有过错的情况下外国的诉讼时效已过；外国判决的过度迟延；政治影响等因素。应当注意的是，原告必须证明其所宣称的不利因素的现实性和重要性，表明到外国法院诉讼确实是不公正的，以至于如果拒绝原告的诉讼则意味着拒绝了原告的正义。

当然，以上所列举的因素完全是开放性的，不排除在某一特定案例中会有其他的考虑因素，同时各个因素的重要性在不同的案件中也应有不同体现。但总的来说，应从对当事人的公平正义和司法效率的角度衡量相关因素。

此外，美国法院适用不方便法院原则时出于公民权的考虑，对本国原告的法院选择权优先对待。出于对中国公民利益保护的目的，中国法院也可以借鉴相关做法，在中国法院审理中国公民为原告的案件中，应当更加审慎地适用不方便法院原则。

最后，对于不方便法院原则适用的程序问题，笔者同意有关学者的观点，对于符合不方便法院原则标准的，法院应以驳回起诉的方式作出[①]，但同时可参照美国的做法附加一定的条件。当然，条件仅限于诸如接受外国法院的管辖、放弃诉讼时效抗辩等方面，而不应附加那些易于侵犯外国司法主权的条件。如果因为被告违反有关条件而使得原告在外国法院无法获得救济时，原告可重新在中国起诉，这时在程序上应当进行一定的简化，在判决中也应考虑到被告的行为对原告所造成的不便及费用。

四、结语

对于当今世界上最主要的国际交往的主体——国家来说，一

① 奚晓明："不方便法院制度的几点思考"，《法学研究》，2002 年第 1 期，第 91 页。

方面，极力维护主权，追求利益的最大化仍然是各国不懈的追求，另一方面，全球性的交往合作又使得各国不得不在一定程度上对利益的追求有所收敛。反映在管辖权方面，则是各国一方面仍存在着争夺、扩大管辖权的倾向，另一方面又在积极地寻求管辖权的合作与限制。因此，在国际民事诉讼管辖权中，各国既表现出“争”的一面，也表现出“让”的一面。在不愿放弃立法上“争”的一面的情况下，通过司法上的“让”也可以进行较好的平衡。不方便法院原则实际上则是代表了司法过程中“让”的理念。这一理念既可有利于保护当事人的利益，维护公平和正义，又可促进司法的效率，实应为包括中国在内的各国所具有。

“客军法”初探

田士臣*

一、客军法的概念

客军法是调整经接受国同意在其境内执行职务的派遣国武装部队的地位的国际法和国内法规则的总称。这一表述至少包括如下含义：

首先，客军法主要是调整派遣国、接受国和派遣国武装部队三个主体之间关系的法。由于国家是个抽象的政治概念，国家作为客军法主体的行为，在派遣国主要是由其所派遣的武装部队军事权力机关、军事司法机关等来实现的，在接受国主要是由其司法、行政等权力机关和部门来实现的。派遣国武装部队包括成建制的武装部队单位集体，也包括武装部队成员个人，在部队地位

* 西安解放军政治学院法学硕士。

协定中统称为“部队（force）”或“部队成员（members of forces）”[①]。除此之外，客军法还规定了经武装部队雇用伴随其执行任务的“文职成员（civilian component）”以及武装部队成员和文职成员的“家属（dependent）”的法律地位。另外，在由各派遣国分队组成联合国或地区国际组织军队执行维和行动或强制行动以及在接受国设立国际军事司令部的场合，联合国和地区国际组织本身也是客军法的主体[②]，一般以联合国或地区国际组织名义与接受国签订《部队地位协定（Status of Forces Agreement，SOFA）》。

其次，客军法规范的派遣国武装部队进入接受国应经其同意。武装部队作为国家机关代表着一个国家的主权权力，和平时期一个国家的军队合法出现在另一国家的陆地领土上，无论是为

① 《北大西洋公约组织武装部队地位协定》中使用术语的是“部队（force）”，美国与日本、韩国等国家签署的双边部队地位协定中使用的术语是“美国武装部队成员（members of United States armed forces）”，《中华人民共和国和俄罗斯联邦关于举行联合军事演习期间其部队临时处于对方领土的地位的协定》的规定比较特殊，该协定区分“部队”和“部队的人员”，“部队”指为举行联合军事演习从一方国家武装力量、其他部队和机关中派至另一方领土的部、分队和指挥机关。“部队的人员”指部队编制中的现役军人、在部队中工作的文职人员以及被派往部队工作的该部队所属国家公民。

② 此种场合，以联合国或地区国际组织的名义与东道国签署武装部队地位协定，各国分队不作为它们本国的机关而行动，尽管为某些目的它们仍受本国法律和规章的约束，但这个军队的良好秩序的总的责任在于联合国或地区国际组织的军队司令。关于国际军事总部及设施的法律地位，如1952年《依据北大西洋公约设立国际军事总部的地位的议定书》。参见［英］詹宁斯，瓦茨等修订：《奥本海国际法》第一卷第二分册，王铁崖等译，中国大百科全书出版社，1998年4月版，第587页；See also “Model Status-of-Forces Agreement for Peacekeeping Operations”, UN-Document: A/45/594 (9 October 1990); “Model Agreement between the United Nations and Member States Contributing Personnel and Equipment to United Nations Peace-Keeping Operations”, UN-Document: A/46/185 (23 May 1991).

了过境、驻扎或其他军事合作活动，都必须经该国同意[1]。通常，派遣国和接受国之间关于驻军、开展军事合作等的国防合作安排框架明示或暗示地表达了这种同意。但是，很少有在《部队地位协定》中明确写明这种同意的。也就是说，即使有了这种国防合作安排和《部队地位协定》，也并非说明派遣国武装部队有进入接受国的当然权力，其进入仍须经接受国同意。例如，《中华人民共和国和俄罗斯联邦关于举行联合军事演习期间其部队临时处于对方领土的地位的协定》第三条规定："双方根据各自国家法律程序和本协定规定并经过协商，可以将部队派遣到对方的领土举行演习。"在实际每次举行演习时，中俄两国武装部队进入彼此国家的领土还须根据各自国家的国内程序给予同意。反言之，客军法不适用于外国武装部队非法入侵、军事占领或与东道国武装部队共同防御或驱逐敌军的场合，这种外国武装部队存在于接受国领土的场合应在战争的条件下进行考虑，适用武装冲突法的有关国际法规则。在不构成武装冲突的情况下，对于外国武装部队——尤其是其军用舰机——在和平时期的非法入侵行为，完全由被入侵国的国内法管辖，被入侵国可以根据其国内法规定处置非法入侵或入境的外国武装部队[2]。

第三，客军法调整的是派遣国武装部队执行职务的行为。这种职务行为可以是以明显的作为形式出现的具体执行军事任务的

① 这种同意的表达可以采取多种方式，依各国的法律和实践而定，可以是正式的也可以是非正式的，可以由派遣国单方面正式宣布或向一个或多个派遣国发出正式邀请，也可以是就外国军队在接受国的特定军事行动发放许可证。See Mette Prassé Hartoy, "NATO Status of Forces Agreement: Background and a Suggestion for the Scope of Application", Baltic Defence Review, No. 10, Vol. 2, (2003), p. 49.

② 但须注意，其包括使用武力在内的处置措施应遵守国际法关于自卫权的限制，被拘禁的外国武装部队成员受1963年《维也纳领事关系公约》对外国侨民的保护。

行为，也包括派遣国武装部队在接受国执行职务期间的休假行为[①]，对于逃兵或擅离职守者的地位在客军法中也有规定。对于判断职务行为的标准，派遣国和接受国可以在双边协定中作出明确的规定，并无普遍适用的统一规则。从国家实践看，关键在于派遣国武装部队第一次进入接受国的目的是为了执行职务，如执行军事演习任务、进行共同军事训练、长期驻扎等。很明显，外国武装部队成员在接受国私人旅行时的法律地位相当于普通外国人。对于军事人员在接受国军事留学、执行外交谈判任务、担任军事外交官的情形，他们的地位依接受国和派遣国双方所作的安排而定，可以在双边协定中规定他们享受客军的法律地位，在没有规定的情况下，则适用关于普通外国人、特别使团、外交人员的国际法规则[②]。

最后，客军法的法律渊源既包括国际法也包括国内法。国际法的主要渊源是条约和习惯，客军法的国际法渊源则主要是条约。对于是否存在调整陆上客军地位的习惯国际法规则并不确定，现有的调整客军地位的习惯国际法规则主要与来访外国军舰及其船员的法律地位相关。权威的国际公法教科书《奥本海国际法》第九版认为，“作为国际习惯法的一个问题，一个国家的武装部队在另一个国家时的地位是不确定的。法律的发展受到外国军舰及船员的法律地位的影响，但是它们的地位在一些重要的方面是与陆地武装部队的地位不同的。”[③] 就国际条约而言，客军法的主要表现形式是派遣国和接受国签订的《部队地位协

---

① 另一种特殊情况是武装部队成员在接受国退出现役而终止执行职务，在这种情况下，接受国通常会给予一定的宽限离境期限，在宽限期内已经终止执行职务的人员仍享受武装部队的地位待遇。

② 参见［英］詹宁斯，瓦茨等修订：《奥本海国际法》第一卷第二分册，第587页。

③ 参见［英］詹宁斯，瓦茨等修订：《奥本海国际法》第一卷第二分册，第583页。

定》。客军法的国内法渊源主要是为实施国际法和调整外国武装部队地位而制定的以客军法为名称的国内立法以及其他调整客军地位的国内立法，后一部分法律主要是指调整来访外国军用舰机地位的国内立法。

二、武装部队地位协定

国家之间缔结部队地位协定早已成为普遍的国家实践[①]，目的通常是为了促进国际军事安全合作，落实国防合作安排。比如，影响最大的 1951 年《北大西洋公约组织武装部队地位协定》是为了加强北约组织成员国之间的军事安全合作。武装部队地位协定可按不同的标准予以分类。按当事国的数目，可以划分为双边部队地位协定和多边部队地位协定；按当事方的性质，可以划分为国家之间部队地位协定和国家与国际组织之间部队地位协定；按协定实施的目的，可以划分为驻军协定、过境协定、军事演习协定等；按协定规范的对象，可以划分为国家部队地位协定和国际军事总部（international military headquarters）地位协定。还有一些双边协定，其本身可能并非主要规范客军的法律地位，但其内容包含有调整客军地位的规则[②]。不管如何分类，这些部队地位协定的内容大致相同，主要包括部队成员、文职成员和家属的界定；派遣国与接受国之间的管辖权划分；民事求偿；

① 北约集团国家于 1951 年签署《北大西洋公约组织武装部队地位协定》，北约扩大后，和平伙伴关系成员国又于 1995 年再次签署部队地位协定（PfP SOFA）。前华约集团国家也都与前苏联缔结了部队地位协定。二战后，美国与日本、韩国、澳大利亚、菲律宾等多个盟国或非盟国国家缔结了部队地位协定。

② 如《美国政府和澳大利亚政府之间关于国防通信服务的协定》、《美国政府和澳大利亚政府之间关于国防后勤支援的协定》、《澳大利亚政府和新西兰政府之间关于加强新西兰皇家空军空中之鹰飞机参与澳大利亚国防军防务支援飞行的协定》等，这类非以部队地位协定命名的防务协定，其内容都包含若干调整部队地位的规则。

逮捕、拘留、监禁；证据和证明；对接受国法律的尊重；出入境移民管制和外国人的登记；车辆和驾驶执照；穿着制服和使用武器；后勤支援（包括基础设施、邮政和通信服务等）；当地采购和雇用；税收和关税；争端解决等。对上述每一事项的详细阐述都可以独立成文，囿于篇幅所限，此处主要讨论比较重要的管辖权划分和民事求偿问题。另外，国际军事总部的地位协定和联合国与东道国签署的部队地位协定与一般国家间部队地位协定有共同之处，也有其特殊性[①]，本文不再详细讨论。

（一）派遣国与接受国之间的管辖权划分

派遣国与接受国之间管辖权的划分与国家主权的概念息息相关。“平等之间无统治权”，按着国家主权平等的一般国际法原则，任何国家不得对另一个国家主张管辖，这就是国家管辖豁免。依据国家管辖豁免，派遣国可以主张作为国家机关的武装部队具有豁免权。“作为国家对于国家领土内的一切人和物行使最高权威的权力，主权就是属地权威（即领有权或领土主权）”[②]。依据领土主权，接受国可以主张对其领土内的派遣国武装部队行使管辖权。这样，对于派遣国武装部队在接受国的同一个行为，就可能产生派遣国与接受国之间关于管辖权的冲突和矛盾。

在殖民地时期，由于派遣国享有“治外法权”，据此对其武装部队在接受国的所有行为行使专属管辖权，这个矛盾并不存在。在绝对国家管辖豁免作为习惯国际法盛行的年代，这个矛盾也不明显。随着“治外法权”概念的消亡和有限国家管辖豁免主张占主导地位，外国国家管辖豁免与领土主权之间的矛盾凸显

---

① 国际军事总部在作为一个国际组织的机关时可能具有独立的法律人格，联合国部队作为联合国的机关具有一定的豁免地位。

② 参见［英］詹宁斯，瓦茨等修订：《奥本海国际法》第一卷第一分册，第292页。

出来，派遣国与接受国之间管辖权划分关键就是如何平衡外国国家管辖豁免与领土主权的冲突和矛盾。

从国家实践看，尽管有少数部队地位协定依然有派遣国对其武装部队有专属管辖权的规定①，通过规定并行管辖权、专属管辖权、优先管辖权以及管辖权的放弃来平衡两者之间的矛盾已经成为主流的规则，这里仍以《北大西洋公约组织武装部队地位协定》为例作具体说明，同时参考其他部队地位协定。《北大西洋公约组织武装部队地位协定》关于管辖权划分的规则主要规定于第七条②：

1. 根据本条规定，

a. 派遣国军事当局有权在接受国境内对所有受其军法约束的人行使派遣国法律赋予它们的一切刑事和纪律管辖权。

b. 接受国当局有权对部队成员或文职成员和他们的家属在接受国领土内所犯并依接受国法律可以处罚的犯罪行为行使管辖权。

2.

a. 派遣国军事当局对受其军法约束的人员的犯罪行为，包括涉及派遣国安全的犯罪行为，如果根据派遣国法律可以处罚而根据接受国法律不可以处罚，有权行使专属管辖权。

b. 接受国当局对部队成员或文职成员和他们的家属的犯罪行为，包括涉及接受国安全的犯罪行为，如果根据接受国法律可以处罚而根据派遣国法律不可以处罚，有权行使专属管辖权。

---

① Dieter Fleck, pp. 102 – 103.

② See the full text of the English version of this agreement in Dieter Fleck, pp. 561 – 574.

c. 为本款及本条第3款的目的，违反国家安全的犯罪行为包括：

(1) 叛国；

(2) 阴谋破坏、间谍或违反任何与该国国家安全或国防安全相关法律的行为。

3. 如果双方都有权行使管辖权，则适用下述规则：

a. 派遣国军事当局对部队成员和文职成员的下列犯罪行为有行使管辖权的优先权利：

(1) 单纯对于该国财产或安全的犯罪行为，或单纯对部队成员或文职成员或家属的人身或财产的犯罪行为；

(2) 履行职务行为的任何作为或不作为引起的犯罪行为。

b. 对于任何其他犯罪行为，接受国当局有行使管辖权的优先权利。

c. 如果有优先行使管辖权的国家决定不行使管辖权，它应当在可行的情况下尽快通知另一国。有优先管辖权的国家对另一国当局要求其放弃对案件的优先权利的请求应给予赞同的考虑（sympathetic consideration），如果另一国家认为上述放弃特别重要。

4. 本条上述规定不得被认为派遣国军事当局有对接受国国民或常住居民行使管辖的任何权利，除非他们是派遣国部队成员。

其中，第1款规定的是并行管辖权；第2款规定的是专属管辖权，第4款是对第2款专属管辖权的补充，实际上给予接受国对非为派遣国武装部队成员的本国国民和常住居民以专属管辖权；第3款（a）、（b）两项规定的是优先管辖权；第3款（c）项规定的是管辖权的放弃。其他的部队地位协定对管辖权划分的规定大都效仿了这种模式，只是对可以行使专属管辖权的犯罪行为的范围有所不同[1]。

《北大西洋公约组织武装部队地位协定》关于管辖权划分的规定为许多其他后续的部队地位协定所效仿，但仍然不能认为已经形成习惯国际法，有许多协定的订立并没有受到影响或只受到很小的影响[2]。近年来，对部队地位协定中管辖权规则的适用出现一些新问题，例如，随着《罗马国际刑事法院规约》的通过，作为上述规约当事国的接受国能否根据规约规定对派遣国武装部队成员所犯国际刑事犯罪行使普遍管辖权[3]？对于一些派遣国武装部队雇用的私人保安公司——如驻伊美军雇用的“黑水”保安公司——的犯罪行为接受国能否以及如何行使管辖权？这些问题值得关注。

（二）民事求偿

派遣国武装部队在接受国期间，其部队成员、文职成员和家属的作为或不作为引起对其本国或接受国、本国国民或接受国国民、或第三方的人身伤亡或财产损害是很有可能发生的，这就引起了对人身伤亡和财产损害的求偿问题。与刑事管辖权的划分不同，派遣国武装部队成员、文职成员和他们的家属——而不是代

---

① 1966 年《根据 <美国和韩国共同防御条约> 第四条关于驻韩美军设施、区域和地位的协定》和 1960 年《根据 <美国和日本共同合作和安全条约> 第六条关于驻日美军设施、区域和地位的协定》完全照搬了北约部队地位协定的管辖权划分模式。2006 年《中华人民共和国和俄罗斯联邦关于举行联合军事演习期间其部队临时处于对方领土的地位的协定》也效仿了这种模式，但专属管辖犯罪的内容有所扩大，还包括“其他侵害宪法制度基础的犯罪行为”，另外该协定关于并行管辖权的规定适于“司法管辖权”的划分，而不是“刑事管辖权”的划分，是否应推定此处的“司法管辖权”就是指“刑事管辖权”，值得推敲。

② 参见［英］詹宁斯，瓦茨等修订：《奥本海国际法》第一卷第二分册，第 586 页。

③ See Dieter Fleck, “Are Foreign Military Personnel Exempt from International Criminal Jurisdiction under Status of Forces Agreements?”, Journal of International Criminal Justice, 2003 1 (3), pp. 651 -670.

表国家机关的武装部队本身——在民事事项方面一般是不享有管辖豁免的，这也是与国家主权豁免的原则相一致的。尽管在部队地位协定中可能不会特别明确地规定派遣国武装部队成员、文职成员和家属适用接受国民事法律或接受国在民事事项上对派遣国武装部队成员、文职成员和家属享有管辖权，但是，一条总的原则是，如果协定对某些事项没有作出规定，那就按照领土主权原则适用接受国法律。所有的部队地位协定一般也都明确规定，部队成员、文职成员和他们的家属应尊重接受国的法律并不得违背协定的精神[①]。

关于民事求偿问题，《北大西洋公约组织武装部队地位协定》的规定对国家实践的影响仍然很大，该协定第 8 条对解决由于客军驻在接受国而引起的求偿问题作了非常复杂和详细的规定[②]。对包括《北大西洋公约组织武装部队地位协定》在内众多国家实践的考查表明，部队地位协定对民事求偿问题的规定遵循一些共同的原则或模式，仍以《北大西洋公约组织武装部队地位协定》为例，概括如下：（1）区分政府间求偿和个人求偿。对于政府间求偿，不管是针对政府财产损失还是针对个人人身伤亡，在某些情况下可以放弃求偿。对于个人求偿，则区分不同情况作出规定。针对政府财产的政府间求偿则区分军用财产和非军用财产作了规定，前者如执行职务期间所致则应予放弃，后者则通过仲裁解决。（2）区分职务行为和非职务行为。因职务行为引起的对第三方损害赔偿，由接受国按照其自己部队的活动所产生的求偿的处理办法处理，由接受国和派遣国按过错责任大小比例分担。值勤以外的侵权行为或不作为导致的损害赔偿，受损害

① 可能有人对协定中使用“尊重”而不是“适用”一词提出异议，但在民事求偿问题上这一点是明确的，首先是适用部队地位协定的规定，协定没有规定则适用东道国法律。

② 详见《北大西洋公约组织武装部队地位协定》第 8 条；另见［英］詹宁斯，瓦茨等修订：《奥本海国际法》第一卷第二分册，第 586 页。

一方可根据规定程序寻求派遣国优惠偿付，或像任何其他私人求偿一样通过当地法院解决。（3）区分当事国和第三国。作为当事国的派遣国与接受国之间的政府间求偿在某些情况下可以放弃，而针对第三国政府或个人的人身或财产损害赔偿则一般不予放弃。这些原则或模式并非普遍适用，作为协定法，各国总是可以根据不同情况作出调整。

三、相关的国内立法以及与条约的关系

（一）制定客军法国内立法的目的之一是为了在国内执行部队地位协定，对于接受国而言，它还调整所有各派遣国客军在该国的地位。因此，其主要内容与部队地位协定基本相同，不再赘述。需要说明的是，同一个接受国的客军法国内立法并非完全相同地适用于所有在该国的外国客军，接受国可以自主决定对某个派遣国适用其客军法的部分或全部，这在《客军法》中通常有明确规定。以加拿大 1985 年《客军法》为例①，该法第 4 条规定："总督可以通过公告：（1）为本法目的指定任何国家为被指定国②；（2）宣布本法对任何被指定国适用的范围；（3）指定文职人员为客军的文职成员；（4）废除或修改任何根据第（1）、（2）或（3）款所作的指定或宣布。"根据该条款规定，加拿大总督可以在任何时候根据两国关系的需要宣布该法全部或部分适用于某派遣国武装部队，或停止该法对某国武装部队的适用。另外，由于《客军法》国内立法可能经常被予以修订，一方面是因为前面所说的其适用范围需要扩大，另一方面是因为调整《客军法》涉及的刑事管辖权、民事求偿、税收、关税等事项的

① The full text of the said Visiting Forces Act is available at http://laws.justice.gc.ca/en/V-2/264398.html, 10 October 2007.

② 是指总督根据该法指定的其派遣武装部队适用该法的国家。

接受国刑法、税法等专门法律可能会发生变化，《客军法》也会相应调整。

（二）对于相关条约与国内法的关系，在实践中，一些国家国内法认为，国际法是本国法律一部分。对于这些国家而言，调整客军地位的国际条约可以在国内适用。如果在适用被视为国内法律一部分的国际条约和国内法时发生冲突，国家实践中一般采取按不违反国际义务的推定来解释国内法，甚至对条约进行慎重的解释，目的都是为了保障一个国家履行使国内法不与缔结的国际条约相冲突的国际义务[①]。在某些情况下，为了避免这种冲突，一个国家有时会放弃根据国际条约享有的权利。比如，美国与其他国家签署的《部队地位协定》通常规定，对于文职成员和家属的某些犯罪[②]，作为派遣国的美国享有优先管辖权。但是，按照美国最高法院关于军事法庭管辖权的判决，美国军事法庭对和平时期随从海外美国武装部队成员的文职成员和他们的家属没有管辖权[③]。在这种情况下，美国通常会放弃其享有的优先管辖权，使文职成员和家属的犯罪实际上归入接受国的专属管辖范围。

对于那些没有把国际条约作为本国法律一部分的国家，《部队地位协定》并不能在国内直接适用。这种情况下，一般由立法机关采取“转化”立法的方式将国际条约转化为国内法予以

① 条约必须遵守（pacta sunt servanda）是条约法也是国际法的基本原则。1969年《维也纳条约法公约》第26条规定：“凡有效的条约对其各当事国有约束力，必须由各当事方善意履行。”第27条规定：“缔约国不能援引其国内法律或法律秩序为其不履行国际义务辩护。”

② 主要是单纯对于该国财产或安全的犯罪行为，或单纯对部队成员或文职成员或家属的人身或财产的犯罪行为，履行职务行为的任何作为或不作为引起的犯罪行为。

③ 参见［英］詹宁斯，瓦茨等修订：《奥本海国际法》第一卷第二分册，第599页；See also Dieter Fleck, ed., The Handbook of The Law of Visiting Forces, New York: Oxford University Press Inc., 2001, p. 109.

适用。以英国为例，英国是1951年6月《北大西洋公约组织武装部队地位协定》的当事国，议会于1952年10月30日制定了《客军法》，目的之一就是为了将国际条约转化为国内法予以适用。但是，1952年《客军法》并不仅限于《北大西洋公约组织武装部队地位协定》的执行，而是普遍适用于驻在英国的客军①。正如1952年《客军法》的序文载明："该法是为了对访问联合王国的其他国家的海军、军事和空军部队作出规定，对在联合王国境内拘捕和处置上述国家的逃兵和擅离职守者作出规定；使殖民地和附属国法律可以对照制定相应条款；以及与上述事项有关的其他目的。"② 许多其他的英联邦成员国也采取了类似的立法实践，如澳大利亚1963年《国防（客军）法》、新加坡1963年《客军法》、加拿大1985年《客军法》等。

在本国已经制定《客军法》国内立法的情况下，如果该国再签署《部队地位协定》，就可能在适用新的《部队地位协定》和适用已有国内《客军法》或其他国内立法之间发生冲突。在国家实践中，主要通过两种互为补充的方式来解决这种冲突。一种方式就是在谈判签署《部队地位协定》时参照已有的《客军法》和其他国内立法，使对外签署的国际条约尽量符合国内立法的规定。另一种方式就是根据签署的《部队地位协定》修改国内《客军法》或其他国内立法。事实上，许多国家的《客军法》国内立法当中都留有"活口"，在签署新的《部队地位协定》后可以扩大该法的适用范围。比如，1952年英国《客军法》第1条第1款规定，该法适用于英联邦国家和为适用该法的目的根据枢密院令指定的任何其他国家。根据第1条第2款，英王可以根据枢密院令指定某个国家可以完全或部分适用该法。最初制

① 外国军事总部的地位应适用1964年《国际总部和防卫组织法》。

② The full text of the Visiting forces Act 1952 is available at http://www.statutelaw.gov.uk/, 10 October 2007.

定《客军法》时，第1条第（1）款a项规定的英联邦国家仅包括加拿大、澳大利亚、新西兰、印度等少数国家，后来，随着英联邦成员国范围的扩大以及英国与外国签署《部队地位协定》的增多，对第1条第1款a项进行了多次修订，使该法适用范围包括新增加的英联邦成员国。同时，根据新签署的《部队地位协定》，英王颁布了多项扩大《客军法》适用范围的枢密院令，增加了第1条第1款规定的“被指定国家”的数目。如根据1989年《客军（指定）枢密院令》，西班牙被增加为第1条第1款规定的“被指定国家”。1985年加拿大《客军法》第4条、1963年澳大利亚《国防（客军）法》第6条都有类似的规定。

四、结语

2007年6月29日，第十届全国人民代表大会常务委员会批准《中华人民共和国和俄罗斯联邦关于举行联合军事演习期间其部队临时处于对方领土的地位的协定》①，这是中国首次就军演与其他国家缔结武装部队地位的双边协定，目的是保障中俄联合军事演习的顺利实施，协定标志着我国客军法实践的开始。

除了中俄联合军事演习，中国与巴基斯坦也举行了跨越陆地边界的联合反恐军事演习。在上合组织成员国内部，签署了适用于各当事国的多边部队地位协定。可以预见，未来这类的实践还会增加。在未来的部队地位协定谈判中，既要考虑每个协定所调整的国家之间的国际军事合作内容的特殊性，也要考虑一些普遍适用的原则。作者认为，在中国与外国的部队地位协定谈判中至少应考虑如下原则：（1）对等和平等原则。对等和平行原则本来是诉讼法的一项基本原则，但它也适用于对部队地位协定的谈

① 全文见 http：//www. lawstar. cn/search? rjs4_ 2 = 1/2&dbsType = chl&submit = 1, 10 October 2007.

判。对等原则是指在部队地位协定的谈判中，外国对我国权利进行限制和给予优惠的，我们根据具体情况对等处置。平等原则是指对于中国是当事国的部队地位协定，中国和其他当事国对协定的执行和适用是平等的。（2）促进国际军事合作原则。两国之间的国际军事和国防合作安排是两国签署部队地位协定的前提[①]，部队地位协定应始终考虑到这个前提，根据双边或多边国际军事和国防合作的具体内容，在遵守一般原则的同时对部队地位协定作具体调整，以达到方便和促进国际军事合作的目的。（3）维护国家利益原则。部队地位协定关系到国家的主权、安全和利益，最大限度地维护国家利益是任何部队地位协定的谈判都必须考虑的事项。

在国内法层面，接受国通过客军法国内立法对本国领土内外国武装部队的地位作出了规定，为国内相关部门对外国武装部队行使管辖权提供了国内法依据。并且，相关的活动，会涉及到国内法的许多方面。比如，随着中国国际军事交往与合作的深入发展，因友好访问或联合军事演习经批准进入我领海的外国军舰也急剧增多，甚至可能会长时间在我国领海驻泊，涉及到我国的一系列法律法规的适用问题。

总的来说，对我国而言，现有的客军法理论研究不能满足国家对外军事交往的实践需求。如何在谈判和实施部队地位协定中最大限度地维护国家利益、促进国际军事合作，如何通过加强和制定国内立法规范外军在我国领土内的地位，都亟待我们解决和完善。

---

① 这种国际军事和国防合作安排有多种表现形式，可以是多边条约，如北大西洋公约组织条约；可以是双边条约或议定书，如美日、美韩的双边国防合作条约；也可以是双方领导人达成的非正式国防合作安排。

活动与动态

中国国际法学会2007年“世界多极化、经济全球化与中国国际法学”学术年会

秦晓程*

中国国际法学会2007年学术年会于2007年5月24日上午在北京隆重开幕。研讨会的主题是：“世界多极化、经济全球化与中国国际法学”。来自全国各地政府机构、全国各相关高校和法律事务部门的200多位代表和嘉宾出席开幕式。本次中国国际法学会的年会，由中国国际法学会主办，外交学院协办。年会收到学术论文100余篇。

国务委员唐家璇出席开幕式并作重要讲话。中国国际法学会会长曹建明作会长讲话。外交部副部长武大伟向大会致辞。开幕式由中国国际法学会常务副会长饶戈平主持。

开幕式后，外交部条法司司长段洁龙和商务部条法司刘红分别就外交法律工作、对外商务法律工作和当前的国际形势作大会专题报告。

之后的两天中，代表们分成五个小组，分别围绕“安全、环

---

* 《中国国际法年刊》副主编。本文根据会议录音、记录和会议简报整理。外交学院李鹏宇、吴颖、王洪明、张立、王璐、张超群、胡高崇、程国家等同学参加了上述各项工作。

境、资源、网络——新挑战的法律应对”、“全球化下的个人跨国活动的权利保护及其相关问题”、“国际争端解决与国际司法机制——程序化与发展趋势”、“多边协调、国际组织、区域合作：国际法律框架的构建和改革”以及“中国的发展：对国际法律制度的适应和互动”五个专题，进行了讨论。

会议讲话、发言和讨论情况，摘要如下：

一、开幕式讲话（摘要）

唐家璇（国务委员）　当前我国的外交外事工作，迫切需要国际法提供更加有力的武器和更加有效的法律保障；需要运用国际法，妥善应对我们所面临的各种复杂的局面和严峻的挑战。因此，中央外事工作会议的重要精神和重要战略部署，同样适用于国际法领域的工作。

国际法领域的工作同我国的外交外事工作密不可分，是外交外事工作的重要组成部分。因此，从事国际法工作的同志，也需要兼顾两个大局，紧密地围绕党和国家的中心任务，自觉地贯彻落实中央的方针政策，尤其是外交外事领域的大政方针，着重研究和努力探索如何更好地发挥国际法的作用，为全面建设小康社会服务，为维护我们国家重要战略机遇期服务，为促进祖国的和平统一大业服务，为维护我们国家的主权安全和发展的利益服务。国际法的研究和运用，一定能够大有作为，也必须大有作为。

我们期望中国国际法学会和国际法工作者再接再厉，清醒地认识所面临的形势、困难和亟待解决的问题；认真学习、深刻领会、准确把握中央外事工作会议的精神，增加做好国际法领域工作的使命感、责任感和紧迫感；进一步加大工作力度，齐心协力，艰苦奋斗，把我国的国际法领域的各项工作提升到一个新高度和新水平。

曹建明（中国国际法学会会长）　世界多极化和经济全球化趋势的深入发展，科技进步的日新月异，多种文化的碰撞交融，使当今世界正经历着前所未有的历史性变革，并面临着和平与发展的巨大机遇和光明前景。同时，传统安全威胁和非传统安全威胁的因素相互交织；世界经济发展不平衡，南北差距继续扩大；各国发展与全球发展日益密不可分，人类也面临着诸多需要认真对待的深刻矛盾和严峻挑战，面临着越来越多、越来越复杂的世界性问题。世界的发展正处于一个非常关键的时期。

中国经历了近30年的改革开放历程，综合国力和国际地位大大提升，与世界经济的相互依存度越来越高。中国已成为推动世界经济增长的重要力量。作为联合国安全理事会常任理事国和一个经济快速增长的发展中大国，在维护世界和平、促进人类共同发展方面，中国肩负着越来越重要的责任。如何应对国际局势的变化，更加重视国际法的研究，更好把握国际形势的发展规律，运用国际法更加妥善地处理国际事务、国际关系以及国家间的敏感问题、经贸摩擦，进一步消除发展中所出现外在不利因素；如何把握和参与国际秩序的维护与和谐世界的构建，为世界的和平发展合作作出更大的贡献，这些都需要我们认真思考并作出更加深入的回答。中国的发展正处于一个非常关键的时期。

同时，在世界多极化和经济全球化的过程中，各国利益相互交织，国际社会的法制化进程加快。联合国改革、国际体系与国际秩序之争空前激烈，国际法的价值和作用日益凸现，国际法无论在深度和广度方面都得到长足的发展。与此同时，国际法在诸多领域中，面临诸多新的问题和挑战。如何使国际秩序向公正合理的方向发展，使人类社会向有利于共同繁荣的方向发展，国际法的发展也正处于一个关键时期。

当代国际法面临的重大问题，大都具有综合性和交叉性，涉及到国际法的多个领域。不仅涉及国际公法，也涉及国际私法、国际经济法，还涉及国内法。因此，国际法的研究工作需要更广阔的战略思维和法律思维，不仅需要从各个领域分别深入进行，也需要加强各个领域的交叉综合研究，并提倡和促进各个领域学者的相互沟通、借鉴与合作。

世界多极化和经济全球化的趋势，使国际法在各个方面都面临着重大变化、发展和挑战。中国政府构建“和谐世界”的思想，集中体现了中国对当今的国际局势、全球问题、人类命运和理想目标的基本判断和价值追求，体现了中国人民的胸襟和智慧，符合当今世界发展潮流和各国人民的共同利益与愿望。党和国家领导人高度重视国际法在构建和谐世界中的重要地位和作用，体现了中国政府和中国人民尊重国际法、信守国际法、崇尚正义和法治、坚持走和平发展道路的坚定信心。这种形势，对中国国际法学者既提出了严峻挑战和艰巨任务，也提供了难得的历史机遇和广阔舞台。中国国际法学界应当不辱使命，承担起国家和历史赋予的重任。中国国际法学会将在外交部的领导下，进一步加强对我国国际法研究的引导、组织、协调和促进，凝聚力量，推动我国国际法教学和研究水平的提高。

武大伟（外交部副部长）　中国国际法学会2007年学术年会在中央领导同志的关怀和指导下隆重开幕了。这是我国国际法学界的一大盛事。我代表外交部对这次年会的召开表示衷心的祝贺。

中国国际法学会是我国国际法研究的权威智库，也是凝聚全国国际法学界力量的重要平台。学会成立27年来，为我们党和国家的外交事业，为维护我国的主权、安全和发展利益，作出了不懈的努力和重要的贡献。曹建明同志担任会长以来，学会继往开来，开拓创新，各项工作更加活跃，对外交工作的配合更加密切。我也愿借此机会代表外交部，向曹建明会长和学会的各位同仁表示衷心的感谢。

当前国际关系正处在深刻变化的历史进程中。针对这种变化，我们党和国家提出了推进建立“和谐世界”的理念。这个理念，在国际上受到普遍欢迎。如何把这个理念变成现实，需要我们坚持不懈地开展多方面的工作。如果中国国际法学会能够从国际法制建设角度，就如何建立“和谐世界”做些深入系统的研究，提出切实可行的建议，对我国今后的外交工作无疑会大有帮助。我衷心期待学会在这个全新的领域作出前无古人的贡献。

外交部今后将继续满腔热忱地支持学会的各项工作。我们愿与学会共同努力，推动我国国际法理论的研究、发展和创新，积极参与国际法制建设，努力用法律体现我们国家的意志，反映我们国家的理念，维护我们国家的利益。

二、大会专题报告（摘要）

段洁龙（外交部条法司）　我国外交工作与国际法的发展和运用

（一）关于国际体系变化的讨论

雅尔塔体系是二战盟国对战后世界秩序的安排，主要包括以联合国为代表的政治机制，以世界银行为代表的经贸机制和以国际货币基金为代表的金融机制形成了美苏两国争霸的冷战格局。冷战结束后，经济全球化快速发展，形成了一超多强并存的局面。在现行的国际体系内，美国的主导仍将长期存在，但中国、印度、巴西、南非为代表的发展中大国的崛起，导致国际体系发生了变化。

总的看，现存国际体系对维护国际关系依然发挥着重要作用，没有发生质的变化。西方国家作为现行体系最直接和最大的受益者，是一个利益共同体。它们对维持这个体系极为关切。且它们在政治、经济、军事上的能力仍占主导地位。在可预见的未来不会有大的变化。另一方面，随着新的科学技术迅猛发展和经济全球化造成新兴经济体不断壮大，原有的国际体系逐渐面临诸多挑战。

为继续主导国际体系的发展方向，西方国家包括其专家提出了一些调整思路。有的已经付诸实施。主要有：第一，增强现行国际体系的包容性，将新兴大国纳入其中。第二，改革现有国际组织和相关国际机制，增加有关国家参与国际事务的机会和程度。第三，继续坚持并发挥西方价值观和意识形态在应对及调整国际体系中的作用。第四，加强安全措施和军事存在，深化防范和应对不测形势的能力。在重点予以防范的国家周围投棋布子，以威慑手段确保国际体系的发展和调整不至因力量失衡而发生重大变化。

国际体系的调整必然引发国际法的发展变化。可以预测，随着国际体系的发展变化，新的国际法原则或规范还将继续出现（如欧洲在气候变化问题上的新主张、科索沃的未来地位问题等）。对中国来说，在国际体系的变化过程中如何应对国际法的发展变化，提出符合实际的国际法原则和主张，也关乎我们未来国际体系中的重大利益以及影响国际关系的能力，值得继续深入研究。

在这种历史背景下，中央提出了构建“和谐世界”的主张，表明了我们现行国际体系的基本态度，“和谐世界”的理念既有长远的战略考虑，也有重要的现实意义。目前情况下，如何将“和谐世界”的理念用于解决我国同国际体系的关系以及用于解决当今世界面临的各种难题相结合，提出有前瞻性的法律思想和法律原则，对于我国的国际法理论和实践部门都是一个值得高度关注、而且也大有可为的课题。中国的国际法研究和实践也应该为推动和践行“和谐世界”的秩序观作贡献，为维护我国的主权、安全和发展作贡献，为世界秩序的公正、合理化发展作贡献。我们认为，“共存的国际法”正在向“合作的国际法”转型，而合作的国际法与“和谐世界”的秩序观不谋而合。

（二）几个具体领域的最新发展

1. 气候变化问题。“气候外交”日益突出，世界各国都参与其中。中国作为发展中国家的代表和排放大国，在气候变化问题上所面临的发展压力和减排压力很大。如何排解压力，维持和延长我国的战略机遇期，实现技术进步和可持续发展，是摆在我们面前的紧要问题，也是一段时期内中国外交和国际法实践的一个重要课题。我们要努力建立和维持适合我国发展水平和发展要求的应对气候变化的国际规则和制度，为我国经济社会发展争取尽可能好的外部环境。

2. 涉我海洋权益问题。

（1）周边海洋问题。多年来，我们按照《联合国海洋法公约》的规定，顺应国际潮流，坚持通过和平谈判和友好协商，推动与周边海上邻国逐步解决岛屿主权争端和海域划界问题，倡导在争议海域的共同开发和合作，对有关国家侵害我国领土主权和海洋权益的行为进行“有理、有利、有节”的斗争。

东海方面，2006 年中日继续就东海问题举行了三轮密集磋商。三轮磋商重点就共同开发方案进行交锋，并就建立东海现场热线联络机制和在专家层面进行法律和技术交流问题达成一致。今年 1 月，中日在北京举行了东海问题法律专家磋商。中方认为，双方可通过法律专家间磋商，充分阐述及澄清各自在东海问题上的法律立场，梳理双方分歧，同时也希望双方能超越分歧，搁置争议，为推进共同开发发挥建设性作用。2007 年 3 月，第七轮东海问题磋商在东京举行。双方就共同开发原则交换意见。在北黄海方面，2005 年 12 月，我国与朝鲜缔结法律上共同开发石油协定，分联合勘探和联合开采两个阶段执行。这是我国与周边海上邻国在争议海域进行油气资源实质性共同开发的第一例，充分显示了我们通过平等协商处理与邻国海洋权益争议的诚意和决心。目前共同开发石油协定执行进展顺利。

在南黄海方面，2006 年 8 月和 12 月，中韩在北京相继举行了海域划界专家级非正式磋商和海洋法正式磋商。划界专家磋商中，双方就第一阶段划界水域需要考虑的特殊情况和相关因素交换了意见。磋商是两国系统阐述和澄清海洋划界等立场的机制化平台，有助于加深双方对彼此立场的理解，为今后推进实质性划界谈判打下了基础。

南海问题涉及五国六方，岛屿争议和海洋管辖权争议互相纠结，非常复杂。从双边来看，中越北部湾湾口外海域划界和共同开发谈判工作已于2006年启动。划界谈判联合工作组于2006年1月、9月和2007年3月进行三轮会谈，对工作方式达成一致，并就谈判指导原则等问题初步交换了意见。南海多边合作也在稳步推进，我与东盟就落实《宣言》的后续行动进行讨论；与南海周边国家开展一系列对话与磋商以及海洋合作，取得了成果。

（2）外大陆架问题。按照《联合国海洋法公约》的规定，拥有宽大陆架的沿海国可将其大陆架自然延伸至200海里以外，但最多不超过350海里或2500米等深线外100海里，但程序上还需要在2009年5月前向根据海洋法公约所设立的大陆架界限委员会提交申请。目前，俄罗斯、巴西、澳大利亚、爱尔兰等国已向委员会提出外大陆架申请。其他各主要海洋国家，包括我国的周边海上邻国和太平洋一些岛国正在加紧准备提出申请或联合申请。从目前掌握的情况来看，日本、菲律宾、马来西亚、越南等国势必将提出申请。岛国如将其外大陆架扩展到350海里或更远的主张一旦成立，将直接减少“国际海底区域”范围。同时，南海周边国家的外大陆架申请将涉及我在南海的岛屿主权和海洋权益。随着2009年的逐渐临近，这些问题日益紧迫。

3. 陆地边界工作的新发展

在划界方面，2005年中印两国政府签订解决边界问题政治指导原则的协定，有关边界谈判仍在进行。2006年我同越南、老挝签订三国国界点条约，从法律上圆满解决了三国间的所有边界问题。

在边界勘界和联检方面，中吉勘界工作于2006年圆满结束，顺利实现了划归我方领土的实际管辖。中越勘界工作自2001年启动以来在曲折中向前推进，两国元首确定2008年全部完成勘界工作，目前进展有所加快。中塔勘界自2005年启动以来进展顺利。中俄边界东段最后剩余两块地段的勘界工作于2006年正式启动，双方确定2007年底完成野外工作。中尼边界第三次联检工作于2006年完成野外作业，按计划2008年将全部完成联检任务。

在边界管理方面，我们继续推进与邻国边界管理法律体系的构建及执行工作，促进边界管理走上法治化、规范化轨道，以方便边境地区的经济发展和人员往来，以富边来固边。2006年，中哈两国政府签订国界管理制度协定，中俄两国政府修订了国界管理制度协定，同缅甸、老挝成功举行了边界管理年度司局级磋商，及时解决边界管理中出现的问题。目前，我们正在积极准备中朝、中蒙、中越、中吉国界管理制度协定谈判准备工作。同时，我们积极促进大湄公河次区域、图们江开发、霍尔果斯边境中心等边境合作开发项目，协助处理边境互市贸易区、出口加工区、保税区等涉外事务，为边境地区经济发展创造有利条件。在边界水方面，我们继续积极参与中哈跨界水谈判，并启动同俄罗斯开展界水协定的磋商。

4. 对外司法合作

我国对外缔结双边司法合作条约取得了积极进展。自2006年1月以来，我国先后与10个国家进行了12项司法协助和引渡条约的谈判，签署了10项条约。截至2007年4月底，我国已与52个国家缔结各类司法协助条约共88项。其中，引渡条约29项，司法协助条约55项，移管被判刑人条约4项。继与西班牙成功缔结引渡条约之后，我国今年又与葡萄牙、法国缔结了引渡条约。

国际刑事司法合作领域另一个新发展就是各国加强了追缴和分享没收犯罪所得方面的司法合作。《联合国禁止非法贩运麻醉药品和精神药物公约》、《联合国反腐败公约》和《联合国打击跨国有组织犯罪公约》都把此项内容作为国际司法合作的重点之一。2005 年联合国制订了《分享被没收犯罪所得的示范协定》。美国、英国、加拿大、瑞士等国家也缔结了专门的分享犯罪所得协定。我们积极推进与美国等西方国家的双边执法合作以及在《联合国反腐败公约》和《打击跨国有组织犯罪公约》框架下的多边法律合作，积极配合了我国政府在反腐追逃和打击跨国犯罪方面的工作。

刘红（商务部条法司）　商务法律发展情况

（一）商务立法情况

根据国务院赋予商务部的主要职能，商务法律制度组要包括国内贸易法律制度、对外贸易法律制度、外商投资法律制度、国外经济合作和对外援助法律制度。2006 年至今，我部配合全国人大和国务院法制办审议法律草案 1 件；配合全国人大起草法律草案 1 件；配和国务院法制办审议行政法规草案 7 件；商务部单独或与国务院其他部门出台规章 25 件。

（1）国内贸易法律制度

2006 年 6 月，国务院将《反垄断法（草案）》提交全国人大常委会审议；6 月底，全国人大常委会对《反垄断法（草案）》进行了第一次审议。

2004 年，受全国人大财经委的委托，我部和银监会承担《融资租赁法》的起草工作。经过两年多的征求意见和修改意见，目前已经完成草案框架的起草。

行政法规方面，我部向国务院法制办上报了《商业特许经营管理条例》、《成品油市场管理条例》、《城市商业网点管理条例》、《生猪屠宰管理条例》（修订）。其中，《商业特许经营管理条例》已于 2007 年 2 月 6 日以国务院令第 485 号公布。《城市商业网点管理条例》、《生猪屠宰管理条例》已列入 2007 年国务院立法规划，目前国务院法制办正在审查。

（2）对外贸易立法

为净化展会环境，针对展会知识产权的特点，颁布了《展会知识产权保护办法》，加强展会知识产权保护。目前，国内3天以上的大型展会大多建立了知识产权投诉机构，知识产权保护状况明显改善。仅第100届广交会，就受理投诉573件，终止了509家企业涉嫌侵权的展品的展出。

根据反倾销应诉工作实际情况，修订出台了《出口产品反倾销案件应诉规定》。为保证产业损害调查程序公平、公正和透明，保障各利害关系方的信息知情权和抗辩权，出台了《产业损害调查信息查阅与信息披露规定》。为了提高编织品出口配额使用效率和维护编织品出口秩序，出台《编织品出口管理办法（暂行）》。

为履行我国加入核供应国集团的承诺，同时为了适应今年来国际防扩散形势的变化，配合国务院法制办修订了《核出口管制条例》、《核两用品及相关技术出口管制条例》。为贯彻2005年颁布的《易制毒化学品管理条例》，进一步加强对易制毒化学品的进出口管理，修订出台了《易制毒化学品进出口国际核查管理规定》和《麻黄素类易制毒化学品出口企业核定暂行办法》；在提高出口管制效能的同时，为便利企业出口，规范分类管理方式，颁布了《民用航空零部件出口分类管理办法》。

（3）外商投资立法（含涉港投资）

为了改造中国入世承诺，中国相继放开了贸易权和分销权，2005年国家外管局也有条件的放开外汇管制，2006年新公司法修改给予了企业更大的自主权，针对这些新情况以及鼓励公司来华设立营运中心和地区总部，促进其服务外包转移的实际情况，制定了《关于外商投资举办投资性公司的补充规定》。为落实“内地与香港更紧密经贸关系安排”（CEPA）关于服务提供者投资商业领域相关规定，颁布了《外商投资商业领域管理办法补充规定》和《外商投资商业领域管理办法补充规定（二）》。为了及时有效的受理外商投资企业投诉，维护外商投资企业及其投资者的合法权益，出台了《商务部外商投资企业投诉工作暂行办法》，明确了投诉处理程序及全国外商投资企业投诉中心和地方投诉处理机构的职责。为规范外商并购境内企业，适应新公司法允许股权出资的新规定，对并购可能涉及的国家经济安全作出制度设计，修订出台了《关于外国投资者境内企业的规定》。《并购规定》使并购的运作方式更加公开透明，既有利于中国提高利用外资的质量，也有利于外国投资者依照中国法律在中国境内兴办企业。

根据《并购规定》第51条对于外国投资者并购境内企业的申报标准和第53条境外并购的申报标准，同时参考欧盟和美国的做法，结合我们的工作经验，商务部反垄断调查办公室已经形成了一套相对完善的审查程序。截至2006年底，商务部已经受理并审查企业并购申报270余件。并购申报和审查工作对于防止企业通过并购形成或强化垄断性市场结构，维护市场竞争秩序发挥了积极作用。

（4）对外经济合作和对外援助立法

积极配合国务院法制办开展《对外承包工程管理条例》的审查工作。该条例坚持规范与鼓励促进并重的原则，有望今年出台，并成为我国“走出去”领域的第一部行政法规。

在对外援助方面，制定了《对外援助物资项目管理暂行办法》，第一次以规章的形式对援外项目管理进行规范，以提高对外援助的经济效益与社会效益。为保障援外项目及其人员的生命财产安全，制定了《对外援助成套项目安全生产管理办法（试行）》。

为推动中国企业“走出去”，树立良好的服务型政府形象，配合商务部组建中国企业境外商务投诉服务中心，规范投诉服务工作的开展，制定了《中国企业境外商务投诉服务暂行办法》，明确了投诉服务的范围和企业申请服务的条件、处理程序。

（二）参与国际多边双边法律工作

2006 年 12 月 11 日是中国加入世界贸易组织（WTO）五周年的纪念日。五年来，中国大幅削减关税，取消进口非关税措施，修改和新制定一系列进一步开放服务贸易领域的法规和规章，认真改造各项承诺，取得了显著成效。在多边舞台上，中国主动积极地参与了多哈发展议程谈判，始终坚定地维护发展中成员的利益，为推动谈判取得进展发挥了建设性作用。在今年首次 WTO 对中国的贸易政策审议中，中国的表现得到了国际上的认可，获得一致好评。

为顺应世界区域经济一体化迅猛发展的新形势，营造我国和平发展的良好外部环境，2006 年我国在参与制定 WTO 多边贸易规则的同时，积极参与区域经济合作。

《中智自由贸易协定》于 2006 年 10 月全面实施货物贸易降税进程，对于发展两国全面合作伙伴关系，促进我国与拉美国家经贸合作产生了良好效果和深远影响。同时，2006 年 10 月 1 日开始启动服务贸易和投资谈判，第二轮谈判已经结束，目前正在积极推动。

2007 年 1 月，中国与东盟 10 国在菲律宾宿务签署了中国—东盟自贸区《服务贸易协议》。这是 2004 年签署《货物贸易协议》以来，中国—东盟自贸区谈判进程中的另一里程碑，对深化中国—东盟经贸关系具有重大意义。同时，双方正在积极推进投资谈判，争取为双向投资提供更加稳定、透明和使得的条件。

中国与巴基斯坦间正式签署《货物贸易协议》，今年 7 月启动货物贸易降税进程，将进一步提升双边经贸合作水平，为中巴战略合作伙伴关系注入新的内涵。

2006 年，中国继续与澳大利亚、新西兰、海湾合作委员会开展自贸区谈判，并取得重要进展。此外，还启动了与冰岛、挪威、新加坡的自贸区谈判。

为了吸引外商来华投资、维护我国企业海外投资的合法权益，自1982年与瑞典签署第一个投资保护协定后，目前为止，我国与119个国家签署了投资保护协定。

在知识产权国际交流与合作方面，在双边，重视与有关国家开展知识产权方面的交流与合作，通过对话解决问题。2006年4月，国务院吴仪副总理率团赴美主持第17届中美商贸联委会，中美双方就知识产权问题达成了广泛共识。2006年8月，中美知识产权工作组在北京召开了司局级会议，12月在华盛顿召开了副部级会议。中方还向驻美使馆派驻了知识产权专员。2006年11月举行的第21届中欧经贸混委会，知识产权是其中重要的议题。中欧之间的知识产权工作组分别于6月和11月在北京举行了两次会议。双方还初步商定从2007年起实施为期四年的“中欧知识产权保护合作（二期）项目”，在广泛的领域开展技术合作。2006年，中国与日本、韩国、东盟、德国、英国、奥地利、西班牙、俄罗斯、香港等国家和地区的知识产权交流也得到了进一步加强。多边方面，中国积极参加了WTO、世界知识产权组织（WIPO）、亚太经合组织（APEC）等多边和地区组织的涉及知识产权的会议，在多哈发展议程（DDA）有关知识产权议题和APEC有关“指南”谈判中发挥了建设性作用。在WTO争端解决方面，2006年，欧盟、美国、加拿大将我汽车零部件政策诉诸WTO争端解决机制。今年2月，美国将我补贴措施诉诸WTO争端解决机制。4月，美国将我知识产权问题、出版物市场准入问题诉诸WTO争端解决机制。目前这些案件我们在认真研究，积极应对。

三、分组讨论发言（摘要）

第一分组专题：安全，环境，资源，网络——新挑战的法律应对

尹文强（外交部条法司）　关于外大陆架问题和海洋生物

多样性问题。首先，就外大陆架问题而言，根据海洋法公约的规定在2009年5月之前公约缔约国需要向大陆架界限委员会提交申请，截至目前已经收到俄罗斯，巴西，澳大利亚，挪威，新西兰，爱尔兰以及法、英、西、爱四国联合提出的七件申请，大多数沿海国家之间都存在外大陆架划界争端。日本、其他太平洋岛国均主张将其大陆架延伸至350海里，这将导致国际海底区域范围缩小，并对国际海底资源开发产生不利影响，同时对我国南海主权及其法律地位提出挑战。我国积极参与了外大陆架问题的磋商。其次，就海洋生物多样性问题来说，目前深海基因有着非常重要的医疗价值，已经成为一种非常重要的专利资源。联合国就此问题成立了非正式工作组，此问题成为了去年联大的重要议题之一。欧盟和有些国家提出要对海洋进行综合管理，采取预防性办法和生态系统办法，建立公海保护区。而美国、韩国则认为上述主张会导致权限不清，并且不同意建立公海保护区，所以欧盟的上述主张受挫。发展中国家主张该资源是全人类共同继承的财产，深海基因资源应当公平分配，但是发达国家则主张先来先得的原则，因此发达国家和发展中国家在此问题上的矛盾仍将持续。

李根信（中国军控协会）　首先，就“9·11”以来国际法发生了很大变化，体现在：（1）一国对于他国的大规模杀伤性武器可以采取先发制人的战略，使得国家自卫权得到了扩展，伊拉克战争就是一例；（2）联合国通过的1540号决议要求所有国家确认，当大规模杀伤性武器的扩散威胁到国际和平与安全时，任何国家都应该采取出口管制措施，并且不得扩散，否则联合国将对其进行制裁甚至采取武力的惩罚；（3）美国等西方国家将安全利益和核不扩散结合起来采取单边主义的做法，因此要求健全出口管制和核不扩散方面的法律制度。

其次，美国利用其经济优势，不断推动国际体制的发展，并对我国公司进行了100多次制裁，影响到中国公司的生存和发展。此外，通过1382号总统行政命令规定，任何国家如果违反了该命令关于出口管制方面的法律制度，美国有权对其进行制裁。可见美国企图强力变动国际法现行体制。

面对上述问题，我国最近五年以来颁布了七个关于核、生化、导弹、高技术、军品的法律条例，对其实施许可证制度。我国法律界应当加强国际法与国内法研究的结合，从而更好的为我国企业服务。

贾宇（国家海洋战略研究所）　关于200海里以外大陆架的理论和最新实践。法律上的大陆架和自然科学上的大陆架进行了区分。宽大陆架国家和窄大陆架国家所面临不同的问题。根据联合国海洋法公约的第76条和改公约的附件2的规定，沿海国向大陆架划界委员会申请200海里以外大陆架的所需要提交的材料和程序。就200海里以外大陆架划界的最新实践，目前存在的主要问题是：（1）巴西申请中坡脚线的确定；（2）洋脊的问题；（3）四国联合申请中，西班牙存在的特殊情况；（4）在外大陆架划界问题中应当对大西洋与太平洋版块的差别进行区分；（5）两国间协议超出200海里的部分应当怎样解决；（6）公约第11部分区域与第76条的关系，共包括两个方面：（a）沿海国200海里之外大陆架权利的地位是否高于海底区域；（b）其他国家在海底区域中已经申请或将要申请区块与沿海国新大陆架权利主张重叠时应当如何处理。

张乃根（复旦大学法学院）　首先，海洋法是现代国际法发展的最早的领域，我国的海岸线漫长，因此海洋对我国有越来越重要的意义。其次，军控问题已经成为21世纪最为重要的问题之一，我国在军事方面与大国美、俄既有冲突又有合作，中国在其中应当担负起大国的责任。我国作为联合国常任理事国和WTO成员国，我国海外国家利益问题越来越突出。当前我国在国家安全方面的主要问题是我们有多少独立权的问题，主要指在资源方面的独立权问题。我们的经济目前是能源消耗型的经济，因此在这样的前提下如何保护国家利益是中国要思考的。

郜中林（最高人民法院知识产权庭） 首先，从我国涉外知识产权诉讼的基本情况以及法院的态度看，从1985年到2006年以来，知识产权案件保持持续增长的态势，版权案件增长速度最快。涉及到核心技术的专利案件也一般到法院来处理。我国法院受理知识产权案件类型分布是：版权案件第一，专利、技术合同、商标紧随其后。地区主要分布在广东、北京、江苏、上海等六个省市。对涉外知识产权民事案件而言，增长幅度也很大。该类案件的类型主要集中在商标（品牌)、专利和版权三个方面。

其次，国际知识产权保护的态势：发达国家在强化知识产权的保护，不断扩大知识产权保护的客体，如网络、生物技术、遗传资源等；知识产权的地域性和独立性面临着一定的挑战；从过去强调规则的协调统一性转移到现在强调执法的有效性；从个别执法转移到体制上、机制上质疑我国的双轨制，美国对我国行政执法制度代替刑事执行制度提出了质疑，因为在国外无行政责任；从单个国家对我国施压到联合施压。从整体上来看，发达国家对知识产权高标准的保护与我国经济后发性之间的矛盾将长期存在。我国法院对知识产权保护的基本态度是平等保护、履行承诺、适应国情、依法执行。

王江雨（香港中文大学） 首先，自关税及贸易总协定(GATT）成立以来，贸易战在西方国家之间频繁发生，他们之间贸易与政治是分开的。但是为什么中美和中欧之间的却难以分开？第一，美欧之间的贸易纠纷很少被政治化，原因是美欧之间有相同的价值理念，政治上高度互信，经济上高度融合，呈现出一体化的发展趋势。但是，中美之面临囚徒困境，在经济上不能把美欧之间的关系同中美之间、中欧之间的关系同等对待，很难不被政治化。第二，美欧之间存在异常紧密的经贸关系，利益结合程度最强，但是中美之间的经贸关系不能与其相比。

其次，美欧对WTO争端解决机制的看法和适用：第一，以利益和主权的关系来看，美国加入WTO时，国内曾经有很大的争议，有的主张加入 WTO 会丧失主权，但实际上没有丧失主权，相反是行使主权，因为其有不执行 WTO 判决的权利以及退出的权利。关于报复规则：报复规则对美国有利，而且美国还有人力资源方面的优势。第二，WTO 代表着以规则为导向的法治主义。其重要特征是公正的第三方解决纠纷，并且判决能得到执行，违法的成本较高。但是在欧美，有很多学者认为，WTO 虽然走向法治主义，但最后不见得就是好事。因为其侵犯了以传统的国家间的经贸关系；侵害了美欧这种成熟的民主国家的民主机制；从公益的角度，能挫伤各国促进贸易自由化的积极性。第三，美欧对 WTO 的判决是有选择性执行。如欧盟对荷尔蒙案的判决到现在还未执行。

最后，欧美贸易纠纷对中美贸易关系的启示是：（一）仅能有限度的分开贸易和政治；（二）中国应充分利用 WTO 争端解决机制，消除诉讼恐惧症，但不能完全相信国际经济法治主义；（三）有选择的执行判决是常态；（四）商业外交与法律战中人际关系仍很重要；（五）国际经济关系中，国际经济法与国家有互动。

古祖雪（厦门大学法学院）　就国际法体系的结构发表如下看法：首先，国际法体系研究的两大前提是：（一）理论前提即国际法是以体系的形式存在于发展的；不同于国内法的。（二）方法前提即任何一个体系都是有结构的，结构决定功能（结构分析方法）。其次，国际法体系结构的三个不同层次是：规范形态，部门结构，板块结构。（1）微观结构包括：渊源结构，由条约规范和习惯规范构成，二者先后相继，相互平等，相互转化，相互补充；规范效力的范围结构，由一般和特殊规范构成；效力等级结构，由强行规范和任意规范构成等。（2）宏观结构即指国际法部门规范整合。现代国际法以部门化发展为趋势，其冲突就是部门与部门之间的冲突，国际法部门之间是相互独立、相互联系、彼此平等的。（3）宇观结构是由传统的共同国际法、现代的合作国际法（国家社会义务）、现代的人权国际法（国家个人义务）这三大版块构成。三者之间相互联系、相互矛盾。国际干预就是一个例子。

第二分组专题：全球化下的个人跨国活动的权利保护及其相关问题

徐宇（外交部条法司）　海牙国际私法会议框架下国际私法会议发展的动向。第一个是国际私法会议从 2003 年开始就考虑制定的跨国抚养方面的公约，这个公约范围很广，主要包括父母对子女的抚养、子女对父母的赡养以及配偶之间家庭成员之间的抚养等。2007 年 11 月份要召开外交大会通过这个公约。2007 年 4 月份海牙特委会解决了海牙抚养公约两个非常重要的问题：一个是法律援助的问题，一个是判决的承认和执行的问题等。法律援助对于跨国的案件是很重要的。各国因经济发展水平不一样，诉讼费用的差异很大，西方国家对于涉及儿童的抚养案件要求免费提供法律援助，法律援助包括法律代表、法律咨询意见还包括把法律意见提交到主管机关。我国在这个问题的执行上困难较大，这也就成为了我们谈判的焦点问题。另一个议题是判决的承认和执行，各国在这一问题上也存在较大的差异，我国的判决的承认和执行不可上诉，这与国际上的做法存在差距。

还有一个值得专家学者研究的课题是公约起草了一个法律适用的议定书，即如何解决跨国抚养案件中的法律适用问题。许多国家主张把它列在公约当中作为一个任择的章节规定法律适用的问题。普通法系的国家则认为跨国抚养案件应适用法院地法，因此没有必要考虑法律适用的问题。大陆法系国家却有不同的看法。议定书中有许多问题是值得学界研究的。值得一提的是对儿童的抚养它规定了一个最优惠的保护原则，尽可能使抚养义务得到实现。这个原则和我国的最密切联系原则在效果上有多大程度的一致性，有多大的差异；这个原则能否扩大到其他的抚养案件还是仅限于儿童的抚养案件；这些问题都值得探讨和研究。

有关公共秩序的问题，除了传统的规则，公约提到即便是准据法没有规定，在适用法律时也应考虑当事人的经济状况和需求。这个问题值不值得发展，应该予以考虑。议定书还涉及到法律适用调整的范围，例如诉讼时效，抚养费的计算等。4月有一个初步的议定书，但还有待11月份大会的通过。

我国公民的跨国婚姻越来越多，涉及到跨国抚养的案件也就越来越多，因此公约对我国也具有很大的现实意义。公约涉及很多领域的问题，有一个宗旨就是使抚养人尽可能便捷地得到抚养费，这从总体上讲是符合我们的利益的，因为我们在这方面的权利大于义务。学界在此方面的研究对于保护我国公民在国外的权利具有很大的现实意义。

海牙私法会议还在制定一系列的公约。一类是家庭法领域，另一类是司法领域，包括诉讼程序、法律适用、外国法查明等。今年总务政策委员会的议题包括电子商务、环境损害、继承、未婚伴侣、间接持有证券等法律适用的问题。海牙国际私法会议在三个方面已经开始制定条约：第一个是国际合同的法律选择，主要是考虑在国际贸易中意思自治原则有多大的适用，这个问题处于优先考虑的地位，今年年初海牙私法会议起草了一个综合性的问题清单以征求各个成员国，包括主要成员国的仲裁机构、司法机关的意见，还有大公司，即国际商务参与者的意见。根据这些意见决定是否立法。这是值得研究的一个问题。第二个是外国法的查明，不仅包括如何认定外国法，还包括适用当中的效力，怎么解释外国法。2007年年初开了一个专家会，讨论这个问题的迫切性以及在司法实践中遇到的问题。第三个是在家庭法领域如何在国际上达成一个统一的规则，这个问题比外国法的查明探讨地还要早一些但依然处于初步的准备阶段，我国在此方面的实践比较多，制度比较成熟，我们有哪些经验可以与大家分享，有哪些利益需要维护，也是一个值得研究的问题。

吴晓明（外交部领事司）　我们正在考虑制定保护中国公

民境外合法权利的国内立法。首先介绍一下背景情况，随着“走出去”战略的推行，中国公民的出境人数急剧增加。2006 年我国的出境人数达到了 3452 万人次，比去年同期增长了 11%；领事保护案件在 2004 年有 20364 件，是 1994 年的 10 倍，2005 年是 29690 件，2006 年尚未统计，但肯定已经突破了 3 万件。产生这种情况的原因有以下几种可能：第一，出境人数的数量多，活动范围广，受侵害的几率就增加了，包括不可抗力和人为因素；第二，与国际安全形势有关即所谓的传统安全威胁与非传统安全威胁的交织，譬如发生在尼日利亚、埃塞俄比亚、索马里的人质劫持案件发生的背景就非常复杂；第三，国内矛盾向国外的延伸。包括一些机制上的问题。第四，公民素质的问题，不遵守当地的法律。

对这些问题的处理应该制度化、规范化，因此我们展开了立法调研。通过调研我们的立法有三个思路。第一种是在外交层面立法；第二种是在领事职务层面立法，包括领事协助、婚姻登记、司法文书送达等。其中领事协助与公民权利关系最为密切。第三种就是最小模式，再充分细化相关问题，如详细规定探视的相关程序。

甘瑛（华东政法学院）　国际知识产权保护与竞争保护的关系问题特别从 WTO 的与贸易有关的知识产权协议（TRIPS）的角度出发，探讨发展中国家在知识产权竞争规则方面的立法原则和具体方法，并对中国将可能出台的反垄断法提出相应的建议。国际知识产权保护与竞争法具有对立统一的关系。一方面，二者追求的目标具有本质上的一致性。但另一方面，由于制度设计上的不同，二者在追求一致目标的同时会产生冲突。知识产权保护和竞争法之间存在的冲突如何解决，各国自由考量。

TRIPS 没有引入自己的竞争法规则，而是授权成员方自行制定或维持有关规则，这主要体现在第 8 条第 2 款和第 40 条。这些竞争规则凸显出三个基本原则：第一，制定知识产权竞争法规属于各成员方主权范围内的事务；第二，知识产权竞争法规必须与协议对于知识产权保护的原则相符；第三，必须特别关注限制技术传播的反竞争行为。

发展中国家在制定知识产权竞争法时，可以参考发达国家的相关立法。如美国反垄断法的构建原则包括民主原则、结构主义原则和行为主义原则。这些原则各有不同的针对方面并且各自存在一些问题，对发展中国家可以具有借鉴意义。此外一些实体性的规则以及机构设置问题，发展中国家也可以在分析的基础上拿来适用。

曾华群（厦门大学）　三位发言人讨论的议题有一个共同点，都是全球化形势下产生的新问题。针对这些问题中国应该采取相应的对策，虽然实务性很强，但也抓住了重要的理论问题（如三个人都提到了国内立法和国际条约如何协调的问题）：首先是跨国抚养公约与其法律适用议定书的关系问题，这是条约法的一个新发展；其次是公民权利的保护，国际保护与国内保护是否要统一；第三个是国际知识产权保护和竞争法的关系，这也是一个很新的问题。我们的国际法学者应该就具体问题作更专更深的研究，并在理论和实践相结合方面做更多的努力。

第三分组专题：国际争端解决与国际司法机制——程序化与发展趋势

姜丽勇（商务部条法司）　WTO 争端解决机制及其实际运用。首先，争端解决法律工作的内容，大致分为四个部分：（1）双边纠纷的谈判和争端解决；（2）作为第三方加入其他争端；（3）多哈谈判之争端解决协定（DSU）谈判；（4）对 WTO 法律条款的理解提供法律意见。其次，WTO 争端解决程序，主要包括：磋商、专家组、上诉、执行。第三，中国参与争端解决的情况。参与分为三类，第一类起诉案件，2002 年美国 201 钢铁保障措施案，实施了两年多时间，最后获得了胜诉的结果，对中国意义相当大。第二类被诉案件，2004 年中国半导体退税案；

2006年中国整车零部件案，正在进行中，2008年下半年可能会有最终裁决；2007年2月补贴案；2007年4月知识产权刑事责任、出版物市场准入案。第三类为以第三方参与。第四，潜在的争端案件——起诉方面。中国加入议定书的几个不利条款的应对：过渡性审议，议定书第15条市场经济地位、议定书第16条过渡性保障措施、报告书第242段纺织品特限措施、市场准入和反倾销问题、反补贴问题。潜在的争端案件——被诉方面。主要包括：市场准入、补贴、知识产权和贸易救济。第五，需要特别注意的国际法问题。首先有哪些国际法原则需要引入WTO争端解决机制，专家组不能按照全部法律渊源来审理案件，只能按照乌拉圭回合确定的规定来审理，但一般国际法原则能否适用，如禁止反言等，这值得研究。第六，WTO争端解决机制运用的启示。主要是争端解决对三个方面的影响：对国内经济政策影响，对双边谈判的影响，对多边谈判的影响。

易显河（西安交通大学）　我向会议提交了论文《国际主权平等与“领袖型国家”的正当性》，主要从一个新的角度来理解国家主权平等。论文提出一个目标，即寻找领袖型的国家。如何在国家平等的国际体系中找到领袖型国家，什么是领袖型的国家？如果一个国家已遵守主权平等的最低限度，并尊重国际体系的价值，且真正成功地担负起对国际体系所负之重大责任，不仅素来都在真诚甚至是模范地遵守现存合法规则，而且更重要的是，已帮助规划或提炼出一个合适的国际体系远景，并将之构建起来，以使人类繁荣得以最大限度的实现，那么这个国家就是一个领袖型国家。

李小年（上海社会科学院）　对WTO争端解决机制国内外学者已经有了较多的研究，这次我向学会提交论文《WTO争端解决中所运用的合理期望原则之评析》，这篇论文旨在通过案例的研究归纳出一个未成文的法律原则的适用，WTO争端的解决对国际争端解决是一种完善和补充。WTO设定了“非违法之诉”与“违法之诉”的区分，“违法之诉”适用“表面事实成立原则”，“非违法之诉”适用“合理期望原则”。对该原则的评析主要从以下四个角度：（1）合理期望原则渊源。1950 年澳大利亚硫酸补贴案，处理该案的工作组第一次提及合理期望原则。但这一原则既未出现在 GATT 文本中，也未出现在缔约方所作的解释注解中。但对合理期望的保护却是 GATT 中固有的。（2）合理期望原则的保护对象，该原则保护缔约方对政府行为的合理期望；保护贸易谈判中所作出的减让价值；保护了 GATT 中利益的平衡以及权利与义务的对等关系。（3）合理期望原则调整的范围，我认为该原则是一种普遍适用的原则，但应予以明确的范围，以便专家组的适用。（4）合理期望的来源。来源主要包括：谈判中所作的保证和声明；已确立的谈判实践；政府政策的行为；条约中规定的互惠关系；以前存在的竞争条件。

合理期望原则逐步被专家组采用，但是否应被纳入 WTO 协定第 9 条第 2 款，使之成为对 GATT 有约束力的解释，从而保证通过专家组程序解决的争端有更强的确定性和可预见性，仍存争议。但无论如何，合理期望原则一定程度上使贸易争端的解决实现确定性和灵活性的平衡。

赵海峰（哈尔滨工业大学）　国际司法机构 10 多年来取得了新发展，新的司法机构大量建立，受理案件数量增加，新的机构多具有强制的管辖权。国际司法机构的概念可以从广义和狭义上理解，狭义仅指以司法方式解决国际纠纷的程序与机构，目前国际司法机构可以大致划分为以下六类：一般性机构；贸易投资保护性机构；区域经济一体化机构；国际人权司法机构；国际刑事司法机构；国际组织的行政法庭。

对发展趋势的考察主要从以下几个方面切入：（1）新建立司法机构规定的司法程序；（2）分析一些传统的司法机构进行的改革；（3）从司法机构的判例和实践中进行观察。

在考察的基础上当今国际司法程序发展呈现出以下趋势：广

泛地借鉴国内和国际程序规则，结合大陆法系和英美法系；讲求实效的综合性的诉讼模式；法官立法和司法能动主义比较突出；国际司法机构的代表性有所改变，普遍代表性大大增强；管辖方面，强制管辖权有所增强；审理方面，先决性抗辩程序普遍建立；人权方面，一系列正当的法律程序在机构中得到了落实，国际刑事司法机构为代表；当事方方面，诉讼主体多样化；机构方面，越来越多地采用两审终审制；效率方面，越来越追求效率，多适用简易程序；法庭之友得到重视；司法费用，普遍加强司法援助工作；程序的透明度得到加强；证据规则日趋完善；判例起的作用日趋增加。

上述趋势中呈现一些共同点：其一，国际司法程序越来越向国内司法程序趋同；其二，国际人权法的思想得到了日益明显的贯彻和全面的保障；其三，国际司法程序的发展日益向更好地发挥国际法院和法庭在化解争端和纠纷，解释法律，保障人权的实际作用，保障国际司法机构作用充分发挥的方向发展。

杨松（辽宁大学）　首先值得关注的问题是，国际法理论界如何开展研究来更好地联系国际法的实践，如何更好地实现国内法和国际法的沟通。其次，“领袖型国家”给我们提供了一个研究国家主权平等的一个新视角，但“领袖型国家”似乎并非一个法律问题，我想提出一个问题，即如何在国际法的视角下开展领袖型国家的研究；关于非违约之诉主要采用的合理期望原则，那么合理期望是否已经作为一个原则被 WTO 采纳？关于国际司法制度的研究，需要占有大量信息的研究。还涉及分类是否有依据，这种依据是否能够涵盖所有的司法机构以及这种机构的研究对国际法的发展有什么进一步的影响。

第四分组专题：多边协调、国际组织、区域合作：国际法律框架的构建和改革

徐小冰（上海交通大学）　在安理会的改革问题上，能进入安理会常任理事国，就是一种大国、强国或是领袖型国家的标

志。2005年有关安理会改革的六个提案，但没有一个能得到三分之二以上成员国的支持。说明安理会分歧严重。

对几个方案的综合分析。安理会不是一个均衡的机构，这种不均衡是安理会决策的基础。非洲联盟的方案，增加常任理事国，同时有否决权，打破了这一基础，使否决权稀释了。增加否决权的国家后，否决的可能性只需更低的比例。非洲联盟的方案和四国集团的方案是实质性的改革。是以传统的方式加固了权力机构。否决权是国际法确立下来的制度。在这种情况下，增加有否决权国家，而且使再改革时，更加有被否决的可能性，更加困难。而且这使原来的非常任理事国处于高于其他国家的地位，原来处于平等关系的国家不再平等。有些方案则不触动安理会的权力基础。名人小组 B 方案，新增准常任理事国，但是权力结构未变。准常任理事国数目增加，地位上升，任期延长，可以连任。这是非实质性的改革。

安理会改革的目标是更有代表性，更权威，更民主，更有效率。但提出的这些方案要么难以全面实现上述目标，要么不能保持各项目标之间的平衡，甚至造成目标间的严重抵触。

前两方案得不到支持，因为五个常任理事国不希望稀释他们的否决权。而且这两个方案本身就有问题。民主化就不该有否决权，这没有体现民主精神，也不可能提高效率。名人方案 A 和 B 可能更易实现。要消除安理会改革各方的矛盾，只能退而求其次，分阶段实施，但不要增加新的障碍，即增加否决权。

黄瑶（中山大学）　国际组织与国际法的实施问题。这一问题是国际法学界的热门话题。因为国际法的实施正是国际法的软肋，岂不完整性正是其被称为“软法”的原因。2006年国际法院院长在国际法院成立60周年纪念会上，就提出要增强国际法的实施。

目前，国际法的实施主要靠国家的遵守和自我执行。国际组织对此起了推动作用，增强了实施力。具体表现在三个方面：首先是管理、组织方面。一系列国际法决议、布置、安排，起到了管理、组织国际法实施的作用。其次是监督方面。政府间国际组织起到了监督、执行、惩罚的作用，并将各项规则付诸实施。各个国际组织都有实施机制。在环境领域，它特别强调了缔约方大会的作用。它可以被看成是环境框架协定创设的机关。但严格说不具备国际组织的标准，但相比起来，具有相似的职能，类似于传统的国际组织。在经贸领域，它提到了 WTO 的 TRIPS 和纺织品监督局，后者集管理、实行、监督的作用于一身。多边监督系统增加了各国的监督能力。在全球和平和安全方面，联合国大会、安理会都有权采取调停、经济制裁的措施，同时可以借助国际舆论机制，起到监督作用。最后是解决争端。国际法虽不能借助国内法那样的强制机制，但是国际组织建立了一些争端解决手段，比如欧洲法院、WTO，这对应对国际违法行为起了积极作用。同时前南国际刑事法庭、卢旺达国际刑事法庭、国际刑事法院、国际海洋法法庭，增强了国际法的实施机制。西方形象的称，“国际法长上了牙齿”。国际法院作为唯一有普遍性管辖权的组织，涉及各个领域。WTO 也建立了专家组审议、上诉机制。在区域性组织方面，也有这样的机制。如欧洲法院，有广泛的管辖权。美洲国家组织、北美自由贸易区不仅受理国家间，而且受理投资者之间的争端。非洲经济共同体也解决了很多贸易方面的争议。

总之，国际法实施方面比较典型的领域有：国际和平与安全，反恐机制，国际贸易领域的 WTO 监督和惩罚机制，环境的国际保护机制，京都议定书和气候变化框架公约以及非洲人权法院。政府间国际组织和多边机构，如缔约方大会（COP）在促使缔约方履行义务方面发挥了重大作用。国际组织对加强国际法实施机制有很大贡献。

田立晓（外交部条法司）　在这个讨论主题下，主要谈一下犯罪资产处置，返还及分享的相关问题。这个问题主要从实体和程序两个方面探讨：实体方面：关于犯罪资产处置的实体规范直到2003年反腐公约之后，才逐渐完善，但国际社会在这一领域的尝试与努力早已开始，如1988年禁毒公约，2000年联合国打击有组织犯罪公约。在反腐公约之前，区域相关公约也做了许多尝试，非洲、欧洲和经合组织均颁布了反腐公约。反腐败公约作为处置犯罪资产的多边公约，包括了洗钱及其上流犯罪，该公约在处置犯罪资产方面提出了较为详细规范。处置资产时需要同时考虑公约和国内法的相关规定，包括了监测，追踪，调查，查封等相关过程。没收作为一项严厉的法律措施，没收之后还涉及返还的问题，主要看犯罪的情况和犯罪的性质，一般将资产分为以下三类：公款、能够证明资产有合法所有人（非公款）、经协商确定。除以上几个公约外，联合国为落实禁毒公约、打击有组织犯罪公约，起草了资产处置的双边示范协议，这一示范协议有利于促进双边司法实践。程序方面：打击有组织犯罪公约和反腐败公约均有规定，欧盟部分国家希望加强监督措施等程序措施强制力，以此加强公约的可执行性，但此种主张未获大多数国家同意。关于条约实施等程序问题，双边还可以通过双边协商来进行沟通。

张勇（南开大学）　本组讨论的题目涵盖了一个较大范围，国际法许多领域都可在这个题目下进行讨论。21世纪初应该是区域合作的一个最好的时机，区域合作是一个趋势，传统的区域合作有一种地理上的要求，但新的时代对地理的要求越来越少，而更多是一种需求。上海交通大学徐小冰的发言联系了联合国组织机构，安理会相关问题，思路十分清晰和清楚。黄瑶讲到了国际组织的平台问题，从WTO制度到环境领域，国际性的、区域性的都有涉及。具体理论讲得非常细致，讲得非常有条理，是一件非常不容易的事，举的案例非常精彩，跨越到环境、WTO、贸易、人权，领域非常广。田立晓提出了犯罪资产的相关问题，追回资产问题很重要，这和我国的实践需要是相吻合的，并从实体和程序两个方面作了细致的阐述，但就如田先生提到的，我国相关制度还存在空白，需要进一步完善，还有一个重要问题，即外国判决和裁定的执行，很多方面需要理论界的进一步研究。

朱文奇（中国人民大学）　南海撞机问题，从国际法角度关键在于美国侦察机是否有权利飞临我国专属经济区，南联盟北约轰炸我大使馆事件，关键在于美国有没有故意。后来在国际舆论的支持下，中立的国际组织作了一个结论，其表述是：经过所有调查，没有任何证据表明北约对中国的轰炸是故意的。从这个结论作出后国际舆论的反应来看，国际组织的裁决的影响可能比想象的要大。联合国安理会是现在世界中唯一存在的可以对主权国家进行制裁的机构。这种权利来源于联合国宪章第24条，第25条。联合国安理会的作用越来越大，也越来越清晰。中国作为联合国的常任理事国，应该更好地发挥常任理事国的作用，并且珍惜来之不易的否决权。联合国作用的与日俱增也是有事实佐证的，从安理会通过决议的数量就可见一斑，自联合国成立以来45年一共通过了678个决议，而1990年至今却通过了1000多个决议。

张乃根（复旦大学）　“布雷顿森林体系”2006年刚刚庆祝60年，如何认识战后的国际经济的法律秩序，尤其是国际货币基金组织（IMF）和世界银行，可以说，战后的这个体系在加强而没有削弱，WTO法律体系使“布雷顿森林体系”在另一种层面得到了加强。世界银行逐渐转入发展中国家，使发展中国家受益匪浅，金融公司是另外一个体系，主要私人贷款，不知道中国有多少民营企业寻求从金融公司贷款。针对当今的国际体系，修改联合国宪章成为艰难，“G8+5”（指加拿大、法国、德国、意大利、日本、英国、美国、俄罗斯和中国、印度、巴西、墨西哥、南非13个国家）正试图建立另一个体系，我们国家利益在这样一个变动的国家体系如何得到维护，值得进一步研究。

刘伟民（中国民航管理干部学院）　现在国际法谈政治问

题谈得比较多，谈经济问题谈得比较少，我感觉，当今的世界最根本的问题还在经济全球化，世界上的资源在世界范围内自由流动，提高效率，改善生活。在这么一个情况下，我们国际法学会应从这个角度加强研究，针对经济全球化，从经济问题研究起，上升到国际法的问题，国际法关注经济不够，希望以后加强经济相关法律问题的研究，要和实际问题相结合。

第五分组专题：中国的发展：对国际法律制度的适应和互动

陆效龙（最高人民法院民四庭） 国际公约在实际审判中的作用

（一）涉外商事审判的基本情况：在人员方面，我们努力优化法官结构，提高法官层次。各级人民法院积极鼓励涉外商事海事法官进行在职学习，提高学历层次。据统计，涉外商事海事法官的学历水平高于全国法官的平均水平。在机构方面，成立了专门的审判庭，缩减了有权受理一审涉外商事海事案件的法院。在案件量上，自 2001 年 1 月至 2005 年 6 月，共受理的一审涉外商事海事案件占结案总数的 34.8%。

（二）涉外民商事审判适用国际条约的法律依据、情形及基本情况：（1）法律依据：《中华人民共和国民法通则》第一百四十二条；《中华人民共和国民事诉讼法》第二百三十八条；《中华人民共和国海事诉讼特别程序法》第三条以及其他国内法律的相关规定。（2）适用的主要情形：涉外海事实体法，如联合国国际货物销售合同公约；涉外商事、海事程序法，如管辖、送达、境外证据的调取《关于向国外送达民事或商事司法文书和司法外文书公约》等；民商事判决的承认与执行；仲裁裁决的承认与执行。（3）适用的情况。最高法院正在要求各地汇报有关涉外案件的情况，但尚未有统计的结果。但总体来讲数量很少，还有适用不当的问题。

（三）涉外民商事审判适用国际条约存在的主要问题：（1）法官对我国是否缔结或者参加有关国际条约的情况不了解，适用不当的情形时有发生；（2）法官对国际公约成员国的基本情况及变动不了解，在应否适用国际条约方面就会产生疑惑；（3）法官对有关国际条约的内容不了解，造成了错误的适用；（4）国内有关法律的规定不够明确、不够完善；（5）有关国际条约本身的规定需要明确。

（四）几点建议：希望国际法学者更多地关注涉外商事审判工作，多作相关研究，多提意见与建议；中国国际法学会更多地吸收从事涉外民商事审判工作的法官为会员，多提供学习、交流与研究机会、平台；国际法学者更多地研究已参加、未参加的国际条约，积极参与有关国际公约的制定工作。

贾兵兵（清华大学）　国际法中当地救济制度的现状

外国人的待遇问题，一直就是国际法有关国际责任者一部分规则所关注的焦点之一。通过外交保护方式，对国家责任问题进行处理，是习惯法下承认的权利。这方面的实践一直也比较丰富。对企业的国有化或征收，是国际实践中外交保护面临问题的一个方面；大量中国公民在海外旅游、短期访问或居留所遇到或将遇到的与当地人员、单位发生争议或纠纷，是另一个方面。以下简要探讨当今国际法对此类问题是如何规定的。

联合国国际法委员会在2001年通过的《国家对国际不法行为的责任条款草案》有关用尽当地救济的条款（第44条b款）的性质是程序的，针对的是国际不法行为所造成的后果。

联合国国际际法委员会2004年一读通过了有关外交保护的条款草案，主要内容是提起外交保护主张的前提条件，这也是程序性的规范。

由于以上两个草案至今未转化成为条约形式，它们所反映的规则或原则如果反映习惯法，则对实践仍会有决定性的作用。此外，习惯法规则有以下三点值得重视：其一，用尽当地救济的规则反映习惯法，是没有争议的；但对规则的运用特别是例外上，各国理解不一定一致。其二，救济方式必须是国内法下所规定、且能够有救济效果的方式。这一点一般要有主张这一规则的政府来证明。其三，如果受害人因为自己的过失，用尽当地救济的话，那么本规则未得到履行。受害人也就无法取得外交保护。此外，实践中存在的人权案件也对本规则的适用提出了新的要求。

联合国国际法委员会的草案，反映了当今习惯法的状态。不过，实践中发展起来的双边投资保护的协定对企业的保护效果更直接，因此在某种程度上削弱了习惯法上外交保护的作用。在自然人的保护问题上，国际法委员会草案中所反映的习惯法规则是我们实践中现有的、唯一可靠的法律依据。

黄志雄（武汉大学）　GATT 第 20 条与中国和平发展中的环境资源保护法律问题

伴随着对外贸易持续发展，我国资源消耗和环境污染问题日益严重。在转变粗放型经济增长方式的同时应采取有效措施限制高资源消耗、高污染、高成本、低附加值产品的出口。

根据 GATT 第 20 条规定，WTO 成员方在基于保护环境的目的不遵守一般取消数量限制的依据有两个，（b）项为保障人民、动植物的生命或健康所必需的措施，但该措施应具有目的的正当性和措施的必需性。（g）项为保护可能用竭的天然资源所采取的措施，采取该措施一方面只需证明它与进行保护的目标之间存在实质性而不是偶然性的关系，另一方面，该措施必须与国内限制生产与消费的措施相配合。当然依据以上两个原因而采取的措施不应构成任意的或不合理的歧视或构成对国际贸易的变相限制。中欧焦碳贸易争端当中我国所采取的出口限制措施与 GATT 第 20 条的要求可能存在一定的差距，而难以援引该例外条款的规定在 WTO 争端解决程序中胜诉。

结合对 GATT 第 20 条和中欧焦碳贸易争端的分析，建议中国政府在采取限制出口措施保护国内环境和资源时，应尽量避免使用甚至取消具有潜在或现实的歧视性、引起贸易纷争和容易滋生腐败问题的出口配额制度和其他非关税措施，更多采用出口环境税，从有利于内在化环境成本的角度来控制资源性产品的生产和出口，并采取如生产许可证、资源税和高额超标排污费等更有力的措施限制资源性产品的国内生产和消费。

李鸣（北京大学） 陆效龙的发言，主要谈了条约适用的问题。这个问题主要规定在民事诉讼法内，而宪法和立法法上却没有规定。这就使条约适用的合法性打了折扣。我认为条约适用主要涉及以下几方面问题：（1）国内法要接受条约（国际法）为本国法的一部分。这是条约适用的前提。（2）条约是直接适用还是间接适用？其实条约并不一定直接适用好。如 WTO 规则就不适合直接适用。只要不违背条约义务，便可认为是适用了，并不拘泥于方式。（3）条约优先适用的问题。美国的做法就是后法优于先法。对此，我的主张还是应遵守国际义务。（4）条约解释的问题。条约解释是应由国际法解释还是国内法解释？是由国内的行政机关还是司法机关来解释？这个问题难以解答。

条约适用的现状不容乐观。要改变这种状况，须在立法上进行改进、司法上加以配套。可用立法的方法直接规定条约适用的范围。目前中国直接适用的条约确实不多，主要还是由于相关的规定很不明确。须从立法上加以改观。

贾兵兵提出了用尽当地救济原则。该原则首先是拉美提出的。虽然话题较老，但这个问题始终存在。以人权问题为例，虽然现在国际法已介入人权问题，但人权从本质上还是国内法问题。用尽当地救济在这领域就有着现实的意义。此外，用尽当地救济在双边投资保护协定上，也是很基础的。往往会放在外交协商之前。在这里，关于双边协议的用尽当地救济原则似乎还存在着一个对等性的问题。值得我们继续探讨。

黄志雄发言的基本思路是呼吁中国通过关税等措施加强环境保护，限制环境的破坏和资源浪费。我想从中国的国际责任这一角度谈一下环境保护问题。如今中国的环境污染日益严重，环保问题十分紧迫。如若往后外国，尤其是外国民众都以环保为由抵制中国的产品，后果将十分严重。中国应更多的从国际责任方面思考面临的环境问题。这也是符合我国自身利益的。

陈寒枫（全国人大华侨委员会） 用立法解决条约适用问题十分重要。没有人大的立法，条约就没有法律地位，在法院就无法适用。有许多双边条约，如边界条约都无法真正得到实行，导致一些严重的后果，这都是光有条约没有相应的罚则和具体的管理规则引起的。立法这一宏观问题不解决，具体问题就得不到解决。

费宗岍（中国国际法学会顾问） 首先谈一下条约的国内效力和适用方式方面的问题。全国人大法工委没有专门负责国际法的部门。实务中，国际条约的适用既有转化的也有直接适用的。直接适用的多在民商事活动中。转化的也有，如《维也纳外交豁免公约》等。可直接适用的条约从审判的角度看问题不大。但有些条约本身无法判定该如何适用，这是实践中的一个问题。针对这一点，我的建议是对可直接适用的条约可由全国人大在批准条约时加以确认，使之与国内法有同等效力，而那些没有确认的则不能直接适用。这个权能只能属于全国人大。第二，现行民事诉讼法中关于国际条约适用的规定正是出自我之手。但在实践中，又产生了一些问题。国际条约是否一律优先适用，还是应有一定条件？这一条款还有待进一步优化。第三，我国现存着一批不是国际法又类似国际法的规范。如在《中外合资企业法》实施实践中，对涉港投资也视为外资，但却无明确的规定。只有高法作出的“会谈纪要”等。这些规定的法律依据不清。面对我国“一国四法域”的现状，条约不清楚的状况普遍存在。主要还是由于各部门的沟通不够。最高法院可多与外交部进行资料方面的沟通，并通过对法官集中培训等方式将信息传递到各地方法院。

贺小勇（华东政法大学） 在《再论“中国影响汽车零部件进口措施案”核心法律问题》中，首先认为全散件（CKD）

与整车是否构成相同产品的问题目前尚得不出明确的看法。其次，通过对（1）该汽车零部件进口措施是否属于“投资措施”；（2）如是，该“投资措施”是否是“与贸易有关”；（3）如是，该“与贸易有关的投资措施”是否违反了《与贸易有关的投资措施协议》（TRIMs）中禁止的“当地含量”要求这三个问题的考虑，得出以下几个具有启示性的看法：第一，凡是影响投资的措施，并不能当然认定为 TRIMs 意义上的“投资措施”。第二，从印尼汽车案中可以看出，有关措施是否系“投资措施”，“立法目的”是一项非常重要的判断依据。

最后，中国可以抗辩汽车进口零部件措施不是“投资措施”。最后得出结论指出，一方面，WTO 规则中也有对中国的发展不是很有利的部分，WTO 规则不能神化；另一方面，作为一个负责任的大国，我国必须遵守已经作出的国际承诺和签订的国际条约。今后出台相关政策，应在 WTO 规则范围内进行，在措辞上不能有“硬伤”。政府可在制定相关的产业政策前，请国内擅长 WTO 规则的专家，进行论证，以设计出既能实现国内发展目标同时又不违反 WTO 规则的政策。

杨泽伟（武汉大学） 就《跨国能源管道运输的国际法问题》，首先，现今国际社会还没有专门针对跨国能源管道运输的统一的国际法律制度。不过三类国际协议能够适应于跨国能源管道的有关法律问题。包括一般行动国际公约、政府间的协议和间接适用的国际协议。其次，关于跨国能源管道运输的一般国际法原则方面，提出了过境自由原则、非歧视原则和不妨碍原则。再次，在跨国能源管道运输的管辖权问题上，对属地管辖和协定管辖这两种模式作了介绍。总之，现今国际社会还没有专门针对跨国能源管道运输的统一国际法律制度，仍需进行努力。

周忠海（中国政法大学） （一）WTO 工作从 2002 年起到现在已经有了较大的发展，目前我国常常作为被告。我的观点是 WTO 不是国际司法机关，只是一个争端解决机制，没有强制执行力。虽然WTO现在属于国际法，但其判例没有溯及力。我国现在在WTO的诉讼活动都是聘请的美国律师进行诉讼，我国本土律师的语言能力存在差距，许多WTO的翻译文本都具有明显的错误。现在在国际上很多国家都认为美国的国内法就是国际法，但我认为在WTO组织中，美国是成员国，WTO规则中有很多法律问题，但也有很多政治问题，美国很多时候把经济问题政治化，而我国很多时候是把政治问题经济化。现在我们主要研究的不是WTO的案例，现在的趋势是美国和西欧国家在研究WTO如何与其他国际法部门相联系，如何解决国际法的碎片化问题。

（二）关于国际管道运输问题，在世界反恐潮流以来，美国首先提出国家安全问题。我国“走出去”战略中也遭遇到了美国家安全方面的抵制。实际上在国际能源问题上美国掀起的是一场国际政治风波而不是法律问题。

（三）现在我们的基本问题是什么是国际法，国内法向何处去？现在国际法的发展极快，并且出现一般原则的专业化现象。科技发展之迅速使国际法的范围也迅速扩大。我认为现在国际法学会应当设立各专门委员会。

（四）目前在国际法的发展上要关注三个层面的问题：一是要维护国家的主权；二是要保护国家的利益；三是在前两点的基础上要维护我国的海外利益。以上三个方面要落实到以国际法来维护国家利益的基础上。

联合国国际法院 2006 年－2007 年度的司法工作

程国家*

2006 年 7 月至 2007 年 6 月，国际法院审理案件共有 13 宗。在这期间结案的 1 宗；有 12 宗案件仍在审理中。具体情况简述如下：

一、法院在这期间新受理的案件 1 宗

（一）关于刑事事项中的若干互助问题（吉布提诉法国）

2006 年 1 月 9 日，吉布提共和国通过递交诉请书就“法国政府和司法当局拒绝执行关于将‘某人涉嫌谋杀贝纳德·鲍瑞尔（Bernard Borrel）案件的相关调查记录转交给吉布提司法当局的国际调查委托书”对法国提起了诉讼，吉布提共和国在其诉请书中表示，希望将《法院规则》第 38 条第 5 款作为司法依据，并“相信法兰西共和国同意将当前争端提交法院解决”。但在法国同意接受法院对此案件的管辖权之前，法院没有对该诉讼采取任何行动。2006 年 8 月 9 日，法国同意法院依据《法院规则》第 38 条

* 外交学院国际法硕士生。

第5款对这起案件拥有管辖权，国际法院因此正式受理此案。国际法院于2006年11月15日发布命令，规定了吉布提和法国提交诉状和辩诉状的时限。这些书状已在规定时限内提交。

二、法院审结案件1宗

（一）《防止及惩治灭绝种族罪公约》的适用案（波斯尼亚和黑塞哥维那诉塞尔维亚和黑山）

1993年3月20日，波斯尼亚和黑塞哥维那向国际法院书记官处提交诉请书，控诉塞尔维亚和黑山（当时称南斯拉夫联盟共和国）违反联合国大会1948年12月9日通过的《防止及惩治灭绝种族罪公约》（下称《灭绝种族罪公约》）。波斯尼亚和黑塞哥维那援引《灭绝种族罪公约》第九条，作为法院拥有管辖权的依据。1993年3月20日，波斯尼亚和黑塞哥维那还提出了一项要求指示临时措施的请求书。1993年4月1日和2日举行了公开听讯。1996年7月11日，法院作出判决，驳回塞尔维亚和黑山的反对意见。法院于1997年12月17日发布命令，认定塞尔维亚和黑山的反要求“可予受理”，并构成该案“现诉讼的一部分”；法院还指令当事各方对各自权利主张的实质问题提出进一步书面诉状，并规定了波斯尼亚和黑塞哥维那提出答辩状的时限以及塞尔维亚和黑山提出第二次答辩状的时限。法院院长于2001年9月10日发布命令，正式宣布塞尔维亚和黑山撤回其在辩诉状中提出的反要求，2003年2月3日法院就申请复核1996年7月11日对《灭绝种族罪公约》的适用（波斯尼亚和黑塞哥维那诉南斯拉夫）案的初步反对意见（南斯拉夫诉波斯尼亚和黑塞哥维那）所作判决作出判决，裁定不受理复核申请。书记官长在2003年6月12日写信通知案件当事方，法院已经裁定，就本案情况而言，法院不会暂停这一诉讼。

2006年2月27日至5月9日就案件实质问题举行公开听讯。

在上述听讯结束时，当事双方向法院提出了最后意见。2007 年 2 月 26 日，法院就此案作出判决：（1）驳回塞尔维亚和黑山在最后呈文中提出的关于法院没有管辖权的反对意见；并认定法院根据《灭绝种族罪公约》第九条有权就波斯尼亚和黑塞哥维那共和国于 1993 年 3 月 20 日所提交争端作出裁定；（2）裁定塞尔维亚未违反其根据《灭绝种族罪公约》承担的义务，通过须为其行为承担习惯国际法责任的机关或个人犯下灭绝种族罪；（3）裁定塞尔维亚没有违反其根据《灭绝种族罪公约》承担的义务，阴谋采取或煽动他人采取灭绝种族行为；（4）裁定塞尔维亚没有违反其根据《灭绝种族罪公约》承担的义务，在灭绝种族行为中犯下同谋罪；（5）裁定，关于 1995 年 7 月发生在斯雷布雷尼察的种族灭绝事件，塞尔维亚未能防止灭绝种族罪，从而违反了其根据《灭绝种族罪公约》承担的义务；（6）裁定塞尔维亚违反了其根据《灭绝种族罪公约》承担的义务，未将被控犯有灭绝种族罪和在灭绝种族罪中犯下同谋罪的拉特科·姆拉迪奇转交给前南斯拉夫问题国际刑事法庭（简称“前南国际刑事法庭”），因而未同该法庭充分合作；（7）裁定塞尔维亚违反了其义务，未执行法院在 1993 年 4 月 8 日和 9 月 13 日就此案下达的临时措施，因为它未能采取其能力范围内的一切措施防止 1995 年 7 月斯雷布雷尼察的种族灭绝事件；（8）裁定塞尔维亚应立即采取有效措施，确保充分履行其根据《灭绝种族罪公约》承担的义务，惩治该公约第二条所界定的灭绝种族行为或该公约第三条所禁止的任何其他行为，并将被控犯有灭绝种族罪或该公约所禁止的其他任何行为的个人转交给前南斯拉夫问题国际刑事法庭，并同该法庭充分合作；（9）裁定，关于塞尔维亚违反本段中第（5）和第（7）点所述义务的问题，法院在这几点中的裁决构成了适当的处理，并且就此案而言，下达支付赔偿的命令或对违反本段中第（5）点所述义务作出承诺并保证不重犯的指令都是不适当的。

哈苏奈副院长在法院判决书上附加了反对意见；兰杰瓦法官、史久镛法官和科罗马法官联合附上了反对意见；兰杰瓦法官附上了个别意见；史久镛和科罗马法官附上了联合声明；小和田法官和通卡法官附上了个别意见；基思法官、本努纳法官和斯科特尼科夫法官附上了声明；马伊乌专案法官附上了反对意见；克雷恰专案法官附上了个别意见。

三、仍在审理中的12宗案件的进展

（一）加布奇科沃－大毛罗斯项目（匈牙利/斯洛伐克）

1993年7月2日，匈牙利和斯洛伐克共同通知法院说，它们已经于1993年4月7日签署了一项《特别协定》，其中同意向法院提交因在1977年9月16日关于建造和营运加布奇科沃－大毛罗斯拦河坝系统的《布达佩斯条约》的执行和终止方面的意见分歧而产生的某些问题。1997年3月3日和4月15日之间就该案件举行了听讯。1997年4月1日至4日，法院根据《法院规则》第66条，到加布奇科沃－大毛罗斯项目现场进行视察（这在法院历史上是第一次）。法院在其1997年9月25日的判决中裁定，匈牙利和斯洛伐克双方都违反了它们的法律义务。法院吁请两国诚意地进行谈判，以期确保1977年《布达佩斯条约》的目标获得实现，法院宣布该条约仍然有效，法院同时考虑了自1989年以来实际情况的发展。1998年9月3日，斯洛伐克向法院书记官处提出请求，请法院就此案件作出附加判决。斯洛伐克认为有必要作出附加判决，因为匈牙利不愿执行法院在1997年9月25日就此案件作出的判决。匈牙利在法院院长规定的时限1998年12月7日之前提出一份书面陈述，说明它对斯洛伐克请求作出附加判决一事的立场。当事双方后来已恢复谈判，并且定期向法院通报谈判进展情况。

（二）艾哈迈杜·萨迪奥·迪亚洛（几内亚共和国诉刚果民主共和国）

1998年12月28日，几内亚共和国递交“寻求外交保护的诉请书”，对刚果民主共和国提起诉讼，几内亚在诉请书中请求法院裁定“刚果民主共和国对一名几内亚国民［艾哈迈杜·萨迪奥·迪亚洛先生］犯下严重违反国际法的行为”。几内亚援引1989年2月8日刚果民主共和国和1998年11月11日几内亚接受法院强制管辖权的声明作为法院具有管辖权的依据。几内亚在法院延长的时限内递交了诉状。2002年10月3日，刚果民主共和国在经过延长的递交辩诉状时限内，提交了对法院管辖权和诉请书可受理性的若干条初步反对意见；审理案情实质的程序因此而暂停（《法院规则》第79条）。2002年11月7日，法院发布命令，确定2003年7月7日为几内亚可以就刚果民主共和国提出的初步反对意见递交书面陈述，阐明其意见和看法的时限。这份书面陈述已在这一确定时限内递交。2006年11月27日至2006年12月1日举行了公开听讯。在口头诉讼结束时，当事双方向法院提交了最后意见。

2007年5月24日，法院就初步反对意见作出了判决：⑴关于刚果民主共和国以本案中几内亚共和国无权行使外交保护为由对可受理性提出的初步反对意见：驳回对保护迪亚洛先生作为Africom－Zaire公司和Africontainers－Zaire公司合伙人的直接权利的反对；支持对在关于侵犯Africom－Zaire公司和Africontainers－Zaire公司权利的指控中保护迪亚洛先生的反对；⑵关于刚果民主共和国以迪亚洛先生未用尽当地补救办法为由对可受理性提出的初步反对意见：驳回对保护迪亚洛先生个人权利的反对；驳回对保护迪亚洛先生作为Africom－Zaire公司和Africontainers－Zaire公司合伙人的直接权利的反对；宣布几内亚共和国关于保护迪亚洛先生个人权利的诉请书可受理；宣布几内亚共和国关于保护迪亚洛先生作为 Africom – Zaire 公司和 Africontainers – Zaire 公司合伙人的直接权利的诉请书可受理；宣布几内亚共和国关于在有关侵犯 Africom – Zaire 公司和 Africontainers – Zaire 公司权利的指控中保护迪亚洛先生的诉请书不可受理。

马伊乌专案法官在法院判决书后附上了说明；曼普亚专案法官在法院判决书后附上了个别意见。

法院于 2007 年 6 月 27 日发布命令，将刚果民主共和国递交辩诉状的时限定为 2008 年 3 月 27 日。

（三）刚果境内的武装活动（刚果民主共和国诉乌干达）

1999 年 6 月 23 日，刚果民主共和国递交诉请书，起诉乌干达“公然违反《联合国宪章》和《非洲统一组织宪章》的武装侵略行为”。2000 年 6 月 26 日和 28 日就指示临时措施的请求举行了公开听讯。在 2000 年 7 月 1 日举行的公开庭上，法院发出命令，全体一致裁定当事国双方必须“立即防止和不采取任何行动，特别是武装行动，损害另一方可能因法院对此案的任何判决而享有的权利，或是使法院处理的争端恶化或延长，或使其更难以解决”；立即采取一切必要措施遵守其根据国际法承担的各项义务，尤其是根据《联合国宪章》和《非洲统一组织宪章》承担的各项义务，遵守联合国安全理事会 2000 年 6 月 16 日第 1304（2000）号决议；“立即采取一切必要措施，在冲突区内确保充分尊重基本人权和所适用的人道主义法规定”。

2005 年 4 月 11 日至 29 日，就该案的案情实质举行了公开听讯。法院在 2005 年 12 月 19 日作出的判决书中裁定，乌干达在刚果民主共和国领土上采取了针对后者的军事活动，侵占伊图里并向曾在刚果领土上活动的非正规部队提供支助，从而违反了在国际关系中不使用武力原则和不干涉原则；在乌干达军队和卢旺达军队于基桑加尼交战过程中，乌干达未履行国际人权法和国际人道主义法规定的义务；因其武装部队的行为，特别是作为伊图里地区占领国，乌干达未履行国际人权法和国际人道主义法规定的其他义务；因其武装部队成员在刚果民主共和国领土上实施掠夺、抢劫和盗采刚果自然资源的行为且作为伊图里地区占领国却未防止此类行为，乌干达因而违反了国际法规定的义务。法院还裁定，乌干达违反了2000年7月1日法院关于临时措施的命令。在驳回了第一项反要求后，关于乌干达提交的第二项反要求，法院裁定，刚果民主共和国虐待或未能保护1961年《维也纳外交关系公约》所保护的人员和财产，因而违反了它根据该公约对乌干达共和国承担的义务。

因此，法院裁定当事双方有义务赔偿给对方造成的损害；并还决定，如果当事双方不能取得协议，赔偿问题将由法院决定，并为此在本案中保留后续程序。因此，本案仍悬而未决。

（四）《防止及惩治灭绝种族罪公约》的适用（克罗地亚诉塞尔维亚和黑山）

1999年7月2日，克罗地亚共和国提出诉讼，指控塞尔维亚和黑山（当时称为南斯拉夫联盟共和国）在1991年至1995年期间违反了1948年《灭绝种族罪公约》，克罗地亚援引《灭绝种族罪公约》第九条作为法院管辖权的依据，它称克罗地亚及塞尔维亚和黑山均为该公约的缔约国。2001年3月14日，克罗地亚在法院延长的时限内递交了诉状。2002年9月11日，塞尔维亚和黑山在经过延长的递交辩诉状时限内，递交了若干对法院管辖权和诉请书可受理性的初步反对意见。审理案情实质的程序因而中止（《法院规则》第79条）。2003年4月25日，克罗地亚在法院2002年11月14日命令所确定的时限内递交了书面声明，就塞尔维亚和黑山提出的初步反对意见阐明了意见和看法。因此，本案可随时就初步反对意见举行听讯。

（五）尼加拉瓜和洪都拉斯间在加勒比海的海洋划界（尼加拉瓜诉洪都拉斯）

1999 年 12 月 8 日，尼加拉瓜共和国援引 1948 年 4 月 30 日签署的《美洲和平解决条约》（正式称为《波哥大公约》）第 31 条以及两国根据《法院规约》第 36 条第 2 项表示接受法院强制管辖权的声明作为法院行使管辖权的依据，递交诉请书，就加勒比海分属两国的海洋区域划界争端对洪都拉斯共和国提起诉讼。法院在 2002 年 6 月 13 日发布的命令中，同意尼加拉瓜提出答辩状，洪都拉斯提出第二次答辩状。尼加拉瓜的答辩状和洪都拉斯的第二次答辩状都已在规定时限内提出。

2007 年 3 月 5 日至 2007 年 3 月 23 日就该案的案情实质举行了公开听讯。在口头诉讼结束时，当事双方向法院提交了最后意见。法院正在审议其判决书。

（六）领土和海洋争端（尼加拉瓜诉哥伦比亚）

2001 年 12 月 6 日，尼加拉瓜援引《法院规约》第 36 条第 2 项及尼加拉瓜和哥伦比亚均为缔约国、于 1948 年 4 月 30 日签署的《美洲和平解决条约》（正式称为《波哥大公约》）第 31 条作为国际法院行使管辖权的依据，递交诉请书，就两国间存在的与西加勒比“领土所有权和海洋划分有关的一组相关法律问题”的争端，对哥伦比亚提出诉讼。法院在 2002 年 2 月 26 日的命令中确定，2003 年 4 月 28 日和 2004 年 6 月 28 日分别为尼加拉瓜提出诉状和哥伦比亚提出辩诉状的时限。尼加拉瓜的诉状已在规定时限内提出。2003 年 7 月 21 日，哥伦比亚在提出辩诉状的时限之内，对国际法院管辖权提出初步反对意见。审理案情实质的程序因而中止（《法院规则》第 79 条）。尼加拉瓜已针对哥伦比亚提出的初步反对意见，在国际法院 2003 年 9 月 24 日命令规定的 2004 年 1 月 26 日时限内，提出了书面文件，陈述其意见和看法。

2007年6月4日至8日就初步反对意见举行了公开听讯。在口头诉讼结束时，当事双方向法院提交了最后意见。法院正在审议其判决书。

（七）法国国内的若干刑事诉讼(刚果共和国诉法国)

2002年12月9日，刚果共和国递交一项诉请书，对法国提出诉讼，以诉请取消法国司法当局在收到一些团体针对刚果共和国总统德尼·萨苏·恩格索先生、刚果内政部长皮埃尔·奥巴先生和包括刚果武装部队监察长诺尔贝特·达比拉将军在内的其他个人提出的、指称他们犯下了危害人类罪和酷刑罪的指控之后所采取的调查和起诉措施。

2003年4月11日，书记官处收到法国2003年4月8日的信函，内称该国“已同意法院的管辖权，以按照第38条第5款审理该诉请书”。此项同意使得本案可登入法院案件总表并且开始诉讼行动。2003年4月28日至29日对指示临时措施的请求举行了公开听讯。法院在2003年6月17日的命令中宣布，根据法院掌握的现有情况，法院无须行使《法院规约》第41条赋予的权力来指示临时措施。刚果共和国和法国已在法院2003年7月11日命令确定的时限内提出了诉状和辩诉状。

法院考虑到双方的协议和案件的具体情况，于2004年6月17日发布命令，核准刚果共和国提交一份答辩状，法国提交第二次答辩状，并确定了提出这些书状的时限。在连续四次请求延长提交答辩状的时限后，法院院长将刚果共和国和法国提交答辩状和第二次答辩状的时限分别确定为2006年7月11日和2008年8月11日。刚果共和国在延期的时限内已提出了答辩状。

（八）白礁岛、中岩礁和南礁的主权归属（马来西亚/新加坡）

2003年7月24日，马来西亚和新加坡共同通知法院，它们于

2003年2月6日在普特拉贾亚签署《特别协定》，该协定于2003年5月9日生效。在《特别协定》第2条中，双方要求法院“确定下列礁岩的主权属于马来西亚还是新加坡共和国：白礁岛；中岩礁；南礁。”法院院长考虑到《特别协定》第4条的规定，于2003年9月1日发布命令，规定2004年3月25日和2005年1月25日分别为双方提出诉状和辩诉状的时限。诉状和辩诉状都在规定时限内提出。法院考虑到《特别协定》的规定，于2005年2月1日发布命令，规定2005年11月25日为双方提出答辩状的时限。答辩状在规定期限内提出。2006年1月23日，双方共同致函法院，称它们同意在此案件中不必交换第二次答辩状。法院随后决定，不必再提出书状，因此现在结束了提交书面诉状的程序。法院确定于2007年11月6日就此案举行公开听讯。

（九）黑海海洋划界（罗马尼亚诉乌克兰）

2004年9月16日，罗马尼亚提交一份诉请书，就下列争端对乌克兰提起诉讼：“事关两国在黑海确定单一海洋界限，从而划定两国的大陆架和专属经济区界限。”罗马尼亚在诉请书中解释，“经过复杂的谈判”，1997年6月2日乌克兰和罗马尼亚签署了《合作与睦邻关系条约》，并以两国外交部长换文的形式缔结了一份《补充协议》。两份文书均于1997年10月22日生效。根据这些协议，“两国有义务就两国之间的国家边界制度缔结一项条约，并签署一项协议，划定两国在黑海的大陆架和专属经济区界限”。罗马尼亚还在诉请书中概述了解决争端的适用法律，援引了1997年《补充协议》的一些条款、罗马尼亚和乌克兰均为缔约国的1982年蒙特哥湾《联合国海洋法公约》以及对两国有约束力的其他相关文书。罗马尼亚和乌克兰已在法院2004年11月19日命令确定的时限内提出了诉状和辩诉状。法院于2006年6月30日发布命令，核准罗马尼亚提交一份答辩状，乌克兰提交第二次答辩状，并确定提出这些书状的时限分别为2006年

12月22日和2007年6月15日。罗马尼亚已在时限内提出了答辩状。法院在2007年6月8日发布命令，将乌克兰提交第二次答辩状的时限延长至2007年7月6日。第二次答辩状已在延长的时限内提交。因此，随时可就本案举行听讯。

（十）航行权利和相关权利争端（哥斯达黎加诉尼加拉瓜）

2005年9月29日，哥斯达黎加援引双方根据《法院规约》第36条第2项发表的接受法院管辖权的声明以及双方于2002年9月26日签署的《托瓦尔－卡尔德拉协定》，作为法院管辖权的依据，递交一份诉请书，就哥斯达黎加在圣胡安河的航行权利和相关权利对尼加拉瓜提起诉讼。由于实施1948年4月13日《波哥大公约》第31条，哥斯达黎加还以《法院规约》第36条第1项为依据。哥斯达黎加和尼加拉瓜在法院于2005年11月29日发布命令规定的时限内提出了诉状和辩诉状。哥伦比亚政府要求获得各书状及其所附文件的副本。根据《法院规则》第53条第1款，法院查明了各当事方的观点，在考虑了它们表达的观点之后，决定暂时不同意这一要求。

（十一）乌拉圭河沿岸的纸浆厂（阿根廷诉乌拉圭）

2006年5月4日，阿根廷递交一份诉请书，就下列争端对乌拉圭提起诉讼：指控乌拉圭违反其根据《乌拉圭河章程》承担的义务。1975年2月26日，阿根廷和乌拉圭签署这项条约（下称《1975年章程》），旨在建立必要的共同机制，充分合理使用构成两国共同边界的河段。阿根廷援引《1975年章程》第60条第1款作为法院管辖权的依据。该条款规定，任何一方均可将不能通过直接谈判解决的关于解释或实施《1975年章程》的任何争端提交法院。在递交诉请书的同时，阿根廷还请求指示临时措施，请法院命令乌拉圭在法院作出最后裁决之前暂不批准建立纸浆厂并暂停所有建筑工程，并与阿根廷合作，以期保护和养护乌拉圭河水环境，避免违反《1975年章程》，采取进一步单方面行动建立这两个纸浆厂，并避免采取可能加剧争端或使争端更难解决的任何其他行动。关于指示临时措施的请求，法院分别于2006年6月8日和9日举行了公开听讯。法院院长在2006年7月13日举行的公开庭上宣读一项命令，法院在命令中裁定，鉴于法院当时掌握的情况，法院不必行使《法院规约》第41条授予的指示临时措施权力。

2006年11月29日，乌拉圭也提出指示临时措施的请求。理由是，从2006年11月20日起，有组织的阿根廷公民团体封锁了一座“重要国际桥梁”，这一行为给乌拉圭经济造成了严重损害，而阿根廷没有采取任何解除封锁的措施。乌拉圭在其请求书最后部分请求法院命令阿根廷采取“一切合理和适当的措施……防止或结束对乌拉圭与阿根廷之间运输的阻碍，包括对两国间桥梁或道路的封锁”；不采取“任何可能使争端恶化、扩大或更难解决的措施”；最后，不采取“任何可能损害已提交法院、有争端的乌拉圭权利的措施”。关于指示临时措施的请求，于2006年12月18日和19日举行了公开听讯，法院院长在2007年1月23日的公开庭上宣读一项命令，鉴于法院当时掌握的情况，法院不必行使《法院规约》第41条授予的指示临时措施权力。阿根廷和乌拉圭在法院2006年7月13日命令确定的时限内提交了诉状和辩诉状（2007年7月20日）。

（十二）关于刑事事项中的若干互助问题（吉布提诉法国）①

① 案件具体情况参见本文“（一）关于刑事事项中的若干互助问题（吉布提诉法国）”。

文件资料

共谋合作　共建和谐

——中国外交部长杨洁篪在第62届联合国大会一般性辩论上的发言

（2007年9月28日）

主席先生：

祝贺阁下荣任第62届联大主席，相信在你的领导下，本届联大将取得新的成就。感谢哈亚·拉希德·阿勒哈利法女士在担任上届联大主席期间所作的贡献。

主席先生，

当前国际形势错综复杂。人类面临的机遇前所未有，面对的挑战也前所未有。维护和平、促进发展、谋求合作的因素在增长。与此同时，传统与非传统安全威胁交织，热点问题突出，南北差距仍在增大，贸易保护主义抬头，发展中国家总体不利处境没有根本改变。经济全球化和世界多极化趋势的发展，孕育着新的国际关系思维。

两年前，就在这个大厅，中国国家主席胡锦涛先生提出，人类在21世纪应共同致力于建设一个持久和平、共同繁荣的和谐世界。这一主张的核心，是在承认世界多元性、利益差异性、文明多样性的前提下，以和平、合作的方式协调利益，化解矛盾，发展合作，实现共赢。

主席先生，

联合国成立62年来，在推进人类和平与发展事业的征程中发挥了不可替代的作用。本届联大应致力于推动世界各国和谐相处。妥善处理热点问题，通过对话合作和平解决国际争端。这不仅是《联合国宪章》的明确要求，也是维护世界和平稳定、实现各方互利共赢的正确方式。

中方始终主张以对话方式和平解决朝鲜半岛核问题，维护半岛和东北亚和平稳定。六方会谈已成为有关各方就实现半岛无核化、有关国家关系正常化、构筑和谐东北亚新格局进行对话与磋商的重要平台。我们将一如既往，为推进六方会谈和半岛无核化进程发挥建设性作用。

通过外交谈判谋求和平解决是处理伊朗核问题的最佳选择，符合国际社会共同利益。中方反对核武器扩散，主张维护国际核不扩散体系，维护中东地区的和平与稳定。任何防扩散的努力不应偏离维护国际和平稳定的目标。在履行相关国际义务的前提下，各国和平利用核能的权利应得到充分尊重。中方呼吁各方显示灵活，尽早重启谈判，愿为和平解决伊朗核问题继续作出贡献。

中东问题的核心是巴以问题。中方支持巴勒斯坦和阿拉伯人民恢复合法民族权利的正义事业，真诚希望阿、以在联合国有关决议、“土地换和平”原则基础上，通过政治谈判尽快结束争端。中方呼吁巴内部加强团结，欢迎有关召开中东问题国际会议的倡议。我们希望伊拉克人民继续推进民族和解，早日恢复和平稳定，实现中东问题全面、公正、持久地解决。

联合国、非盟和苏丹政府三方进行对话与平等协商是解决达尔富尔问题的有效机制。国际社会应维护当前的良好势头，继续发挥“三方机制”的主渠道作用，坚持“双轨”战略，平衡推动维和行动和政治进程，从安全、政治、人道和经济社会发展等方面寻求达问题的持久解决办法。中方致力于妥善解决达问题，向达区提供了多笔人道主义援助，并决定派遣工兵分队参与达区维和行动。中方将继续坚定支持苏丹和平与民族和解进程，为达问题的妥善解决和苏丹的和平稳定发展作出贡献。

主席先生，

本届联大应致力于推动世界各国和平发展。贫困是产生争端的重要根源之一，发展是消除贫困的根本途径。人类发展是一个有机整体，在南北差距的巨大鸿沟上，无法建立起共同繁荣的大厦。

国际社会应该增强紧迫感，抓紧落实千年发展目标，缩小南北差距，尤其是满足非洲发展的特殊需要。发达国家应该进一步向发展中国家增加援助、减免债务、开放市场、转让技术。发展中国家也应根据自己的国情制定发展战略和政策，努力发展经济。应支持建立健全开放、公平、公正的多边贸易体制，反对贸易保护主义，推动多哈回合谈判早日取得全面、均衡的成果，达成发展回合的目标。国际经济体系改革应充分反映世界经济格局的变化，增加发展中国家的发言权和代表性。

中国在坚持自身发展的同时，重视加强国际发展合作，谋求实现全球协调、均衡的发展。尽管中国还是一个发展中国家，但一直努力在力所能及的范围内向包括非洲在内的广大发展中国家提供援助，帮助发展中国家提高自主可持续发展能力，通过促进广大发展中国家的发展实现世界的持久和平与共同繁荣。

切实帮助非洲国家实现稳定安全和可持续发展是国际社会的共同责任。中国与非洲国家政治上相互尊重、平等相待，经济上互惠互利、合作共赢，国际事务中相互支持、密切配合，治国理政中相互学习、共谋发展。在双方共同努力下，中非合作取得了丰硕成果，受到非洲国家的普遍赞同和欢迎，给双方人民带来了实实在在的好处。中非合作不针对任何第三方，有利于其他国家与非洲的合作。

主席先生，

本届联大应致力于促进人类与自然和谐共存。世界的发展推动了物质文明进步，也引起了生态失衡和环境污染。维护人类共同家园，关系到我们共同的未来。

气候变化问题是环境问题，但归根到底是发展问题，是在发展中产生的，也只能通过发展解决。要坚持《联合国气候变化框架公约》及《京都议定书》的框架，坚持“共同但有区别的责任”原则。发达国家应正视自身责任，切实履行减排承诺，并在2012年后继续率先减排。必须加强国际能源、资源与环境合作，加强研发和推广节能技术、环保技术、低碳能源技术，建立合理的资金、技术转让机制，使发展中国家用得上、买得起先进环保技术，提高应对气候变化的能力，通过实现可持续发展有效应对气候变化。

中国高度重视气候变化问题，尽管目前中国人均二氧化碳排放量不到发达国家平均水平的1/3，但本着对全人类高度负责的态度，采取了许多应对气候变化的有效措施，颁布了一系列法律法规，提出降低单位国内生产总值能耗、提高森林覆盖率等目标。中国政府已明确提出，到2010年实现单位国内生产总值能源消耗比2005年末降低20%左右、主要污染物排放总量减少10%、森林覆盖率提高到20%等目标。中国将根据《应对气候变化国家方案》，积极参加气候变化领域的国际合作，为保护全球气候作出自己的贡献。

主席先生，

推动联合国改革，更好地发挥联合国在维护世界和平、促进共同发展、加强各国合作方面的作用，是建设和谐世界的重要保障。

中方支持联合国改革，主张全面、均衡地落实2005年联合国成立60周年首脑会议作出的各项改革决定，优先推动发展领域改革，加大联合国在发展领域的投入。人权理事会工作应落实上阶段改革成果，使理事会成为对话合作而非政治对抗的平台。安理会改革应优先增加发展中国家代表性，让更多中小国家有机会参与决策。任何改革方案都应在最广泛协商一致的基础上稳步推进。中方愿与各方共同努力，推动改革进程成为会员国加强协商对话、促进团结合作的进程。

主席先生，

中国致力于建设一个民主法治、公平正义、诚信友爱、充满活力、安定有序、人与自然和谐相处的社会。为了实现这一任务，中国正全面贯彻落实科学发展观，大力发展社会生产力，切实保障人民在政治、经济、文化、社会等各方面的权利。中国通过建设和谐社会，提高占世界五分之一人口的物质文化生活水平，是对推动建设和谐世界作出的实实在在的贡献。

中国在国家发展建设事业中，始终不渝地把自身发展与人类共同进步联系在一起。在国际事务中，中国致力于推动各国平等参与国际事务，促进国际关系民主化；推动各国共享经济全球化和科技进步的成果，促进互利共赢；推动不同文明加强交流理解，倡导世界多样性；推动与各国开展对话、增强互信，共同应对全球性问题。中国坚定不移地走和平发展道路，愿为人类的和平发展事业作出更大贡献。

主席先生，

台湾是中国领土不可分割的一部分，一个中国原则和联大第2758号决议不容挑战。1993年以来，联大总务委员会连续15次拒绝将涉台问题列入联大议程。这充分说明，任何违背《联合国宪章》宗旨和原则，试图歪曲和否定联大第2758号决议的行动，都不可能得到联合国广大会员国的支持，注定要失败。希望有关国家不要再受台湾当局唆使，放弃此类错误举动。

当前，台湾当局顽固坚持“台独”分裂立场，在台湾岛内全力推动举办“以台湾名义加入联合国”的“公投”，这是陈水扁当局走向“台湾法理独立”又一严重步骤。事态如果发展下去，将严重危害台海地区乃至亚太地区的和平与稳定。中国政府始终以最大诚意、尽最大努力促进两岸关系和平发展，争取和平统一的前景，但绝不允许任何人以任何名义、任何方式把台湾从中国分割出去。我们希望国际社会继续支持中国和平统一大业，支持中国人民反对和遏制“台独”分裂活动，与我们一道共同维护台海地区乃至亚太地区的和平与稳定。

主席先生，

2008 年 8 月 8 日，承载着人类求和平、求发展、求合作、求友谊的共同梦想的奥运会，将首次在中国这片古老而年轻的土地上拉开帷幕。“同一个世界，同一个梦想”，13 亿中国人民和世界人民一起，热切期盼奥运会的到来。2008 年奥运会不仅是中国的奥运，更是世界的奥运。我们相信，在中国人民的努力下，在世界各国人民的大力支持下，2008 年奥运会一定会成为一届有特色、高水平的奥运会。

谢谢主席先生。

中国外交部长杨洁篪在联合国气候变化高级别会议适应问题专题会上的发言

（2007 年 9 月 24 日）

主席先生，

各位同事：

气候变化是重大的发展问题，攸关各国的国计民生，影响世界经济发展和各国的共同繁荣。国际社会应以深远和宽广的眼光，从全局和战略的高度，携手合作，共同应对气候变化的挑战。

联合国在气候变化领域发挥着不可替代的作用。今天举行的气候变化问题高级别会议表明，国际社会支持联合国继续在气候变化领域发挥领导作用，引领全球应对气候变化的努力。

主席先生，

本次会议应通过充分和民主讨论，广泛听取各方意见，凝聚各方共识。中方希望会议在以下方面取得积极成果：

坚持“共同但有区别的责任”原则。发达国家应完成《京都议定书》确定的减排指标，帮助发展中国家提高应对气候变化的能力，并在2012年后继续率先减排。发展中国家也应根据自身国情并在力所能及的范围内，采取积极措施，尽力控制温室气体排放增长速度。

维护公约确立的基本框架。《联合国气候变化框架公约》在气候合作方面发挥了领导作用，应继续成为未来国际合作的基本框架。中方也欢迎其他相关倡议和机制开展务实合作。它们应成为公约框架有益的补充。

平衡推进气候变化领域国际合作。减缓、适应、资金和技术是应对气候变化的重要手段，应同等重视。应重视加强对发展中国家的资金援助和技术转让。在此过程中，不能单纯强调市场机制的作用，更不能把应对气候变化的任务全部推向市场。

主席先生，

适应气候变化是发展中国家最为关心的问题，也是应对气候变化挑战的重要组成部分。中方主张在适应问题上开展务实合作，加强各国能力建设。中方愿就此强调以下几点：

一、着眼长远，促进可持续发展。各国应将适应气候变化作为落实千年发展目标的重要组成部分，推动将适应问题纳入国家经济和社会发展战略。国际社会，特别是发达国家应本着共同发展的伙伴精神，根据公约原则，帮助发展中国家提高适应能力，增强应对气候灾害的能力。

二、加大投入，提供充足的适应资金。应尽快启动议定书的适应基金，并对所有发展中国家开放。应更加完善全球环境基金和清洁发展机制的运作，使发展中国家更易受益。还应扩大适应资金来源，为发展中国家适应气候变化提供新的和额外的资金支持。

三、依靠科技，加强技术合作与转让。国际社会应积极探讨建立有效的技术推广机制，降低成本，加强信息交流、技术转让和共享，确保广大发展中国家买得起、用得上环境友好型技术。要努力减少贸易和技术壁垒，加强技术研发和创新方面的国际合作。

主席先生，

中国是遭受气候变化不利影响较为严重的发展中国家。中国政府已将环境保护列为基本国策，将科学发展观作为执政理念，成立了国家应对气候变化领导小组，颁布了一系列法律法规，并制定了应对气候变化国家方案。

为应对气候变化，中国采取了一系列政策措施，取得了积极成效。

——1991 年至 2005 年，中国累计节约能源约 8 亿吨标准煤，相当于减排 18 亿吨二氧化碳。

——中国一次能源消费构成中煤炭的比重从 1990 年的 76.2% 降至 2005 年的 69.1%。

——1980 年至 2005 年，中国植树造林活动累计净吸收二氧化碳 30.6 亿吨，森林管理累计净吸收二氧化碳 16.2 亿吨，减少毁林排放二氧化碳 4.3 亿吨。

——从 20 世纪 70 年代以来，中国实行计划生育，累计少生 3 亿多人，相当于每年少排 12 亿吨二氧化碳。

——中国的“十一五”规划提出，到 2010 年，中国单位国内生产总值能耗比 2005 年末降低 20% 左右，主要污染物排放总量减少 10%，森林覆盖率由 18.2% 提高到 20% 等。

为适应气候变化，中国不断增强在农业、自然生态系统、水资源等领域适应气候变化的能力，防灾备灾，减少灾害性天气事件的损失。

——中国将力争新增改良草地 2400 万公顷，治理退化、沙化和碱化草地 5200 万公顷。

——中国将力争实现 90% 左右的典型森林生态系统和国家重点野生动植物得到有效保护，自然保护区面积占国土总面积的比重达到 16% 左右，治理荒漠化土地面积 2200 万公顷等。

中国的努力是全球应对气候变化的组成部分。中国将根据公约和议定书，本着“共同但有区别的责任”原则，承担应有的国际责任和义务，为气候变化国际合作作出更大贡献。中国还愿继续在力所能及的范围内，帮助非洲和小岛屿发展中国家提高适应气候变化的能力。最近，中国在亚太经合组织会议上提出了“亚太森林恢复与可持续管理网络”倡议。中国愿与各方一道，将该倡议落到实处，促进亚太地区应对气候变化的努力。

中国愿与国际社会共同努力，推动建设一个和谐发展、清洁发展、可持续发展的世界。

谢谢主席先生。

中国外交部长杨洁篪在联合国安理会非洲问题高级别会议上的发言

（2007年9月26日）

主席先生：

我祝贺法国担任9月安理会轮值主席，很高兴看到萨科奇总统亲自主持今天的会议。

建设一个持久和平、共同繁荣的和谐世界，离不开非洲的稳定与发展。这是非洲人民的愿望所在，也是各国的共同利益所在。联合国，特别是安理会有责任帮助非洲维护和平，建设和平，走上长治久安之路。

主席先生，

非洲和平正面临着机遇与挑战，需要在国家、区域和全球层面采取综合性办法。和解、发展和合作应成为非洲和平的三大支柱。

和解是实现非洲和平的关键。在一国内部，各民族、各派别应以国家整体利益为重，推进具有包容性的政治进程，维护人权，恢复法治，共同致力于国家和民族的发展，使所有人都享受到和平的红利。通过对话协商，和平解决分歧，是处理国家间冲突的正确途径。邻居不能选择，但可以选择相处的方式；分歧不可避免，但总有消释化解的手段。

发展是实现非洲和平的基础。冲突往往与贫困相伴而生，并形成恶性循环。从根本上讲，非洲的和平取决于能否加快经济和社会发展，能否如期实现千年发展目标，能否让发展的红利惠及每个人。非洲的自然资源得天独厚，理应成为和平之本，而不是动荡之源。无论是预防冲突、维持和平还是建设和平，发展都应成为贯穿始终的主线。我们支持国际社会在资金、技术和治理方面向非洲提供帮助，但要尊重非洲国家的国情和发展模式，不能强加于人。

合作是实现非洲和平的手段。非洲的前途在于非洲国家的团结自强。非洲联盟成立以来，在达尔富尔、索马里等问题上发挥了卓有成效的作用。这充分说明，非洲的问题能够由非洲人以非洲方式加以解决。帮助非洲既是国际社会的现实需要，更是道义上的责任。我们支持联合国及安理会在机制建设、信息交流、人员培训、维和行动等方面向非洲区域组织提供更大的支持。安理会采取强制性行动时，尤其要尊重非洲的意见。

主席先生，

去年 11 月，中非合作论坛北京峰会成功举行，决定建立和发展中非新型战略伙伴关系。这是中非传统友谊的深入发展，是中非合作的内在需要，也是促进世界和平与发展的必然要求。中国将继续本着平等互信、相互尊重、互利互惠、共同发展的原则，不断深化对非合作，并与国际社会一道，共同促进非洲的和平与发展。

谢谢主席先生。

中国代表王光亚关于安理会缅甸问题决议草案的解释性发言

（2007 年 1 月 12 日）

主席先生：

中国坚决反对安理会通过缅甸问题决议草案。中方为此曾与安理会各成员、特别是提案国进行了广泛的沟通与协商，力争避免表决。令人遗憾的是，中方的建议和善意未获响应，出现今天的局面是中方所不愿看到的。在正式表决前，中方愿重申以下原则立场：

第一，同国际社会一样，中方希望看到一个经济发展、社会和谐、法治健全、政治民主的缅甸。这符合缅甸人民、东南亚各国以及国际社会的共同利益。不可否认，缅甸目前在政治、经济、社会发展方面确实面临诸多挑战，而且其中的一些问题相当严重。但没有任何一个国家的状况是完美的，都处在一个不断改进的过程。因此，中国支持缅甸政府和各方各派加快对话与和解进程。迄今，国际社会、特别是东盟先后向缅甸政府提出了许多建设性意见，对改善缅甸局势具有重要参考价值。中方真诚希望并期待缅甸政府予以积极、认真考虑，顺应国内民心和国际潮流，加快对话进程与改革步伐，争取早日实现国家繁荣富强，造福于本国人民，为东南亚的和平、稳定与发展作出积极贡献。

第二，中方鼓励和支持秘书长根据联大授权就缅甸问题积极开展斡旋活动。一段时间以来，国际社会对缅甸问题的关注程度逐渐升高，这是可以理解的。中方始终认为，联合国在此方面可以发挥建设性作用。正是在各方努力下，缅方诚邀甘巴里副秘书长去年两度访缅，与缅领导人进行了真诚对话，取得了一些积极进展。联合国秘书处当前正处于过渡阶段，中方支持秘书长尽快任命缅甸问题特别代表。我们期待甘巴里副秘书长能尽快应邀重访缅甸，继续与缅深化对话、建立互信。正如甘巴里副秘书长去年11月向安理会通报所言，秘书长斡旋行动是一个对话与接触的过程，需要时间与耐心。我们真诚呼吁，国际社会和缅甸政府能珍惜当前良好的互动趋势，建设性地支持秘书长斡旋使命，共同携手合作，帮助缅甸逐步实现长期稳定与发展。第十次东盟领导人峰会开幕在即。中方也将一如既往地支持东盟在解决缅甸问题上继续发挥领导作用。

第三，缅甸问题本质上仍是一国内政，缅国内局势并未对国际与地区和平与安全构成威胁。缅甸当前确实面临难民、儿童、艾滋病、人权、毒品等一系列严峻挑战，但世界上许多国家同样存在类似问题。如果因为缅甸在上述领域存在这样或那样的问题，就要人为地视之为对地区安全造成现实或潜在威胁，需要列入安理会议程并通过决议。那么联合国其他191个成员国可能都需要在安理会接受审议。这样做显然不合逻辑，也有悖常理。事实上，缅甸所有直接邻国、东盟成员和绝大多数亚太国家无一认为缅甸局势对地区和平与安全构成威胁。《联合国宪章》赋予安理会的主要职责是维护国际和平与安全。加之联合国各相关机构已在讨论缅甸问题，安理会就不应强行介入并试图采取行动。否则，不仅逾越安理会职责，而且无助于其他机构进行正常讨论，更不利于秘书长继续开展斡旋活动。

主席先生，

需要特别指出的是，中国作为缅甸直接邻国和亚太地区的安理会成员，对缅甸局势的关注丝毫不亚于其他任何国家。缅甸国内政治进程及成果或许未如外界期望之快，但其进展与势头是不争事实。中国有句话叫急性子吃不了热豆腐。国际社会帮助缅甸的意愿是真诚、美好的，同时还须辅之以务实、可行的方式，应尊重并适合缅甸的具体国情，否则可能造成事与愿违的后果。倘若缅甸局势因外部强行介入而发生动荡，首当其冲受其之苦的将是缅甸人民和缅甸各邻国。因此，中国比其他任何域外国家都更希望看到缅甸政治稳定、经济发展、民族和睦。中国也一直以负责任的态度，积极协助、推动缅甸政府逐一解决面临的问题。中方始终认为，缅甸内部事务应主要由缅甸政府与人民自主协商解决，国际社会可提供建设性帮助，但绝不能强行干预。

基于上述原则立场，中方明确反对安理会将缅甸问题列入议程，更坚决反对安理会通过任何形式的缅甸问题决议。因此，中方只能对面前的决议草案投反对票。

谢谢主席先生。

中国代表成竞业在裁谈会全会上的发言

（2007 年 1 月 24 日）

主席女士：

首先，中国代表团祝贺你担任裁谈会 2007 年会议首任主席。相信在你杰出引导下，会议将会有一个良好开端。中国代表团将积极支持你的工作。我们对今年六位轮值主席（下称 P6）为促进裁谈会工作而作出的努力，表示赞赏。

主席女士，

去年裁谈会的活动安排富有创新精神。各方围绕议程上的所有议题进行了建设性的讨论。有关讨论对裁谈会的工作无疑是具有积极意义。

中国有句古语：常鉴常新，意思是不断总结过去的经验，才能取得新的成果。在我们看来，去年裁谈会讨论之所以能够顺利进行，正如联合国前任秘书长安南所说，是由于我们大家“为反映所有成员国的安全关切作出了特别努力”。

主席女士，

刚才，你就今年裁谈会工作的组织框架作了介绍，我们对此表示欢迎。记得，尊敬的波兰大使拉帕齐先生在说明去年 P6 倡议时曾指出，其目的是“使我们更加接近于在工作计划上达成一致”。中国代表团相信，今年的会议安排也是出于同样的考虑。

在此方面，我想提及新任联合国秘书长潘基文先生对今年裁谈会提出的希望。他指出，核裁军、“禁产”、外空、无核安保都具有其重要性，“期待裁谈会在所有这些方面都取得进展”。中国代表团对此表示完全赞同。

你在刚才的讲话中也对“协调员”的任务作了介绍。我们对拟出任协调员的大使们表示感谢。他们将担负起主持有关议题讨论的繁重工作。我们希望，在 P6 的主持下，通过各位协调员的协助，全体成员国能够就裁谈会下一步工作如何推进作出结论。

主席女士，

前不久，我在一家西方媒体上读到一篇文章。其中，作者讲到这样一个故事。一位好莱坞大亨与肖伯纳进行谈判，想购买肖的一部舞台剧作品的电影版权。过了一段时间后，肖告诉这位老板说，“先生，恐怕我们无法做成这笔交易，因为似乎你只关心艺术，而我只关心钱”。

我不知道最终他们是否达成了交易，但是我想，这个故事对我们在裁谈会的工作无疑具有启迪。裁谈会的进展有赖于大家的共同努力，换言之，要使裁谈会的工作向前推进，有关各方都应显示灵活，重视彼此的关切。只有这样，才能逐步缩小分歧，最终打破在工作计划上的僵局。中方真诚地希望，在我们大家去年努力的基础上，今年即将开始的讨论将有助于尽早实现这一目标。

中国代表团愿与各方一道继续努力，推动裁谈会尽快就各有关议题开展实质性工作达成共识。

谢谢主席女士。

中国代表成竞业在裁谈会2007年一期会关于“核裁军”问题非正式讨论的发言

（2007年2月6日）

协调员先生：

首先，我要感谢你担任裁谈会议题1（即“停止核军备竞赛和核裁军”）的协调员。去年裁谈会就这一议题进行了有益的重点辩论。中国代表团希望在你的协助下，今年裁谈会关于该议题的讨论能取得进展，形成一些共识。

核裁军对于改善国际安全环境，促进世界和平与发展具有重要意义。近年来，由于众所周知的原因，核裁军进程遇到了许多困难和挫折。除其他而外，一些曾经达成共识的核裁军原则遭到挑战，《不扩散核武器条约》（NPT）第七次审议会无果而终。尽管如此，我们始终坚信，只要有关各方能够显示政治意愿，共同致力于创造必要的国际环境，削减和最终彻底消除核武器的目标是可以实现的。

协调员先生，

中方记得你在介绍议题1的审议安排时，曾提及第一轮非正式会议可以讨论若干问题。中方愿结合有关问题阐述如下看法。

——中方认为，创造一个健康、积极的国际安全环境，维护国际战略稳定，是确保核裁军取得进展的基础。

——中国一贯主张全面禁止和彻底销毁核武器。在1964年第一次核试验后，中国政府即发表声明，向世界各国政府郑重建议：召开世界各国首脑会议，讨论全面禁止和彻底销毁核武器问题。中方仍坚定地奉行这一主张，认为应尽早就全面禁止和彻底销毁核武器缔结国际法律文书。

——中方认为，核裁军与防止核武器扩散的努力互为补充，相互促进。应妥善处理两者之间的关系。只有核武器国家尽早彻底消除核武器，同时无核武器国家继续恪守不谋求核武器的承诺，无核武器世界的目标才能实现。换而言之，重要的是，核武器国家与无核武器国家在核裁军与防止核武器扩散两方面都作出不懈的努力。上任联合国秘书长安南曾形象地比喻：“核裁军与防止核武器扩散就像飞机的双翼，缺一不可。我们不能在两者之间作选择，而必须以应有的紧迫性同时处理这两大问题”。

——在2000年NPT审议大会上，各国曾就核裁军的一些原则及措施达成了共识。其中包括，核武器的裁减应以“可有效核查”、“不可逆转”、“具有法律约束力”的方式进行。任何核裁军措施，均应以“维护全球战略稳定”和“各国安全不受减损”为指针，都应有助于促进国际和平与安全等。这些重要原则都对促进核裁军进程必不可少，应予坚持。

——在推进核裁军进程中，应遵循公正合理、逐步削减、向下平衡的原则。两个拥有最大核武库的国家对核裁军负有特殊和优先的责任，应认真履行已达成的削减核武器条约，并遵循可核查、不可逆的原则进一步削减核武库，为最终走向全面、彻底核裁军创造条件。

在实现全面禁止和彻底销毁核武器的目标之前，核武器国家应承诺不首先使用核武器，并无条件地不对无核武器国家和无核武器区使用或威胁使用核武器；应继续支持有关国家和地区根据本地区实际情况，在自行协商、自愿协议的基础上建立无核武器区或无大规模杀伤性武器区的努力。国际社会并应尽快就无核武器国家安全保证问题缔结国际法律文书。

——多年来，核裁军一直是裁谈会的一大核心议题。由裁谈会设立特委会实质性处理核裁军问题，是许多国家的主张。不结盟运动第 14 届首脑会议在其最后文件中，呼吁裁谈会“及早达成全面、平衡的工作计划，其中至少应包括建立核裁军特别委员会，将核裁军问题作为最优先事项予以处理”。在核裁军特委会职权问题上，中国支持“21 国集团”的合理主张。我们希望，裁谈会在达成一致工作计划的基础上，尽早就包括核裁军在内的相关议题开展实质性工作。

——今年将启动《不扩散核武器条约》第八次审议大会进程。中国坚定支持这一进程。希望各方遵守条约承诺，采取建设性的态度，使第一次筹备会为审议大会取得成功开创一个良好的开端。

协调员先生，

中国重视并支持国际核裁军努力，并认真履行核裁军义务，以自身实际行动推动国际核裁军进程。中国代表团将依照你所建议的讨论安排，在本议题的第二轮讨论中，就此作进一步阐述。

谢谢协调员先生。

中国代表成竞业在裁谈会2007年一期会关于“禁产”问题非正式讨论中的发言

（2007年2月8日）

协调员先生：

中国代表团欢迎你担任议程项目二的协调员。相信在你的协助下，有关这一议题的非正式讨论将会有序进行。

协调员先生，

中国代表团将在本议题下着重就“禁止为核武器或其他核爆炸装置生产裂变材料”问题发表一些看法。“禁产”由来已久。但直到20世纪90年代初，该问题才正式提上了裁军谈判的议事日程。

中国一直积极支持通过谈判达成“禁产条约”。达成这样一个条约，有助于在数量上限制核武器的发展，在核裁军和防扩散两个方面都将发挥积极作用。对1993年48届联大决议及此后历届联大相关决议，中国均参加了协商一致或投了赞成票。同时，中方认为，作为当前军控与裁军领域唯一的多边谈判机构，裁谈会是谈判“禁产条约”唯一和最佳的场所，任何双边或多边的场合都不能替代裁谈会达成正式的“禁产条约”。

协调员先生，

通过各方艰苦努力，裁谈会曾于1995年就“禁产条约”特委会的授权达成共识，它载于“香农报告”。这一结果来之不易，它是各方关切和利益的微妙平衡。近年来这一授权遭到了质疑。与大多数国家一样，中方仍然支持裁谈会根据“香农报告”的授权谈判一项“禁产条约”。

从去年二期会关于“禁产”问题重点辩论情况看，各方对“禁产条约”本身涉及的具体问题也存有很大分歧，例如“禁产”的范围、裂变材料的定义、是否需要核查以及如何确定核查机制、如何确保条约的普遍性和有效性，等等。

协调员先生，

我们知道，2000 年《不扩散核武器条约》审议大会最后文件曾敦促裁谈会达成一项工作计划，其中包括尽快开始“禁产”谈判。第 59 届联大有关决议（A/RES/59/81）也提出了同样要求。近年来，由于国际安全和军控形势的变化，各国的安全关切存在差异，在裁谈会的优先议题上难以形成共识，裁谈会一直未能达成一项全面、平衡的工作计划，“禁产条约”谈判也未能启动。

中方认为，打破裁谈会工作僵局的关键，在于重视和照顾各方的关切，相互谅解和妥协。在这方面，“五国大使方案”为我们指明了可取而可行的出路，它得到了绝大多数国家的接受。我们支持在这一建议的基础上，尽快达成一项一致的工作计划，以便就核裁军、防止外空军备竞赛、“禁产条约”、无核安保等问题设立特设委员会，开展实质性工作。中方愿同各方一道继续为此作出不懈努力。

谢谢协调员先生。

中国代表刘振民在联合国第45届社发会关于“促进充分就业和人人有体面的工作”的发言

（2007年2月8日）

主席先生：

首先，请允许我祝贺你当选本届会议主席。相信在你的杰出领导下，本届会议定能取得圆满成功。中国代表团将全力支持你的工作，为会议成功作出贡献。

主席先生，

就业是各国经济社会发展过程中面临的普遍问题。实现充分就业和体面劳动是所有劳动者的共同愿望。也是各国政府的重要职责和使命。在经济全球化深入发展、各国经济联系日趋紧密的今天，本届社发会在优先主题下审议充分就业和体面劳动问题具有积极和现实意义。中国代表团认真研读了秘书长报告，认为这为会议讨论奠定了良好基础。在此，我愿就会议主题发表如下意见：

一、增强就业与经济增长的良性互动是促进充分就业和实现体面劳动的前提。各国政府应善用本国的比较优势，有重点地发展经济，创造更多的就业机会。同时，还要加大人力资源投资力度，为劳动者提供更好的教育和培训，提高其就业技能，在此基础上完善劳动力市场服务体系，营造良好的就业和创业环境。

二、适合本国国情的社会保障制度是促进充分就业和实现体面劳动的保障。在发展经济的同时，各国政府不能忽视社会公平和公正原则，应保证社会弱势群体能够分享发展成果。实现体面劳动是我们的共同奋斗目标，但各国国情不同，发展阶段不同，达成目标的方式与进程也不尽相同，在实践中应尊重多样性。需要强调的是，除了政府在保障劳动者权益方面负有主要责任外，跨国公司也应承担不可推卸的社会责任。

三、解决农村地区人口就业问题是促进充分就业和实现体面劳动不可或缺的重要组成部分。农村人口约占全球总人口的一半，各国政府应加大对农村和农业发展的投入，为农民提供更多的资源、技术和培训机会，同时应在城市化进程中创造更多就业机会，解决好农村剩余劳动力的就业问题。

四、鼓励中小企业发展是促进充分就业和实现体面劳动的新亮点。广大中小企业是全球经济发展中最具活力和创新精神的组成部分，它们在创造就业方面发挥的重要作用应得到更多重视。各国政府应发挥中、小企业灵活多样的特点，在政策和税收方面给予支持。

五、良好的国际环境是促进充分就业和实现体面劳动的有利支持。发达国家应在帮助发展中国家摆脱贫困、创造就业方面持更加积极的态度。我们呼吁发达国家放弃不明智和不公正的贸易保护主义，特别是取消针对发展中国家劳动密集型产品的贸易壁垒。我们呼吁发达国家在促进技术转让方面采取积极政策，特别是应加大对清洁生产、低排放、高能效技术的转让，以帮助发展中国家增加环境友好型产业的就业。

主席先生，

中国是世界上人口最多的发展中国家，就业问题比任何一个国家都繁重、复杂。这既关系劳动者个人的合法权益，也是构建和谐社会的重要组成部分。中国政府将就业作为民生之本，把扩大就业摆在经济社会发展中更加突出的位置，并列为国民经济和社会发展的宏观调控目标。

我们实施了积极的就业政策，主要包括：第一，发展经济，增加就业机会，调整经济结构以及发展小企业创造就业，将扩大就业与经济增长相结合；第二，为下岗失业人员提供就业服务和职业培训，将提高就业质量与人力资源开发相结合；第三，完善社会保障和实施再就业援助，帮助就业困难群体再就业，将促进就业与建立社会保障制度相结合；第四，推进城乡统筹就业，将城乡协调发展与建立平等就业制度相结合。

主席先生，

由于中国人口众多，劳动力供大于求的矛盾将长期存在，经济体制转轨、产业结构调整任务相当繁重。城镇新增劳动力、农村富余劳动力、下岗失业人员重新就业将是我国面临的三大就业问题。在当前及今后相当长的时期内，促进就业任务相当艰巨。因此，在中国推动实现“促进充分就业和人人有体面工作”将是一个任重道远的过程。

我们愿与国际社会一道，继续为促进全球经济社会协调发展、实现劳动者充分就业、享有体面劳动的目标、为构建和谐世界而共同努力。

谢谢主席先生。

中国代表成竞业在裁谈会一期会“防止外空军备竞赛”议题非正式讨论中的发言

（2007 年 2 月 12 日）

协调员先生：

首先，我欢迎你担任防止外空军备竞赛议题协调员。去年裁谈会二期会俄罗斯担任主席期间，我们曾就这一议题进行了深入讨论，发表了许多有益的意见。相信在你的协助下，本期裁谈会关于外空问题的讨论将会同样取得积极进展。

协调员先生，

在本次非正式会议上，中国代表团打算按照你提出的讨论安排，着重就现有外空法律文书是否足够，以及如何加强现有外空法律体系阐述看法和主张。

今年是前苏联发射第一颗人造地球卫星 50 年周年。它开启了人类探索和利用外空新纪元。过去 50 年来，人类对空间的探索和利用取得了巨大进展，对人类文明进步起到了重要的推动作用。

然而，不幸的是，随着外空技术的发展，外空武器化、外空军备竞赛的阴影始终存在。为了防止这一消极事态的发展，国际社会从 20 世纪 50 年代后期就开始积极寻求有关解决办法。由于各方的不懈努力，先后达成了《外空条约》、《反导条约》和

《月球协定》等多项法律文书。这些国际法律文书搭建起了规范外空行为、维护外空安全的初步国际法律框架。几十年来，它们对促进外空的和平利用、防止外空军备竞赛发挥了积极的作用。

在肯定《外空条约》等国际法律文书作用的同时，我们必须看到，这些条约本身限于当时的历史条件，不可避免地存在着一些缺陷，而随着空间科学技术的进步和国际形势的变化，这些条约的局限性日益显露。

去年，中方与俄罗斯联合提交了“现有国际法律文书与防止外空武器化”工作文件，载于 CD/1780。该文件对当前外空国际法律体系的局限性和不足进行了系统分析。我愿借此机会强调以下几点。

——《外空条约》禁止在绕地轨道上、天体上和外层空间部署大规模杀伤性武器，但未涉及除大规模杀伤性武器之外的其他武器，如常规武器及基于其他物理原理的新型武器。

——《月球协定》禁止在月球上试验、使用各类武器，并禁止从月球上对地球及宇宙飞船与人员使用各类武器，但未涉及在月球轨道上及月球以外的空间进行上述活动。且该条约普遍性不高。

——《部分禁核试条约》禁止在外空试验和使用核武器，但不涉及核武器以外的其他武器问题。

——《反导条约》规定不研制、试验或部署天基反导系统，但该条约已在几年前被废止。

综合看来，现有外空国际法律文书的不足，主要体现为两个方面。一是这些法律文书不能有效防止在外空，特别是在绕地轨道及月球以外的天体上试验、部署和使用除大规模杀伤性武器外的武器。二是现有法律文书均未涉及对外空物体使用或威胁使用武力的问题。因此，现有外空国际法律体系已不足以有效防止外空武器化和外空军备竞赛。

为了弥补现有外空国际法律体系的漏洞，我们认为，国际社会应当尽早通过谈判达成一项新的法律文书，以确保有效维护外空安全。

协调员先生，

自1981年以来，联大已连续20多年通过关于防止外空军备竞赛的决议，裁谈会也从1982年起将此列为重要议题，并于1985年至1994年连续十年成立了外空军备竞赛问题特委会，对外空问题的各个方面进行了深入探讨，积累了丰富的经验。

2002年，俄罗斯、白俄罗斯、印尼、津巴布韦、叙利亚、越南和中方共同提出了“防止在外空部署武器、对外空物体使用或威胁使用武力条约要素”，载于CD/1679，就未来条约提出了具体建议。中方认为，谈判防止外空武器化国际法律文书的条件已经逐步成熟。

为了推动裁谈会尽快开展实质性工作，中方于2003年8月表示，愿意加入“五国大使方案”（CD/1693/Rev.1）的协商一致，可以同意该草案有关外空特委会的职权措辞。该措辞具体为：在题为“防止外层空间的军备竞赛”的议程项目三下设立一个特设委员会，以处理防止外层空间军备竞赛问题，该特设委员会应在不受限制和不持成见的前提下，确定和审查任何具体议题或建议，其中可包括建立信任措施或透明度措施、一般原则、条约承诺，以及制定一项可防止外层空间军备竞赛的制度等，包括谈判相关国际法律文书的可能性。

协调员先生，

防止外空武器化和军备竞赛是中方在裁谈会的最优先事项。我们坚信，一个没有外空武器的世界与一个没有核武器的世界同样重要。裁谈会理应对防止外空军备竞赛问题予以优先处理。

冷战时期，为了维护外空和平，我们况且可以彼此妥协，达成一系列条约，构筑起外空法律框架。在冷战早已结束后的今天，我们没有理由不共同努力，以加强和完善这一法律体系。

谢谢协调员先生。

中国代表在裁谈会2007年一期会防止外空军备竞赛议题非正式讨论中关于外空建立信任措施问题的发言

（2007年2月13日）

协调员先生：

我们认为，适当可行的外空透明和建立信任措施，有助于实现防止外空军备竞赛的目标。

1994年，外空特委会在其最后一份报告中指出，“商定的任何建立信任措施，应当能够成为一项具有法律约束力和多边谈判达成的防止外空军备竞赛文书的一部分”。每年联合国大会通过的防止外空军备竞赛决议都确认，“建立信任措施的实质性建议，可成为防止外空军备竞赛国际协定的组成部分”。中方参与共提的第61届联大“外空活动中的透明和建立信任措施”决议（A/RES/75），“肯定建立信任措施的重要性，以此为手段有助于确保实现防止外空军备竞赛的目标”。

去年，中国与俄罗斯联合提交了“外空活动透明和建立信任措施与防止在外空部署武器”工作文件，载于CD/1778号文件。文件阐述了关于外空透明和建立信任措施的一般看法，同时就建立信任措施与防止外空武器化条约的关系作了详细说明，并提出了建议。我们认为，该文件将为裁谈会探讨以条约为基础的建立信任措施提供有益参考。

需要强调的是，中方始终认为，谈判并缔结新的外空法律文书，是实现国际社会防止外空武器化和军备竞赛目标，从根本上确保各国外空资产安全的最佳途径。无论哪类建立信任措施，不能取代我们寻求新的外空军控条约的努力。各国通过条约承诺不在外空部署武器、防止外空武器化和军备竞赛，是最重要的外空建立信任措施。

另一方面，建立信任措施可在一定程度上履行新外空条约的核查职能。未来外空条约的核查问题十分复杂，可能需要更多时间解决。我们认为，作为一种解决办法，新的外空条约也可暂不设核查条款，待有条件时再行解决。在此情况下，在条约中增加必要的透明和建立信任措施将有助于条约的实施，也是对条约的补充，将提高各缔约国遵约的信心。

协调员先生，

中国致力于和平利用外空的国家政策和战略是一贯的，中国的航天活动也一直保持相当高的透明度。中国按照《登记公约》的要求提供航天发射的数据。中国在发射卫星时，对卫星的种类、功能都适时进行了报道。中国对载人航天飞行报道尤为详细，向全世界实时传送了从发射、在轨返回的图像信息。中国国务院新闻办公室在2006年10月9日发表的《中国的航天》白皮书，全面阐述了中国和平发展航天技术的宗旨，重申中国将在“平等互利、和平利用、共同发展”原则基础上，加强国际空间合作与交流。白皮书还介绍了中国航天过去五年的成就、未来五年的发展目标与主要任务、发展政策与措施、国际交流与合作。白皮书已全文公布在中国国务院新闻办网站（www. scio. gov. cn）。

协调员先生，CD/1778号文件就条约框架内的建立信任措施提出具体建议。主要包括信息交换、展示、通报、磋商、专题研讨会等几大类。我们欢迎各方就此进一步提出建议和评论。

谢谢协调员先生。

中国代表张丹在第45届联合国社发会关于执行联合国社发领域各项行动纲领的发言（议题3b）

（2007年2月13日）

主席先生：

中国政府一贯重视老龄、青年和残疾人问题，努力构建以人为本的和谐社会，推动各群体共享经济社会发展成果。

一、当前，世界人口老龄化速度加快，老龄问题越来越突出。以中国为例，目前我国60岁以上的老年人口已达1.42亿，约占人口总数11%。预计2010年中国老年人口将达1.6亿，约占人口总数的12%。老龄问题已日渐成为中国社会面临的一大挑战。对于如何处理老龄问题，我愿提出以下主张：

（一）各国应根据本国国情将老龄问题纳入经济和社会发展统筹规划。只有从国家经济和社会发展的大局来认识老龄问题，把握老龄问题的规律和特点，将老龄事业纳入经济和社会发展总体规划，才能确保老龄事业与经济社会发展相协调。

（二）各国特别是发展中国家，应该重视并积极推进经济建设和社会的全面进步，将消除贫困，健全医疗社会保障作为优先目标，不断提高老年人的生活水平，改善老年人的健康状况。

（三）政府既要发挥主导作用，也要调动社会各方面的积极性。老龄事业是一项社会事业，政府不可能完全包办，必须充分发挥企业、中介组织、家庭等社会各方面和老年人自身的作用。

中国政府认真落实和实施《马德里国际老龄行动计划》，并采取措施应对老龄化的挑战。2006年中国开始实施《中国老龄事业发展“十一五”规划纲要（2006－2010）》，并发表了《中国老龄事业的发展》的白皮书。虽然中国现行养老保障体系、医疗保障体制等还不能完全满足人口老龄化快速发展的需要，但我们将继续坚持以人为本的原则，不断完善社会保障体系，积极维护老年人的根本利益。

二、中国政府历来重视青年工作和青年问题，支持青年组织的发展和能力建设。参考联合国《到2000年及其后世界青年行动纲领》，中国政府制定、修订了《中华人民共和国未成年人保护法》和《中华人民共和国预防未成年人犯罪法》。中国经济的快速持续发展和中国政府在教育、就业、卫生、文化体育等领域的大力投入，为中国青年发展提供了比以往任何时候都优越的条件，广大青年对社会发展进程的参与也达到前所未有的程度。

中国人口众多，每年新增劳动力总量很大。政府全面深化青年创业行动，推进成功创业计划，深化青年创业小额贷款项目，继续扩大青年创业项目的规模，从融资、品牌、经营等方面为青年创业提供支持。

中国政府赞赏秘书长倡导成立的联合国青年就业网络（Youth Employment Network）的工作，希望青年就业网络中国项目合作办公室（YEN China Office）的成立能够促进中国与世界各国在青年就业领域的交流与合作。

三、中国政府积极保护残疾人的合法权益。多年来，我们致力于建立并逐步完善残疾人人权保障体系，以帮助残疾人平等参与社会生活，共享经济社会发展成果。2006年，中国政府完成了全国残疾人抽样调查，颁布实施了《2006－2010年中国残疾人事业发展纲要》，着手实现残疾人“人人享有康复服务”等目标。

第61届联大通过了《残疾人权利公约》。这是残疾人权益保护史上的里程碑。中国是最早推动制定残疾人公约的国家之一。过去五年里，中国代表团积极参与公约的起草工作，作出了自己应有的贡献。我们相信，公约的通过，将为国际社会保护残疾人权益提供有益的观念、政策和法律框架。

谢谢主席先生。

中国代表刘振民在安理会中东问题公开辩论会上的发言

（2007年2月13日）

主席先生：

中国代表团感谢联合国中东和平进程特别协调员、秘书长私人代表德索托先生刚才所作内容充实的通报。

半个多世纪以来，中东问题一直是困扰国际社会的老大难问题。新年伊始，安理会就中东问题再次举行公开辩论会，就如何推动振兴中东和平进程充分交换意见，是十分必要和及时的。

最近以来，中东局势出现一些积极迹象。2月8日，在沙特、埃及等斡旋下，巴勒斯坦两大派别法塔赫和哈马斯领导人经过艰苦谈判终于在麦加签署协议，宣布双方就组建民族联合政府、新政府政治纲领及重建巴解组织等重大原则问题达成一致。中方对此表示欢迎，并对沙特、埃及等阿拉伯国家发挥的积极作用表示赞赏。在当前情况下，巴勒斯坦各派最终同意结束各种形式的暴力和挑衅行动，停止同室操戈，实现握手言和，令人深感欣慰和鼓舞。我们真心希望，所有巴勒斯坦兄弟，无论隶属哪一派别，都能从维护民族长远利益出发，以民族大业为重，切实履行达成的协议，在求同存异的基础上巩固团结，凝聚人心，早日组成联合政府、恢复巴以和谈。唯有如此，巴勒斯坦的正义事业才有光明前途。

与此同时，巴以局势也出现了一些令人担忧的动向。近日，以色列文物部门在阿克萨清真寺修建圣殿山通道工程的行动引发阿拉伯世界强烈反应。众所周知，六年前，正是在阿克萨清真寺引发了大规模暴力冲突，致使中东和平进程严重受挫。我们希望，有关各方能够吸取教训并保持克制，尊重对方的宗教圣地，不要采取轻率行动，避免重蹈历史的覆辙。

主席先生，

黎以问题是整个中东和平进程的重要组成部分。在黎以冲突结束半年后，黎巴嫩边界近来再传枪声，我们对此表示遗憾。安理会第 1701 号决议来之不易，双方应予以珍惜，保持最大限度克制和冷静，切实履行停止敌对行动的承诺。

明天将是黎巴嫩前总理哈里里阁下遇害身亡两周年纪念日。我们希望，国际独立调查委员会能够尽快找到该案真凶，并将其绳之以法。我们强烈谴责今天发生在黎巴嫩的汽车爆炸事件。希望黎巴嫩人民能够团结一致，以和平的方式解决内部分歧，维护国家的统一、独立和领土完整，实现国家的团结、和睦与发展。

主席先生，

中东局势不仅给地区带来沉重灾难，也影响着世界的和平与发展。中方一贯认为，联合国有关决议、“土地换和平”原则、“路线图”计划和阿拉伯和平倡议始终是解决中东问题的基础，通过政治谈判建立与以色列和平共处的独立的巴勒斯坦国始终是解决巴勒斯坦问题的途径。这符合巴以双方和中东各国人民的根本利益。我们希望“四方机制”能尽快拿出新举措，推动落实

“路线图”计划，争取在中东地区早日实现和平与稳定。

谢谢主席先生。

中国代表王光亚在安理会表决联海特派团延期问题决议后的解释性发言

（2007 年 2 月 15 日）

主席先生：

三年前，正是在中国代表团担任安理会主席期间，安理会紧急授权在海地部署国际部队，随后成立了联海特派团。三年来，在包括中国在内的各方坚定支持下，联海特派团为稳定海地局势，成功举行总统和议会选举，协助海地启动重建进程等发挥了核心作用。秘书长在其最新报告中提到，海地全国大部分地区的安全形势总体稳定，各项重建工作也在逐步开展。中方对此感到高兴，高度赞赏联海特派团所作的各项努力。

主席先生，

随着和平与重建进程的推进，海地面临的主要挑战也发生了重大变化。联合国、尤其是联海特派团有必要根据形势变化，对任务授权、工作重点及人员结构等作出相应调整，以更好地回应海地人民的需要。联海特派团下步中心任务，是协助并推动海地从维和向建设和平的过渡。

海地能否走向稳定与发展，离不开国际社会的长期支持，但从根本上讲将取决于海地自身。海地民众在安全得到基本保障后，对改善民生、促进和解、发展经济和社会公正提出了更高的要求。海地民选政府应当采取积极举措，回应广大民众对可信、称职和透明政府的期待。我们希望海地政府恪守其对海地民众和国际伙伴作出的承诺。这对确保联海特派团的工作持续取得成效，将是不可或缺的。

主席先生，

基于上述考虑，中方对决议草案提出了若干修改建议。我们主张，联海特派团根据联合国维和行动的惯例，延期6个月，同时请秘书长结合海地形势变化提出全面评估报告，以便各方在半年后有机会对海地面临的安全风险、联海特派团的授权进行审查，为联合国和海地制定出适用、可行的长期战略。考虑到联海特派团进行全面评估可能需要较长时间，中方此次同意作为特殊安排，在6个月基础上的适当延长合理的时间。同时希望，安理会今后在联海特派团延期问题上，能继续遵守惯例。

主席先生，

联海特派团近期对武装团伙加强军事打击力度，这在短期内是必要的，但并非长久之计。决议草案相关段落过分强调军事手段，对政治和解、经济恢复等重要方面未予充分重视。中方在磋商中建议对决议草案作适当调整，确保联海特派团恪守联合国维和行动的传统原则，并敦促海地政府继续不遗余力地推进政治对话与和解的进程。

安理会第1608号决议第3执行段规定，为协助海地筹备大选，为联海特派团临时增加军事人员和警察的编制，同时要求秘书长在选后及时制定缩编计划。我们认为，随着海地选举进程的结束，及时落实上述规定，有利于提高联合国有限资源的使用效率。

我们注意到，提案国采纳了中方提出的部分修改建议，但一些重要的意见仍未得到适当反映，使决议草案的平衡性、全面性仍显不足。为充分照顾和体谅提案国的愿望，中方未再坚持，以最大限度地显示灵活，尽最大努力推动达成共识。希望在安理会下次审议联海特派团延期问题时，上述不足能得到充分改正。

主席先生，

安理会协商一致通过第1743号决议，再次显示了联合国对海地的长期承诺。中方愿与各方一道努力，确保联合国不断适应变化的形势和需要，帮助海地人民早日实现当家做主的愿望。

谢谢主席先生。

中国代表成竞业在裁谈会2007年一期会关于“无核安保”非正式讨论中的发言

（2007年2月15日）

协调员先生：

首先，请允许我祝贺你担任“无核安保”问题协调员，并感谢你为推进该问题讨论所作的辛勤努力。中国代表团将全力配合你的工作。相信在你的引导下，我们对该问题的讨论会取得有益的成果。

协调员先生，

无核武器国家安全保证问题是裁谈会议程上的重要议题，与国际核裁军与核不扩散进程密切相关。

无核武器国家获得安全保证，将有助于增加其安全感，减少谋求核武器的动因，对防止核武器扩散、维护以《不扩散核武器条约》为基石的国际核不扩散机制，具有重要作用，也有助于为核裁军创造积极良好的国际和地区环境。

无核武器国家为获得核武器国家给予安全保证，进行了长期、不懈努力，取得了一定成果。核武器国家以发表声明、通过安理会决议、签批无核武器区条约相关议定书等多种方式，在一定程度上向无核武器国家提供了积极和/或消极安全保证。但总的说来，这些安排在普遍性、有效性等方面还存在一些缺陷，不足以满足无核武器国家的安全关切。

与此同时，近年来还出现了一些令人忧虑的事态发展。研制实战性的新型核武器，建立先发制人的核威慑战略，降低核武器使用门槛，提升核武器在国家安全战略中的地位，制定针对无核武器国家的核打击计划，等等，都使妥善解决“无核安保”问题的重要性和紧迫性更显突出。

协调员先生，

在核武器国家中，中国是唯一承诺在任何时候和任何情况下都不首先使用核武器，并无条件地不对无核武器国家和无核武器区使用或威胁使用核武器的国家。中国签署并批准了所有已开放签署的无核武器区条约议定书。

中国始终认为，全面、持久解决无核武器国家安全保证问题的最好办法，是全面禁止和彻底消除核武器。在此目标实现前，最有效的办法是，尽早谈判达成一项关于“无核安保”的国际法律文书。中方支持裁谈会按照“五国大使方案”有关职权，建立“消极安全保证”特委会，“就达成一项无核武器国家安全保证问题的有效国际安排进行谈判”。

中方希望，各方表现出诚意和灵活，在“无核安保”问题上采取更为积极、公正的态度，帮助无核武器国家早日实现获得具有普遍性和法律约束力的安全保证的愿望。

谢谢协调员先生。

（注：一期会“无核安保”议题非正式讨论于2月15－16

日、3月12－14日举行）

中国代表成竞业在裁谈会2007年一期会关于新型大规模杀伤性武器议题非正式讨论中的发言

（2007年2月19日）

协调员先生：

首先，中国代表团欢迎你担任“新型大规模杀伤性武器和此种武器的新系统：放射性武器”议题协调员。相信在你的协助下，有关讨论将会顺利开展。

协调员先生，

多年来，“新型大规模杀伤性武器和此种武器的新系统：放射性武器”一直是裁谈会的一项议题，各方对此问题曾进行了有益的讨论。

近年来，为有效应对国际核恐怖主义的威胁，国际社会作出了不懈努力。2005年，联大一委通过了《制止核恐怖行为国际公约》，对核恐怖行为作出界定，并要求各国政府采取立法等措施打击核恐怖行为。国际原子能机构也一直在制定核保安准则、促进各国核保安立法等方面开展了有效工作。中方支持2006年美、俄提出“打击核恐怖主义全球倡议”。

中国政府高度重视对核材料及放射性材料的保护工作，已制定一系列法规，对相关物项实施严格管理。中方还积极支持国际原子能机构在防范核恐怖主义方面的努力。2006 年 4 月，中国全国人大常委会完成了批准加入《乏燃料管理安全和放射性废物管理安全联合公约》的法律程序。同年 9 月，中方正式向机构总干事递交了中国加入该公约的加入书。同时，为加强对核及其他放射性物质非法贩卖活动的控制，促进各成员国的信息交流，中方已决定加入“国际原子能机构非法贩卖核及其他放射性物资数据库”。中方正积极考虑早日批准《核材料实物保护公约》修正案。

协调员先生，

中方支持裁谈会讨论“放射性武器”问题，包括探讨放射性武器的定义；各国承诺不发展、生产、储存和使用放射性武器，不攻击核设施；防止放射性材料非法流散；制止非国家行为者使用放射性材料等问题。同时，中方鼓励各国制定和颁布相关法律和法规，加强对放射性材料的管理。

谢谢协调员先生。

中国代表天凯在联合国安理会关于安全部门改革问题公开辩论会上的发言

（2007 年 2 月 20 日）

主席先生、各位同事：

我祝贺斯洛伐克担任本月安理会轮值主席，赞赏斯洛伐克倡议举行此次公开辩论，很高兴看到你亲自主持今天的会议。

主席先生，

安全部门改革已成为联合国维护和平、建设和平的重要内容。联合国在利比里亚和塞拉利昂等地的实践证明，改革安全部门的努力是有成效的，对恢复和平、促进发展起到了积极推动作用。与此同时，经验也提醒我们，安全部门改革仍面临诸多问题和挑战。如何解决和应对？我具体谈四点看法：

第一，安全部门改革应立足于维护和平、建设和平的大背景，着眼于当事国的长治久安和持续发展，重点是通过改革使军队、警察等安全部门成为国家建设的参与者、社会稳定的维护者、经济发展的促进者，而不是战争和暴力的工具，更不能成为冲突和动荡的催化剂。

第二，安全部门改革应服务于维护和平与建设和平的综合战略。维护和平、建设和平工作涉及方方面面，特派团的授权也多种多样。安全部门改革应与推动和解、恢复经济、促进法治、保护人权等工作彼此协调，相互补充。国际社会应对它们同等重视，平行推进，不宜厚此薄彼。

第三，安全部门改革应充分发挥联合国的重要作用。目前，安全部门改革牵头方众多，协调不足，影响实际效果。联合国有其独特优势，应多发挥主导协调作用，使各方形成合力，达到事半功倍的效果。联合国可充分借鉴其在多年维和实践中形成的有益做法，制定安全部门改革的综合策略，充分发挥联合国大会、安理会、建设和平委员会及有关特派团的作用，并加强联合国同有关区域组织的沟通与协调。

第四，安全部门改革应尊重当事国意愿，多与其协商，听取其意见。重建国家机制本质上属于一国的内政，最终还是要靠当事国自己的努力。各国实际情况不同，面临的问题各异。国际社会的努力应重在提供帮助和咨询，着眼于培养当事国的“造血”机能，让当事国选择适合本国国情的机制和做法，量体裁衣，而不是越俎代庖，更不能强加于人。

各位同事，

联合国建立在两次世界大战的惨痛经历之上。世界已进入21世纪，建设一个持久和平、共同繁荣的和谐世界，是联合国面临的重要任务。我们有责任向饱受冲突之苦的人民伸出援助之手，帮助他们远离战争，恢复法律秩序，享有稳定和安全；帮助他们力行宽恕，化解矛盾分歧，实现民族和解；帮助他们医治创伤，走上发展之路，享受和平红利。无论对预防冲突，还是维护和平、建设和平来说，这些都是关键所在，也是《联合国宪章》的精髓所在。中方愿为此同大家一起努力。

谢谢主席先生。

中国代表在裁谈会2007年一期会关于“综合裁军方案”议题非正式讨论中的发言

（2007年2月22日）

协调员先生：

中国代表团高兴地看到你担任“综合裁军方案”议题协调员。相信在你的协助下，讨论将会进展顺利。中国代表团将配合你的工作。

协调员先生，

多年来，制订“综合裁军方案”一直是国际裁军努力的重要组成部分，也是裁谈会的重要议题之一。1978 年第一届裁军特别联大（SSODI）所确立的目标和原则对于今天的国际军控和裁军工作依然具有现实指导意义。制订全面、平衡的“综合裁军方案”将有助于凝聚国际社会共识，为推进国际军控和裁军进程，实现全面彻底裁军的目标提供重要的“路线图”。近年来裁谈会围绕“综合裁军方案”的讨论也表明，该方案的作用不可替代。

当前，国际形势总体缓和，但安全领域的挑战更趋多元化、复杂化，各种传统和非传统安全问题和裁军议题的关联性明显上升。如何在协商一致的基础上为国际裁军与军控进程确定现实、合理的目标和应当遵循的原则，并制订切实有效的裁军措施和步骤，是摆在我们面前的重大课题。应当说，在当前多边军控进展迟缓的形势下，制订“综合裁军方案”尤具重要的现实意义。虽然各方当前对在该议题下讨论哪些具体问题仍存在一定分歧，但中方相信，只要大家秉持妥协和灵活精神，通过广泛讨论，平等协商，就能够达成一项全面、平衡、合理的“综合裁军方案”，从而更有效地推动多边裁军进程，维护国际和平与安全。中方愿以建设性姿态继续积极参与相关讨论。

中方愿借此机会重申，在当前国际军控和裁军领域，核裁军与防止外空武器化和外空军备竞赛是国际社会面临的最突出、最紧迫的问题，也是裁谈会以及“综合裁军方案”本身需要优先处理的议题。中方主张，裁谈会应尽快就工作计划达成一致，就防止外空武器化和外空军备竞赛、无核武器国家安全保证、核裁军与“禁产”问题开展实质性工作。这在客观上也将有助于推动裁谈会关于“综合裁军方案”的讨论取得实质性进展。

谢谢协调员先生。

中国代表成竞业在裁谈会2007年一期会关于“军备透明”议题非正式讨论的发言

（2007年2月27日）

协调员先生：

首先，中国代表团祝贺你担任“军备透明”问题协调员，并赞赏你为推进该问题讨论付出的努力。中国代表团将配合你的工作。

协调员先生，

“军备透明”问题是列入裁谈会议程的七项固定议题之一。今天，我愿借此机会重申中方在此问题上的一贯立场。

首先，“军备透明”对增进国际和平与安全有积极意义，但二者并非简单的因果关系。增进国际和平要靠多方面的努力，仅仅“军备透明”并不必然带来安全。

其次，“军备透明”应遵循“各国安全不受减损”的原则。根据联合国宪章，各国有权拥有和维持与其合理军事需要相符的军事防卫能力，任何“军备透明”措施均不应损害和削弱各国上述权利。

最后，“军备透明”措施应合情合理，不宜强求一致的透明水平。“军备透明”措施应由各国根据自己的具体情况自愿自主决定。

协调员先生，

中国在军事领域采取了适当可行的透明措施，而且透明度日益提高。我们已发表了五份国防白皮书，两份“裁军、军控与不扩散”白皮书，详细介绍了中国的国防建设情况，全面阐述了中国防御性的国防政策。

我还想指出的是，中国自 1993 年起就参加了联合国常规武器登记制度。由于个别国家违背联大有关决议精神及登记册的宗旨和原则，执意在登记册中登记其非法向中国台湾省出售武器情况，中国自 1998 年起被迫暂停参加登记。在各方共同努力下，第 61 届联大通过有关决议，批准登记册政府专家组报告，其中确认登记册仅登记联合国成员国之间的武器转让这一重要原则。希望这有助于为中方恢复登记扫清障碍。

谢谢协调员先生。

中国代表刘振民在第 51 届联合国妇女地位委员会关于世妇会后续行动议题的发言

（2007 年 3 月 2 日）

主席女士：

中国支持巴基斯坦代表“77 国集团和中国”所作的发言。中国代表团愿全力配合你和主席团其他成员的工作，推动本届会议取得务实成果。

主席女士，

12 年前，各国领导人在北京对促进妇女进步、维护妇女人权作出庄严承诺。自此，国际社会同心协力，为加速实现性别平等作出巨大努力。

中国一直认真落实《北京宣言和行动纲领》和妇女问题特别联大《成果文件》，积极履行《消除对妇女一切形式歧视公约》，不断从多个层面和角度完善了政策和措施，促进妇女进步。

2006年，中国政府与妇女组织联合就2005年修改通过的《妇女法》开展宣传倡导工作，广泛进行公众和媒体讨论，积极推动各省制定实施细则。目前，已有5省/市出台了实施办法，18个省/市将妇女法实施办法纳入本地立法规划。此外，中国进一步完善了保障合法权益受到侵害的贫困妇女和儿童都能得到无偿法律援助的制度。

2006年，全国人民代表大会审议通过的《2006至2010年国民经济和社会发展规划纲要》，对“保障妇女儿童权益”作了专门规定。同年，中国认真开展了《2001－2010年中国妇女发展纲要》执行情况中期评估。评估结果显示，妇女纲要超过半数的指标提前达标。妇女就业、教育、社会保障、参与决策、妇女健康及建设有利于男女平等的环境等方面均有不同程度的进步，但在切实保护流动妇女的权益和预防、治疗艾滋病、推进区域平衡等方面仍面临严峻挑战。

为进一步完善监测和落实工作，2006年，国家统计局正式将分性别指标纳入国家统计制度，中央和地方政府都在统计部门建立了妇女发展监测评估机构，形成了分级、动态、全面检测评估妇女发展状况的监测评估体系。

主席女士，

妇女的权利和女童的权利相互依存。只有在妇女享有平等权利的社会，女童才能获得平等权利。《2001－2010年中国妇女发展纲要》和《中国儿童发展十年纲要（2001－2010）》均有专门关于女童的规定，包括逐步提高女童保健覆盖率、将性别平等意识纳入教育内容、切实保障女童受教育的权利、禁止虐待溺弃儿童包括女童和病残儿童等。

中国政府高度重视出生人口性别比偏高问题，已提出到2015年出生人口性别比实现自然平衡的战略。2001年颁布的《人口与计划生育法》明确禁止非医学需要的胎儿性别鉴定和选择性别的人工终止妊娠；2002年政府明确了各相关部门的职责和任务，对因政府监管不力而存在出生人口性别比持续偏高的地区的政府实行“问责制”；自2003年始，国家在部分地区开展了关爱女孩行动试点，营造有利于女孩生存和发展的社会环境；2004年，国家制定了关于农村计划生育家庭奖励扶助的政策，对农村年满60周岁、只有一个子女或两个女孩的家庭，发放奖励扶助金；2005年，政府在全国广泛开展了关爱女孩行动，综合治理出生人口性别比偏高问题。

2006年6月修订的《义务教育法》强调保障女童平等教育权。为进一步保障儿童的教育权，2005年，中央和地方财政安排资金70多亿元，对全国约3400万名中小学生免除学杂费、书本费，解决了一些贫困家庭送子女入学的后顾之忧。截至2005年底，小学学龄男女童入学率分别为99.16%和99.14%，相差0.02个百分点。自2006年起国家分步骤免除农村义务教育阶段学费，以彻底解决贫困造成的女童失学和辍学问题。

此外，中国加强了性别平等领域的国际合作和援助。近年来，中国为56个国家的妇女组织和机构提供了无偿物资和技术援助，专门帮助这些国家的妇女掌握技术，改善生活，积极参加社区建设和灾后、战后重建。今年，我们将在北京举办东盟10国加中、日、韩的“性别主流化”培训等活动。

谢谢主席女士。

中国代表刘振民在第61届联大关于“性别平等与女性赋权”非正式辩论的发言

（2007年3月6日）

主席女士：

中国代表团对联大就“性别平等和女性赋权”这一重要问题进行非正式辩论表示赞赏和欢迎，相信通过本次辩论国际社会将进一步加强有关促进性别平等、构建和谐世界的承诺与行动。

提高妇女地位，维护妇女权益，实现男女平等是国际社会的广泛共识。我们高兴地看到，第四次世界妇女大会以及妇女问题特别联大以来，性别平等与女性赋权意识已在各国政策制订中得以体现，联合国系统及其他国际组织在逐步落实性别主流化目标。但各国妇女及女童地位的总体形势仍令人忧虑。女性仍未拥有与男性平等的社会地位，不能平等享有经济和社会的各项权利。实现性别平等与女性赋权，国际社会仍任重而道远。

主席女士，

中国政府一贯主张男女平等，重视提高妇女地位，发挥妇女在政治、经济和社会等各个领域的积极性和创造性，致力于保护妇女权益。

《中华人民共和国妇女权益保障法》明确规定，实行男女平等是中国的基本国策，反对针对妇女的一切形式的歧视。2001

年5月，为履行《北京宣言和行动纲领》等有关国际承诺，中国政府颁布了促进性别平等的第二部国家行动纲领——《2001－2010年中国妇女发展纲要》（下称《纲要》），提出了21世纪头十年中国妇女发展的34项主要目标和100项政策措施。2006年《纲要》实施情况中期评估结果显示，《纲要》执行情况良好，表现为妇女就业人数增加，就业结构发生变化，妇女参政比重上升，受教育程度提高，健康状况逐步改善。各级政府也将妇女发展问题纳入到经济、社会发展总体规划，努力完善有关法律法规，并加强对各项性别指标的动态统计监测。但在经济全球化背景下，中国经济和社会发展面临的问题也给妇女发展带来了挑战。加大消除贫困工作力度、提高妇女参政议政水平、提高妇女受教育水平以及改善妇女健康状况等将是我们今后的工作重点。

主席女士，

中国作为第四次世界妇女大会的承办国和《消除对妇女一切形式歧视公约》的缔约国，愿与各国政府及国际社会共同努力，落实第四次世界妇女大会和妇女问题特别联大有关承诺，推动实现两性平等，促进妇女权益保障事业不断向前发展。

谢谢主席女士。

中国代表在裁谈会2007年一期会外空问题第二轮非正式讨论中关于PPWT的发言

（2007年3月8日）

协调员先生：

在首轮非正式讨论中，有关各方就防止外空军备竞赛议题进行了广泛、深入的讨论，我们认为，这些讨论是有用的和建设性的。在此，我想就提出的一些问题作出一些初步评论。

——关于定义问题

有的代表团认为，无法定义“外空武器”，是制约未来法律文书谈判的重要障碍。定义问题的确是一个重要问题，确实也很复杂，需要认真对待。各方在此问题上存在分歧并不奇怪，因为，在谈判任何军控条约时，我们通常面临的首要问题总是涉及定义问题。我们认为，只要各方都能拿出足够的政治意愿，我们总能找到解决办法。正如我们常说的那样，有志者，事竟成。

不错，过去曾就涉及“外空武器”的定义问题进行过讨论，未能形成共识。但过去未能达成，并不意味着今后无法达成。何况，过去未达成的一个重要原因更多的是政治因素，也就是说，是受冷战的影响。

CD/1779号工作文件就“外空武器”的定义提出了初步建议。我们认为，这可以作为各方讨论的基础。通过对“外空武器”的适当定义，并规定相关不在外空放置武器的义务，可以解决所谓无法定义的问题。

——关于未来法律文书是否涉及禁止研发反卫星武器、与联合国宪章规定的自卫权关系等问题

我们注意到一些代表团就此提出的问题。俄团已就此作了初步回应。我们在一定程度上赞同他们的解释。同时，我们认为这些问题需要进一步研究，也愿与各方探讨，以寻求达成共识。

总之，我们欢迎各方就 CD/1679 号文件提出严肃的意见，也愿与各方进行建设性讨论，以便形成更多的共识，为日后谈判达成相关法律文书奠定基础。

协调员先生，

中国代表团愿再次强调，裁谈会应优先处理防止外空军备竞赛问题，并为此成立特委会，以便就防止在外空部署武器、对外空物体使用或威胁使用武力开展实质性工作。

谢谢协调员先生。

中国代表在裁谈会 2007 年一期会防止外空军备竞赛议题非正式讨论中关于讨论评估的发言

（2007 年 3 月 9 日）

协调员先生：

我们对你主持防止外空军备竞赛议题讨论所付出的努力表示

赞赏。中国代表团愿就此前讨论作出几点评估。

一、此前的讨论充分表明，各方对维护外空安全的重要性具有广泛共识。外空安全关乎国际和平与稳定，对各国切身利益和全人类长远福祉影响重大。没有武器和军备竞赛的外空，符合国际社会全体成员的共同利益。

二、现有外空法律体系在维护外空安全方面发挥了积极作用，但不足以防止外空武器化和军备竞赛。去年出版的大规模杀伤性武器委员会报告也得出了同样的结论："已有一些国际条约和文书规范外空活动，但他们都未解决外空基武器或弹道导弹所带来的挑战。特别是，尽管一些协定禁止或限制在外空部署武器或使用武力，但这些规定所涵盖的范围都有局限性。另外，现有法律文书都未明确禁止在外空试验、部署和使用除核、生、化武器以外的其他武器。"

三、防止外空武器化和军备竞赛是中方在裁谈会的最优先事项。我们认为，裁谈会应尽快谈判缔结新的外空法律文书，弥补现有法律漏洞，防止外空武器化和军备竞赛。

关于下步工作，中方认为，为给将来的外空法律文书谈判作好准备，裁谈会应尽快成立特委会，就外空问题展开实质工作。在此方面，"五国大使方案"为我们提供了一个很好的框架，其所载有关职权为将来外空特委会工作作出了明确界定，也指明了方向。虽然目前各方在外空问题涉及的具体方面还存在一些分歧，但我们相信，这些分歧都不是不能在特委会实质性讨论中，加以弥合、解决的。

谢谢协调员先生。

愿《全面禁止核试验条约》永葆生机

——中国代表沙祖康在全面禁核试条约组织筹委会临时技秘处启动工作10周年纪念会上的讲话

（2007年3月19日）

尊敬的里维斯女士、托特先生、玛赛多大使，

女士们、先生们：

感谢大家盛情邀请我出席这个研讨会。我是个老裁军了，过去37年外交生涯几乎有一半贡献给了国际军控和裁军事业。谈起《全面禁止核试验条约》（CTBT），当年的场景又都历历在目。14年前，正是在这个理事厅中，裁谈会决定设立特委会，启动CTBT谈判。经过三年的艰苦努力，我们克服了无数困难，终于达成了条约草案。当然，该草案最终不是在理事厅里通过，对于这个庄严而精美的大厅来说，多少有些遗憾，但这并不妨碍国际社会拥有了一个划时代的多边军控条约。

女士们、先生们，

我想首先强调指出，CTBT对国际裁军与防扩散进程具有重大意义。

全面禁止并彻底销毁核武器，是人类的美好愿望和终极目标。CTBT的达成，是人类实现这一目标的重要里程碑，对推进核裁军进程，防止核武器扩散，均将发挥重要现实作用。一是

CTBT从质量上限制了核武器的进一步发展，有助于阻止核武器的纵向扩散；二是形成了禁核试的政治大气候，加大了缔约国跨越核门槛的难度，有助于防止核武器的横向扩散。CTBT是20世纪90年代那个“裁军黄金时代”的杰作，对于增进国际和平与安全，已经并将继续作出重要贡献。

CTBT的达成是多边主义的一个胜利。它再次证明，在事关国际社会共同利益的重大问题上，只要各国精诚团结，共同努力，就能够实现单边主义所不可企及的目标。中国有句古话："得道多助，失道寡助"。我高兴地看到，支持CTBT的队伍不断壮大，签约国已有177个，批约国也达138个。这体现了国际社会对条约日益广泛的认可和支持，也使我们向条约生效的目标又前进了一步。当务之急，是要进一步凝聚国际社会在禁止核试验问题上的基本共识，推动条约尽早生效。为此，国际社会应坚定不移地维护条约的宗旨和原则，从政治上给予条约更明确的支持，并积极支持条约组织筹委会的工作。

CTBT的核查机制设计是国际军控条约核查制度的样板。近年来，国际上质疑多边条约核查机制效能的声音不绝于耳，有人对CTBT及其核查体系也提出怀疑。这里，我想提及两个事实，希望有助于打消这些人的疑虑：第一，尽管CTBT没有生效，但在其达成后至今，没有一个CTBT的签约国违约进行了核爆炸试验；第二，尽管CTBT规定的国际监测系统（IMS）尚未完全建成，但CTBT达成后进行的所有核爆炸试验，IMS都准确地探测到了。事实证明，多边军控核查机制能够发挥预期的履约监督作用，也能较好地兼顾尊重成员国主权与促进条约遵约的关系。

女士们、先生们，

作为CTBT谈判的中国首席谈判代表，我想谈一下我个人对中国在CTBT问题上的政策和立场的理解。

CTBT谈判启动前，有些朋友担心地问我：中国在核武器国家中进行的核试验次数最少，甚至比有的国家少了上千次，是否会愿意参加条约谈判？我保证说，中国肯定参加。因为中国发展核武器完全是出于防御目的，对发展核武器采取十分克制的态度。自拥有核武器第一天起，中国就主张全面禁止和彻底销毁核武器，期望早日实现无核武器世界的目标。中国的核政策与CT-BT的目标和宗旨完全一致，我们没有理由不参加谈判。结果大家有目共睹：中国积极参加了谈判，为条约的达成作出了自己的贡献，并首批签署了条约。

这几年来，国际安全形势发生了很大变化。当年曾积极推动谈判CTBT的个别大国，现在却宣称不再支持该条约了。又有朋友担心地问我：中国至今还未批准CTBT，是否也将不再支持该条约？我愿再作一次保证：中方支持CTBT的立场决不会改变！我之所以敢作出这一保证，是基于以下事实：

第一，中国政府一直认为，CTBT早日生效有助于维护世界和平与稳定，符合包括中国在内的国际社会的共同利益。中国政府没有理由作出违背自身和国际社会利益的决定。

第二，中国政府始终对CTBT批约持积极态度，已将条约提交中国全国人大常委会审议，并一直积极推动早日完成批约程序。据我所知，有关工作正认真有序地进行。

第三，中国政府一直信守其在11年前所作的暂停试承诺，而且一再声明，在CTBT生效前将信守该承诺。

第四，中国全面参与了条约组织筹委会的各项工作，认真落实国内各项履约准备工作。中国专门成立了CTBT国家履约筹备机构，负责协调全国的履约工作，包括监测台站的建设、运行和管理。中国承担了12个国际监测系统台站的建设，包括6个地震台站、3个放射性核素台站、2个次声台站和1个放射性核素实验室，以及国家数据中心。目前，各项工作均进展顺利。

第五，中国一直坚定支持旨在促进CTBT生效的国际努力，参加了所有各届促进条约生效大会。近年来，中国还一直积极支持联大一委有关决议，直接参加该决议的共提。

尊敬的里维斯女士、托特先生、玛赛多大使、各位朋友，

我专门搞裁军近17年，此后来日内瓦担任常驻代表，一直关心裁军。现在还是候任的联合国主管经社事务的副秘书长。曾有朋友问起我对联合国裁军部改革的意见，借此机会，我愿简单谈谈个人的有关看法。

联合国自成立之日起，就把推动普遍裁军、维持世界和平作为主要任务之一。联大通过的首个决议就是关于核裁军议题的。60多年来，由于国际安全形势的变化，国际裁军进程起起伏伏，曲曲折折。现在或许不是裁军的最佳时机，但我坚信，这一时机最终一定会到来。自联合国成立以来，联合国的裁军机构不断发展和完善，已基本形成了一套完整的工作体制，在国际军控与裁军进程中，发挥着不可替代的重要作用。裁军缺乏进展，不是因为机制出了问题，而是有关方面的政治意志出了问题。对联合国的裁军职能，只宜加强，不能削弱。

另一方面，顺应时代发展的潮流，对联合国裁军部进行适当调整，这或许是必要的。我们欢迎新任联合国秘书长所作的相关努力，愿相信这一努力是真诚的，也希望有关具体改革措施能为广大成员国所接受。

谢谢大家。

中国代表王光亚在安理会对制裁伊朗新决议草案采取行动后的解释性发言

（2007 年 3 月 24 日）

主席先生：

中国一贯支持维护国际核不扩散体系，反对核武器扩散，不希望中东地区出现新的动荡，主张通过政治和外交努力，以谈判方式和平解决伊朗核问题。

当前，伊核问题形势发展令人担忧。中方尊重并承认伊朗和平利用核能的权利，但也对伊迄未积极回应国际原子能机构（IAEA）和安理会的要求感到失望。在此情况下，我们赞成安理会进一步采取适当行动，旨在促使伊方暂停铀浓缩活动，使进程重回谈判轨道。

与此同时，中方认为，任何举措均应着眼于维护国际防扩散机制、维护国际和地区和平与稳定的大局。安理会行动应适度、渐进、与伊方行为相称，应有助于推动解决伊核问题的外交努力，而非激化矛盾、引发对抗。刚刚通过的决议基本反映了上述精神，因此中方投了赞成票。

需要指出的是，安理会通过新决议的目的不是惩罚伊朗，而是促伊重返谈判，激活新一轮外交努力。有关制裁措施不应伤害伊朗人民，也不应影响各国与伊朗之间正常的经贸和金融往来。

新决议不改变1737号决议第15段有关豁免规定。据此，冻结资产措施不妨碍伊朗受制裁的个人和实体执行本决议通过前已生效的合同。新决议和1737号决议规定的制裁措施均具有可逆性。如果伊朗暂停铀浓缩和后处理活动，遵守IAEA和安理会相关决议，安理会将中止、甚至取消制裁。

主席先生，

制裁和施压不可能从根本上解决问题。外交谈判仍是最佳选择，也是国际社会普遍共识。解决伊核问题需要全方位的、特别是安理会之外的外交努力。我们呼吁有关各方本着高度负责和建设性的态度，保持冷静和克制，避免采取任何可能导致局势恶化或升级的举动。同时，在推动解决伊核问题的下步行动中铭记以下原则：

一、维护国际防扩散机制、维护国际和地区和平与稳定，是处理伊核问题的前提和根本目标。任何行动都不应偏离这一目标。

二、坚持走对话和谈判的道路，致力于通过政治和外交手段和平解决伊核问题。为此，特别应加强安理会之外的外交努力。

三、坚决捍卫国际防扩散机制，IAEA仍是解决伊核问题的主要框架，应维护和加强其权威和作用。

四、平衡处理和平利用核能与防扩散之间的关系。国际社会应承认伊朗拥有和平利用核能的权利，伊朗也有义务接受IAEA有效监督，并通过与IAEA合作澄清未决问题，证明伊核计划的和平性质，建立国际信任。

五、有关各方应在平等和相互尊重的基础上，加强对话与沟通，增信释疑，解决彼此关切，为解决伊核问题创造必要的环境和条件。

六、当务之急是有关各方充分显示灵活，创造性地寻求重启谈判的办法。六国去年6月提出的“一揽子方案”仍然有效。IAEA总干事巴拉迪提出的“双暂停”建议、以及建立包括伊在内的对话机制均是值得各方考虑的思路。

中方愿同其他有关各方一道，继续为全面和平解决伊核问题发挥应有的作用。

谢谢主席先生。

中国代表成竞业在2007年联合国裁军审议委员会一般性辩论中的发言

（2007年4月9日）

主席先生：

首先，请允许我代表中国代表团，对你担任本届裁军审议委员会（下简“裁审会”）主席表示祝贺。我相信，凭借你的经验和才干，你一定能引导本届会议取得积极成果。中国代表团将与你及两位工作组主席和各国代表团充分合作。我也想借此机会，对你的前任、韩国常驻联合国副代表吴浚大使所作的工作表示赞赏。

主席先生，

去年以来，国际安全形势继续经历着复杂而深刻的变化。多边军控进程总体上进展乏力，地区核问题十分突出，相关外交努力艰难曲折，国际防扩散机制受到严峻挑战。但另一方面，通过国际军控与防扩散努力谋和平、促发展是国际社会的共同愿望，各方在积极探寻推动国际军控、裁军与防扩散进程的新途径。我们有理由相信，通过各国的精诚合作，我们一定能够推动国际军控、裁军和防扩散进程向前发展。我们也希望通过各方深入讨论，充分挖掘裁审会的潜力，发挥其应有的作用。

主席先生，

核裁军和核不扩散是本轮裁审会三年审议周期的重要议题。中方认为，核裁军与核不扩散历来相辅相成、相互促进，两者之间并不存在孰轻孰重的问题。推进核裁军进程有利于促进国际核不扩散努力，而加强核不扩散也有利于推动核裁军的持续进展。

中国代表团去年已就核议题充分阐述了中方的立场、主张和政策，并提交了有关工作文件。我想借此机会重申以下几点：

第一，消除核武器，实现无核武器世界是国际社会的共同目标。中方一贯主张全面禁止和彻底销毁核武器，使世界永远摆脱核武器和核战争的威胁。两个拥有最大核武库的国家对核裁军负有特殊和优先的责任，应继续带头大幅度削减核武库。

第二，全面彻底核裁军不可能一蹴而就，需要在平衡与稳定的国际战略安全环境下，通过系统、渐进和具体的步骤加以实现。核武器国家应承诺不首先使用核武器，无条件承诺不对无核武器国家和无核武器区使用或威胁使用核武器，并缔结相关国际法律文书。中方支持日内瓦裁谈会在全面、平衡的基础上尽快就核裁军、无核武器国家安全保证、禁止生产裂变材料、防止外空军备竞赛等问题展开实质性工作。

第三，中国作为核武器国家，从不回避自己根据《不扩散核武器条约》（NPT）承担的核裁军责任，在核武器的规模和发展方面始终坚持最为克制的态度，过去没有、将来也不会与任何国家进行核军备竞赛。中国始终奉行在任何时候、任何情况下都不首先使用核武器的政策，无条件地承诺不对无核武器国家和无核武器区使用或威胁使用核武器。这一政策在核武器国家中独树一帜，充分体现了中国坚定不移地致力于维护世界和平与稳定的负责任态度，今后也不会改变。

主席先生，

核不扩散是国际社会面临的一项十分重要而紧迫的任务，关系地区和全球的和平与稳定，以及国际防扩散机制的兴衰成败。中方主张，为妥善处理和解决核不扩散问题，应坚持以下原则：

第一，防止核武器扩散必须标本兼治，综合治理。各国应奉行以互信、互利、平等、协作为核心的新安全观，尊重彼此安全利益，谋求各国普遍安全，营造良好的国际安全环境，为实现核不扩散目标提供必要条件。

第二，有关各方应在平等协商和相互尊重的基础上，致力于加强对话、增信释疑和实现彼此关系正常化。这必将大大有助于实现核不扩散目标，维护和促进和平与稳定。

第三，应坚定不移地走对话和谈判的道路。制裁和施压难以从根本上解决问题。应通过合作而不是对抗的方式寻求问题的解决，不应动辄使用或威胁使用武力。特别需要强调的是，任何有关国际努力都不应偏离维护和促进国际和地区和平与稳定这一根本目标。

第四，确保国际核不扩散努力的公正性和非歧视性，平衡妥善处理防扩散与和平利用科学技术之间的关系。应切实保障各国和平利用的正当权利，同时也要杜绝任何国家以和平利用为借口从事扩散活动。

第五，切实维护和加强国际核不扩散法律体系，通过广泛参与的国际讨论，与时俱进，扩大共识，巩固和加强有关多边机制。当前形势下，维护这一体系，特别是《不扩散核武器条约》的权威性和有效性具有特别重要意义。

主席先生，

作为安理会常任理事国和国际社会的一员，中国继续为和平解决有关地区核问题不懈努力。

在朝鲜半岛核问题上，中国政府始终致力于实现朝鲜半岛无核化，维护半岛和东北亚地区的和平与稳定，始终主张通过外交手段和平解决朝鲜半岛核问题。中方为此付出了巨大的努力，促成了六方会谈，并推动各方达成了2005年9月《共同声明》。朝鲜核试验后，中方积极进行外交斡旋努力，推动朝核问题回到六方会谈轨道上来。各方达成了《落实共同声明起步行动》共同文件，成立了包括无核化工作组在内的五个工作组，并就落实起步行动和下阶段行动计划进行了研讨。中方愿与有关各方继续保持沟通与协调，不断推动六方会谈进程，为实现半岛无核化、维护半岛和东北亚的和平与稳定作出建设性努力。

在伊朗核问题上，中方主张维护国际核不扩散体系，反对核武器扩散，推动和平解决，促进中东地区和平与稳定。同时，在严格履行国际防扩散义务的前提下，有关国家和平利用核能的合法权利应得到尊重。通过外交谈判解决伊核问题是最佳选择，符合各方利益。解决问题既需要政治意愿，也需要外交智慧。中方希望所有各方保持耐心和克制，坚持和平解决的大方向。当务之急是有关各方加紧外交努力，尽早恢复对话与谈判。

主席先生，

“在常规武器领域建立切实可行的信任措施”是本轮审议周期的另一重要议题。去年各方就建立信任措施的方向和原则进行了有益的讨论。中方希望，各方能够本着求同存异、照顾彼此关切的精神，争取在本轮审议周期取得成果。

我愿在此强调以下几点：

第一，在常规武器领域建立信任措施的宗旨是增进信任，减少误解，防止冲突，维护稳定。

第二，改善国际环境、维护国际战略平衡与稳定及确保各国的国家安全不受减损是一切常规武器领域建立信任措施的前提和基础。

第三，应遵循因地、因时制宜的原则，由各国、各地区在自主、自愿的基础上，由易到难，循序渐进地建立相关信任措施。

主席先生，

中方高度重视并积极推动区域裁军进程和建立切实可行的信任措施。在“上海合作组织”、“东盟地区论坛”、“亚信”等框架内以及双边范畴内，中方与相关国家共同努力，进行了一系列积极的尝试，为增进地区和平与稳定作出了积极贡献，为国际社会在此领域的探索提供了有益的启示。我们愿与国际社会共同努力，本着上述原则，继续推进在常规武器领域建立信任措施的相关努力。

谢谢主席先生。

中国国家人口和计划生育委员会副主任江帆在联合国人口与发展委员会第40届会议上关于议题3的发言

（2007年4月9日）

主席先生：

首先，请允许我代表中国代表团对你当选为本届会议主席表示衷心祝贺。我也热烈祝贺主席团其他成员的当选。感谢会议秘书处为本届会议所作的出色的准备工作。

中国代表团支持巴基斯坦代表团代表“77国集团和中国”的发言。中国代表团高度赞赏秘书长提交本届会议的报告。报告描述了当今世界人口年龄结构变化及其对社会经济发展的影响，介绍了联合国人口基金为协助各国应对人口老龄化挑战而开展的人口方案。报告为本届会议讨论关于人口结构变化及其对发展的影响奠定了很好的基础。

主席先生，

目前世界上许多国家正在经历前所未有的人口转变高峰，人口快速老龄化，国际社会和各国政府正在积极应对人口老龄化带来的各种新的挑战。中国代表团对于人口年龄结构的变化及其对发展的影响，有以下几点看法和建议。

一、积极应对人口老龄化。人口老龄化是人类社会经济发展的必然趋势。联合国机构和国际组织应协助有关国家特别是发展中国家予以积极应对。发展中国家在应对老龄化方面面临的挑战尤为严重。我们欣赏联合国人口基金在支持各国积极应对老龄化挑战方面所开展的人口方案。

二、制定科学的人口规划。我们应积极应对人口老龄化带来的在社会、经济和医疗保健方面的挑战，将老龄问题纳入国家发展战略和扶贫战略的主流，把人口老龄化作为发展中的一个重要因素。

三、减少老年贫困。老人是所有社会中最贫穷的人，贫困是老年人福祉的主要威胁。我们应该结合千年发展目标的落实，努力使老年人的需求得到满足，尤其是贫困老人，特别是贫困老年妇女的需求。

四、重视人口数据的收集和人口研究。经济社会发展面临的所有重大问题，都与人口数量、结构、素质、分布密切相关。在人口问题上的任何失误都将对经济社会发展带来难以逆转的长期影响。所以我们应该进一步加强对人口数据的收集和人口战略研究，特别重视关于老年人数据的收集和研究，为制订有效政策，迎接人口老化带来的挑战提供建议和依据。我们希望联合国人口基金和经社理事会人口司能够利用自身的优势，开展更多的比较研究。

五、加强国际合作与交流。我们希望联合国人口与发展委员会、联合国人口基金、联合国人口司能充分利用和合理整合现有的资源，在积极应对人口年龄结构变化及其对发展的影响的政策对话、经验交流、信息提供和项目合作方面发挥更大的作用，同时呼吁国际社会加强在这方面的南南合作。发展中国家面临相同或相似的问题，应该加强这方面政策对话和经验交流。我们呼吁支持和帮助人口领域发展中国家政府间国际组织、人口与发展南南合作伙伴组织在这方面发挥其应有的作用。

六、加强发展中国家能力建设。联合国机构和国际组织应加强发展中国家，对决策者和方案管理者进行积极的倡导并提供足够的培训，帮助决策者提高对于与人口老龄化相关问题的认识。将老龄问题纳入社会和经济规划的主流，加强政府制定和执行实事求是的战略计划和政策的能力。发达国家在应对人口老龄化方面有丰富的经验，希望发达国家在加强能力建设方面给予发展中国家更多的帮助。

主席先生，

中国是世界人口最多的发展中国家，已进入老龄化社会，拥有世界最多的老龄人口，经历着人口快速老龄化带来的一系列挑战。中国老龄事业的发展目标是，实现“老有所养、老有所医、老有所教、老有所学、老有所为、老有所乐”。中国政府愿意与世界其他国家，特别是其他发展中国家一起在人口年龄结构变化及其对发展的影响方面，加强对话，交流经验，探讨对策，为促进共同发展、构建和谐世界作出贡献。

谢谢大家！

中国代表陈佩洁在“追究联合国官员和专家刑事责任”特委会上的发言

（2007 年 4 月 9 日）

主席女士：

首先，我要和其他同事一样，对你和其他主席团成员的当选表示祝贺。相信在你的带领下，本次会议将会呈现一个良好的开端。

主席女士，

自 1948 年联合国在中东地区开展第一次维和行动以来，联合国维和行动在维护世界和平与稳定，促进冲突后地区的恢复与发展等方面发挥了巨大作用，得到了国际社会的普遍支持和高度评价。来自 100 多个国家的数以万计的维和人员，在十分危险和艰苦的异国他乡，兢兢业业，恪尽职守，甚至献出了宝贵的生命。

但是，个别联合国维和人员在维和地区的犯罪行为，不仅破坏了维和行动的整体信誉，影响了维和行动的效果，同时也是对联合国人员所享有的特权与豁免的滥用，受到了国际社会的一致谴责。面对时有发生的维和人员的严重犯罪，依法追究其刑事责任，有助于赢得维和任务区的民心，恢复联合国的声誉和维和行动的有效性。因此，有必要讨论如何对这类犯罪行为公正查处。

我们原则上支持这项工作。

在进行这项工作时，我们有以下基本考虑：首先，委员会对维和官员和专家的刑事责任问题的讨论，应在“部队地位协定”和《联合国特权与豁免公约》等现有法律框架内，针对国家司法管辖权规则和联合国人员特权豁免规则的政策调整来进行。

其次，关于管辖权问题。毫无疑问，管辖权是一个重要和基本的问题，而如何确立方便、有效且合乎法律基本原则的管辖权，直接关系到惩治犯罪的有效性。关于维和行动东道国的管辖权问题，我们赞同专家组报告中提出的由维和行动东道国对发生在其境内的罪行优先行使管辖权的建议。我们认为，联合国及有关国家也应从各方面积极配合和协助东道国加强其司法能力建设，确保东道国的法律制度能够正常运作，以实际具有对犯罪行为行使管辖权的能力。关于非东道国的管辖权问题，我们认为，当东道国无法行使刑事管辖权时，由于维和人员的刑事犯罪不属于国际罪行，对其适用普遍管辖权原则恐不合适。因此，可考虑优先适用属人管辖原则，由涉嫌犯罪人国籍国对其犯罪行为行使管辖权。

主席女士，专家组报告及所附公约草案有助于我们的讨论。至于是否有必要制定公约、制定公约是否可作为解决问题的主要方式、特委会下步工作的主要方向如何，我们愿进一步听取大家的意见。

谢谢主席女士。

中国国家人口和计划生育委员会副主任江帆在联合国人口与发展委员会第40届会议上关于各国人口经验一般性辩论的发言

（2007年4月10日）

主席先生：

中国代表团非常高兴有机会与各位代表就人口年龄结构变化及其对发展的影响介绍中国的情况。

过去30年，中国取得了人口类型转变和经济快速发展两大奇迹。首先，人口和计划生育工作取得了举世公认的成就，总和生育率由1970年的5.8降至目前的1.8左右，全国少生4亿多人，使中国13亿人口日推迟了4年。中国人的平均预期寿命在1996年超过了70岁。中国在21世纪初已经跨入了低生育、低增长、高寿命的国家行列；其次，中国在过去20多年中保持了年均9.6%的经济增长速度，经济总量增长了11倍。

中国的社会经济变化和人口转变，使得中国的人口年龄结构得到了很大改变。中国的年龄结构变化既与很多国家具有相似性，同时又具有突出的特点。相似性主要是与很多国家一样，年龄结构转变是死亡率和生育率转变的结果；突出的特点是这种转变的急剧性，以及与其他的社会经济变化共同导致的年龄结构不规则性。

2005年11月1日进行的1%人口抽样调查表明，中国65岁及以上老年人口已经超过1亿人，达到1.0045亿，占总人口的7.7%。从2000年到2005年，中国总人口年平均增加809万人，年平均增长0.63%。65岁及以上老年人口年平均增加234万人，年平均增长2.64%。老年人口增长率远高于总人口增长率，人口结构在迅速老龄化。2030年以后，中国65岁及以上老年人口数量将超过0－14岁少儿人口数量。与世界各国的对比表明，中国将是世界上人口老龄化最快的国家之一。

中国人口年龄结构变化的另一个特点是显著的“人口红利”。有研究表明，中国近20年来经济的迅速发展被认为有15%是“人口红利”的贡献。1990年我国15－64岁劳动年龄人口比例达到66.7%，总抚养比达到50%，开始进入“人口红利”时期。2000年我国劳动年龄人口达到70.1%，预计到2020年，中国劳动年龄人口比例将一直维持高达70%的比例，总抚养比低达37－45%。到2033年我国劳动年龄人口比例降低到66.3%，总抚养比上升到50.9%，“人口红利”时期结束。因此，以总抚养比低于50%作为“人口红利”的测量，那么中国的“人口红利”时期长达40多年。在巨大的劳动力规模和廉价的劳动力价格的条件下，中国的经济将可能继续保持高速发展。中国不会面临劳动力短缺问题。

主席先生，

尽管中国人口生育率的迅速转变降低了“人口抚养比”，为中国的资本积累和经济发展创造了极为有利的人口环境，但是中国的人口发展面临着前所未有的复杂局面，人口年龄结构变化对经济和社会发展带来了巨大的挑战。21世纪上半叶，中国将迎来总人口、劳动年龄人口和老年人口三大高峰。

中国人口年龄结构变化仍然隐含着巨大的人口增长惯性。预测表明，在今后十几年，人口惯性增长势头依然强劲，总人口每年将净增800－1000万。在未来25年，中国人口将增长10%，增加1.35亿人口。中国劳动年龄人口数量庞大，就业形势更加严峻。在未来20多年持续的“人口红利”时期，为不断增长的规模庞大的劳动力人口提供就业是对中国经济发展的一个严重挑战。出生人口性别比居高不下，给社会稳定带来隐患。流动迁徙人口持续增加，对公共资源配置构成巨大挑战。贫困人口结构趋于多元，促进社会均衡发展的任务十分艰巨。

中国人口年龄结构变化的老龄化趋势构成了另一个严峻的挑战，社会保障面临空前压力。中国人口老龄化呈现速度快、规模大、“未富先老”等特点。中国多数农村地区尚未建立养老保障体系，农村老年人依然主要依靠家庭养老。尽管中国政府近年来作出了很大努力，不断建立、健全养老和医疗保障制度，但是在可预见的将来远不能缓解老龄化的压力与挑战。此外，老年人贫困现象目前在中国城市和农村都存在，其中农村老年人中的贫困现象更为严重。促进社会公平和消除贫困将是中国社会发展的重要内容和主要目标。

主席先生，

人口问题始终是制约中国全面、协调、可持续发展的重大问题，是影响经济社会发展的关键因素。中国政府将优先投资于人的全面发展，努力实现由单纯控制人口数量为主向在稳定低生育水平的基础上统筹解决人口问题的工作思路转变，提高人口素质，改善人口结构，引导人口合理分布，保障人口安全，促进人口大国向人力资本强国转变，促进人口与经济、社会、资源、环境协调和可持续发展。

谢谢大家！

中国代表刘振民在联大关于“业务活动改革高级别小组报告”问题会议上的发言

（2007年4月17日）

主席女士：

中方支持巴基斯坦代表“77国集团和中国”的发言。我感谢秘书长就“业务活动改革高级别小组报告”提出意见，这将使我们能够尽快启动对有关问题的讨论。中方一贯支持对联合国经社领域进行改革，通过充分和民主协商，建立一个更加协调、有效的联合国系统。

主席女士，

联合国经社和发展领域改革应将促进共同发展作为主线，推动联合国加大发展投入，保障发展资源，加强发展机构，同时提高联合国系统工作效率和协调能力。

发展业务改革应坚持联合国援助的无偿性、普遍性和中立性，同时要确保受援国对方案的拥有权和自主性。总部一级的改革，重点是提高效率和加强协调，不能削弱那些具有明显专业优势机构的作用。驻地一级的改革，要针对不同国家情况区别对待，特别是要尊重受援国政府的意愿。当前应首先总结试点国家的经验，并在政府间一级进行评估和审议。

环境领域改革应在确保全球可持续发展框架内进行，环境机制改革的设计应与可持续发展委员会等现有机制相衔接。落实发达国家转让资金和技术承诺、加强发展中国家能力建设，应作为环境领域改革的优先领域。

联合国在推动性别平等和人权等工作中的目标应是提供服务。整合联合国有关妇女和性别问题的三大机构应有利于优化机构职能和效率。我们支持加大投入，并提高性别平等工作在联合国工作中的地位。

中方支持加强经社理事会的作用，支持联合国与世界银行、国际货币基金组织加强合作与协调。中方鼓励联合国在尊重世界银行非政治化章程的基础上，加大对其业务指导。关于筹资机制方面的改革，应充分协商，不宜操之过急。

主席女士，

高级别小组报告包含的建议涉及各方面的问题，需要成员国进行充分的讨论和协商。在此，我想就联大即将开始的进程发表几点意见。

第一，我们赞同秘书长的观点，即将高级别小组报告的建议应作为一个综合统一的整体（an integrated and coherent whole）来审议。应由联大深入讨论，以争取在广泛协商一致的基础上形成有利于加强联合国职能、提高一致性和效率的改革方案。

第二，我们注意到对报告中的建议各方意见差别较大，因此应采取务实的方法，先易后难，逐步深入。可考虑先从难度较小的领域如人道主义援助或业务方法（business practices）入手进行讨论，以创造良好的气氛，逐步缩小分歧，扩大共识。

第三，由于发展业务活动改革对发展中国家的影响巨大，在磋商中应多听取发展中国家的意见。既要从试点国家总结经验，也要考虑未参加试点国家的意见，寻找务实可行的、为各方接受的改革方法。

中国代表团将以积极、建设性的态度参与磋商，与各方共同努力，以推动就发展业务活动改革形成广泛一致的共识。

谢谢主席女士。

中国代表刘振民在安理会关于气候变化问题专题会议上的发言

（2007 年 4 月 17 日）

主席女士：

气候变化是当今世界面临的长期而重大的挑战之一。国际社会已充分认识到气候变化问题影响各国经济和社会发展，事关人类社会的可持续发展。解决气候变化问题的重要性不言而喻。正因为如此，中国愿意与各方共同探讨加强国际合作，共同应对气候变化的方法。

气候变化可能有安全方面的影响，但总体来讲，气候变化说到底是可持续发展问题。《联合国气候变化框架公约》确定了国际社会应对气候变化的框架和基本原则。《京都议定书》为发达国家确立了量化、尽管是有限的温室气体减排目标。《联合国气候变化框架公约》缔约国会议、联合国可持续发展委员会、联合国环境署等机构都在介入有关问题的讨论和行动。解决气候变化问题需要认真落实《联合国气候变化框架公约》确定的“共同但有区别的责任”原则，并尊重已有的机构安排，加强合作，推动具体行动。

应对气候变化需要国际社会携手合作。安理会参与讨论气候变化，既无助于各国减缓气候变化的努力，也难以帮助受影响的发展中国家有效应对气候变化。关于气候变化问题的讨论应在各方均能普遍参与的框架下进行。广大发展中国家认为，安理会在气候变化方面既无专业特长，也不是普遍参与的决策场所，无助于形成为各方广泛接受的方案。这种合理的担心应得到充分理解和尊重。我们认为，此次会议的讨论只是一个特例，既无成果文件，也无后续行动。

中国政府高度重视气候变化问题。作为一个发展中国家，中国政府早在15年前就制定了可持续发展国家战略，正在制定应对气候变化的国家战略。中国将大力推进可持续发展战略的实施，以实际行动为应对气候变化作出自己的贡献。我们支持在《联合国气候变化框架公约》机制下就气候变化有关问题进行充分、务实的探讨，我们也支持各国间进行有利于推动清洁发展的合作。本月底，可持续发展委员会第15次会议将对气候变化问题进行讨论，我们期待着与各国共谋对策。

谢谢主席女士。

中国代表刘振民在安理会中东问题公开辩论会上的发言

（2007年4月25日）

主席先生：

中国代表团感谢联合国副秘书长帕斯科先生刚才所作通报。最近以来，中东局势出现了相对缓和的迹象，正孕育着新的转机。阿拉伯联盟举行峰会，决定重启“阿拉伯和平倡议”；巴勒斯坦民族权力机构主席阿巴斯和以色列总理奥尔默特开始定期会晤；国际社会加大了对中东问题的斡旋力度。这对停滞多年的中东和平进程而言，无疑是好的开端。

中国认为，在当前形势下，有关各方均应抓住这一历史性机遇，加强合作，积极劝和促谈，推动中东和平进程取得新进展。当前，应着重做好以下几方面工作：

首先，巴以双方应建立互信，照顾彼此关切。近年来，巴以之间的极度不信任严重阻碍了和平进程取得进展。当务之急是借着缓和的东风，多做增信释疑的工作。以方应停止修建隔离墙和定居点；巴方则应停止针对以方的火箭弹袭击。双方还应尽快解决互释囚犯等问题。

第二，巴以应争取早日实现全面复谈。巴以领导人应充分利用双周会晤机制，从双方人民最为关注的民生问题入手，解决好彼此的安全和发展关切，减少双方民众的仇恨，创造和谐融洽的环境。双方应以此为契机，争取尽快实现全面复谈。

第三，国际社会应支持“阿拉伯和平倡议”。阿拉伯国家在3月底举行的峰会上决定重启“阿拉伯和平倡议”，这是阿拉伯国家的战略选择，代表了他们对和平的期盼和渴望，也表明了他们愿意作为一个整体，以和平方式并按照有关国际协议与以色列解决分歧和争端的承诺和意愿。这对以色列和国际社会而言，都是一个积极的信号。我们认为，阿以争端只能通过阿以和谈解决。阿以双方应形成良性互动，进而提升阿以接触的可能性。

第四，国际社会应帮助有关各方尽快改善巴勒斯坦被占领土的人道主义状况。由于经济制裁和封锁，巴勒斯坦被占领土的人道状况和经济形势越来越糟糕，当地居民生活在水深火热之中。国际社会应采取切实措施，缓解巴勒斯坦面临的人道主义危机。

主席先生，

中方也十分关注黎巴嫩局势的发展。我们希望黎巴嫩各政治派别能够团结一致，通过谈判解决内部分歧，尽快在建立哈里里案特别法庭等重大问题上达成一致。维护国家的统一、独立和领土完整，实现国家的团结、和睦与发展是全体黎巴嫩人民的责任。我们希望黎巴嫩在实现政治和解方面取得积极进展。国际社会可给予必要的协助，但过度施压、干涉只会火上浇油，无助于问题的解决。

主席先生，

中国一直坚信，在联合国有关决议和“土地换和平”原则基础上，通过政治谈判建立与以色列和平共处的、独立的巴勒斯坦国是解决巴以问题的正确途径。这符合巴以双方和中东各国人民的根本利益，也有利于推动该地区实现和平与稳定。中方将继续支持有利于实现这一目标的任何努力，支持安理会在此方面发挥更大作用。

谢谢主席先生。

中国代表冯颖在联合国新闻委员会第29届会议上的发言

（2007年5月2日）

主席先生：

首先祝贺你和其他主席团成员组成新一届主席团。相信在你和新一届主席团的有力领导下，本委员会在制定和审议联合国新闻政策方面将继续发挥重要作用。

中国代表团还要对赤阪清隆副秘书长履新表示祝贺。我们将一如既往地支持新闻部和副秘书长阁下的工作。

中国代表团同意巴基斯坦代表“77国集团和中国”所作的发言，同时愿意强调以下几点：

一、新闻部的作用不可或缺。新闻部承担着向世界公众传播联合国宗旨和活动的重要责任。如果将联合国比作一所房子，那么新闻部就是这所房子的窗户，公众正是通过这扇窗来了解联合国的。多年来，新闻部通过主题宣传、新闻发布、接待游客、举办展览等多种方式，将联合国在发展、安全、人权三大领域开展的工作全方位、立体式地展现在全球民众的面前，为塑造联合国形象、打造联合国软实力作出了积极贡献。中国国内有越来越多的机构提出到联合国来举办宣传推介活动，这从一个侧面说明联合国的公众影响力越来越强。

二、中国代表团赞赏新闻部为提高工作实绩所进行的改革。近年来，新闻部采取了更具战略性的工作方法，制定明确的宣传目标并确定受众对象，在加强联合国各职能机构内部协调的同时，注重动员非政府组织等社会力量参与，共同宣传联合国。新闻部还建立评价文化，对工作业绩进行有效评估。中国代表团认为，改革产生活力，改革提高效率。采取更具战略性的工作方法，是在资源有限的条件下确保新闻部高效履行职责的重要途径，也是新闻部今后工作可持续发展的有力保障。

三、中国代表团在此提出两点希望。第一，近年来，新闻部大力推动官方语言平等化，并取得进展。联合国中文电台在世界各地的听众以及该电台中文网页的阅读量增速迅猛。我们希望新闻部积极考虑为该电台配备相应的人力资源，特别是高级专业人员，以更好满足公众对联合国中文信息的需求。第二，在与非政府组织联系方面，新闻部近年来组织了不少定期吹风会等外联活动，我们对此表示赞赏。然而，全世界能够在纽约长期设立办公室的非政府组织毕竟不多。我们注意到新闻部与包括中国在内的不少发展中国家的非政府组织建立了联系，并逐步扩大合作。我们鼓励新闻部在此领域继续努力，帮助广大发展中国家的非政府组织更深入地参与联合国事务。

谢谢主席先生。

中国国家发展与改革委员会副主任杜鹰在联合国可持续委员会第15次会议“能源可持续发展与工业发展”部长圆桌会上的发言

（2007年5月9日）

主席先生：

女士们、先生们、朋友们：

很高兴能参加圆桌会议，与各位同事继续就我们共同关心的问题交换意见，以期形成共识。

能源是人类社会生存和发展的重要物质基础。各国既有利用能源实现发展的权力，也有保障全球能源安全的责任。各国应加强交流与合作，共同为实现全球能源的可持续发展作出努力。在此，我提出如下四点主张：

第一，促进能源节约。节约能源是实现全球可持续发展的长远大计，发达国家、发展中国家均应在节约能源、提高能效方面挖掘潜力，发挥作用，发达国家应率先作出努力。国际社会应该加强节能技术研发和推广，加快节能技术和经验的扩散。

第二，提高供应水平。国际社会要维护能源安全稳定的良好政治环境，加强能源开发利用的互利合作，国际社会应积极支持发展中国家改善能源服务，特别是解决贫困人口的能源供应，开发利用可再生能源，减少能源开发利用对环境的负面影响，确保稳定的、多元化的、可持续的国际能源供应。

第三，推进科技进步。国际社会要在高效清洁利用化石燃料技术方面加强合作，推进可再生能源、氢能、燃料电池、核能等重大能源技术的研发与合作。发达国家应向发展中国家积极履行技术转让的责任和承诺，发展中国家和发达国家应共同参与重大能源技术的研发，共享科技成果，共同提高全球能源可持续发展能力。

第四，加强政策对话。要加强发达国家与发展中国家、发达国家之间、发展中国家之间、能源生产国与消费国之间、能源消费大国之间的对话与交流，增进相互信任和政策协调。国际社会应该充分理解发展中国家的实际困难和合理要求，确保能源对发展中国家消除贫困和实现国家可持续发展的支持作用。

各位同事，

让我们按照互利合作、多元发展、协同保障的能源安全理念，积极开展交流与合作，共同促进全球能源的可持续发展。

谢谢各位！

中国国家发展与改革委员会副主任杜鹰在联合国可持续委员会第15次会议高级别部分部长会上的发言

（2007年5月9日）

尊敬的主席先生，各位代表：

首先，我代表中国代表团，对主席团和秘书处的组织工作表示感谢！中国支持巴基斯坦代表77国集团加中国所作的发言。

主席先生，

本次会议的主题与各国的利益和发展息息相关，对于推动全球可持续发展具有重要意义。与会各方本着务实的态度，经过广泛而深入的讨论，进一步深化了《约堡实施计划》的共识。落实《约堡实施计划》任重道远，当务之急是将已有的共识和承诺落到实处。为此，我强调以下三点：

第一，要切实落实"共同但有区别的责任"。促进全球可持续发展目标的实现，各国都应担负起自身的责任。世界各国国情不同，所处发展阶段不同，所承担的具体责任也应有所区别。发展中国家应根据自身特点，选择适当的工业发展道路和能源结构，尽可能提高资源和能源利用效率，加大环境保护力度。发达国家应率先改变不可持续的消费和生产模式，并切实履行责任和承诺，在资金支持、技术转让和能力建设等方面对发展中国家提供切实有效的帮助。

第二，要把经济发展与环境保护紧密结合起来。环境问题本质上是发展问题。环境问题，包括气候变化问题，必须也只能在发展进程中加以解决。发展中国家面临着消除贫困、发展经济和环境保护的双重压力。为实现两者的良性互动，发展中国家要努力创新发展模式，国际社会应为发展中国家创造良好的发展环境。《联合国气候变化框架公约》及其《京都议定书》为应对全球气候变化问题奠定了坚实的基础，应在可持续发展框架下应对气候变化问题，切实提高发展中国家适应气候变化的能力。

第三，要努力推进和创新国际合作机制。实现全球可持续发展，需要公正合理的多边贸易体制。国际社会应采取有力措施，消除贸易壁垒，改善发展中国家的贸易条件，通过制度安排和政策激励，推动节能、环保、应对气候变化等公有和私营技术的有效转让。提倡发达国家与发展中国家联合研发，共享技术成果，提升相关技术的国际合作层次。

主席先生，

中国作为发展中大国，正在努力转变经济增长方式，积极推进可持续发展战略。中国坚持“节约优先、立足国内、多元发展、依靠科技、保护环境、互利合作”的能源发展战略，中国的能源自给率长期保持在 90% 以上，2006 年可再生能源占能源消费总量的比例已达到 7%，万元国内生产总值能耗比 1990 年下降了约 50%。中国大力推进经济结构的战略性调整，发展循环经济，调整产业结构，依法淘汰高耗能、高污染的工业企业，努力走出一条科技含量高、资源消耗少、环境污染小、人力资源得到充分发挥的新型工业化道路。中国积极推动环境保护工作，努力实现环境保护和经济发展同步。2006 年新增烟气脱硫设施 1.04 亿千瓦，是前 10 年投运脱硫机组装机容量总和的 2 倍，首次实现当年新增脱硫装机容量超过新增发电装机容量。中国高度重视气候变化问题，制定了《中国应对气候变化国家方案》，在采取各种措施减缓温室气体排放的同时，大力开展植树造林，

2005年中国的森林覆盖率比90年代初期增加了4.5个百分点。

主席先生，

中国将始终坚持科学发展、和谐发展，坚持经济发展与人口、资源、环境相协调，坚持推进经济增长方式的根本性转变，努力建设资源节约型、环境友好型社会。到2010年，中国在实现人均国内生产总值比2000年翻一番的同时，将努力实现单位国内生产总值能源消耗、主要污染物排放总量，比2005年分别下降20%和10%，森林覆盖率达到20%，控制温室气体排放取得新的成效，可持续发展能力进一步增强。

我们愿与各方积极开展交流与合作，共同促进全球可持续发展目标的实现。

谢谢各位！

中国代表于红在第61届联大五委第二次续会关于议题132：联合国维和行动财务的行政和预算管理问题的发言

（2007年5月10日）

主席先生：

中国代表团感谢财务主任沃伦·萨奇（Warren Sache）先生、维和行动部菲利浦·库波（Philip Cooper）先生、行政和预算问题咨询委员会（下简“行预咨委”）主席萨哈（Rajah Saha）先生、负责内部监督事务厅的副秘书长英格（Inga - Britt Ahlenuisthe）女士以及联检组伊万（Evan Ortiz）检查员就此议题所作的介绍。中国代表团赞同巴基斯坦代表“77国集团和中国”所作的发言。中国代表团愿就本议题补充如下几点看法。

一、加强管理，有效利用联合国维和摊款

随着联合国维和行动规模的不断扩大，维和经费激增，2007/08年度维和预算已达近54亿美元，并且还有扩大的趋势，这给会员国带来了巨大的维和摊款负担。如何有效使用这笔款项，避免资金使用中出现的欺诈、舞弊及滥用等现象也成为会员国普遍关心的问题。中国代表团关注审计委员会及内部监督事务厅在审计报告中就此指出的缺陷和问题，欢迎秘书长在报告中就加强内部管理、控制与监督所提出的一些建议。

二、努力保证总体预算执行率

根据秘书长的报告，2005年7月1日至2006年6月30日期间预算未支配余额为5亿美元，2005/06年度总体预算执行率为91%，较前一财政期间的94%降低3%。中国代表团理解维和活动有其特殊性，不可能完全按照预算执行，存在人员延迟征聘部署及实际空缺率高于预算编制出缺率等原因。但我们认为，可以通过及时编制订正预算加以补救。同时，高达9%的预算结余说明秘书处存在着超额编制预算的情况。中国代表团希望秘书处在编制维和预算时应本着实事求是的原则，尽量编制出符合实际需要的预算。

三、关于财务管理事项

行预咨委多次指出，在要求划拨额外资源前，应对管理进程的效率和效用进行审查，以便确定已产生的效益及是否有可能通过精简和改进方法提高效益。中国代表团认为增设授权任务并不一定意味着要增设机构和资源，希望有关部门在编制预算时尽量注意利用现有的机构和资源。

四、关于解除武装、复员和重返社会

中国代表团支持联合国参与解除武装、复员和重返社会工作，并注意到秘书长关于在现有秘书处基础上就此加强统一和跨机构的能力建设的建议。中国代表团同意行预咨委意见，即有必要界定解除武装、复员和重返社会机构间工作组与建设和平委员会之间的关系。此外，还应注意避免机构交叉重叠设置，有效协调开展实地工作的各个部门、机构、基金和方案的分工合作关系，以及同世界银行、各区域组织和非政府组织之间的伙伴关系。

主席先生，

联合国维和行动在维护世界和平、稳定地区形势方面发挥着重要作用，影响不断扩大。维和行动的行政和财政管理是极其复杂而繁重的工作。中国政府一贯支持联合国的维和行动，并为此在政治和财政方面作出了积极贡献。我们愿继续与其他会员国与秘书处积极配合，共同努力，确保联合国维和行动通过积极有效的行政和财政管理顺利开展。

谢谢主席先生。

中国代表刘振民在第61届联大议程46：第26届特别会议成果的后续行动《关于艾滋病毒/艾滋病问题的承诺宣言》的执行情况的发言

（2007年5月21日）

主席女士：

中国代表团感谢秘书长就该议题提交的报告。

艾滋病的流行给人类健康带来巨大威胁。在许多发展中国家，艾滋病的肆虐已严重阻碍了他们的经济社会发展。2001年，联合国召开艾滋病问题特别联大，通过了艾滋病控制承诺宣言。2006年，联大艾滋病问题高级别会议宣布到2010年实现普遍获得艾滋病毒的预防、治疗、护理和支助服务的目标，进一步加强了各国政府落实承诺宣言的努力。过去的一年，国际社会在艾滋病防治领域作出了许多积极努力。然而，要实现到2015年“制止并开始扭转艾滋病毒/艾滋病的蔓延”的目标，困难和挑战依然艰巨，需要国际社会进一步加大投入，从落实预防措施和开展抗病毒治疗两方面作出不懈努力。从中国的实际情况和工作经验出发，中国代表团愿强调以下几点：

一、高度重视预防性教育工作。倡导减少婚前性行为、婚后多性伴侣性行为及对青少年进行忠贞教育可以减少性行为对象更换的频率，是减低艾滋病持续流行的措施之一。我们希望，国际社会提高对预防性教育重要性的认识，并将措施落到实处。

二、高度重视流动人口。流动人口的自身特点使其成为艾滋病传播的高危群体和脆弱性群体，应成为有关艾滋病防治的工作重点。我们建议联合国和有关国际机构进一步加强对流动人口艾滋病防治的关注，给予更多投入，切实有效地加强对流动人口的艾滋病防治工作。

三、加强信息交流和工作指导。联合国有关机构在艾滋病防治领域拥有众多专家，经验丰富。我们希望联合国及其他国际机构采取措施，进一步积极支持和推动艾滋病防治工作，加强艾滋病的信息交流工作和对成员国的指导。例如可通过联合国有关机构驻地代表处将艾滋病防治的技术指南、最佳实践等介绍给所在国，以便更好地将国际实践与各国工作有效结合。

主席女士，

近年来，中国政府采取一系列积极行动，全面落实艾滋病防治的各项措施。我们正在全面落实《艾滋病防治条例》和《中国遏制与防治艾滋病（2006－2010年）行动计划》，已基本形成由政府组织领导、部门各负其责、全社会共同参与的艾滋病防治工作机制。中国各级政府正在采取积极措施，加强宣传教育，普及艾滋病防治知识，力争到2010年，15－49岁人口艾滋病知识知晓率，城市达到85%以上，农村达到75%以上。同时，中国政府认真落实“四免一关怀”政策，依法保护艾滋病患者的合法权益，反对社会歧视，并对重点人群实施以安全套推广、美沙酮维持治疗等为主要手段的干预措施，力争到2010年，使有效干预措施基本覆盖主要高危人群和流动人口。

我们清醒地认识到，尽管我们作出了巨大努力，但艾滋病疫情还没有得到有效遏制，仍面临资金短缺、技术缺乏、药物和诊断试剂昂贵等诸多困难。我们希望国际社会通过各种途径，对我国的艾滋病防治工作提供更多切实有效的支持。中国政府希望，在国际社会的支持和帮助下，在防治艾滋病方面取得积极成果。

谢谢主席女士。

中国代表刘振民在安理会1267委员会、反恐委员会和1540委员会联合公开会上的发言

（2007年5月22日）

主席先生：

中国代表团感谢并赞赏韦贝克大使、阿里亚斯大使和布里安大使分别介绍了1267委员会、反恐委员会、1540委员会的工作，中方愿作如下评论：

一、中方赞赏1267委员会工作取得的进展，包括更新工作指针，提高制裁清单的质量，进一步完善制裁机制，确保列名、除名程序的公正与透明。我们高兴地注意到委员会还进一步加强了网站建设，扩大了信息量，改进了检索方法，使之成为会员国与委员会加强互动交流的有效工具。委员会继续与国际刑警组织等相关国际和地区组织寻求信息共享与有效合作，通过出访、座谈等多种方式加强与会员国的对话与交流。我们相信，委员会今后会不断提高效率和权威，并在广大会员国的支持与配合下有效促进国际反恐合作。

二、关于反恐委员会的工作，我们注意到今年以来，反恐委员会就改进工作方法取得一定进展。为减轻报告负担，委员会采取“初步执行情况评估”（PIA）的新方式，进一步加强与成员国的对话，中方希望反恐委员会在实践中不断完善这一工作方法，使之充分体现透明、公平、一致的原则，成为督促各国落实1373号决议和1624号决议的有效手段。中方赞赏反恐委员会在反恐执行局（CTED）协助下，继续访问成员国、实施技术援助、制定最佳做法等方面有效推进工作。中方欢迎CTED对技术援助、与国际组织合作等领域的工作进行全面分析，这有利于反恐委员会制定切实可行的指导政策。反恐委员会应继续抓紧落实上半年工作计划，努力实现既定的工作目标。中方赞赏鲁佩尔兹先生在CTED工作三年来为联合国反恐事业所作贡献，我要借此机会向鲁佩尔兹先生表示感谢。

三、1540委员会自去年10月制定一年期工作计划以来，重点就决议执行情况、对外联系、国际援助与合作等方面开展了一系列工作，这对促进全面落实1540号决议和1673号决议具有积极意义。中方支持、重视1540委员会的作用，愿意一如既往地以建设性姿态参与委员会工作。我们希望委员会继续保持积极势头，加强对外联系和技术援助工作，为凝聚防扩散共识，推动国际防扩散努力与合作作出贡献。

主席先生，

过去几个月来，恐怖势力在全球的暴力活动有所加剧，严重威胁着国际社会的和平与安全。恐怖分子是全人类的公敌，任何恐怖行为都是不可容忍和饶恕的。国际社会应采取综合措施应对恐怖主义威胁，防范与打击并重，努力消除恐怖主义滋生的根源和条件，普遍提高各成员国的反恐意识和能力。中方呼吁加强安理会和大会在国际反恐工作中的作用，支持积极落实《联合国全球反恐战略》（The UN Global Counter - Terrorism Strategy）。中方支持三个委员会继续加强协调与合作，充分整合现有反恐资源，使安理会的反恐机制更为有效。

谢谢主席。

中国代表成竞业在裁谈会全会上的发言

（2007 年 5 月 22 日）

主席女士：

这是我首次在本期会全会上发言，首先请允许我向上期会主席南非大使姆查利（Mtshali）女士和西班牙大使马奇（March）先生表示感谢。当然，我也向你表示感谢。在过去的几个月中，有关方面，其中包括六位轮值主席（P6）为推动裁谈会工作作出了不懈的努力。中国代表团对此表示赞赏。

主席女士，

在上期会期间，你代表 P6 提出了裁谈会下步工作的“主席决定草案”（载于 CD/2007/L. 1）。中方重视 P6 方案并对此进行了认真研究。今天，我愿借此机会阐述中方看法和主张。

总体看来，P6 方案主张就四大核心议题，即核裁军、“禁产条约”、防止外空军备竞赛和消极“无核安保”，同时开展实质性工作，这与中方一贯立场有相似之处。因此，我们认为，该方案可以作为进一步讨论的基础。

与此同时，中方对 P6 方案存在着一些关切。中国代表团曾就 P6 方案提出过若干问题，主席对此作了澄清。中方对此表示感谢，但有关澄清并未完全解决中方关切。我们认为，为使 P6 方案更加平衡、合理、具有可操作性，并为各方所接受，该方案仍有进一步改进的余地。

第一，关于工作机制问题。P6 方案规定，四大议题的实质性工作均由“协调员”负责。“协调员”机制过于非正式，与“议事规则”关于附属机构的规定不一致，我们担心，其难以保障有关议题实质性工作的有效开展。事实上，在裁谈会历史上，有关实质性工作一般在“特委会”内进行，没有由“协调员”主持谈判或其他实质性工作的先例。我们认为没有充分理由不继续维持这一惯例。鉴此，我们主张分别成立特委会，就四大议题开展实质性工作。

第二，关于防止外空军备竞赛（PAROS）问题。中方在这一问题上的立场众所周知，它是中方在裁谈会的最优先事项。中方一贯主张制订新的国际法律文书，防止外空武器化，维护外空安全。为体现灵活，中方可同意在外空问题上先从实质性讨论做起。但为避免有关讨论漫无目的、陷于空谈，中方认为对 PAROS 的工作授权应作适当调整，以明确将来谈判达成新的外空法律文书的可能性。

第三，关于“禁产条约”（FMCT）谈判。中方一贯支持 FMCT 谈判。对于 1993 年联大第 48/75L 决议及此后历届联大相关决议，中国均参加了协商一致。我们的这一立场至今未变。《不扩散核武器条约》（NPT）1995 年和 2000 年审议大会最后文件及联大有关决议，均对开展 FMCT 谈判有明确规定。中方认为，P6 方案关于 FMCT 谈判的职权应与上述规定相一致。

第四，关于 P6 方案的性质。“没有规矩，不成方圆”。裁谈会的“议事规则”应继续得到坚持，确保其工作能够得到有条不紊的顺利进行。裁谈会议事规则明确规定，每年届会应制订工作计划，其中包括该年会的活动时间表。中方认为，P6 方案如经进一步修改得到各方认可，即构成“工作计划”。中国代表团注意到主席就此作出的解释。我们主张，P6 方案的性质及其有效期应以适当方式予以明确。

主席女士，

同其他各方一样，中国代表团希望看到裁谈会早日摆脱持续多年的僵局。在广泛协商和充分照顾各方合理关切的基础上，尽快就P6方案达成共识，符合全体成员国的利益。在上次全会上，一些成员国就如何改进P6方案提出了不少有益的意见，值得我们大家认真考虑。中方也希望我们今天提出的意见将在P6方案中得到适当反映。我们愿与各方共同努力，一道推动裁谈会在不远的将来重新恢复活力。

谢谢主席女士。

王光亚大使在安理会表决黎巴嫩特别法庭问题决议草案前的解释性发言

（2007年5月30日）

主席先生：

中国代表团对即将付诸表决的决议草案投弃权票。

中方对黎巴嫩前总理哈里里的不幸遇害深表痛惜，始终主张并支持国际独立调查委员会对该案进行公正、独立的调查，理解并支持黎巴嫩各方关于设置特别法庭的要求。我们希望，通过上述举措能够尽早查明事情真相，将凶手绳之以法，还受害人以公道。

中方注意到，黎巴嫩各派就建立特别法庭问题持有政治共识，目前在程序性问题上尚存分歧。因此，我们希望继续通过政治和外交努力，协助黎巴嫩各派尽快就此达成共识。只有得到黎巴嫩各派支持的特别法庭，才可能真正发挥作用，才可能真正有助于实现司法公正，才可能有助于维护黎巴嫩的和平与稳定。安理会提供帮助的出发点和立足点应是协助解决实际问题，避免使本已复杂的问题更加复杂。

主席先生，

设立特别法庭本质上是黎巴嫩内部事务，其运作的法律基础是黎巴嫩国内法，因此理应由黎巴嫩按其宪法程序，完成使协定生效所需的国内法律程序。这也是联合国与黎巴嫩关于设庭协定中的明确规定。由于黎巴嫩国内目前的特殊情况，这一进程遇到重大困难，我们深表关切。但中方认为，决议草案援引《联合国宪章》第七章，越过黎巴嫩立法机构强行决定规约草案生效，将引发一系列政治和法律问题，可能对本已动荡的黎巴嫩政治和安全局势造成更多不稳定因素，将开创安理会干预一个主权国家内政和立法独立的先例。这些对安理会的权威都可能造成损害，不符合任何一方的长远利益。在决议草案磋商过程中，中方与一些安理会成员希望提案国能够充分听取上述关切，并对草案做进一步修改，使草案更加平衡、稳妥。但遗憾的是，我们的建议未予采纳，中方只能投弃权票。

当前，中东地区形势错综复杂，各种因素相互交织，牵一发而动全身。我们希望，在此特殊时刻，黎巴嫩人民能够团结一致，维护国家的安全与稳定，推进民族和解进程。安理会在处理有关问题时，要充分考虑中东地区的特殊和复杂情况，避免引发地区形势出现新的紧张和动荡。

谢谢主席先生。

中国代表陈佩洁关于塞拉利昂特别法庭报告的发言

（2007 年 6 月 8 日）

主席先生：

我认真听取了塞拉利昂特别法庭庭长 KING 法官和 RAPP 检察官的介绍报告。自从两年前塞庭向安理会吹风以来，塞庭工作的确又有新的进展，这是应予肯定的。在此，我想谈以下几点意见：

第一，中国一贯支持塞庭的工作，今后也将继续支持塞庭的工作。

第二，塞庭审理案件方面也取得了进展，有些案件已审理终结，有些则正在进行，包括目前塞庭在海牙利用国际刑事法院（ICC）基础设施审判泰勒案。我们认为，在独立公正的前提下审判案件，对促进相关地区民族和解及和平稳定有一定意义，因此期待着有关案件审理进展顺利，并尽早完成。

第三，关于塞庭的“完成战略”，很高兴地了解到，塞庭在此方面已经取得稳步进展，而且还修订了程序证据规则，以提高审案效率，并确定了非常具体的工作目标。希望塞庭能够积极落实各项工作目标，继续配合“完成战略”的实施。

第四，庭长先生提到合作问题的重要性，我十分同意。在此，我们也呼吁有能力的国家继续为塞庭提供支助，继续以更合作的态度协助塞庭解决被判刑人服刑、安置证人等问题。

谢谢主席先生。

中国代表在第47届方协会上关于审查联合国行政和财政效率的发言

（2007年6月13日）

主席先生：

中国代表团首先感谢秘书处关于管理改进措施的进展和影响评估所作的介绍。正如许多国家的代表所指出的那样，中国代表团认为这是一份非常重要的报告。

一、关于信息和通信技术的应用

中国代表团高兴地看到有关信息和通信技术的改革在行政和管理程序、知识共享及向联合国理事机构提供服务三个方面取得了进展。一方面，通过使用现代化信息和通信技术，如使用电讯和电视会议服务，开发多种管理系统，可以节省时间，提高了服务对象的满意程度。另一方面，现代化信息和通信技术的应用不应仅仅是资金的投入，而应同时伴随着行政管理方面效率的提高及资源的节约。我们知道取得这些进步需要投入资金，而且将来还会为此投入更大量资金，但是提高行政管理的效率，提高资源的利用率表现在哪些方面，如是否使现在完成相同工作任务而所需人员减少，等等，请秘书处对此加以评论。

二、其他方面

中国代表团高兴地看到2005和2006年期间秘书处在预算、财务会计和报告以及财务处事务等领域取得一些改进，如降低了差旅事务费用、银行手续费等，提高了预算编制的效率及为在所有联合国系统采用国际公共部门会计准则取得的进展。在2005-2006年期间，人力资源管理和采购管理改革方面也取得了一些进展，中国代表团期待着在第62届联大期间看到关于人力资源管理的报告及采购活动的进度报告和综合报告。

谢谢主席先生。

中国代表李军华关于前南和卢旺达两国际刑庭工作报告的发言

（2007年6月18日）

主席先生：

首先感谢波卡尔庭长和德尔·庞特检察官以及莫斯庭长和贾洛检察官分别就前南斯拉夫国际刑事法庭（ICTY）和卢旺达国际刑事法庭（ICTR）两刑庭工作所作的报告。我认真地听了介绍，看到两刑庭的工作继续取得进展，我们对此给予肯定，也对两刑庭"完成战略"的实施充满期待和信心。

半年前我国代表团曾在这里指出，两刑庭"完成战略"的顺利实施主要取决于三方面的因素：一是两刑庭要高效率的安排案件审理工作；二是要发挥区内国家在审案方面的作用；三是区内各国与两刑庭的合作。从今次两刑庭报告的情况看，在高效审案方面，两刑庭采取了多项措施，且行之有效，应予肯定。关于将涉及中、低级别被告的案件移交区内国家司法体系审理，我们很高兴两刑庭将此视为实现“完成战略”的重要部分，而这与区内国家的司法能力建设密切相关，在此方面，仍有潜力可挖，应对这些国家给予更大信任、提供更多机会，有能力的国家进一步提供财政和技术支持，使之尽早具备相关能力，以便逐步、尽快地实现移交。在合作方面，两刑庭似乎仍面临着较大困难，为此，我们呼吁那些有能力的国家、区内有关国家继续加强与两刑庭合作。

两刑庭报告还提到了刑庭遗产问题。我们欢迎尽早考虑与实施“完成战略”有关的各种后续方案；同时我们认为，处理两刑庭的剩余职责问题，应在遵循安理会“完成战略”确立的原则和时间表的前提下，谨慎研究出妥善的方案。

主席先生，两刑庭实施“完成战略”过程中，必然会遇到一些困难和复杂情况，但我们相信，通过各方拿出诚意、加强合作，这些问题是可以迎刃而解的。

谢谢主席先生。

中国代表在第47届方协会关于议题5（b）联合国系统对非洲发展新伙伴关系的支助的发言

（2007年6月18日）

主席先生：

中国代表团感谢秘书处代表就联合国系统过去一年中对非洲

发展新伙伴关系（NEPAD）支助情况所作介绍。报告从九个方面阐述了联合国支助 NEPAD 所作的努力，包括基础设施建设、和平与安全、发展、环境、艾滋病、人力资源开发、科学和技术等。我们对联合国系统取得的积极进展感到鼓舞，并鼓励秘书处采取进一步措施，加强联合国系统对 NEPAD 的支助。

主席先生，

NEPAD 是非洲国家自己提出并身体力行的发展倡议，是非洲联盟核准的非洲共同发展框架，是实现千年发展目标的重要途径。非洲对新伙伴关系发挥当家做主的领导作用以及国际社会向新伙伴关系提供更多支助十分重要，这也是实施新伙伴关系方面取得进展的关键。

长期以来，沉重的债务成为制约非洲发展的主要因素之一。中国政府一直在力所能及的范围内，积极支持非洲发展事业。根据中国国家主席胡锦涛在中非合作论坛北京峰会上宣布的对非八项经贸政策措施，中方拟于 2007 年底前与受援国办理免债协议，对与中国有外交关系的 33 个非洲重债穷国和最不发达国家，免除其截至 2005 年底的 168 笔对华到期无息贷款债务。今后三年内，中国政府对非洲国家的无偿援助和无息贷款规模将增加一倍，援建更多的社会、文化和公益项目，使非洲国家和人民切实受益。中国对非洲的援助不附带任何政治条件，是建立在互利共赢的基础上的。

主席先生，

非洲是国际大家庭的重要成员。世界的和平与发展离不开非洲大陆的繁荣与稳定。中国代表团支持联合国系统继续对 NEPAD 进行支助，与国际社会一道，推动非洲大陆尽早实现经济繁荣和社会稳定。

谢谢主席先生。

中国代表在第 47 届方案和协调委员会关于议题 7 方协会改进工作方法和程序的发言

（2007 年 6 月 21 日）

主席先生：

近年来，根据联大有关决议要求，方协会一直在讨论改进自身工作方法问题。在第 46 届会议上，方协会将改进工作方法和程序问题作为优先议题进行了讨论。第 61 届联大在 235 号决议中确认方协会在监测和评价方面的作用，肯定了方协会在其第 46 届会议期间为改进工作方法和程序所作努力。我们认为，方协会在改进工作方法和程序过程中，应注意以下几个方面：

一、维护方协会的独特地位。方协会作为经社理事会的职司委员会，是联合国负责方案和协调问题的唯一政府间机构，在审议方案规划和处理协调问题方面发挥的作用是不可替代的。改革不应改变方协会的这一特性，也不应影响到对战略框架等重要议题的审议。

二、明确方协会授权。方协会应充分发挥作用，加强其在方案审议方面的职能，其他委员会不应再重复审议。方协会、五委应各有侧重和明确分工，方协会主要审议方案规划，五委主要审议预算等。方协会应加强与联合国行政首长协调理事会（CEB）的合作，以加大方协会在协调问题上的份量。联大主要委员会和经社理事会应认真重视方协会的报告，并作出及时和全面的反应。

三、确定方协会的工作重点。方协会应更多地从战略高度考虑问题，区分好预算年和非预算年的工作重点，妥善处理好方案及评价的关系。报告的质量和内容应继续改进，报告的讨论部分应言简意赅，建议内容应面向行动，并增强针对性和预见性。

四、保障会议文件及时散发。我们注意到，方协会的文件仍不能提前6周、有关报告草案也不能提前24小时散发。为保证方协会对各项议题的审议效果，秘书处应努力按时提交文件，制定的会议日程表应科学合理。关于是否缩短预算年方协会会期问题，要把方协会压缩在2周内举行，时间显得过于紧张，将影响到一些议题的充分讨论。关于观察员参与问题，我们赞同根据经社理事会议事规则，保障观察员参与方协会的合法权利。

主席先生，

方协会工作方法和程序的改进，与联合国的其他改革一样，是一个循序渐进的过程。我们相信，通过必要的改革，方协会一定能进一步提高效率，发挥应有的作用。

谢谢主席先生。

中国代表成竞业在裁谈会全会上的发言

（2007年6月21日）

主席女士：

对主席刚才所提问题，中方仍需一些时间。如允许，我愿作以下发言。

最近几周，你作为裁谈会主席，为推进裁谈会工作付出了重大努力，我们对你所展现出的智慧、创造精神和领导才能表示钦佩和感谢。相信你所作出的贡献，将为我们大家所记住。

主席女士，

经过一系列磋商，你提出了关于执行六位轮值主席方案（L.1）的补充声明及关于其地位问题的决定草案。我们认为，这是在正确方向上迈出的步骤，为就L.1形成共识打下了良好的基础。

与此同时，我们对补充声明的地位和内容还有一些疑问和关切。中方认为，补充声明成为L.1的有机组成部分，将会更合理、清晰。

我们也认为，声明草案第三段的措辞存在着再作改进的余地。另外，中国代表团也赞同印度大使沙雷（share）本周二就“禁产条约”（FMCT）问题发表的意见。

主席女士，

我愿借此机会重申，中方支持尽早打破裁谈会僵局，支持裁谈会谈判FMCT，同时也主张就外空等其他议题开展实质性工作。我们认为这有助于促进国际裁军和防扩散进程，维护国际和平与安全。中方已在不同场合表明了这一立场。中国代表团愿与各方一道，继续共同努力，发扬潘基文秘书长所说的妥协和彼此照顾的精神，达成各方虽无法完全满意，但却都能接受的解决办法。

谢谢主席女士。

中国代表王光亚在安理会表决授权苏丹达尔富尔“混合行动”决议后的解释性发言

（2007 年 7 月 31 日）

纽约时间 7 月 31 日下午，联合国安理会一致通过第 1769 号决议，授权在苏丹达尔富尔地区部署非盟与联合国“混合行动”。表决后，中国常驻联合国代表王光亚大使作解释性发言，全文如下：

安理会刚刚一致通过第 1769 号决议，授权在苏丹达尔富尔地区部署非盟与联合国“混合行动”。这是有关各方通过对话与协商达成的共识，是一个各方期待已久的结果。

中方一贯主张，要在尊重苏丹主权和领土完整的基础上，通过对话与平等协商，政治解决达区问题。在此过程中，非盟、联合国应共同发挥建设性作用。同时，要综合看待达尔富尔问题，维持安全稳定、推动政治进程、加大人道救助、着眼经社发展等各个方面相互关联，应给予同等重视。当前，达区问题出现积极势头，面临难得机遇，国际社会应抓住有利时机，推动逐步、稳妥、全面解决该问题。

今天的决议是推动解决达区问题进程中的重要一步。解决达区问题离不开苏丹政府的努力，部署“混合行动”更需要苏丹政府的合作。苏方为解决达区问题显示了灵活，采取了积极措施，国际社会应予充分肯定和鼓励。联合国、非盟、苏丹三方对话机制能就“混合行动”方案所达成共识，是通过此项决议的政治前提。今后应继续重视和发挥这一机制的积极作用。

今天的决议更是安理会成员求同存异、互谅互让的结果。安理会就“混合行动”部署发出一致声音，是推动达区维和进程的重要保证。特别需要强调的是，这项决议的目的，是授权启动“混合行动”，而非进行施压或制裁。在整个磋商进程中，中国始终坚持决议应简单明了，集中体现安理会授权部署“混合行动”这一核心内容。尽管案文仍有可以改进和完善的余地，但中方认为基本体现了上述精神。基于此，中方对决议投了赞成票。

今天的决议只是全面解决达区问题的一个起点。下步关键是要顺利落实决议。在部署“混合行动”过程中，各方应严格恪守三方共识，避免任意曲解决议内容。当前积极势头来之不易，有关各方均应格外珍惜彼此间的政治互信。在启动“混合行动”的同时，还应继续全面落实三阶段部署计划。作为目前驻扎在达区的唯一国际维和力量，非盟驻达区特派团承担着艰巨任务，同时面临巨大的实际困难。安理会在近期内还应首先着眼于推动国际社会采取措施资助非盟特派团，全面落实旨在加强特派团能力的第一、二阶段支持措施，为部署“混合行动”打下坚实基础。

维和部署仅为解决达区问题的一方面，要继续实施“双轨战略”，加速推进政治进程。推动达区各派达成并执行和平协议，是实现达区持久和平的根本前提。中方欢迎的黎波里会议再次成功召开，赞赏并支持非盟与联合国两特使的积极努力。下一步国际社会应采取切实措施，力促叛军积极参与达区政治进程。达区危机的深层根源说到底是发展问题，应高度重视达区重建与发展。国际社会应立足长远，尽早制订达区发展战略，加大关注与投入力度，以彻底改善达区民生，消除冲突产生的根源。

达尔富尔问题是当前国际社会关注的焦点之一，非盟、联合国及其他有关各方都在积极提供协助。中国真诚希望达尔富尔问题早日得到公正、合理的稳妥解决，希望今天通过的决议成为国际社会与苏丹政府加强合作的新起点，有力地推动全面解决达尔富尔问题的政治进程。中方将继续本着建设性态度，积极参与这一进程。

谢谢。

中国代表刘振民在联大“气候变化是一项全球挑战”主题辩论会上的发言

（2007 年 8 月 1 日）

主席女士：

气候变化是当今世界面临的重大挑战之一。它关系到各国的可持续发展和我们共同的未来。如果说气候变化已影响到我们人类的生存，那么中国无疑是最大的受害者，因为中国是世界上人口最多的国家，而且是一个中低收入的发展中国家。中国政府高度重视应对气候变化问题。我们认为，各国应在以下几个问题上取得共识：

第一，应对气候变化需要人类改变工业革命 250 多年以来的不可持续的生产模式，也需要改变不可持续的消费模式。对富国的“奢侈排放”应予限制，对穷国的“生存排放”和“发展排放”应予保障。减缓气候变化和适应气候变化同等重要。各国需要以历史的观点、现实的角度和积极务实的态度加强国际合作。

第二，《联合国气候变化框架公约》及其《京都议定书》仍然是应对气候变化的国际合作框架和有效机制。“共同但有区别的责任”原则和公平原则是国际合作的基础。发达国家应切实承担起应尽的历史和现实责任。当前，一方面要推动关于长期合作行动的对话取得进展，另一方面要确保《京都议定书》下关于2012年后发达国家进一步减排指标的谈判取得成功。

第三，应对气候变化的努力应有利于促进各国的可持续发展。对于发展中国家而言，发展经济、消除贫困是压倒一切的优先事项，在此过程中尽可能地减缓温室气体排放、适应气候变化不利影响也将有助于可持续发展目标的实现。国际社会在推动减缓温室气体排放的同时，要充分考虑应对气候变化问题，要重视增强发展中国家、特别是小岛屿国家和最不发达国家抵御灾害性气候事件的能力。

第四，应对气候变化的关键是提高技术水平，建立适应可持续发展要求的生产和消费模式。从各国经验看，技术对减缓和适应气候变化具有决定性作用。国际社会不仅要加强在技术研发和创新上的合作，还要加大现有技术的推广和利用，使广大发展中国家买得起、用得上这些技术。发达国家需要采取超越短视、狭隘的商业利益的政策，支持尽早落实气候变化公约关于技术转让的规定，建立切实有效的技术转让和技术合作机制。

主席女士，

中国政府充分认识到气候变化问题的严重性和紧迫性，本着对本国人民负责、对全人类负责、对子孙后代负责的精神，中国主动采取了一系列减缓温室气体排放的政策措施，取得了重要进展。从1990年到2005年，中国每万元GDP能耗下降了47%，相当于累积减少二氧化碳排放18亿吨。从1980年到2005年，中国通过植树造林、森林管护等又净吸收了50亿吨二氧化碳。

自20世纪70年代以来，中国实行计划生育政策，少生了3亿人，相当每年减少二氧化碳排放12亿吨。这些成果来之不易，其对应对气候变化作出的贡献不容忽视。

今年6月初，中国根据《联合国气候变化框架公约》的规定，结合中国经济社会发展规划和可持续发展战略，制定并公布了中国《应对气候变化国家方案》（下称《国家方案》）。中国政府还设立了由国务院总理担任组长的国家应对气候变化领导小组。

《国家方案》确立了中国应对气候变化的指导思想、原则与目标，提出了重点领域的减缓和适应措施，要求采取一系列法律、经济、行政及技术等手段，大力节约能源、优化能源结构、改善生态环境、提高适应能力、加强科技开发和研究能力、提高公众意识、完善管理体制。

《国家方案》还明确了一系列控制温室气体排放的具体任务，包括到2010年实现单位国内生产总值能源消耗比2005年降低20%左右、可再生能源在一次能源供应结构中的比重提高到10%、将工业氧化亚氮排放稳定在2005年水平、努力实现森林覆盖率达到20%。中国《国家方案》英文本已在会场散发，我们希望各方对其多加了解，也愿就此与各方加强交流。

主席女士，

作为一个发展中国家，中国正处于工业化、城市化、现代化的进程之中。近年来，国际舆论比较关注中国的二氧化碳排放总量，但忽视了中国的人口占世界的21%这个基本事实。目前中国人均二氧化碳排放还比较低，不到发达国家平均水平的三分之一。近年来中国经济保持了平稳快速的增长势头，但中国仍有2000多万农村贫困人口和2200多万城市最低生活保障线以下人口，城乡和区域的经济社会发展还不平衡。为改善13亿人的生活水平，中国的“发展排放”难免会有所增加。作为一个制造业大国，中国生产的商品为世界各国享用，而中国却承受着

“转移排放”带来的越来越大的压力。我们希望，各方在关注中国的排放时要充分注意到这两个因素。

中国政府决心努力走出一条低消耗、低污染排放、高效益、高产出的新型工业化道路，并期待着得到国际社会的大力支持。我们呼吁各方加强合作、携手共进，在应对气候变化中实现互利共赢。

谢谢主席女士。

中国代表王光亚在安理会表决联伊援助团延期决议时的发言

（2007 年 8 月 10 日）

主席先生：

中国代表团支持并欢迎安理会刚刚通过的第 1770 号决议。这对伊拉克和联合国而言，都是一项非常重要的决议。

过去四年，安理会一直定期审议伊拉克问题，希望在推动解决这一重大热点问题的进程中发挥应有作用。当前，伊拉克政治重建方面取得了重要进展，但在其他方面，尤其是安全领域仍面临严峻挑战。国际社会对此深表关注。尽快实现稳定与安宁是妥善解决伊拉克问题的重要前提，更是伊拉克人民的共同愿望，同时关乎整个中东地区的和平与稳定。

中方始终认为，伊拉克问题的最终妥善解决，关键是应真正实现“伊人治伊”，同时也离不开区域国家和国际社会的鼎力相助。刚刚通过的这项决议，赋予联伊援助团新的职责，包括协助伊拉克开展全国和解，进行区域对话，协调经济重建，加大人道救援等。历史表明，联合国在上述领域具有独特的优势和丰富的经验，应该能够有所作为。但也要看到，联伊援助团发挥作用将是一个渐进的过程，并且取决于多方面因素。我们希望，伊拉克政府和多国部队能够向联合国提供必要安全保障，以便联伊援助团根据安理会授权履行任务。我们也希望，有关各方都积极配合，支持联合国的努力，为其发挥作用创造必要条件。

主席先生，

中国政府和人民始终关注伊拉克局势的发展，一贯主张维护伊拉克的主权、独立和领土完整，一直鼓励伊拉克人民以国家长远利益为重，加强团结，克服国家重建面临的各种困难。中国将继续坚定支持伊拉克的重建进程，期待饱受战争创伤的伊拉克能够尽快走上和平、稳定、发展的道路。

谢谢主席先生。

中国代表成竞业在裁谈会全会上的发言

（2007年8月16日）

主席先生：

首先我愿对你担任裁谈会主席表示祝贺，并对你任主席期间为推动裁谈会工作所作的辛勤努力，特别是在此过程中所表现出的耐心、智慧和领导才能表示赞赏。

主席先生，

近一年来，裁谈会各方，其中包括六位主席和各位协调员，为促使裁谈会重振活力进行了有益的探索和不懈的努力。六位轮值主席方案（L.1）和相关主席补充声明的提出，为未来裁谈会工作打下了良好的基础，有可能成为打破裁谈会僵局的平台。当然，我们也感到上述文件目前还不是各方都能完全接受的方案，需要大家进一步努力。

中国代表团一直积极参与有关磋商。与其他成员国一样，我们希望看到裁谈会早日摆脱僵局，以便就各方关注的问题开展实质性工作。我们也支持有关各方就此作出的重要努力。同时，我愿回顾中方6月19日就L.1及其补充声明所发表的看法：补充声明成为L.1的有机组成部分，将会更加合理、清晰；该声明第三段的措辞存在着再作改进的余地。中国代表团将以建设性态度继续积极参与未来的磋商。我们也希望，各国保持耐心和信心，并继续本着相互照顾的精神，对一些国家仍待解决的关切给予充分重视，共同努力找到协商一致的解决办法。

谢谢主席先生。

中国代表成竞业在《禁止生物武器公约》2007年专家组会上的发言

（2007年8月20日）

主席先生：

首先，请允许我对你担任本次缔约国专家组会主席表示祝贺。我相信，你丰富的外交、裁军工作经验，将为会议取得积极成果发挥重要作用。中国代表团将积极支持你的工作。

主席先生，

《禁止生物武器公约》（下称《公约》）自生效以来，在全面禁止和彻底销毁生物武器、防止生物恐怖活动和生物武器扩散方面一直发挥着不可替代的重要作用。缔约国专家组会和年会是落实《公约》六审会工作计划的核心内容，更是推进多边生物军控进程、全面加强《公约》有效性的重要平台和有益尝试。中方高度重视，将以建设性姿态参与各项讨论，为会议取得积极成果作出贡献。

主席先生，

根据《公约》要求和本国国情制定有效的国家履约措施既是缔约国的基本义务，也是切实履行《公约》各条款的重要前提和保障。中方一贯高度重视并积极致力于《公约》的全面、有效实施，并从以下几个主要方面不断完善国家履约能力：

第一，建立健全履约立法，采取有效措施，确保严格执法。在立法方面，中国政府颁布和实施了一系列法律法规，内容涵盖《公约》禁止条款、出口管制、生物安全及安保、公共卫生、传染病监控等领域，形成了较为完备的履约法律体系，并不断加以完善和更新。在执法方面，中国政府严格执法，依法惩处违法行为。

第二，建立职能明确、协调有效的国家履约机制。中国建立了由外交部、国防部、农业部、卫生部、商务部、海关总署等相关政府主管机构组成的履约机制。各部门各司其职，形成了明确分工和协调机制，确保各项履约法规和措施的贯彻落实。

第三，加强履约法律法规的宣传和普及，举办各种研讨会、培训班，重点提高相关企业、科研、教育机构和人员知法、守法和自律意识。

主席先生，

促进全面、忠实履行《公约》义务需要国际社会的共同努力。中方支持在促进国家履约方面开展全球、区域及次区域合作，在平等、协作、互相尊重的基础上，通过技术交流、资金支助、地区性研讨会等形式，帮助有关国家提升履约能力和水平。

近年来，中国参与并举办了一系列履约相关研讨会。中国参加了“生物恐怖主义预防与危机管理”亚洲地区研讨会，主办了安理会第1540号决议亚太地区执行情况研讨会，在生物安全和传染病监控领域多次举办国际研讨会，并与美国、加拿大、东盟、欧盟等保持着双边交流。通过上述活动，中国与区域各国交流履约做法，借鉴有益经验，探讨应对之策，取得了良好效果。

中国向会议提交了“中国关于《禁止生物武器公约》国家履约和区域履约合作的工作文件”，全面阐述了中国的有关做法和经验。

主席先生，

中方支持根据《公约》六审会决定，建立履约支持机构，相信该机构将在促进《公约》普遍性、加强履约工作、深化缔约国交流与合作方面发挥积极作用。根据《公约》六审会要求，中国政府决定外交部军控司作为国家联络点，负责协调国内履约，并与履约支持机构及其他缔约国保持联系。

主席先生，

中国愿与各方一道，充分利用专家组会这一有效平台，进一步就履约相关问题加强沟通与合作，共同维护和加强多边生物军控进程。

谢谢主席先生。

中国代表刘振民在安理会预防和解决冲突公开辩论会上发言

（2007 年 8 月 28 日）

主席先生：

中国代表团欢迎刚果代表团倡议召开以预防和解决冲突、特别是非洲冲突为主题的安理会公开辩论会。

安理会承担着维护国际和平与安全的首要责任。履行好这一崇高使命，安理会离不开联合国广大会员国的信赖与支持，离不开各地区及次区域组织的协助与配合，离不开安理会自身勇于探索新的解决办法。中方愿就安理会的预防和解决冲突问题提出以下四点看法。

一要高度重视预防外交。正如刚果代表团 8 月 14 日致秘书长的信中所言，安理会多次强调决心加强联合国在预防武装冲突方面的效力，并制订切实有效的预防冲突综合战略。但此项工作的实际进展不能令人满意。究其根源，还是重治理、轻预防的倾向并未得到真正纠正。过去五年间，联合国维和支出高达 180 多亿美元。预防冲突工作做扎实了，上述维和费用可望大幅下降，而且众多生命可能免遭冲突战火涂炭。因此，应下决心把预防冲突的理念切实付诸实践。

二要勇于改革和创新。联合国诞生 60 多年来，在预防与解决冲突领域作出了不懈努力，取得了举世公认的成绩。但面对各类不同性质与形式的武装冲突，安理会需要与时俱进，找到更加符合当前情况的解决办法。在应对一国的国内冲突时，仍应发挥该国政府自身积极作用，以帮助该国政府实现社会稳定为目标。在应对突发危机的同时，更应注重研究危机的形成背景与环境，提早介入，努力加以化解。尤其应重视标本兼治，采取综合解决办法，铲除酿成冲突的经济、社会根源。非洲大陆的武装冲突，没有一例是由单一原因导致的，大多与贫困及欠发达有关。只有针对导致冲突的深层次根源加以应对，才能逐步走出“头痛医头、脚痛医脚”的被动局面，掌握防范冲突的主动权，有效提升联合国维和效能。

三应大力加强与区域组织之间的协调配合。现在各方已普遍公认，非盟近年来在代表国际社会应对非洲地区冲突方面发挥着日益重要的作用，为维护世界和平与安全作出了宝贵贡献。非盟作为非洲国家联合自强的意志体现，在预防及解决非洲冲突方面拥有得天独厚的政治、道义及地缘优势。安理会一方面应继续加强与非盟的合作，利用好非盟地区预警机制及维和力量；另一方面也应向非盟提供多种援助，协助其加强自身能力建设。目前安理会定期审议的地区热点问题中，60%以上与非洲有关。安理会向非盟及非洲次区域组织提供协助的过程，实际上也是提升自身运筹国际事务能力的过程，应该予以更多重视。

四应充分利用联合国系统资源，发挥好秘书长的斡旋协调作用。预防和解决冲突应从政治、安全、经济、社会等方面“多管齐下”。联合国安理会、经社理事会、建设和平委员会等在不同领域各有专长，经验丰富，各部门应加强交流，互补长短，形成合力，为国际社会作出表率。此外，近年来，秘书长及其代表积极参与化解地区冲突的国际斡旋活动，取得明显成效。这在很大程度上得益于安理会的信任与支持。今后安理会应继续以多种方式支持秘书长在这方面发挥作用。

谢谢主席。

中国代表刘振民在安理会中东问题公开会议上的发言

（2007年8月29日）

主席先生：

中国代表团感谢威廉姆斯先生所作全面详实的通报。

过去一个月来，中东局势出现了一些令人鼓舞的进展。我们注意到，一批巴勒斯坦囚犯获释，以色列还向巴方归还了部分税款。这些积极步骤值得肯定。我们尤其要欢迎阿巴斯主席与奥尔默特总理本月两度会晤，包括昨天在耶路撒冷刚刚结束的会晤。我们赞赏两位领导人保持会晤势头的意愿，也期待双方逐步建立谅解、互信与合作，为重启巴以和平进程奠定必要、坚实的基础。

主席先生，

尽管如此，中东形势仍然令人关切。巴以双方交火及平民伤亡事件不断发生，巴勒斯坦人在自己土地上的行动自由得不到保障。加沙的人道局势急剧恶化，电力与食品供应及卫生状况都令人担忧。我们呼吁国际社会继续向巴勒斯坦人民施以援手；同时敦促有关各方遵守国际人道法，采取一切必要措施，包括开放过境点等，缓解并改善加沙的人道局势。我们同时希望，巴勒斯坦各政治派别能积极回应其人民和国际社会的期待，以大局和长远利益为重，为了共同的未来加强团结与合作。

主席先生，

中方始终认为，在联合国有关决议和“土地换和平”原则基础上，建立与以色列和平共处的、独立的巴勒斯坦国，是实现全面、持久和公正解决巴以争端的唯一出路。阿巴斯主席与奥尔默特总理正在朝着这一方向共同迈出重要的第一步。历史告诉我们，实现中东和平，需要所有各方艰苦卓绝的工作，也将是一个持久的过程。

中方认为，国际社会应肩负起应有的责任，为巴以恢复谈判创造有利的氛围并提供必要的支持。我们欢迎“四方机制”将于下月在纽约举行高级别会议，期待“四方机制”为推动以巴复谈采取新的举措。同时，安理会也应在中东问题上发挥积极作用。我们希望联合国、“四方机制”、地区国家以及阿拉伯联盟加强联系，彼此协调，为推进中东和平进程共同作出努力。

主席先生，

黎以问题是中东和平进程的重要组成部分。中东地区要实现全面和平，离不开黎以争端的妥善解决。中方再次呼吁全面落实安理会第1701号决议，早日实现黎以永久停火和有关争端的长期解决。中方也十分关注黎巴嫩局势的发展。我们希望黎巴嫩人民能够团结一致，以和平的方式解决内部分歧，维护国家的统一、独立和领土完整。

谢谢主席先生。

中国代表成竞业在裁谈会全会上关于中国参加联合国军备透明制度并恢复参加常规武器登记册的发言

（2007 年 9 月 4 日）

主席先生：

首先，我谨对你担任裁谈会主席表示祝贺。相信在你的外交智慧指引下，裁谈会能够顺利完成今年年度报告的起草工作。中国代表团将积极支持和配合你的工作。

主席先生，

军备透明问题是裁谈会的一项重要议题。我愿借此机会向大家通报中国政府在此方面采取的最新举措。

中国政府一向重视军事透明度，积极致力于增进同世界各国的互信。自 1995 年以来，我们已发表了五份国防白皮书和两份军控、裁军和防扩散白皮书，详细介绍了中国的国防政策、国防建设进展以及为军控、防扩散作出的努力。中方并在双边和多边框架内进行了一系列旨在促进军事透明的交流。

作为上述积极努力的继续，中国政府最近作出了两项重要决定。第一，根据联大第 60/44 号决议，中国将从今年起参加联合国军费透明制度，向联合国提交上一财政年度的军事开支基本数据。第二，考虑到有关国家已经停止向联合国常规武器登记册提供其向中国台湾省非法出售武器的情况，中方决定从今年起恢复向“登记册”提供七大类常规武器的进、出口情况。有关报告现已正式提交联合国秘书处。

上述两项决定是中国进一步提高军事透明的重要举措，体现了中国奉行以互信、互利、平等、协作为核心的新安全观，支持联合国在促进各国军备透明和安全领域互信方面发挥重要作用。中国愿继续与国际社会共同努力，为增进国际和平与安全作出贡献。

谢谢主席先生。

中国代表陶绎红在联大关于“联合国系统环境活动体制框架”非正式磋商会议上的发言

（2007 年 9 月 10 日）

主席先生：

首先，我很高兴出席“联合国系统环境活动体制框架”非正式磋商。感谢两主席前一阶段的辛勤工作，准备了内容丰富而全面的《两主席案文》，为各国进一步讨论提供了良好的基础。中国代表团支持巴基斯坦代表“77 国集团和中国”的发言。现在我愿就该案文提出以下四点初步看法和意见：

一、中方原则支持加强各环境机构间的联系与协调，改善国际环境管理。目前世界上关于环境问题的多边机构数量多、范围广，但彼此协调与联系不够。这在客观上造成一些环境活动存在重叠和资源的浪费，或者相互间协调不足，从而影响工作效果。为应对上述挑战，各机构间加强协调，有效配合十分必要。但环境问题本质上是个发展问题，有关改革必须始终坚持从可持续发展的整体框架入手，并在联合国经社发展领域改革的大背景下进行。应根据1992年环发大会、2002年约堡首脑会达成的共识，以平衡、全面的方式探讨加强联合国环境活动的具体措施，确保经济发展、社会进步、环境保护三大支柱协调发展。

二、在推进国际环境管理体系改革的进程中，应确定改革的短期目标和长远目标，循序渐进地推进。当前应重点加强联合国环境规划署（UNEP）作用，提高效率、能力。UNEP是国际社会全面探讨环境问题的有效平台，特别在提供政策建议、技术咨询方面为环保事业作出贡献。作为联合国从事环境和可持续发展专门机构，拥有很大潜力。但长期缺乏充分授权，其机构能力建设也有待加强。改革重点应是按可持续发展世界首脑会要求及经济、社会和发展领域新情况，进一步加强UNEP的能力，使其更好发挥作用。联合国其他相关机构有其独特作用和优势，不应盲目整合，而应加强相互合作与协调，既有分工，也有合作，共同努力，提高效率，增强合力。对于成立联合国环境组织(UNEO)，在各方分歧较大的情况下，应继续就此进行深入研究和充分探讨。

三、应充分考虑各多边环境协定的法律独立性及其机制差异性，实事求是，充分磋商，循序渐进。联大不应就多边环境协定整合工作强行制定时间表。多边环境公约面临的最大问题，是发展中国家能力缺乏和资金匮乏问题，要切实解决。唯此才能确保公约执行和落实，并产生积极效果。案文中提出了明确的分类组合措施，这与目前进行的三个化学品公约协同增效进程有较大差距，可操作性差，忽视了由此可能造成的国家层面履约的协调难度。

四、加强发展中国家的能力建设和资金支持，是探讨“联合国系统环境活动体制框架”的优先课题。占世界人口大多数的发展中国家在环境恶化中处境最为脆弱，面临困难最多。衡量全球环境治理有效与否的一个重要指标就是能否加强现有机制，使其向发展中国家提供技术援助，帮助其加强能力建设，提高应对环境问题的综合能力。

案文中提出从七个方面采取行动，但中方认为七个方面行动不平衡，对发展中国家关心的能力建设、资金支持等均未提出实质性解决方案，既未就如何增强对联合国环境协定资金支持提出充分建议，也缺乏实质性措施。国际社会、特别是发达国家应采取切实措施，增加官方发展援助（ODA），增加对 UNEP 的资金支持，改善其财政状况，为国际环发合作提供稳定、充足和可预见的资金支持，向发展中国家转让先进、优惠、环境友好的技术帮助。

关于全球环境基金（GEF），中方认为，在评价其效果应注意考虑受援国在项目组织、与国际机构合作沟通方面的实际能力，进一步简化 GEF 的项目审批程序，提高工作效率。对 GEF 开辟新的支持领域，要谨慎对待，避免对目前六大领域形成冲击。对 GEF 增资是好事，但能否实现主要取决于发达国家有无增加捐款的政治意愿和实际行动。并且应加强 UNEP 对 GEF 资金使用分配参与度。

主席先生，

保护环境和实现可持续发展是中国的基本国策。中国支持改进全球环境管理，重视有关“联合国系统环境活动体制框架”的磋商。我们赞赏并支持两主席的工作，愿积极参与相关讨论，以切实推动可持续发展。

谢谢主席先生。

中国代表李保东在人权理事会第六次会议审议高专报告时的发言

（2007 年 9 月 13 日）

主席先生：

中国代表团感谢人权高专阿博尔女士所作的介绍，并对过去一年中高专办为理事会建章立制工作提供的高质量技术支持和后勤服务表示赞赏。中方也感谢高专本人所作的努力和贡献。

主席先生，

根据高专办 2006 年度报告提供的数据，高专办共设立了 47 个国家、区域或次区域机构，并向一些和平建设援助团派驻人权顾问，耗资近 4000 万美元。阿博尔女士也在发言中介绍了开设驻地机构的新进展。中方注意到，这些驻地机构和代表主要设在发展中国家。中方赞赏高专办对发展中国家人权状况的关心以及给予技术支持的积极性，希望高专办能以更全球、更开阔、更平衡的视角，同等关注南方与北方的人权状况。

地区代表性不足是困扰高专办多年的痼疾，我们注意到阿博尔女士为矫正这一问题采取了一系列举措。在高专办大规模扩大编制的有利条件下，这些措施并未达到立竿见影的效果。高专办作为联合国负责人权事务的秘书处，应该为体现多元文化作出表率。高专办应彻底梳理和改革招聘体制，从根本上革除阻碍发展中国家人员应聘的制度和非制度性障碍，并为增加亚非地区的代表性建立长效机制。

普遍定期审议是联大 60/251 号决议赋予人权理事会的重要使命，高专本人亦表示“联合国人权系统的信誉与审议的圆满进行息息相关”。正因此，许多国家认为应给予首批受审国充分的准备时间，以保证提供的报告和审议的高质量和严肃性。唯此，审议才能不负国际社会的厚望，理事会的信誉方可得以维护。

根据理事会6月通过的建章立制文件，高专办将编撰其他人权机制和非政府组织的报告。本次会议即将通过的普遍定期审议指导原则也同样适用于高专办编撰的报告。中方希望在高专的正确领导下，高专办的报告能公正、客观、平衡反映受审国在人权领域的成绩和挑战，为审议创造对话与合作的气氛发挥建设性作用。

随着高专办预算的不断增加，高专办的业务能力也在不断提升。能力越大，责任也就越大。在此大背景下，并根据联大48/141号决议以及理事会有关决议，高专办应经常向理事会、成员国通报资金来源、使用情况以及主要活动，理事会也应对高专办工作进行经常性评估，为高专办更好地履行职责提供更明确的指导。

主席先生，

中方一贯重视高专办为促进和保护人权所发挥的独特作用，将继续在平等和相互尊重基础上与高专办发展合作关系，并将一如既往地支持高专办的工作。

谢谢主席先生。

中国代表赵星关于《藏传佛教活佛转世管理办法》等问题的答辩

（2007 年 9 月 14 日）

主席先生：

针对“受威胁人民协会”等非政府组织的联合发言，中国代表团愿作如下答辩。

《藏传佛教活佛转世管理办法》是根据多年来藏传佛教界人士的强烈要求，在深入调查研究、广泛听取各方意见、充分尊重藏传佛教活佛传承继位方式的基础上制定的。它的颁布将更好地保护藏传佛教广大群众信仰特点、保障藏传佛教宗教活动。活佛转世涉及国家、社会和信教群众的公共利益，早在清朝和民国时期，中国就有了关于活佛转世的管理规定。中国政府颁布的《藏传佛教活佛转世管理办法》，完全符合藏传佛教从历史上传承下来的宗教仪轨，符合历代中央政府管理活佛转世的规矩和定制。

达赖不顾历史定制、破坏宗教仪轨擅自宣布认定的所谓“班禅转世灵童”是非法的、无效的。根敦确吉·尼玛只是中国一个普通藏族儿童。他现在是中学生，他的家人不愿目前的正常生活受到干扰，不存在所谓“失踪”问题。

“受威胁人民协会”等组织的有关发言完全是基于对藏传佛教传统和中国历史的无知，是对中国宗教事务的恶意曲解。中国代表团坚决反对此类毫无事实根据、不负责任的无端指责。

谢谢主席先生。

中国代表王光亚在第62届联大总务委员会上的发言

（2007年9月19日）

主席先生：

中国代表团坚决反对将议程草案项目165（A/62/193及Add.1，2）列入第62届联大议程。我在8月16日致联合国秘书长潘基文先生的函中，已全面阐述了中国政府在这一问题上的严正立场。在此，我强调以下三点：

一、世界上只有一个中国，台湾自古以来就是中国领土的一部分。这是国际社会公认的事实。中国尚未统一，但台湾与大陆同属一个中国的事实从未改变。

1971年联大第2758号决议明确规定中华人民共和国政府的代表是中国在联合国的唯一合法代表。该决议的政治和法律含义非常明确，它是基于一个重要的前提，即中国是一个完整的国家，台湾是中国的一部分。

联合国是只有主权国家才能参加的政府间国际组织。台湾是中国的一个地区，无论使用何种名义，都无权申请加入联合国。世界上任何主权国家，包括提案国在内，都不会同意本国的一个地区申请加入联合国。1993年以来，历届总务委员会均明确拒绝将所谓台湾“参与”联合国问题列入联大议程。

二、世界上没有任何人比中国政府更关心2300万台湾同胞的前途和利益。我们始终坚持“和平统一、一国两制”的基本方针，以最大诚意、尽最大努力为两岸同胞谋福祉，争取和平统一的前景。我们采取了一系列重大措施改善和促进两岸关系发展，积极维护台湾同胞在海外的合法权益，为台湾地区开展对外交往活动提供便利，受到两岸同胞的拥护，得到国际社会的赞许。

我们真诚希望，两岸互相尊重、互利互惠，加强人员往来，增进经贸交流，扩大各领域合作，建设两岸同胞共同的美好家园。但是，陈水扁当局为了一己之私、一党之利，蓄意挑起两岸对立，变本加厉搞“宪改”、“入联公投”，谋求“法理台独”。“台独”分裂势力及其活动，是两岸关系发展的最大障碍，是台海和亚太地区和平稳定的最大现实威胁。

2300万台湾同胞是13亿中国人民的一部分，台湾是全体中国人的台湾。任何涉及中国主权和领土完整的问题，必须由13亿中国人民共同决定。反对和遏制“台独”分裂势力及其活动，维护台海地区和平稳定，符合两岸同胞的根本利益和长远利益。

三、尊重国家主权、领土完整和不干涉内政，是《联合国宪章》的重要原则之一。台湾问题纯属中国内政，应由两岸中国人自己解决，不容任何外来干涉。我们强烈敦促提案国遵守《联合国宪章》的宗旨、原则及联大第2758号决议，珍惜自己的国际形象和尊严，不要为一己之利，扮演支持“台独”势力分裂中国的不光彩角色。我相信，绝大多数国家都坚决反对把联合国作为分裂中国的场所。这出在联大连续上演了15年的闹剧早该停止！

中国政府赞赏联合国和广大会员国坚持一个中国原则的正义立场，相信第62届联大总务委员会将一如既往，明确拒绝将上述涉台提案列入联大议程。

谢谢主席先生。

中国代表李保东在“巴勒斯坦及其他阿拉伯被占领土人权状况”议题下的发言

（2007 年 9 月 20 日）

主席先生：

旷日持久的巴以冲突给巴以两国人民，尤其是巴勒斯坦一方带来了深重灾难。中方欢迎前不久巴以两国领导人举行的峰会，支持巴以双方就包括最终地位在内的问题进行深入商谈。然而不幸的是，就在巴以首脑会晤不到 24 小时，巴以双方又爆发了流血冲突，巴以局势又再次重复袭击与报复的恶性循环。

巴以问题不仅仅是战争与和平的问题。周而复始的以暴易暴，还将进一步激化种族仇恨与宗教不容忍，长期的贫困与战乱也易滋生极端主义和恐怖主义。这些都是严重威胁人类尊严与人权的危险因素。伸张正义、谴责暴力，以和平方式解决巴以问题，不仅仅是为了巴以两国人民免于恐怖与威胁，也是为了世界的和平与安宁。

我们希望，巴以双方都应以两国人民的福祉为重，停止相互攻击，在联合国有关决议和“土地换和平”原则基础上，通过政治谈判解决彼此争端。人权理事会也应充分认识解决巴以问题对国际人权事业的重要性，应为促进巴以两个伟大的民族化解历史恩怨，实现该地区所有国家的共同生存与发展发挥更加积极的作用。这既是人权理事会的历史使命，也是包括巴以两国人民在内的国际社会对理事会的殷切期待。

谢谢主席先生。

中国代表王光亚在第62届联大全会上的发言

（2007年9月21日）

主席先生：

中国代表团坚决反对将项目165（A/62/193及Add.1，2）列入第62届联大议程，坚决支持总务委员会报告所提建议。因为它符合《联合国宪章》的宗旨、原则和联大第2758号决议，符合绝大多数会员国的共同意愿。我谨强调以下三点：

一、世界上只有一个中国，台湾是中国领土的一部分。这是联合国和绝大多数会员国的普遍立场。尽管中国暂未统一，但大陆与台湾同属一个中国的事实从未改变。这是任何人都无法否认的客观事实。

1971年联大第2758号决议早已从政治上、法律上和程序上彻底解决了中国在联合国的代表权问题。该决议的政治和法律含义是完整的、明确的。联合国成立以来，中国的领土范围从未改变，中国在联合国的代表权当然包括台湾在内。台湾当局和极少数国家抹杀史实、断章取义，企图歪曲甚至推翻第2758号决议是徒劳的。

联合国是只有主权国家才能参加的政府间国际组织。台湾是中国的一个地区，没有资格以任何名义加入联合国。世界上任何主权国家，包括提案国在内，都不会同意本国的一个地区加入联合国。

二、两岸同胞同根、同宗、同文，命运相连，休戚与共。2300万台湾同胞是13亿中国人民的一部分，台湾是全中国人的台湾。世界上没有任何人比中国人更关心台湾的前途和利益。中国政府始终坚持“和平统一”、“一国两制”的基本方针，一直以最大诚意、尽最大努力为两岸同胞谋福祉，争取和平统一的前景。我们真诚希望，两岸互相尊重、互利互惠，共谋和平、稳定、发展、繁荣的美好明天。

但是，台湾当局出于自身政治私利，蓄意挑起两岸对立，变本加厉搞“台独”分裂活动，疯狂鼓噪“入联”问题，其目的就是谋求“法理台独”。“台独”分裂势力的冒险活动，如不及时制止，将严重损害中国的主权和领土完整，严重冲击两岸关系，严重威胁台海地区的和平稳定。我们绝不容忍“台独”，决不容许任何人以任何方式将台湾从中国分裂出去。

三、尊重国家主权、领土完整和不干涉内政，是《联合国宪章》的重要原则之一。冈比亚等极少数国家在台湾当局的唆使下，无视《联合国宪章》的宗旨、原则和联大第2758号决议，年复一年地在联大鼓噪所谓“台湾参与联合国”问题。他们的行径严重侵犯了中国的主权和领土完整，粗暴干涉了中国的内政，还浪费了联合国的大量资源与时间，严重干扰联大的正常工作。中国政府和人民对此表示强烈谴责和坚决反对。

中国从未做过伤害提案国利益的事，但提案国却一再践踏国际公理和国际社会普遍承认的一个中国原则。有的国家甚至在其加入联合国后就不遗余力地参与分裂中国的活动。我们强烈敦促提案国改弦更张，遵守《联合国宪章》的宗旨、原则及联大第

2758 号决议，珍惜自己的国际形象和尊严，不要为一时之利，为台当局搞“台独”分裂活动所利用。

主席先生，

中国政府赞赏联合国和广大会员国坚持一个中国原则的正义立场。相信绝大多数成员支持中国政府维护主权和领土完整，支持通过总务委员会的建议，反对将所谓涉台提案列入第 62 届联大议程。

谢谢主席先生。

中国代表王光亚在阿富汗问题高级别会议上的发言

（2007 年 9 月 23 日）

尊敬的卡尔扎伊总统阁下，
尊敬的潘基文秘书长阁下，
各位同事：

中方感谢联合国和阿富汗政府共同举办此次阿富汗问题高级别会议，并感谢潘基文秘书长和卡尔扎伊总统的致辞。本次会议的召开表明了国际社会继续支持阿政府和人民的坚定决心。我们坚信，阿富汗虽然是在苦痛中前进，但永远不会在孤独中前进。

中方高兴地注意到，在联合国和国际社会的帮助下，阿富汗在国家恢复和发展的道路上，迈出了积极的步伐。但阿富汗仍面临着一系列严峻挑战。如何应对这些挑战，我愿强调以下四点：

第一，安全与稳定是阿富汗面临的头等大事，需要下大力气解决。希望国际社会投入更多资源，帮助阿富汗加快自身军队和警察部队建设，使其能早日独立承担起维护国家安全与社会稳定的责任。

第二，实现阿富汗的持久和平与稳定，关键是要加快经济发展和社会重建，不断提高人民生活水平。国际社会应大力协助阿富汗政府，认真落实《阿富汗协定》和《国家发展战略》，使全体阿富汗人民都享受到发展的红利。

第三，打击毒品种植和非法贩运，需要采取综合手段。毒品问题不仅涉及阿经济与民生，安全与稳定，还牵扯到政府的执政能力，人民的习俗信仰。希望阿政府深入研究该问题，积极开展与邻国和国际社会的协调与配合，加大禁毒力度。

第四，国际社会应信守承诺，继续支持阿富汗政府和人民。中方支持联合国和联阿援助团在阿和平重建进程中进一步发挥核心领导作用，呼吁国际社会继续向阿提供全方位援助，同时注意尊重阿政府和人民的意愿。

作为阿富汗的友好邻邦，中国衷心希望阿早日实现长治久安，并积极参与了阿和平重建。中国国家主席胡锦涛日前宣布，中国政府今年再向阿提供8000万人民币无偿援助。

最后，中方赞同并支持本次会议公报内容，相信该公报的发表将有助于推动国际社会在阿富汗的共同努力。

谢谢各位。

中国代表王光亚在77国集团第31届外长年会上的发言

（2007年9月27日）

主席先生：

首先，我代表中国政府祝贺77国集团第31届外长会议成功举行，感谢巴基斯坦，特别是阿克拉姆大使及其干练的团队，在担任本年度77国集团主席期间的出色工作，并祝贺安提瓜和巴布达当选2008年度77国集团主席。

当今世界，经济全球化深入发展，科技进步日新月异，出现难得的发展机遇。但随之而来的，是经济贸易失衡、能源资源压力增大和金融市场不稳定等新挑战。发展中国家资金短缺、贸易受阻等障碍远未消除。南北差距、贫富差距继续扩大，环境问题日益突出。在许多国家，千年发展目标的实现前景堪忧。对发展中国家摆脱贫穷与落后而言，既有机遇，也有挑战。

主席先生，

77国集团是国际舞台上一支充满生机与活力的重要力量，多年来，为促进国际关系民主化、推动南北对话、维护发展中国家的利益作出了重要贡献。面对复杂多变的世界，77国集团和中国的任务艰巨。为此，我建议重点做好以下几方面工作：

第一，在重大国际问题上加强协调，维护共同利益。77国集团和中国是全球最大的协商集团。各国国情不同，但共同的历史遭遇、对公正与公平的追求、对寻求共同发展的渴望将我们紧紧联系在一起。因为我们相互理解，所以团结；因为我们有共同利益需要维护，所以更需要团结。相互关照是我们的良好传统和美德，以一个声音说话是保持影响力的基础。我们应加倍努力，在重大发展和环境问题上保持协商，一致对外，维护共同利益。对在具体问题上存在的分歧，应相互尊重，求同存异，着眼共同利益，妥善加以处理。

第二，推动南北对话与合作，落实国际商定的发展目标。在形成国际发展合作的共识和承诺过程中，发展中国家是主力军。推动有关发展目标的落实，仍然需要发展中国家发挥主导作用。我们应督促国际社会特别是发达国家履行承诺，增加官方发展援助，减免债务，开放市场，促进技术转让。应通过建设性对话，不断完善全球发展伙伴关系。为落实各项国际共识和千年发展目标，需要建立国际发展合作的监督评估机制。

第三，突出重点，解决好涉及全局的主要问题。我们应抓住发展筹资高级别会议的机会，敦促国际社会特别是发达国家采取切实行动，帮助发展中国家克服发展资金不足的障碍。我们应继续努力，推动多哈回合谈判早日取得全面、平衡的成果，使其成为名副其实的“发展回合”，让发展中国家真正获益。我们应积极参与联合国发展领域改革的磋商，推动保障发展资源，加强发展机构。气候变化事关全球的未来，对发展中国家影响最大。我们应继续坚持“共同但有区别的责任”原则和公平原则，敦促发达国家切实减排，并提供资金和技术援助，帮助发展中国家应对气候变化和实现可持续发展。我们发展中国家应在促进可持续发展的过程中，积极参与应对气候变化的全球努力。

第四，深化南南合作，开创共同发展的新局面。近年来，发展中国家之间的经济合作取得了长足进展，投资、贸易活跃，对最不发达国家的经济和技术支持也显著增加。南南合作体现了平等和相互尊重的精神、互利互助的精神，成为国家间合作的典范。我们应进一步努力，结合各自优势，挖掘合作潜力，不断探讨合作的新思路和新方式，取长补短，共同进步。

主席先生，

巩固和加强同广大发展中国家的团结与合作，始终是中国外交的基本立足点。中国是南南合作的坚定支持者和积极参与者，是77国集团牢固的伙伴。目前，中国正积极落实支持发展中国家加快发展的五项重大举措。去年11月，中非合作论坛北京峰会成功召开，取得丰硕成果。中国与广大发展中国家政治上平等互信、经济上互利共赢，国际事务上相互支持，文化上相互借鉴。中国愿不断加强与77国集团的协调与合作，与广大发展中国家一道，为推动建立更加和谐、繁荣的世界作出贡献。

谢谢主席先生。

中国代表刘振民在儿童与武装冲突问题部长级会议上的发言

（2007年10月1日）

两位共同主席：

我首先感谢法国和联合国儿童基金会共同主持召开今天的会议。感谢法国负责外交和人权事务的国务秘书亚德女士和儿基会副执行主任约翰逊女士、秘书长儿童与武装冲突问题特别代表库马拉斯瓦米女士的发言。

确保儿童免受武装冲突影响是保护儿童权利的重要组成部

分。中国对一些国家和地区存在儿童兵现象表示关注。我们希望《儿童权利公约》和有关议定书的规定能够得到确实遵守。我们支持联合国有关机构为保护儿童免受武装冲突影响所作的努力。

今年2月份在法国巴黎召开了“使儿童摆脱战争”国际会议，与会各方通过了《巴黎承诺》和《巴黎原则》。中国积极参加了2月巴黎会议。我们赞赏法国多年来在“儿童与武装冲突”领域的不懈努力。我们希望看到全世界遭受武装冲突影响儿童的境域能够得到不断改善。在此我愿简短强调以下几点：

第一，儿童属于受武装冲突影响人群中的弱势群体，也是最容易受到武装冲突各种侵蚀的受害者。国际社会在加强保护儿童措施并进行事后补救的同时，不能忽视从源头上制止和预防武装冲突的爆发。创造一个有利于儿童健康成长的安全和社会环境，是对儿童的最好保护，也可从根本上减少很多悲剧的发生。

第二，要充分发挥当事国政府在保护儿童免受武装冲突影响中的作用。儿童代表了国家的未来，各国政府应承担起保护其本国儿童免受武装冲突伤害的责任。国际社会应对当事国的积极措施予以肯定和支持，并避免以保护儿童为借口对当事国内部事务进行干预。

第三，要加强国际合作，真正落实联合国各相关机构已达成的成果和要求。近年来，儿童与武装冲突问题受到国际社会普遍关注，联合国大会、安理会、联合国儿基会、难民署等各机构就此通过了不少文件，各方要采取努力将其落到实处，以达到保护儿童的目的。其他各有关国际组织也要加强同联合国各相关机构的协调与合作。非政府组织可发挥良好的补充作用。

我们希望，通过各方面的共同努力，能够创造一个确保儿童免受武装冲突影响的国际环境。

谢谢主席。

中国代表李保东在“缅甸人权状况”特别会议上的发言

（2007 年 10 月 2 日）

主席先生：

作为缅甸的邻国，中国十分关注缅甸的局势。希望缅甸问题有关各方保持克制，妥善处理当前发生的问题，不使事态进一步复杂化、扩大化。

我们希望缅方致力于改善民生，维护民族和睦，处理好国内社会矛盾等问题，尽快恢复稳定。作为一个发展中国家，缅面临发展和克服经济困难方面的各种挑战，国际社会应为缅人民消除贫困提供更多有效的帮助。

中国一贯尊重缅甸主权和领土完整，支持联合国秘书长及其缅甸问题特别顾问甘巴里先生的斡旋活动。当前甘巴里先生已赴缅访问，我们注意到并欢迎缅政府为甘巴里先生与有关方面沟通提供的合作，希望他的访问有助于国际社会对缅目前的局势有客观和实事求是的了解。人权理事会应为缓解缅局势和帮助缅实现民族和解发挥建设性作用，中国将继续与国际社会一道为此作出努力。

谢谢主席先生。

中国代表王光亚在安理会公开通报会上关于缅甸问题的发言

（2007 年 10 月 5 日）

主席先生：

首先我要感谢秘书长缅甸问题特别顾问甘巴里先生的通报，祝贺他访问缅甸取得预期目标。

主席先生，

中国是缅甸的直接邻国，双方拥有 2000 多公里的共同边境。两国人民自古比邻而居、休戚与共。因此，我们对缅甸局势的关心程度不亚于其他任何国家。我们始终希望看到一个政局稳定、经济发展、社会和谐、民主进步的缅甸。

9 月下旬，缅甸国内局势出现动荡，缅甸人民的正常生活饱受冲击。中国政府和中国领导人对缅甸发生的事态十分关注，多次呼吁有关各方保持克制，通过和平手段尽快恢复局势稳定，促进内部和解，实现民主与发展。中方也呼吁缅甸政府致力于改善民生，维护民族和睦，处理好相关社会问题，同时尽快启动民主“七点路线图”计划，继续推进国内民主进程。我们相信，缅甸的稳定符合缅甸人民的根本和长远利益，符合亚太地区的利益，符合国际社会的共同利益。在这一点上，中国和世界上大多数国家的立场、观点和声音是一致的。

主席先生，

中方支持秘书长对缅甸开展积极斡旋，始终认为联合国可以而且能够为妥善解决缅甸问题发挥建设性作用。在访缅期间，秘书长缅甸问题特别顾问甘巴里与缅领导人就缅甸局势深入交换意见，同缅各界人士进行广泛接触。这是一个有益的步骤。我们为甘巴里先生此行取得的成果感到欣慰，对缅甸政府和甘巴里先生作出的努力给予积极评价。

缅甸局势动荡以来，中方为促进缅甸局势的稳定、推动缅甸与国际社会的接触作出了自身的努力。此次甘巴里先生的访问取得了初步成效，听取了缅甸各方对当前局势的看法，也转达了国际社会对缅甸局势的关注。应该看到，秘书长斡旋使命并非只是一次或两次的访问，而是一个渐进过程，应逐步取得进展。我们鼓励甘巴里先生继续与缅甸各方保持接触，进一步建立互信，开展坦诚对话。我们了解到，缅方已邀请甘巴里先生于今年 11 月中旬再次访问。我们希望，通过秘书长斡旋活动，能真正帮助缅甸实现国内稳定与民族和解，并为解决缅甸国内的经济、社会、人道和人权问题提供建设性帮助。安理会采取的行动应有助于秘书长的斡旋，而不是对其形成干扰，甚至影响斡旋所需的互信。

主席先生，

中方注意到，缅甸局势近日趋于平静，这是缅甸有关各方和国际社会共同努力的结果。中方希望缅甸局势进一步向积极方向发展。缅甸问题并未构成对国际与地区和平与安全的威胁，缅甸的未来也只能由缅甸人民和政府依靠自身的努力，通过协商而得到最终妥善解决。

我们认为，外界的关注和期待是可以理解的，但是施压无助于解决问题，反而会导致对立，甚至中断缅甸与联合国及国际社会业已开展的对话与合作进程。我们主张安理会在处理缅甸问题上能采取慎重、负责的态度，国际社会完全可以通过建设性接触与斡旋，帮助缅甸实现政治和解与民主进程。关键是采取正确的方式。如缅甸局势因外界干预而再度陷入动荡，那么受到殃及的将首先是缅甸人民。这是中方和其他所有缅甸邻国以及区域国家所不愿意看到的。我们期待国际社会与缅甸政府继续开展建设性接触与合作，引导缅甸局势朝积极的方向发展。中方支持东盟继续为解决缅甸问题发挥积极作用。中国政府将继续同国际社会一道，积极促进缅甸问题的妥善解决。

谢谢主席先生。

中国代表刘振民在第62届联大“宗教和文化间合作”高级别对话会上的发言

（2007年10月5日）

主席先生：

中国支持本届联大举行由巴基斯坦和菲律宾倡议的“宗教和文化间合作”高级别对话会。

宗教和文化多样性是人类社会的宝贵财富，也是人类社会创新和进步的重要动力。全球化深入发展进一步拉近了不同宗教与文化间的距离。当今世界，各类宗教和文化既面临相互学习借鉴的良好机遇，也经历着前所未有的碰撞。人类历史发展告诉我们，差异是对话的动力和起点，平等是交流的前提和基础，坦诚、务实的对话与交流是维护和平、促进发展的推动力。

中国政府一贯坚持“和而不同”，鼓励“平等对话”，反对极端主义，反对把自己的信仰或价值观强加于人，反对基于宗教、种族等各种原因的歧视、偏见和排外现象。在当前国际形势下，联大举行“宗教和文化间合作”为主题的对话会具有重要的现实意义。推动宗教和文化间对话与合作有利于增进各国人民之间的相互理解及和睦相处，有利于促进世界多样化发展和人类共同进步。

主席先生，

中国五千年文明的传承发展证明宗教和文化可以成为和谐发展的积极因素。中华文化的开放性和包容性使各类宗教和文化在中国交相辉映。土生土长的道教，外来传入的佛教、伊斯兰教、基督教、天主教等世界主要宗教都能在中国和平共处并不断壮大。五大宗教自身得到发展，同时也丰富了中华文化的内涵。“和为贵、兼相爱”是中华文化的传统主张。中国认为，只要各类宗教和文化能够不自以为是、不存主观偏见，相互宽容和理解，就能够避免因宗教问题导致的对抗与冲突。

中国政府尊重宗教信仰自由，坚持独立自主办教的政策。据不完全统计，中国现有各种宗教信徒 1 亿多人，宗教活动场所 10 万余处，宗教教职人员约 30 万人，宗教团体 3000 多个，培养宗教教职人员的宗教院校 74 所。中国政府积极支持中国宗教界参与国际合作，通过交流与合作增进了解，促进发展。今年 6 月，中国政府在南京承办了第三届亚欧会议不同信仰间对话会。会议通过的《南京宣言》为促进不同信仰间对话提出了建议。该宣言已作为本届联大正式文件散发。

主席先生，

为推动不同宗教和文化和睦相处，国际社会应在以下三方面采取行动：

第一，以“和而不同”的观点处理国际事务。“和而不同”就是和谐而又不千篇一律，不同而又不彼此冲突。坚持“和而不同”的观点，不仅有利于我们善待友邦，化解矛盾，也有利于我们推进宗教和文化对话，共同维护和平与安全。

第二，加强教育和公众认知。应将尊重不同宗教和文化引入教科书，开展文化交流和教育合作，倡导宗教和文化平等、包容、相互尊重和和睦共处。

第三，发挥媒体的积极作用。媒体在促进容忍、和平、公正、和谐方面负有特殊责任，我们鼓励媒体发挥积极作用，传播不同文化和宗教共同接受的和平价值观，促进和谐、理解和相互尊重。

主席先生，

行动胜于雄辩。开展宗教和文化间对话与合作已成为国际社会普遍共识。各类倡议和机制相继在联合国内形成，我们希望这些倡议与机制能互为补充，形成合力，利用联合国这个代表多民族、多文化、多宗教的平台，构架沟通与合作的桥梁，促进人类社会共同发展，推动建立美好的和谐世界。

谢谢主席先生。

中国代表刘振民在第62届联大二委一般性辩论中的发言

（2007年10月8日，纽约）

主席女士：

首先祝贺阁下当选本届联大二委主席。中国代表团将与你和主席团密切合作，推动本届二委圆满完成工作。同时，中国代表团支持巴基斯坦代表“77国集团和中国”的发言。

主席女士，

当前，经济全球化深入发展，科技进步日新月异，机遇难得，潜力巨大。但与此同时，世界经济失衡，贸易保护主义抬头，能源资源压力增大，环境问题和气候变化问题突出。一方面是世界经济持续增长，另一方面贫困现象依然严重。一方面科技和财富的积累迅速发展，另一方面是南北差距、贫富差距继续扩大。在许多国家，千年发展目标的实现前景堪忧。如何平衡发展、可持续发展，建设一个和谐、繁荣的世界，是摆在各国面前的共同任务。在此，我愿谈几点看法：

第一，各国应携手合作，促进均衡、共同发展。经济全球化已将各国密切地联系在一起。克服全球发展的不平衡，离不开各国的合作。发展中国家需要制定和实施国家发展战略，努力增强可持续发展的能力。国际社会特别是发达国家应采取切实行动，履行承诺，增加官方发展援助，减免债务，开放市场，促进技术转让，帮助发展中国家克服发展障碍。对于全球经济失衡，各国应加强战略对话和宏观政策协调，避免金融市场动荡，抑制贸易保护主义。国际经济体系应充分反映世界格局的变化，增加发展中国家的发言权和代表性，使国际经济秩序朝着更加合理的方向发展。

第二，应加大努力动员发展筹资，以弥补发展资金的缺口。实现普遍发展需要大量的资金。尽管流向发展中国家的私人资本呈增加之势，但并没有改变众多发展中国家未能受益的事实。2006 年官方发展援助的减少也令人担忧。我们应切实落实《蒙特雷共识》，建立全球伙伴关系，形成国内资金和国外资金并举、政府和私营部门互补的局面。健全的体制是有效筹资的保证，国际社会应切实帮助发展中国家加强能力建设，提高融资和抗御金融风险的能力。2008 年发展筹资后续会议是一个总结经验教训、增加动力、促进行动的重要会议，希望今年联大为会议奠定良好基础。

第三，各国应努力建立健康的多边贸易体制，以贸易促发展。各方应共同努力，反对贸易保护主义，消除贸易和非贸易壁垒，建立公平竞争的秩序，妥善处理贸易纠纷，避免贸易问题政治化。各方应致力于推动多哈回合谈判早日取得全面、平衡的成果，我们希望主要发达成员拿出诚意，率先在削减扭曲贸易的农产品补贴等问题上表现出灵活性，为推动谈判取得成功作出应有努力。各方应尽最大努力，确保实现“发展回合”的目标，使发展中成员真正受益。

第四，应合作应对气候变化，确保各国实现可持续发展。气候变化是环境问题，但归根结底是发展问题。为应对气候变化而停滞发展，或者无视气候变化片面追求经济增长，都是不可取的。应该在坚持可持续发展的前提下，坚持《联合国气候变化框架公约》及其《京都议定书》的核心机制和主渠道地位，遵循“共同但有区别的责任”原则，协商今后的应对气候变化国际合作框架。发达国家应在率先大幅减排的基础上，切实加强对发展中国家的资金援助和技术转让，帮助发展中国家走上清洁发展之路。发展中国家可在力所能及的基础上，采取措施控制温室气体排放的增长速度，为应对气候变化作贡献。联合国在气候变化领域应继续发挥领导作用。

第五，应强化发展机构，使联合国在发展领域发挥更大作用。应逐步推进联合国在发展领域的改革，保障发展资源，加强有关发展机构。为落实各项国际共识和千年发展目标，需要建立国际发展合作的监督评估机制。三年期全面政策审评应为今后几年发展业务活动的方向、重点领域提供政策指导。发展业务活动应继续保持援助的普遍性、自愿性、赠予性、中立性和多边性的特征，并提高效率，更好地满足受援国的需要。

主席女士，

中国积极致力于开展南南合作，努力促进共同发展。近年来，发展中国家之间的经济合作取得了长足进展，投资、贸易活跃，对最不发达国家的经济和技术支持也显著增加。我们愿进一步努力，结合自身优势，挖掘合作潜力，不断探讨合作的新思路和新方式，取长补短，共同进步。目前，中方正积极落实支持发展中国家加快发展的五项重大举措和中非合作论坛北京峰会达成的协议，这将对扩展南南合作作出应有的贡献。

主席女士，

中国改革开放近30年来，经济持续、快速发展，不但惠及13亿中国人民，而且也为各国提供了巨大商机，拉动了世界经济发展。同时，我们也清醒地认识到，中国仍然是世界上最大的发展中国家，人口多，底子薄，发展很不平衡，人均生活水平还不高，中国经济运行中还存在一些亟待解决的体制性、结构性矛盾，特别是国际收支不平衡、资源环境压力加大等。

中国政府积极落实以人为本，全面、协调、可持续发展的科学发展观，努力实现经济社会又好又快发展。针对产品质量和产品安全问题，中方认真对待并已采取切实措施，确保产品质量和安全，让中外消费者放心。在应对气候变化问题上，中国一直采取负责任的态度。中国政府制定和公布了《应对气候变化国家方案》，采取了提高能效、改善能源结构等一系列措施。中国愿同各国加强交流合作，为共同应对全球气候变化继续作出积极贡献。对国际收支不平衡问题，中方正在采取调整经济结构、扩大内需和减少预防性储蓄等措施。中方愿与各方加强沟通与协调，为推动全球经济失衡问题的解决作出贡献。

中国将坚持走科技含量高、经济效益好、资源消耗低、环境污染少、人力资源优势得到充分发挥的新型工业化道路，加快调整经济结构、转变经济发展方式，加快发展循环经济，加快建设资源节约型、环境友好型社会，努力促进社会经济系统和自然生态系统良性循环，促进经济社会全面进步和人的全面发展。

让我们携手努力，为人类共创一个和谐、繁荣、可持续的美好未来而作出贡献。

谢谢主席女士。

中国代表成竞业在第 62 届联大一委一般性辩论中的发言

（2007 年 10 月 8 日）

主席先生：

首先请允许我对你当选本届联大一委主席表示祝贺，相信本次会议将在你的指导下取得成功，中国代表团愿与你和各国代表团通力合作。

主席先生，

当前国际形势正在发生深刻和复杂的变化。维护和平、促进发展，是各国人民的共同愿望。然而，当今世界仍存在诸多不和谐、不稳定的因素，传统和非传统安全威胁依然严峻。冷战思维的幽灵还在徘徊。各方对国际军控和防扩散进程寄予希望，但在优先议程方面仍存在分歧。

随着全球化深入发展，各国在安全上休戚与共，相互依存，任何国家难以独善其身。各国唯有秉持以互信、互利、平等、协作为核心的新安全观，坚持多边主义，维护和巩固军控和防扩散国际法律体系，加强国际合作，才能有效应对各种挑战，增进共同安全。

主席先生，

中国坚定不移地走和平发展道路，始终奉行防御性国防政策。中国一直积极参与国际军控和防扩散工作，大力推动解决国际和地区安全问题，身体力行地实践自己倡导的互信、互利、平等、协作的新安全观。

中国重视军事透明，积极致力于增进同各国的安全互信。最近，中国政府决定自今年起参加联合国军费透明制度，并恢复参加联合国常规武器登记册。这再次体现了中国支持联合国在促进各国军备透明和安全领域互信方面的重要作用。

中国一直奉行负责任和透明的核政策。我们始终主张全面禁止和彻底销毁核武器，恪守不首先使用核武器，无条件不对无核武器国家和无核武器区使用或威胁使用核武器的承诺。中国的防御性国防政策和自卫防御的核战略决定了中国十分有限的核武器完全用于自卫。中国的核政策现在没有，将来也不会发生改变。

中国从不回避自己的核裁军责任，积极致力于推动国际核裁军进程。中国政府信守禁核试承诺，正在推动全国人大认真审议《全面禁止核试验条约》，着眼于尽早批约。中国支持日内瓦裁谈会根据一项各方都能接受的工作计划，早日启动“禁产条约”谈判。中国重视《不扩散核武器条约》新一轮审议进程，愿同各方一道推动2010年审议大会取得积极成果。

今年是《外空条约》生效40周年。确保外空的和平利用，防止外空军备竞赛，是国际社会面临的共同任务。中国一贯主张和平利用外空，反对外空武器化，呼吁国际社会就此谈判缔结一项新的国际法律文书。中国希望裁谈会尽早就此问题开展实质性工作。

主席先生，

防止大规模杀伤性武器扩散，从根本上讲，符合各国的共同利益。

中国主张，解决防扩散问题应标本兼治，综合处理。这不仅需要不断致力于改善国际安全环境，而且应当切实维护和加强国际防扩散体系的权威性和有效性，摒弃双重标准。同样重要的是，应坚持通过对话和谈判来处理在防扩散上的分歧，任何防扩散努力都应有助于维护国际和地区和平与稳定。还应妥善处理防扩散与和平利用科学技术之间的关系，既确保各国和平利用的权利，又有效防止任何扩散。

中国始终致力于实现朝鲜半岛无核化，维护半岛和东北亚地区的和平与稳定。9月底，第六轮六方会谈第二阶段会议在北京举行。在各方共同努力下，会议通过了《落实共同声明第二阶段行动》重要文件，这标志着六方会谈和半岛无核化进程再次向前迈出新步伐。中国将一如既往地与有关各方保持密切协调与配合，全面均衡地落实已达成的协议，推动六方会谈进程不断向前发展。

中国始终主张，应通过政治和外交途径和平解决伊朗核问题。中国一直积极参加有关外交努力。我们欢迎伊朗与国际原子能机构就解决未决问题达成的行动计划，希望尽快取得实质性成果。我们也希望所有有关各方进一步体现灵活，保持耐心，坚持和平解决的正确方向，努力寻求全面、长期、妥善的解决办法。中方将继续为此发挥建设性作用。

主席先生，

今年是《禁止化学武器公约》（下称《公约》）生效10周年。10年来，《公约》普遍性显著增强，履约工作总体平稳顺利，《公约》在销毁化学武器、防止化学武器扩散方面发挥了重要作用。中国认真履行《公约》义务，为《公约》履约工作的顺利进行作出了贡献。我们呼吁各方为全面履约作出更大的努力。

中国高度重视地雷、集束弹药、轻小武器等引发的人道主义关切，支持在《特定常规武器公约》、联合国轻小武器《行动纲领》等框架内采取切实措施，妥善解决有关问题。中国欢迎联合国轻小武器非法中介问题政府专家组和核查问题政府专家组达成报告。这两个报告有助于推动相关领域多边军控工作的开展。

主席先生，

和平、发展、合作是当今世界的潮流。作为最大的发展中国家，中国与世界各国的联系日益紧密，与各国的共同利益不断扩大。中国需要和平、稳定的国际环境来发展自己，同时，中国的发展也将继续促进国际和平与安全。中国愿与所有国家一道，坚定不移地推进多边军控和防扩散进程，为缔造一个持久和平、共同繁荣的和谐世界而共同努力。

谢谢主席先生。

中国代表张丹在第62届联大三委关于社会发展（议题62）的发言

（2007年10月9日）

主席先生：

首先，请允许我祝贺你当选三委主席，相信在你的领导下，本届会议一定会取得圆满成功。中国代表团将全力配合和支持你以及主席团成员的工作。中国代表团赞同巴基斯坦代表77国集团和中国所作发言。

主席先生，

中国是人口大国，扩大就业是中国宏观经济和社会发展政策的重要内容，同时，中国政府重视职业培训和下岗职工再就业，不断完善失业保险制度。去年，全国2.5万余所就业培训机构向1900万人提供了培训服务，2.4万余所公共职业介绍机构成功为

1800万人找到了工作。受益于经济高速增长，去年全国有500万失业人员实现了再就业，城镇登记失业率为4.1%，低于世界平均水平。

与此同时，中国政府大力完善社会保障制度，首次将“建立健全同经济发展水平相适应的社会保障制度”写入《宪法》。今年6月，中国立法机关通过了《劳动合同法》。2006年，全国参加养老、医疗、失业、工伤保险的人数分别达到1.75亿、1.38亿、1.06亿和8478万人。为迎接老龄化、城镇化的挑战，中国政府将不断完善社保体制，加大投入，努力于2020年左右建立基本覆盖城乡居民的社会保障体制。这意味着在未来的13年时间里，中国将逐步建立覆盖全球20%以上人口的、世界上最大的社保体制，将对全球社保事业产生深远影响。

主席先生，

目前，中国60岁以上老年人口已达1.43亿，占总人口的11%、占亚洲老龄人口的50%、世界老龄人口的20%，人口老龄化问题十分突出。作为一个发展中国家，如何在人口老龄化加快而且发展不平衡的条件下，保障老年人的合法权益，促进老龄事业的发展，是中国政府面临的挑战。

中国政府历来关心和重视老龄事业，近20年来，先后颁布了200余件老龄法律、法规和有关实施规划，初步形成了一个比较完备的老龄法律政策体系框架。同时建立督查和评估制度，对规划的实施情况进行检查，推动规划的落实。我们希望《马德里老龄问题行动计划》第一个五年执行情况审评工作为明确今后行动重点和优先领域奠定基础。

主席先生，

我们高兴地注意到已有100多个国家签署了《残疾人权利公约》，希望公约的实施有助于推动残疾人事业的全面发展，并对“关于残疾人的世界行动纲领”的执行发挥推动作用。

谢谢主席先生。

中国代表刘振民在第62届联大审议联合国建设和平委员会报告及秘书长关于建设和平基金报告时的发言

（2007年10月10日）

主席先生：

中国代表团感谢建设和平委员会（PBC）代理主席克里斯汀大使向第62届联大提交的关于PBC第一届会议的工作报告及潘基文秘书长提交的关于联合国建设和平基金（PBF）运行情况的报告。我们支持上述报告中有关结论与建议。

主席先生，

两年前，世界各国元首一致决定在联合国成立PBC，为正处在冲突之中的人民带来了和平的希望。作为PBC成员，中国代表团高兴地看到，在第一届会议主席安哥拉的马汀斯大使的领导下，PBC过去一年的工作卓有成效。一是建立了完善的规章制度，确保工作有序、规范进行；二是确立了灵活多样的会议形式，并与有关各方建立起平等伙伴关系；三是鼓励当事国拥有主人翁意识，赢得其信任并与之建立起良好的工作关系。

当然，PBC作为一个新成立的机构，仍面临诸多挑战，包括如何发挥“增值作用”（value - added role），如何协调与联合国其他机构的关系，以及如何提高工作效率等。中国代表团对PBC来年的工作充满信心，愿就如何改进PBC工作提出如下建议：

第一，PBC 要进一步明确其作为“咨询机构”的定位。联大和安理会有关决议对此已有相关表述，PBC 应予认真落实。“咨询”对象包括两方面：一是针对联大及安理会；二是当事国。为此，PBC 应尽可能地吸收系统内外资源，提出切中要害、行之有效的具体建议。

第二，PBC 要理顺与联合国系统各机构关系。在联合国内部，PBC 应加强与大会、安理会及经社理事会的互动；在实地，PBC 应充分利用联合国各项目、基金等资源，避免机构重叠，造成浪费。

第三，PBC 要处理好“伙伴关系”与“主人翁意识”之间的平衡。国际社会通过 PBC 与当事国建立的“伙伴关系”，是前者向后者提供必要帮助，但“伙伴”只能是参与者，当事国的命运掌握在自己手中，国际社会应避免包办代替。

第四，PBC 要考虑非洲国家的特别需要。目前安理会议程上，非洲热点问题约占三分之二，大多数联合国维和行动集中在非洲。PBC 在考虑新的审议对象时，应继续将此作为重要因素之一。

主席先生，

在此，我还要特别提及建设和平委员会一个重要组成部分——建设和平基金（PBF）。作为一种新的融资机制，PBF 对启动有关建设和平的方案有重要意义。它短短一年的运作经历也显示其作为“催化剂”的关键作用。中国代表团对基金的筹资及运作情况基本表示满意，期待秘书长能确保其更加透明、规范。中国政府将如期兑现其向基金捐款的承诺。

主席先生，

世界上没有比和平更加珍贵的事物，也没有比合作更有效的方式。PBC 饱含着各方对和平重建的美好憧憬，寄托着各方对合作共赢的真诚期待。让我们携手前行，为 PBC 美好的明天贡献自己的力量。

谢谢主席。

中国代表贾桂德在第62届联大三委关于禁毒及预防犯罪问题的发言

（2007年10月10日）

主席先生：

毒品和跨国犯罪问题长期困扰国际社会，严重威胁世界的和平、发展，社会稳定以及个人的健康和福祉，妥善应对这些问题既是各国的责任，也是国际社会面临的共同挑战。

主席先生，

联合国毒品与犯罪问题办公室（UNODC）发布的《2007年世界禁毒报告》显示，国际禁毒体系运作良好，世界毒品问题正在逐渐得到控制，各种非法作物的种植面积持续下降。秘书长向本届联大提交的“国际合作对付世界毒品问题”报告确认，会员国在实现禁毒特别联大设定的2008年目标方面取得重大进展。中方认为，这是多年来，尤其是1998年禁毒特别联大以来，国际禁毒机构和各国政府共同努力的结果。

然而，世界毒品形势依然严峻，禁毒之路曲折漫长。中方认为，禁毒工作要稳定取得成效应当注意下列三个方面，一是突出重点，即对主要毒品产区给予特别关注。例如，阿富汗鸦片产量占全球的92%，左右着全球鸦片产量的变动趋势，值得国际社会给予特别重视。中方支持任何有助于缓解阿富汗毒品问题的国际合作，愿继续参与“巴黎进程”。二是双管齐下，即不仅重视减少毒品供应，而且重视减少毒品需要，毒品的生产国和消费国共同承担责任，协调采取行动。三是标本兼治，通过禁毒执法铲除毒品作物只是治标，在毒品种植区开展以保障食品安全和减轻贫困为重点的替代发展才是治本。

中国政府支持利用禁毒特别联大十年审议的契机，通过第51届和52届麻醉品委员会，讨论和回顾各国在实现禁毒特别联大目标方面所取得的进展，评估相关宣言和措施的执行情况，确定未来禁毒领域的工作方向。

主席先生，

长期以来，中国政府从构建和谐社会的高度对待禁毒工作，制定禁毒国家战略，完善禁毒法规，动员全社会参与，开展禁毒人民战争，在禁毒宣传、戒毒康复、堵源截流、禁毒执法及毒品禁种等各个领域已取得显著成效。中国政府重视前体化学品的监管工作，各级禁毒机关协同海关、工商、安监、药监等部门，对前体化学品采取有效的监管措施，防范其流入非法渠道。

中国政府一直积极履行相关国际禁毒义务，与有关各方在替代发展、情报交流及联合执法等方面开展合作，积极构建禁毒合作机制。多年来，中方向缅甸和老挝提供替代发展援助，帮助建立可持续替代种植；2006年底，与阿富汗签署了《中华人民共和国政府和阿富汗伊斯兰共和国政府关于禁止非法贩运和滥用麻醉药品和精神药物的合作协议》；中方还与周边国家以及美国、加拿大、澳大利亚等国开展禁毒执法方面的合作。

主席先生，

毒品问题正在得到控制，但腐败、洗钱、恐怖主义、人口贩运等跨国有组织犯罪在全球范围内愈演愈烈。通过国际合作打击各种类型的跨国犯罪是国际社会的共同责任。中方高兴地注意到，《联合国反腐败公约》和《联合国打击跨国有组织犯罪公约》缔约国数量在逐年增加，不仅为有效预防和控制各种形式的犯罪行为奠定了法律基础，而且为以公约为基础开展引渡、司法协助、资产返还、技术援助等国际合作开辟了道路。近年来，中方不断加强反腐工作力度，今年9月，成立了部级反腐机构——国家预防腐败局，负责全国预防腐败工作的组织协调、综合规划、政策制定和检查指导，这是中国政府深入推进反腐工作的重大举措，将大大增强中方的预防腐败工作能力，加强相关国际交流与合作。

主席先生，

预防和打击各种形式的跨国犯罪有赖于国际合作，相关公约的缔约国应勇于承担责任，认真履行公约义务，通过国际合作将犯罪分子绳之以法，将犯罪所得归还来源国。中方真诚地希望有关国家充分利用公约以及其他可能的合作机制，广泛务实地开展实质性司法合作，特别是加强在引渡、司法协助、资产返还等领域的合作，向发展中国家提供必要的技术援助，提高发展中国家履约能力，真正把公约的各项规定落到实处。

中方关注 UNODC 发起的“联合国打击人口贩运全球倡议”，积极参与倡议实施进程，期待倡议有助于各国凝聚共识、携手打击人口贩运，希望明年2月份举行的“维也纳论坛”成为各国交流打击人口贩运领域工作经验和做法的一个重要平台。中方愿借此机会感谢 UNODC 与国际麻醉品管制局在过去一年所作的卓有成效的工作。UNODC 在禁毒、预防犯罪和反恐技术援助等领域取得了一系列成就，国际麻醉品管制局在监督国际禁毒条约实施方面发挥着重要作用。中方将一如既往的支持 UNODC 以及国际麻醉管制局工作，与各国一道，为妥善应对毒品和犯罪问题作出自己的贡献。

谢谢主席先生。

中国代表刘振民在第62届联大六委关于“消除国际恐怖主义的措施”议题的发言

（2007年10月11日）

主席先生：

这是我在本届联大六委的第一次发言。请允许我对你当选六委主席表示祝贺，也祝贺主席团其他成员的当选。我们期待本届联大六委在你的指引下能取得预期工作成效。

主席先生，

国际恐怖主义是国际社会面临的严重问题，是对国际和平与安全的严重威胁，打击恐怖主义符合国际社会的共同利益。消除国际恐怖主义，需要从预防和惩治两方面入手，尤其应重视预防措施。这就需要世界各国为此进一步加强合作，而法律合作是其中的重要一环。在此方面，近年来各国的共识增加，联合国主导下的反恐国际法律框架亦已初步形成。去年9月联大通过的全球反恐战略也再次显示了各国共同打击恐怖主义的共识和决心。

令人遗憾地是，近年来，国际恐怖活动有增无减。根据有关报告，2006年全球恐怖袭击事件达到14338起，比2005年增加了29%。面对仍呈严峻和紧迫的形势，国际社会任重道远。我们各国需要巩固和加强以下几点共识：我们需要始终坚定地反对一切形式的恐怖主义；我们需要继续完善反恐国际法律制度；我们需要重视反恐国际法律的实施效果；我们需要关注并致力于解决产生恐怖主义问题的深层根源；我们也需要帮助发展中国家加强反恐能力建设。我特别要强调的是，打击恐怖活动应在两个条件下进行：其一，须在严格遵循《联合国宪章》的宗旨和原则及其他公认的国际法准则的前提下，依法进行。其二，须在一视同仁、采取同一标准而非双重标准的原则下进行。在此过程中，联合国应继续发挥主导和协调作用。

主席先生，

中国政府重视构建打击恐怖主义法律网络的努力。中国参与了联合国系统各项反恐国际公约的谈判制定工作，迄今参加了11项反恐国际条约，并切实履行条约义务，目前正在就批准《制止核恐怖主义行为国际公约》和《核材料实物保护公约修订案》履行国内法律程序。此外，中国还与有关国家通过双边刑事司法协助条约和引渡条约，就打击恐怖主义犯罪进行国际合作，迄今已缔结双边引渡条约32项，双边刑事司法协助条约43项。

在国内层面，继修订《刑法》增加了惩治资助恐怖主义犯罪的条款后，2006年10月，中国制定了旨在预防、控制洗钱活动的《反洗钱法》，从而建立了一套新的防范恐怖分子融资的制度，该法已于今年1月1日起施行。今年6月，中国人民银行颁布了《金融机构报告涉嫌恐怖融资的可疑交易管理办法》，规定了金融机构报告涉恐可疑交易的义务。

此外，中国继续积极参与国际、区域和双边的反恐合作。今年6月，中国成为反洗钱金融行动特别工作组的正式成员。今年8月，中国参加了上海合作组织成员国“和平使命－2007”联合反恐军事演习。今年9月，中国武警部队与俄罗斯内卫部队在俄罗斯举行了“合作－2007”联合反恐演习。

主席先生，

联大设立的反恐特委会为起草一项新的全面反恐公约已工作了几年，由于各方在一些关键问题上有根本分歧，致使起草工作进展缓慢。我们认为，这项公约作为对现行国际反恐法律框架的一个补充，对完善反恐国际法律制度有一定意义。我们希望各国都拿出信心和诚意，本着合作和建设性态度继续参与这项工作，尽早找到解决方案。同时，中国政府赞同在条件成熟时在联合国主持下举行反恐高级别会议的倡议，相信这样的高级别会议将有助于为反恐国际法律合作提供政策指引，也同样将有助于推动这样一项反恐公约的制定和实施。

谢谢主席先生。

中国代表张丹在第62届联大三委关于提高妇女地位（议题63）的发言

（2007年10月15日）

主席先生：

中国代表团支持巴基斯坦代表“77国集团和中国”在本议题下所作发言。

主席先生，

提高妇女地位，维护妇女权益，实现男女平等是国际社会的广泛共识。第四次世界妇女大会以及妇女问题特别联大以来，性别平等与女性赋权意识已在各国政策制订中得以体现，联合国系统及其他国际组织也在逐步落实性别主流化目标。根据秘书长关于“执行《北京宣言和行动纲领》及大会第23届特别会议成果文件”的报告（A/62/178），“性别观点已纳入大约四分之一的大会成果，其中三分之二包含行动建议”。中方对联合国各政府间机构日益重视性别平等问题表示赞赏，支持秘书长关于将性别平等的观点纳入联合国各主要会议和首脑会议的执行和后续行动中的建议。同时，中方赞赏第61届联大主席哈亚女士主持召开关于促进性别平等和女性赋权问题的联大非正式辩论。

秘书长提交的关于农村妇女问题的报告（A/62/202）对过去两年中成员国和联合国机构在改善农村妇女境况，提高农村妇女能力方面的工作进行了回顾和分析，并提出了下一步工作建议。中方支持联合国在审议性别平等问题时更加关注农村妇女的权益保护，重点是帮助农村妇女摆脱贫困，提高教育水平，享受卫生保健服务等。

主席先生，

中国政府一贯主张男女平等，重视提高妇女地位，发挥妇女在政治、经济和社会等各个领域的积极性和创造性，致力于保护妇女权益。

《中华人民共和国妇女权益保障法》明确规定，实行男女平等是中国的基本国策，反对针对妇女的一切形式的歧视。为履行《北京宣言和行动纲领》等有关国际承诺，中国政府颁布并实施了促进性别平等的第二部国家行动纲领——《2001－2010年中国妇女发展纲要》，提出了21世纪头十年中国妇女发展的34项主要目标和100项政策措施。最近对《纲要》实施情况的中期评估结果显示，34项主要目标中有28项已提前达标，包括妇女就业比率，初中女童入学率、妇女平均预期寿命、农村饮水安全普及率等。各级政府也将妇女发展问题纳入到经济、社会发展总体规划，努力完善有关法律法规，加强对各项性别指标的动态统计监测，并增加对妇女事业的资金投入。2007年8月，中国政府和民间团体及联合国机构共同举办了性别预算培训班，介绍性别预算的理念和经验，探讨将性别意识纳入到整个国家预算的编制过程。

主席先生，

世界首脑会议成果文件强调，妇女的进步是全人类的进步。中国政府愿与国际社会一道推动落实《北京宣言和行动纲领》，立足中国国情，不断推进中国妇女权益保障事业。

谢谢主席先生。

中国代表马新民在第62届联大六委关于“追究联合国官员和特派专家刑事责任问题”议题的发言

（2007年10月15日）

主席先生：

联合国维和行动作为联合国集体安全体制的重要组成部分，自1948年建立第一支维和部队以来，为维护世界和平与稳定、促进冲突后地区的恢复与发展等方面发挥了巨大作用。来自100多个国家的数以万计的维和人员，在危险和艰苦的异国他乡，恪尽职守，甚至献出了宝贵的生命，得到了国际社会的普遍支持和高度评价。

遗憾的是，光荣的背后也有阴影。个别联合国官员和专家在维和地区的犯罪行为，破坏了维和行动的整体信誉，影响了维和行动的效果，受到国际社会的一致谴责。依法追究其刑事责任，有助于赢得维和任务区的民心，恢复联合国的声誉和维和行动的有效性。因此，中国代表团支持联大设立特委会，讨论如何追究相关人员刑事责任。

今年4月特委会举行首次会议，虽尚未形成任何结论，但各方充分交换了意见，特别是联合国秘书处多个相关部门的官员及专家组专家应邀与会，和各国与会代表进行了很好的互动，这种方式非常值得肯定。我们赞赏特委会主席和秘书处作出的努力。

主席先生，

毫无疑问，在进行这项工作时，我们面临一些困难，包括信息仍不清晰，有待进一步澄清。因此，中国代表团认为，继续这项工作，首先需要了解现存问题的真正症结所在，包括获得更多的信息，包括目前这类犯罪的严重程度、以往处理此类情况的工作手段及效果、目前有检控需求的案件比例，等等。希望秘书处能够提供相关情况和分析。

其次是管辖权问题。确立行使管辖权的条件和范围是更为困难的工作。在此方面，中国代表团认为：

一、惩治犯罪工作不应影响或妨碍联合国官员和专家执行维和使命的需要，《联合国特权和豁免公约》所规定的刑事司法管辖原则应予尊重，惩治的犯罪应限于联合国官员和专家执行公务以外的不享有豁免的行为；界定何种行为构成犯罪时，应同时参考东道国、国籍国有关法律以及国际人道法的规定。

二、确立管辖权的最重要目标是确保犯罪行为受到惩治，正义得到伸张，受害者得到补偿。因此应综合考虑各种因素，特别是管辖的有效性。我们主张，由东道国对联合国官员和专家的犯罪行为优先行使管辖权，在东道国不能行使管辖权或由犯罪嫌疑人国籍国行使管辖更为便利时，由国籍国优先行使管辖权。当然，应尊重国籍国对联合国警察、军事观察员、军事联络官和顾问等人员的专属管辖权。

三、应重视国际合作的作用，加强东道国、国籍国和联合国之间的司法合作，建立必要的司法协助机制，共同惩治有关犯罪。

四、特委会研究的可治罪的联合国官员和专家的范围，不应包括国家特遣队的军事人员。

最后，是以何种形式确定并落实追究有关人员刑事责任的工作目标。特委会会议对此尚无清晰结论。我们相信，结束“有罪不罚”是各国的共识；采取何种方式实现这一目标则需分析必要性和效果。对于制定国际公约、或是通过联大决议、或是呼吁相关国家加强国内立法等种种建议，中国代表团愿参与进一步探讨。同时，我们认为，联合国自身特别是秘书处应发挥更重要的作用，应检讨和加强内部的管理、预防和纪律措施，为寻求最佳解决方案作出努力。

期待通过各方加强合作、齐心协力，有效解决这类人员的治罪问题。

谢谢主席先生。

中国代表沈艳杰在第62届联大五委关于“会议时地分配”议题的发言

（2007年10月15日）

首先感谢大会和会议管理部副秘书长、行政咨询委员会主席和会议委员会主席对本次议题的简要介绍。

中国同意巴基斯坦代表“77国集团和中国”的发言。

中国代表团对大会和会议管理部过去一年的积极工作和取得的成绩表示赞赏。下面，中国代表团将就以下四方面问题发表看法。

一、关于会议资源的管理和利用，我们注意到大会部继续全力投入本组织的改革工作，努力改善对会议相关资源的管理和利用，继续注意提高会议服务质量。秘书长报告提到，在实际工作中，有些因素超出了大会部的控制范围，这些因素可能对大会部的工作带来一定影响。我们赞赏地注意到，大会部重视对这些因素的研究，积极寻找解决办法。

二、关于语文工作人员退休带来的人员结构变化问题，秘书长报告建议通过培训解决。我们认为，在预算允许的情况下，通过开展培训项目，培养新征聘人员，使他们尽快适应工作，这一点十分重要。同样重要的是，要注重提高现有工作人员的技能。语言工作人员要遵循最新的语言使用规范，熟练掌握并运用相关语言的最新用词及习惯用法。对于国际市场招聘人员，应该按规定给于相应待遇。

三、关于语言服务情况交流会，大会部于 4 月下旬举行了今年的首轮语言服务情况交流会，共有 22 个会员国参加了会议。秘书长报告提到，在这次交流会上，各国代表团对口译质量表达了一些关切意见，但对语文服务的总体质量表示满意。代表们还对语言服务提出了建议，大会部打算贯彻这些建议。我们认为，语言服务情况交流会有利于语文工作人员了解代表团对服务质量的反映，有利于他们不断改进工作，为代表团提供更好的服务。

四、关于基本建设总计划对大会部工作的影响，秘书长报告指出，基本建设总计划实施期间，大会部的工作很可能在总部的几个不同地点进行。我们注意到，大会部在积极研究方案，确保基本建设总计划实施期间的会议服务质量，确保联合国六种官方语言工作人员享有同等工作条件，确保六种官方语言的同等地位。我们对此表示赞赏。

谢谢主席先生。

中国代表陈佩洁在第62届联大六委关于“联合国宪章和加强联合国作用特别委员会报告”议题的发言

（2007年10月16日）

主席先生：

我要感谢特委会主席对特委会工作的介绍。宪章特委会通过其多年的工作，在加强联合国作用、维持国际和平与安全、促进和平解决争端等方面发挥了积极作用，中国代表团对此给予充分肯定。

特委会今年继续审议了关于制裁的基本条件和标准问题。制裁措施由于影响大、涉及面广，还可能对第三国产生不利影响，因此，应设定严格标准。特委会从法律层面研究这一标准问题有助于完善和规范制裁制度。我们认为，条件和标准也可能涉及很多方面，其中最主要的应包括三点：1. 实施制裁的决定应遵循《联合国宪章》和国际法原则；2. 制裁的前提是已用尽和平解决争端的手段且出现危及和平与安全的情形；3. 实施制裁应定期、定向、定目的。在此方面，俄罗斯代表团提出了新的订正工作文件。该文件比较全面、具体地反映出对条件与标准的多方面关注，同时该文件的修订也显示了俄罗斯的灵活性与合作姿态。中国代表团感谢俄罗斯的贡献，并希望特委会能在该文件基础上尽早就该议题的审议拿出成果。

特委会今年也继续审议了援助受制裁措施影响的第三国问

题。这项议题作为特委会的优先议题已审议了十几年。近年，安理会在不断改进制裁方面的工作方法，但同时，第三国因执行安理会对他国的制裁措施所受不利影响仍是一个需要解决的现实问题，因此，应制定评估第三国所受影响的办法，探讨向第三国提供国际援助的可行措施，例如，可考虑通过建立基金和常设磋商机制，以及多渠道的财政安排和经济援助等方式，向受制裁影响的第三国提供援助。我们期待着有更多积极有效的方案，也期待特委会的审议取得实质进展。

关于为联合国维和行动拟订一套指导原则的问题，涉及规范相关行动的法律框架，对特委会而言，是一项有意义且值得去做的工作。当然，在具体由哪个机构审议的问题上，我们愿采取灵活姿态。

此外，中国代表团支持特委会研究并确定具有现实意义的新议题，以继续有效履行其在加强联合国作用方面的职责。在此方面，我谨希望重申，在没有获得联大明确授权之前，任何新议题均不应涉及《联合国宪章》的修改问题。修宪问题应在联合国改革和加强联合国作用的总体框架内综合考虑，谨慎处理。

主席先生，

我们相信，只要各国拿出政治意愿，建设性地处理现有议题，特委会将能继续有效发挥作用，在振兴联合国的进程中作出其贡献。

谢谢主席先生。

中国代表刘振民在第62届联大三委关于儿童权利议题（议题66）的发言

（2007年10月17日，纽约）

主席先生：

中国代表团高兴地看到，在国际社会、各国政府和民间力量的持续不断的努力下，促进和保护儿童权利的事业不断取得进展。各国政府、联合国有关机构为此做了许多工作，我们表示赞赏。

同时我们也看到，在世界范围内，儿童权利保护事业仍然面临很多挑战。贫困、饥饿、疾病、灾害、童工、毒品、性侵犯、暴力、战争和武装冲突仍然侵蚀着成千上万名儿童的生命和健康，损害着他们的权利。为此，国际社会仍然需要加强合作，采取有效措施，进一步促进和改善儿童权利。落实保护儿童权利，需要各国政府采取立法、行政及司法措施，也有赖于不断改进各国的经济和社会条件，同时需要重视消除损害儿童权利现象产生的根源。中国政府呼吁发达国家承担更多的责任和义务，通过提供资金、技术等手段向发展中国家提供帮助，共同为全世界儿童的健康成长创造良好的环境。

主席先生，

中国儿童人口占全世界儿童人口的五分之一，中国政府在促进和保护儿童权利方面担负着重要责任。在落实千年发展目标的过程中，中国政府始终坚持“儿童优先”的原则，以实际行动履行国际承诺，不遗余力地促进中国儿童的生存、发展、保护和参与。2001 年，中国政府颁布实施了《中国儿童发展十年纲要(2001－2010)》（下称《纲要》)。该《纲要》既是中国政府促进儿童事业发展的国家级行动计划，也是中国落实千年发展目标和儿童问题特别会议目标所采取的后续行动。2006 年国务院妇女儿童工作委员会的评估结果显示，截至 2005 年，《纲要》实施情况总体良好。

目前，中国已形成了以宪法、民法、收养法、未成年人保护法、义务教育法等法律构成的保护儿童权利的国内法律法规体系，建立了以国务院妇女儿童工作委员会为主、各有关政府部门参与的全国范围儿童工作机构体系。

中国政府还采取专项行动计划，解决儿童发展的重点难点问题，加强了对孤残和流浪儿童的服务和保护，妥善解决了流动儿童权利保护问题，并开展预防和控制艾滋病，以及对艾滋病致孤儿童的救助安置工作，采取切实措施保护儿童免遭虐待、剥削和暴力，尤其是加强了对女童的保护。

主席先生，

早在 1991 年，中国政府就批准了《儿童权利公约》；此后，中国政府相继批准和参加了《禁止和立即行动消除最恶劣形式的童工劳动公约》、《<儿童权利公约>关于买卖儿童、儿童卖淫和儿童色情制品问题的任择议定书》、《跨国收养方面保护儿童及合作公约》等公约。今年以来，中国政府积极推动批准《<儿童权利公约>关于儿童卷入武装冲突问题的任择议定书》的事宜，目前批准该议定书的前期研究工作已经完成，我们希望在不久的将来中国全国人大常委会将就批准议定书进行审议。

中国政府一贯认真履行所承担的各项公约义务，先后两次提交了执行《儿童权利公约》的报告和执行《<儿童权利公约>

关于买卖儿童、儿童卖淫和儿童色情制品问题的任择议定书》的首次报告，儿童权利委员会对中国的报告给予了高度评价，并对中国继续促进儿童权利事业的发展提出了一些建议。中国政府正在采取一系列具体措施落实委员会的有关建议，并就履约报告审议后续行动问题，继续与联合国儿童基金会开展着卓有成效的合作。今年6月，新修订的《中华人民共和国未成年人保护法》颁布实施。修订后的法律吸纳了《儿童权利公约》中有关规定，明确了“儿童优先”和“儿童最大利益”原则，确认未成年人享有生存权、发展权、受保护权、参与权和受教育权等基本权利。这些规定将对促进中国儿童保护事业发挥积极作用。

主席先生，

中国正处于经济、社会转型时期，城乡差距、地区差异等问题仍然比较明显。中国政府清醒地认识到，在儿童权利保护方面，还有很多工作要做。中国政府将继续努力，与国际社会一道，为共同构建一个“适合儿童生长的世界”而不懈努力。

谢谢主席先生。

中国代表刘振民在安理会审议联合国建设和平委员会报告时的发言

（2007年10月17日）

主席先生：

中国代表团欢迎建设和平委员会（PBC）向安理会提交其第

一届会议工作报告。我们感谢主席你召开此次会议，为有关各方交换看法提供一个好的机会。中国代表团还要感谢 PBC 第一届会议主席安哥拉的马汀斯大使所作的杰出贡献，祝贺日本担任 PBC 主席，希望在高须幸雄大使的领导下，PBC 来年工作将取得更大成就。

主席先生，

上周，大会就 PBC 工作报告进行了讨论，各方普遍对 PBC 第一年工作给予高度评价，包括初步完成“建章立制”，通过国别会议形式，向布隆迪与塞拉利昂和平重建进程提供协助等。同时，各方也对 PBC 来年工作寄予厚望，普遍认为其面临几项迫切任务，包括协调与联合国系统关系、充分发挥“增值作用”、处理好“伙伴关系”与“主人翁意识”之间的平衡、利用建设和平基金（PBF）“催化剂”功能等。中国代表团认为 PBC 要进一步处理好以下几个问题：

第一，PBC 要理顺与联合国系统各机构关系。在联合国内部，PBC 应加强与大会、安理会及经社理事会的互动；在实地，PBC 应充分利用联合国各项目、基金、维和特派团等资源，避免机构重叠，造成浪费。

第二，PBC 要发挥好“增值作用”。布隆迪、塞拉利昂人民对 PBC 给予很高的期待，PBC 工作必须让他们感到实实在在的成果。应进一步完成及完善和平重建综合战略，尽快制订简易可行的监督跟踪机制，确保各方履行义务。综合战略确定的优先领域不仅应包括保护人权、司法公正、安全部门改革等，也应同等重视诱发冲突的一些根源性问题，如贫困及发展不均衡等。

第三，PBC 要处理好“伙伴关系”与“主人翁意识”之间的平衡。国际社会通过 PBC 与当事国建立的“伙伴关系”，是前者向后者提供必要帮助，但“伙伴”只能是参与者，当事国的命运掌握在自己手中，国际社会应避免包办代替。

第四，PBC 要进一步密切与 PBF 的联系。虽然 PBC 无法对

PBF进行微观管理，但PBC与PBF之间有着天然的联系，其确定的优先领域应成为PBF拨款的重点对象。秘书处也应更加及时地向PBC通报基金运作及有关项目的执行情况，以确保基金管理规范、透明。

主席先生，

安理会作为PBC“母机构”之一，应进一步加强与其交流，形成互动。安理会可通过举行正式会议、非正式交流等多种形式，指导PBC工作。安理会也应尽可能地吸收PBC提出的专业建议，以总结出灵活、可行的原则，指导今后工作。此外，安理会还应根据安理会议程的具体情况，研究向PBC提交新的审议对象问题。

谢谢主席。

中国代表严家蓉在第62届联大四委关于新闻议题的发言

（2007年10月18日）

主席先生：

中国代表团感谢赤阪清隆副秘书长就本议题所作的介绍性发言，欢迎他与成员国进行互动式对话。我们对新闻部在赤阪清隆副秘书长领导下所取得的成绩表示赞赏。

在刚刚结束的第62届联大一般性辩论中，近100位国家元首或政府首脑站在了联合国讲坛上。这是继2000年千年首脑会议和2005年世界首脑会议之后出席联大会议领导人最多的一次。这从一个侧面表明，作为当代最具普遍性、代表性、权威性的政府间国际组织，联合国受到越来越广泛的重视，得到越来越多的支持。它作为国际多边体制核心的地位日益加强，它所倡导的“平等、互利、合作”的国际关系准则更加深入人心。

联合国的新闻工作旨在向全世界人民宣传联合国的活动，协助实现《联合国宪章》的宗旨和目标。这是动员舆论、争取支持的过程，也是联合国软实力的重要组成部分。为完成这一重要使命，新闻部制定了战略宣传重点，明确了宣传目标；综合利用传统和现代的传播手段，提供周到的新闻服务；多渠道拓展外联，加强与非政府组织、青年学生的联系与沟通，等等。这些努力颇有成效。

和平与安全、气候变化、千年发展目标和人权问题是新闻部确定的2007年优先工作主题。上述问题事关人民生存和全球可持续发展，意义重大。我们希望新闻部继续围绕上述主题，进一步加强工作针对性，切实提高实际宣传效果。

我们认为，宣传联合国绝不仅仅是新闻部门的“专利”。联合国各部门、各机构均应加强新闻和宣传意识，自觉、积极、主动地维护和宣传联合国的积极形象。新闻部应加强统筹和协调，通过联合国宣传小组、重大问题宣传工作队等机制，制定跨部门的宣传战略和宣传方案，明确分工，加强协作，共同向国际社会讲述联合国的故事。

主席先生，

联大于1979年通过第34/182号决议，并据此设立了我们正在审议的议题。该决议呼吁“促进建立一个旨在加强和平与国际了解、以新闻自由流通和传播更加广泛平衡为基础的、更公正有效的世界新闻和传播新秩序”。在贫富差距不断加大、“数码鸿沟”不断加深的今天，这一呼吁尤其具有现实意义。中国代表团认为，为逐步建立更公正有效的世界新闻和传播秩序，联合国新闻领域在现阶段可从以下方面作出更多努力：

首先，联合国应提供准确、公正、客观的信息，在平衡信息方面发挥更有效的作用。应态度鲜明，防止和回击歪曲事实、误导公众的新闻宣传，在联合国营造良好的新闻报道风气和环境。

第二，应特别重视发展问题，引导舆论改变“重和平、轻发展”的倾向。当前，千年发展目标进程过半，但广大发展中国家关心的问题远未解决。世界诸多热点难点，如恐怖主义、气候变化、达尔富尔等，归根结底还是发展问题。我们希望联合国新闻部门投入更多的力量，动员更多的传媒和公众正确认识发展问题，推动全球共同发展。

第三，在促进不同文明和宗教间相互理解与对话方面发挥更大作用。应鼓励和引导媒体发挥建设性作用，反对基于宗教、种族等原因的歧视和偏见，致力于传播不同文化和宗教共同接受的和平价值观，促进容忍、尊重、公正、和谐。

第四，加强传统通信和传播手段，照顾发展中国家的需要。在广泛使用因特网并升级传播技术的同时，我们不能忘记世界上还有许多地区和人民，仍主要依赖传统通信手段，如广播和印刷品。联合国的新闻活动应有助于缩小而不是扩大不同地区、不同国家在新闻流通领域的差距。在这方面，我们愿积极评价联合国中文电台所作的努力。

第五，与更多发展中国家的媒体建立伙伴关系，为发展中国家媒体提供更多协助和便利。应扩大与发展中国家传媒的合作与交流，提供一切可能的人力和技术援助，增强它们利用本国文化制作来传播新闻和信息的能力。我们鼓励新闻部继续实施并加强发展中国家记者培训、实习方案。希望联合国秘书长发言人办公室和新闻部在组建联合采访组、安排专访时，尽可能照顾发展中国家媒体。

第六，加强与发展中国家非政府组织和著名公众人物的联系。第60届新闻部/非政府组织年会在协助发展中国家非政府组织深入参与年会方面作出了有益尝试，我们表示赞赏。希望看到联合国任命更多的来自发展中国家的和平信使、亲善大使，把联合国的信息有效传递到世界每一个角落。

谢谢主席先生。

中国代表刘振民在第62届联大联合审议关于议题64（A）“非洲发展新伙伴关系：实施进展和国际支持”与议题64（B）“国际支持：非洲境内冲突起因和促进持久和平与可持续发展”的发言

（2007年10月18日）

主席先生：

首先，中国代表团对缅甸总理梭温阁下的逝世表示沉痛哀悼。中国代表团完全支持巴基斯坦代表“77国集团和中国”所作的发言，我们感谢秘书长向第62届联大提交的关于非洲发展新伙伴关系：关于执行进展情况和国际支持的第五份综合报告及非洲境内冲突起因和促进持久和平与可持续发展的报告。我们支持报告中的结论与建议。

主席先生，

非洲发展新伙伴关系（NEPAD）自启动以来，非洲国家为执行 NEPAD 付出了巨大努力。近年来，非洲经济保持了较快增长，为消除贫困、实现可持续发展创造了一定条件。但正如秘书长报告所述，多数非洲国家在实现大部分千年发展目标方面还未走上正轨。结合过去一年 NEPAD 执行进展和有关报告，中方愿强调以下几点：

一、NEPAD 应由非洲国家主导。国际支持与非洲实际需要之间还存在较大差距，需要从多方面采取措施。首先，国际社会特别是发达国家应履行承诺，增加援助、开放市场、减免债务，并减少附加条件；其次，应切实结合非洲国家的需要，确保援助重点，提高援助质量；第三，应帮助非洲国家加强发展能力建设，提高其吸引外国直接投资和自主筹资能力。

二、NEPAD 的重点之一是帮助非洲国家从经济全球化中受益。各国应共同努力，尽快完成多哈回合谈判。主要发达国家应大幅削减农业补贴，确保非洲国家有竞争力的产品出口。应真正落实贸易援助，帮助非洲国家提高参与国际贸易的能力。

三、继续推进南南合作。作为南北合作的有益补充，南南合作潜力巨大。非洲是发展中国家最集中的大陆，应在南南合作领域发挥更大作用。

主席先生，

几十年来，中国与非洲国家真诚相待，相互支持，在平等互利基础上开展南南合作，取得了显著进展。中国积极支持非洲国家实施 NEPAD。2000 年成立的中非合作论坛与 NEPAD 在推动互利合作、促进共同发展方面目标一致，双方的优先发展领域也相吻合。在去年召开的中非合作论坛北京峰会上，胡锦涛主席代表中国政府宣布了加强中非务实合作、支持非洲国家发展的 8 项政策措施，包括增加对非援助、提供优惠贷款与优惠出口买方信贷、设立中非发展基金、援建非盟会议中心、对部分非洲国家免债免关税、建立经济贸易合作区和加强中非在人力资源开发、农业、卫生、教育等领域合作等内容。在本届联大一般性辩论期间，中国外长与数十位非洲国家外长举行了首次政治对话并发表了会议声明。外长们就落实北京峰会各项共识深入交换了意见，取得了丰硕成果。中国将本着真诚友好、平等协商、高效务实、互利共赢的原则，不断加强与非洲国家的合作。

主席先生，

联合国承担着维护世界和平与安全的重要责任。履行好这一崇高使命，联合国离不开广大会员国的信赖与支持，离不开与各地区及次区域组织的协助与配合，离不开联合国自身勇于探索、开拓创新的不懈努力。

中方认为，在解决非洲境内冲突和促进持久和平与可持续发展过程中，应当高度重视预防外交。历史证明，对危机与冲突的预防，其效率大大高于对事后的补救。过去五年间，联合国维和支出高达180多亿美元。如果预防冲突工作做好了，上述维和费用可望大幅下降，而且众多生命可能免遭冲突战火涂炭。

预防与解决非洲冲突，还要寻求有关冲突产生的根源。非洲大陆的武装冲突，大多与贫困及欠发达有关。只有针对导致冲突的深层次问题，特别是发展问题，妥善加以应对，才能掌握防范冲突的主动权，有效提升联合国维和效能。

我们同时认为，应大力加强联合国与区域组织之间的协调配合。非盟近年来在代表国际社会应对非洲地区冲突方面发挥着日益重要的作用，在预防及解决非洲冲突方面拥有优势。联合国一方面应继续加强与非盟和平与安全委员会的合作，利用好非盟地区预警机制及维和力量；另一方面也应向非盟提供多种援助，协助其加强自身能力建设。

主席先生，

中国与非洲大陆虽相距遥远，但长期以来保持着传统友好关系。中国视非洲为维护世界和平、寻求共同发展的重要一方，高度赞赏非洲国家联合自强、在国际社会支持下努力解决自身问题所取得的成绩，支持非洲国家在政治、安全、发展等各领域继续取得更大的成就。中国将在此过程中作出自己的努力。

谢谢主席。

中国代表刘振民在第62届联大二委关于议题59“发展方面的业务活动”：(a) 发展方面的业务活动 (b) 发展业务活动三年期全面政策审查 (c) 南南合作促进发展的发言

（2007年10月18日）

主席女士：

中国代表团感谢秘书长为本议题提供的报告以及常务副秘书长米基罗女士所作的介绍，支持巴基斯坦代表“77国集团和中国”所作的发言。

主席女士，

今年标志着千年发展目标的实施时间已到达中间点。本届联大针对联合国发展业务活动进行三年一度的全面政策审查，回顾过去成绩、展望未来方向，具有特殊意义。

过去三年，联合国发展系统为执行联大59/250决议和世界首脑会议后续行动所取得的成绩是有目共睹的：援助活动更加紧扣国家发展战略与实现千年发展目标；援助方案的规划和实施成本有所降低，各方案、基金间的知识管理和分享也有所强化。这些来之不易的成绩值得肯定。

然而，值得注意的是，目前联合国发展系统仍然存在着一系列问题与不足：核心资源与非核心资源比例失衡，国家能力建设缺乏宏观统筹，受援国政府在方案规划与实施过程中的协调作用尚待进一步发挥，等等。

从过去三年的经历中，我们可以得到如下启示：

第一，没有资金支持就谈不上促进发展。随着千年发展目标实施时限过半，前景不容乐观，国际社会特别是发展中国家有强烈的紧迫感。但 2006 年全球官方发展援助净值不升反降，加剧了发展中国家的担忧。我们希望发达国家进一步拿出政治诚意，重视落实相关承诺，尽快实现官方发展援助占国民生产总值 0.7% 的目标。我们也赞同根据千年发展目标的时限，为落实这些目标制定时间表和建立相应的监督机制。

第二，充足、长期稳定和可预见的核心资源既是联合国发展业务活动的基础，也是真正贯彻“国家所有”原则的保证。近年来多数方案、基金和机构的核心资源占总资源的比例呈逐年下降趋势，造成了多方面的负面影响：既易动摇联合国援助的多边、中立与无偿等根本特性，削弱各方案、基金执行局的监督管理职能，也使各方案、基金日益忙于竞争非核心资源捐款，增加资金管理成本。我们注意到秘书长的报告已指出了这一问题，我们对报告的观点完全赞同。当前发展系统各方案、基金与机构亟需以创新的思维积极探索、尽快改善联合国发展系统的资源结构，努力提高核心资源的比例，并应同时加强统筹规划、灵活运用各种政策协调工具，把非核心资源的负面效应尽可能降低到最小程度。

第三，应以增强联合国业务活动综合、灵活地满足受援国不同发展需求的能力为目标，指导联合国发展业务活动的改革。受援国的国情、需要各不相同，改革应确保受援国的主导权和所有权，确保受援国政府的参与和认同，不附加条件，不搞固定模式。此外，改革节省下来的资金应重新投入到受援方案中，加强驻地协调员制度也应注意权责对等，方能确保受援国最大限度地受益。目前，在国家一级开展“四个一”做法的效果尚待评估，中方期待在今后与有关试点国家分享信息。

第四，应加大对国家能力建设的支持力度。实现千年发展目标归根到底还是要依靠发展中国家自身的能力。发展中国家的能力建设是发展的核心，也是一个长期的、综合的系统工程，应融入发展系统的主流业务。联合国应更有针对性地加大对国家能力建设的支持力度，特别是要更多利用受援国专家和技术，帮助受援国获得高新技术。此外还应根据不同受援国的特殊需求和实施能力，因地制宜地提出可操作、可持续的能力建设方案，不应简单套用固定模式，更不应片面强调良治、反腐而因噎废食，忽视了减贫与发展等更为迫切的问题。

主席女士，

当前发展中国家的禀赋日益多样化，南南合作潜力巨大。必须在巩固深化已有成果的基础上，探讨进一步利用发展中国家间经济互补性的方法。与此同时，也要为南南合作营造良好的国际发展环境，解决资金保障不充分、协调管理机制运转不力等实际困难。为此，联合国应发挥专业优势，研究确定一些南南合作优先领域并制定具有战略性、前瞻性的行动计划，为发展中国家进一步取长补短提供参考；应加强联合国南南合作相关机制和机构的能力建设，特别是要采取务实举措改善南南合作高级别委员会与开发署南南合作局的作用，并以实际行动解决当前联合国系统南南合作资金不足的问题，以体现联合国对南南合作的重视。我们也欢迎发达国家以三角合作方式为南南合作提供资助。

主席女士，

作为发展中国家的一员，中国一直是南南合作的积极倡导者和深入参与者。近年来，中国与发展中国家的合作全面发展，在贸易和投资、减免债务、环境与可持续发展、科技与医疗卫生等多个领域的合作规模不断扩大。去年 11 月，中非合作论坛北京峰会成功召开，取得丰硕成果。目前，中国正在积极落实支持发展中国家加快发展的五项重大举措。在谋求共同发展的征途上，中国将始终是其他发展中国家真诚的伙伴。我们愿与广大发展中国家共同努力，为南南合作的进一步发展作出贡献。

谢谢主席女士。

中国代表王晨在第 62 届联大六委关于“联合国国际贸易法委员会第 40 届会议工作报告”议题的发言

（2007 年 10 月 22 日）

主席先生：

国际贸易法委员会（下称“贸法令”）本届年会继续起草、审议了有关公约、示范法及立法指南，我们对所取得的成果感到满意。目前，贸法会的主要工作是在 2007 年底核准完毕《担保交易立法指南》和尽快完成《运输法公约》（草案）三读，争取 2008 年年会通过。这两份文件有助于促进各成员国在国际融资领域和国际贸易运输领域采用新的统一规则，有利于增进国际贸易的便利化。中国政府支持尽快审议通过上述文件。

中国政府也十分赞赏贸法会利用第 40 届年会举办全球现代

商务法律大会。中国政府认为，贸法会定期举办类似会议，有助于就各国际组织制定的国际规则的现状、各国商务立法及其实施等情况进行交流，有利于促进各国对国际商务法律文件的理解和执行。

主席先生，

贸法会作为联合国的专业法律机构，是全球制定国际贸易法律规则的重要场合，所起作用日益重要。贸法会秘书处致力于研究国际贸易发展的新情况和新领域，并为制定相应国际通行规则作了不懈努力，中国政府对此表示赞赏和支持，希望贸法会能够通过卓有成效的工作进一步推动全球贸易法律规则的统一进程。

中国政府一直十分重视贸法会的工作，全面参与贸法会有关公约、示范法或立法指南的起草工作，参加了有关国际公约，在国内立法中借鉴贸法会有关示范法或立法指南的内容，并在国内开展有关工作，促进贸法会工作成果的宣传和推广。

主席先生，

2008 年是《承认和执行外国仲裁裁决公约》，也就是《纽约公约》通过 50 周年。《纽约公约》通过以来的执行情况充分体现了贸法会在统一国际贸易法律规则中的不可或缺的重要影响和公约的全球影响力。中国将参加贸法会为纪念《纽约公约》通过 50 周年而举办的有关活动，并也将在中国国内举办相应的纪念活动。

谢谢主席先生。

中国代表在第62届联大一委关于外空问题的专题发言

（2007年10月22日，纽约）

主席先生：

今年是《外空条约》生效40周年。近半个世纪来，越来越多的国家加入了探索和利用外空的行列，还有更多的国家从外空技术应用中受益。外空从未像今天这样与我们的生活密切相关。外空的和平与安宁关乎世界各国人民的共同福祉。维护外空安全是全人类的共同责任。

然而，从人类进入外空的那一刻起，外空就从未摆脱被军事化、武器化的危险。为了确保外空只用于和平目的，国际社会作出了不懈努力。40年前诞生的《外空条约》及随后达成的一系列相关法律文书，搭建起了规范外空行为、维护外空安全的国际法律框架，对促进外空的和平探索和利用发挥了重要作用。

主席先生，

在肯定《外空条约》等法律文书积极作用的同时，我们也要看到，由于历史条件的限制和外空科技的发展，现有外空国际法律体系缺陷明显，不足以防止外空武器化和外空军备竞赛。特别需要指出的是，导弹防御计划不但仍在大力推进，相关系统还可能被部署到外空。该计划对国际战略稳定、国家间战略互信可能造成的消极影响令人关切。

面对这一现实，外空国际法律机制应当与时俱进，不断加以完善。显然，只有谈判缔结新的外空法律文书，有效弥补现有法律机制的漏洞，才能从根本上防止外空武器化和军备竞赛，维护外空安全。国际社会在此方面已形成普遍共识。联大已连续20多年以压倒性多数通过相关决议，要求裁谈会设立特委会，谈判缔结新的外空法律文书。近两年来，裁谈会已就外空问题进行了富有成效的讨论，各方就未来法律文书的定义、范围、核查、建立信任措施等问题，从政治、法律、技术、经济等角度进一步交换了看法。可以说，裁谈会实质性处理外空问题的条件已经具备。

主席先生，

中国支持裁谈会尽快就防止外空军备竞赛问题开展实质性工作，最终谈判制定必要的法律文书，并一直与各方一道为此积极努力。我们已与俄罗斯就双方拟提出的“关于防止在外空放置武器、对外空物体使用或威胁使用武力条约”草案征询了有关国家意见。中方真诚期待，裁谈会能够尽早成立外空问题特委会，启动以谈判缔结新的外空法律文书为目标的工作进程。

在今年联大一委上，中国代表团参加了“防止外空军备竞赛”决议草案和“外空活动透明和建立信任措施”决议草案的共提，希望这两项决议能够得到最广泛的支持。

主席先生，

我注意到刚才美国代表团就中方外空试验作出了不适当的评论。美国对中方试验提出了所谓“关切”，但正是美一直在裁谈会竭力阻挠外空问题谈判进程。如果美国真正关心外空和平与安全，就应尽快改变其在外空问题上的消极立场，尽早同意在裁谈会谈判缔结新的外空法律文书。

事实上，美国去年出台了新的外空政策，宣称谋取空间行动自由，保留阻止他国发展利用空间能力的权利。这给未来外空安全带来了新的不确定性。同时，美国研发外空武器的步伐从未停止，并正在完善“太空战”军事理论。美国已废止《反导条约》，正加紧发展和部署具有外空作战能力的反导系统。上述这些事态发展，才是国际社会最担忧的。

关于空间碎片问题，这个问题由来已久。目前外空中已有大量碎片，这些碎片绝大多数与中国无关。据统计，尺寸在 10 厘米以上的空间碎片有近 1 万个，其中美国就占了 40% 以上。美没有资格在这个问题上指责中国。中国政府高度重视空间碎片问题，并以负责任的态度积极参加了联合国和平利用外空委员会对减缓碎片问题的讨论。我们愿继续与各方一道，在外空委框架内，共同探讨妥善解决该问题的办法。

谢谢主席先生。

中国代表马新民在第 62 届联大六委关于“审议预防危险活动的跨界损害及此类损害的损失分配问题”议题的发言

（2007 年 10 年 23 日）

主席先生：

预防和解决危险活动造成的跨界损害问题是国家责任法的一个新领域，国际法委员会经过不懈努力完成了《关于预防危险活动的越境损害的条款草案》和《危险活动造成的跨界损害的损失分配原则》，总结和发展了现有具体领域国际条约规则及国家实践，对跨界损害的预防和损失分配问题作了规定。中国代表团对历任特别报告员和国际法委员为此作出的努力和贡献表示赞赏。

中国代表团认为，这两份文件主要体现了对有关国际法规则的逐渐发展，是对现有国家责任制度的补充，代表了国家应当遵循的“应有法”。我们相信，有关规定将有助于减少或预防危险活动造成的跨界损害的发生，对各国处理有关跨界损害问题也具有参考价值。

主席先生，

对该两份文件，中国代表团在以往联大六委已发表了意见，在此仅谈两点补充意见：

第一，两份文件的定义条款均将“起源国”界定为在其领土内或在其管辖或控制下的其他地方计划进行或进行危险活动的国家。我们认为，以领土或实际管辖或控制地作为判断起源国的唯一标准有失公允，不尽合理。建议将经营者的国籍国、经营者主要营业地国、指挥或控制经营活动的实体所在地国家等，也作为确定起源国的参考因素。

第二，建议在《关于预防危险活动的越境损害的条款草案》中增加预防义务的例外或免责规定，如，在发生自然灾害、武装冲突等不可抗力情况时，起源国可免于履行有关预防义务和免除承担有关国家责任。

主席先生，

关于两份文件应采取的最终形式，国际法委员会建议将《预防危险活动的越境损害的条款草案》制定成一项国际公约，建议联大核可《危险活动造成的跨界损害的损失分配原则》，并敦促各国参照执行。我们认为，两份文件是对跨界损害问题涉及的两个阶段所作的规定，可考虑都采取由联大决议或宣言或其附件的形式，由各国通过实践逐渐对其加以丰富。将来条件成熟时，再考虑以条款或原则草案为基础制定有关国际条约的问题。

主席先生，

中国是世界上领土较大的发展中国家，也是陆地邻国最多的国家之一，中国与邻国共同面临危险活动跨界损害的较大风险。中国政府一直认为，处理危险活动造成跨界损害问题需要广泛的国际和地区合作，共同应对。中国政府也为妥善处理危险活动造成跨界损害的预防及损失分配问题作出了许多努力。

中国是一个负责任的国家，中国政府始终坚持走可持续发展的道路，坚定不移地推行降低资源消耗、预防环境污染的政策，积极建设资源节约型、环境友好型社会。中国政府将一如既往与世界各国一道，为健全和完善有关危险活动造成跨界损害的预防和损害赔偿问题的国际立法作出自己的贡献。

谢谢主席先生。

中国代表郭晓峰在第62届联大三委关于“人权文书的执行”（议题72a）的发言

（2007年10月23日，纽约）

主席先生：

中国政府高度重视国际人权文书在促进和保护人权方面的重要作用。迄今，中国已是包括《经济、社会和文化权利国际公约》、《儿童权利公约》、《禁止酷刑公约》在内的21项国际人权公约的缔约国，对于已经参加的国际人权公约，中国政府除通过立法、执法和行政措施认真履行外，还非常重视向条约机构提交履约报告的工作。迄今，中国已先后就执行《经济、社会和文化权利国际公约》提交了首次报告；就《消除一切形式种族歧视国际公约》提交了9次报告；就《消除对妇女一切形式歧视公约》提交了6次报告；就《儿童权利公约》提交了2次报告，就《〈儿童权利公约〉关于买卖儿童、儿童卖淫和儿童色情制品问题的任择议定书》提交了首次报告；就《禁止酷刑公约》提交了5次报告。今年，中国政府正在撰写《消除一切形式种族歧视国际公约》第10到13次合并报告，预计今年底或明年初将提交种族歧视委员会。

中国政府与人权条约机构保持了良好的对话与沟通。一方面在审议过程中，与委员会建立了良好互动；同时，中国政府非常重视委员会的结论性建议的后续工作。

自香港和澳门回归后，中国政府按照“一国两制”的原则，积极支持香港特区政府和澳门特区政府开展人权保护工作、履行有关公约的义务。对适用于香港特区和澳门特区的人权文书，中国政府在提交履约报告时均包括由两个特区政府自行撰写的有关人权文书在两特区的执行情况。

主席先生，

中国代表团认为，国际人权文书对于促进和保护人权发挥了积极的作用；各人权条约机构根据条约授权，做了不少有益的工作，这是值得肯定的。

与此同时，现行报告制度也存在过于复杂和报告负担过重的问题，不同条约机构重复劳动的情况也很突出。联合国秘书长和人权条约机构主席间会议和人权条约机构委员会会议都曾就此提出了改革的建议。2006年3月，联合国人权高专办就此提出了概念文件“统一的人权条约机构”，以有效解决当前人权条约机构的弊端，提高工作效率。今年4月，人权高专办向各国介绍了

《根据国际人权条约提交报告的协调准则，包括编写核心文件、提交具体条款报告的准则》。中国政府注意到这些建议，对各人权高专办及有关方面为此所作的努力表示赞赏。中国政府将继续支持人权条约机构及条约报告和审议制度的改革。同时，我们认为，改革应达到简化报告机制和提高效率的目标，避免对缔约国提出更为复杂和繁琐的要求，切实减轻缔约国负担，对报告及审议内容的要求不应超出条约规定的范畴。中国政府希望人权高专办和各条约机构继续加强与缔约国的交流与对话，通过广泛征求意见达成协商一致。

谢谢主席先生。

中国代表刘振民在“妇女、和平与安全问题”安理会公开辩论上的发言

（2007 年 10 月 23 日，纽约）

主席先生：

我感谢你来纽约亲自主持今天的会议，感谢秘书长提交的报告，欢迎秘书长出席今天的会议并发言，我还要感谢格诺副秘书长、玛燕嘉女士和桑德勒女士等的发言。

今年是安理会第 1325 号决议通过七周年。该决议在妇女、和平与安全领域具有里程碑意义，奠定了有关各方进行合作的基础。安理会围绕该决议采取了不少后续行动，各有关成员国也根

据该决议要求积极采取了相关措施。秘书长于2005年制定了《联合国全系统行动计划》，两年多来，就落实第1325号决议的各个方面取得了积极进展。

然而，我们需要客观看待目前已经取得的成绩和存在的不足。正如秘书长报告所述，在预防冲突、早期预警、缔造和平、建设和平、维持和平、人道救援、冲突后重建及恢复、实施解甲归田计划、预防及应对各种性暴力等各个领域，都有不同程度的进展，但各层面的能力建设不足、缺乏足够资金、国际合作与国家行动配合不紧密等各项挑战影响了全面落实第1325号决议的效果。安理会应进一步重视落实第1325号决议的工作，以推动妇女、和平与安全领域的问题取得全面进展。为实现这一目标，各方应特别重视以下几方面工作：

首先，安理会可在妇女、和平与安全领域发挥自身独特作用，联合国各机构宜各司其责，并加强协调与合作。保护妇女，提高妇女地位，维护妇女权益，实现男女平等是国际社会的广泛共识，是一项综合性的重要事业，联合国在该领域取得了不少成果。安理会作为维护国际和平与安全的首要机构，要从做好本职工作角度出发，侧重于做好预防冲突、维持和平及冲突后重建等方面的相关工作。联合国大会、经社理事会、人权理事会和建设和平委员会等机构在促进妇女权益方面有各自任务和作用，安理会不应重复或替代它们的工作。

其次，要加强妇女在和平进程各个阶段中的参与，重视她们的地位和作用，为巩固和平及实现持久和平奠定坚实基础。尊重和保护妇女是社会文明和进步的表现，也是一个成熟的社会制度应有的要素。要将尊重和保护妇女贯穿于和平进程的始终，照顾其特殊需要和关切，发掘她们的潜力和作用，赋予她们更多参与和决策权，并在制度上予以保障。近年来，秘书处在增加女性高官及维和特派团女性团长及职员比例方面采取了不少积极举措，今后需继续努力。

第三，鼓励各有关国家根据各自国情制定落实第1325号决议的国家行动计划或策略，联合国及国际社会应提供大力协助。第1325号决议的全面落实离不开成员国的国家行动，然而最需要采取落实行动的国家，尤其是涉及武装冲突或冲突后国家，往往缺乏落实该决议的能力，而且还面临着各自的特殊情况与困难。国际社会和各捐助方应慷慨解囊，联合国也要提供各种帮助，使有关当事国政府和人民充分发挥自主作用，加强其能力建设，而不是代替其行动或强加于人。

主席先生，

世界首脑会议成果文件强调，妇女的进步是全人类的进步，在和平与安全领域也是如此。对第1325号决议的全面落实是实现这一目标的重要保障。我们支持秘书长继续落实《联合国全系统行动计划》。中国政府一贯重视保护妇女权益和提高妇女地位，我们愿与各国共享我们的成功经验和良好实践，今后我们愿与国际社会一道，为进一步推动在世界范围内落实妇女、和平与安全领域的各项目标共同努力。

谢谢主席。

中国代表马新民在第62届联大六委关于“国家对国际不法行为的责任”议题的发言

（2007年10月23日）

主席先生：

2001年，国际法委员会经过半个世纪的不懈努力，完成了《国家对国际不法行为的责任的条款草案》。该条款草案是在五位特别报告员提交的30多份研究报告基础上形成的，凝聚着各位报告员和历任国际法委员会委员的心血，也体现了国际法委员会锲而不舍的精神。中国代表团认为：

条款草案及其评注全面总结了当代国家责任法的理论与实践，既是对国家责任习惯国际法规则的编纂，同时在一些方面也体现了国际法的逐渐发展。条款草案不仅是对国家责任的法律规则的发展的重要贡献，也对维护国际关系和国际法律秩序的稳定和健康发展具有重要意义。条款草案已受到各国政府和国际司法机构的普遍关注，不少国家已开始将其作为处理国家责任问题的指引，国际法院和一些区域性司法机构已多次援引条款草案作为审判的依据。

此外，条款草案体现了维护国家利益与国际社会共同利益的价值取向。如“严重违背依一般国际强制性规范承担的义务”的规定（第40－41条）、由受害国以外的国家援引责任的规定等（第48条），以保护国际社会整体利益为导向，发展了国家责任的法律框架，除了规定传统的建立在双边关系基础上的责任国与受害国之间的国家责任制度，还对在多边关系基础上的责任国与国际社会所有国家之间的国家责任制度作了规定。

因此，条款草案总体上应予肯定，但也存在一些问题，回避了一些争议性问题。中国代表团在2001年第56届联大六委关于“国家责任”专题发言中，已对“严重违背依一般国际强制性规范承担的义务”、“反措施”和“争端解决”等问题表明了立场。在此，仅谈几点补充意见。

一、关于国际不法行为的国家责任构成问题

条款草案第1条采取了原则性定义的立法方式，将国家责任界定为一国对其国际不法行为所承担的责任。对此，中国代表团是支持的。但我们认为，现行条款草案及其评注还有一些灰色区域或存在一些问题和争论，有必要作出适当规定或以一定方式予以澄清，如国家责任是否以过错（包括故意或过失）或损害为必要条件，是否要求国际不法行为与损害之间存在因果关系，国际不法行为是否要达到一定的严重性等。

二、关于是否允许“受害国以外国家”援引国家责任和采取合法措施问题

根据条款草案第48条和第54条，在涉及责任国违反整个国际社会所有国家承担的义务时，允许受害国以外的利害关系国援引国家责任和采取合法措施，中国代表团愿重申其在第56届联大六委关于“国家责任”专题发言中，关于删去上述两项规定的建议。但如多数国家坚持保留上述条款，中国代表团也愿显示灵活，可考虑在对上述条款作出必要修改的情况下予以保留。我们建议，为受害国以外的利害关系国援引国家责任和采取合法措施建立一个集体授权机制，规定这些非受害国必须获得联合国或其他能够代表国际社会整体利益的各国公认国际机构的授权，如责任国违反的义务属于危害国际和平与安全的行为时，还应考虑

如何确保安理会在认定国际和平与安全情势方面的专属权利不受损害。我们认为，由非受害国各自决定援引国家责任和采取合法措施问题，不符合整个国际社会的利益，也容易被滥用。

三、关于严重违反强行法义务与违反一般国际法义务的责任后果问题

中国代表团欢迎条款草案按国际不法行为的程度，将其分为“严重违背依一般国际强制性规范承担的义务”（严重违法行为）（第40条）与违反一般国际法义务（一般违法行为）。但我们认为，条款草案还存在一些问题。如，条款草案没有区分两种违法行为的责任后果，严重违法行为并不承担更大的责任，只对其他非违法者增加了不承认严重违反国际义务行为造成的情况为合法的义务，不协助或援助责任方保持有关情况的义务，以及进行合作使违背行为得以停止的义务（第41条）。我们认为，上述义务都不是严重违法行为才产生的义务，所有国际不法行为都不应被承认或获得协助，各国都有合作义务使其停止。因此，建议条款草案对严重违法行为的具体含义作出规定，并对其应承担的相应责任作出规定。

四、关于反措施的立法目的问题

中国代表团坚持其在第56届联大六委关于“国家责任”专题发言中有关“反措施”的意见。我想强调指出的是，各受害国在决定适用反措施时，除了必须符合条款草案规定的实质条件和程序条件外，还必须从有利于保证责任国履行国际法义务的原则出发。

我们认为，条款草案将反措施主要作为促使责任国履行国际责任的一个问题加以规定（第三部分第二章），而非主要作为解除行为不法性的情况。这一立法安排反映了条款草案把反措施当作保证国际义务履行措施的立法目的。各受害国都有义务按照条款草案的立法目的严格适用反措施。

主席先生，

关于条款草案的最终形式，中国代表团认为，可考虑采取分步走的方式。作为第一步，目前可考虑采取联大决议或宣言的形式，或联大决议或宣言附件的形式，为国家实践和国际司法机构判决提供指引或参考。将来条件成熟时，也可考虑在有关联大决议或宣言的基础上，制定有关国际公约。

中国代表团认为，如决定采取联大决议或其附件的形式，建议在现有条款草案中增加序言部分，也可考虑增加最后条款和解决争端条款。

谢谢主席先生。

中国代表沈艳杰在第62届联大五委关于“共同制度”议题的发言

（2007年10月23日）

首先，中国代表团感谢国际公务员制度委员会主席罗兹先生对2007年度委员会工作所作的介绍，感谢方案规划和预算司、行政和预算咨询委员会及国际公务员协会联合会代表对本次议题的介绍。

主席先生：

《公务员制度委员会2007年度报告》（A/62/30）对委员会过去一年的工作做了总结，对一些重要问题做了分析并提出建议，委员会的工作卓有成效，我们对此表示赞赏。中国同意巴基斯坦代表“77国集团和中国”的发言。中国代表团愿意就以下四方面问题发表看法：

一、关于卢旺达问题国际刑事法庭和前南斯拉夫问题国际刑事法庭发放特别留用奖金问题，公务员制度委员会报告指出，委员会第65届会议审议了这一提案，并建议在现有《工作人员条例和细则》的框架内向法庭提供协助的途径解决。例如介绍新职、在共同制度其他组织申请工作时作为内部候选人考虑、扩大培训机会、组织内部一般事务人员晋升专业人员竞争性考试、招聘合格的配偶、加强职业发展、安排工作流动和借调等措施。我们对委员会作出的努力表示赞赏。

二、委员会报告介绍了高级管理网发展情况，报告提到，秘书长将致函所有机构首长，请他们提名列入高级管理网的人员。我们注意到，高级管理网成员按职位选定，行政首长有权根据管理责任和权限确定参加高级管理网的职位。我们认为，为了防止选择的主观性，需要制定客观明确的标准，要体现地域和性别均衡原则，体现文化多样性，并满足各组织发展的需要。

三、关于语文奖励问题，委员会报告提到，共同制度各组织对承认语文能力和促进使用多种语文问题采取不同的办法。尽管有这种差异，但所有组织对现有安排均感到满意。它们认为，现有安排是有效的工具，有助于各组织的特定业务需要，有利于提高组织工作效率。委员会报告还就语文奖励问题提出建议。我们认为，联合国共同制度各组织可灵活运用承认语文能力等办法来促进使用多种语文，这些灵活办法能有效满足各组织不同的业务需要。在预算允许前提下，各组织可继续努力在国际公务员制度的多文化环境中促进使用更多的语文。关于在空缺通知中列入一项熟练掌握本组织的一种以上正式语文的资格要求，报告提到的前提条件是业务任务需要，这一点很重要。另外，为工作人员及其家属免费提供正式语文和其他语文培训等建议涉及费用问题，我们希望进一步了解相关情况。

四、关于公务员制度委员会工作方法，委员会报告提到，第

65届会议前，委员会成员和委员会秘书处成员举行了务虚会，探讨如何进一步加强委员会工作，如何使其尽可能发挥支持大会为共同制度提供指导的能力。委员会通过改进同各伙伴的关系，通过重视战略规划，以实现更加积极主动的工作方式。委员会还审查了如何改进其运作的问题，设法精简工作方法，以更有效地利用现有资源。我们对此表示赞赏。中国希望国际公务员制度委员会作为大会下属的一个独立的专家机构，在规定和协调联合国共同制度的服务条件方面，在共同制度建设中，在人力资源管理改革中，继续发挥重要作用。

谢谢主席先生。

中国代表刘振民在联合国发展筹资问题高级别对话会上的发言

（2007年10月24日，纽约）

主席先生：

中国代表团支持巴基斯坦代表“77国集团和中国”所作的发言。我们感谢秘书长就发展筹资所提交的报告。

发展筹资是当前各国共同关心的问题。基于《蒙特雷共识》，各国同意发展中国家和发达国家建立新的伙伴关系，从国内和国际各层面采取综合措施，促进政策的连贯性和一致性，全面动员资金，促进共同发展。中国代表团希望，这次高级别对话会为推动解决发展筹资问题注入新的动力。

过去两年来，各方对发展筹资的有关政策和手段的认识更加深入。通过减债安排，发展中国家的债务负担有所减轻。由于发展中国家大力改革经济和金融体制、增加人力资源和基础设施的投资、努力维护宏观经济稳定，私人资本流向发展中国家增多，一些国家贸易竞争力提高，出口增加。然而，与消除贫困和实现国际商定发展目标，包括千年发展目标的需要相比，资金仍存在很大缺口。私人资本绕开了许多贫困和最需要资金的国家。2006年官方发展援助比2005年下降。贸易保护主义花样翻新，许多发展中国家特别是最不发达国家的贸易深陷困境。

解决上述问题没有捷径，必须动用所有手段，多渠道并举，从动员国内资金、吸引国际私人资本、提供官方发展援助、减债，以及完善国际货币、金融和贸易体系等方面采取综合措施。

贫困和不发达集中在发展中国家，筹资的难点也在发展中国家。发展筹资的最大障碍是发展中国家长期落后造成的先天不足。因此，国际社会不能听凭市场左右，而应进行建设性的干预，一方面提供援助资金，帮助发展中国家解决紧迫的发展问题；另一方面塑造有利的外部环境，支持发展中国家培育自主筹资的能力。中国代表团认为，在以后的对话中，以下几个问题应予以重视：

第一，鼓励和支持发展中国家加强能力建设。无论是动员国内资金还是吸引国际资金，一国都需要具备一些基本条件，如基础设施、法制体系、管理能力等。国际机构和捐助国应根据受援国的需要，提供技术援助，支持发展中国家在改革经济和金融体制、加强法治、消除腐败和建立公私伙伴关系等方面的努力。但在提供援助时应保留“政策空间”，以允许广大发展中国家按本国的优先顺序制定和实施发展战略。

第二，增加官方发展援助。官方发展援助是发展伙伴关系的一个重要象征，尽管其数量上不能与私人资本相比，但却最能体现发展的主题，对帮助解决紧迫的发展问题和引导与调动私人资本具有重要作用。我们希望发达国家倾听广大发展中国家的呼声，拿出具体行动兑现增加官方发展援助的承诺，确保减债和紧急人道主义援助之外有更多援助资金流向发展中国家，实现官方发展援助占其国民总收入0.7%的目标。

第三，充分发挥贸易作为发展引擎的作用。国际社会应坚持开放、公平、非歧视和以规则为基础的多边贸易体制，通过具体有力的措施，既支持发展中国家增强竞争力，又让其发挥比较优势。我们期待着多哈回合实现发展议程，切实解决发展中国家的关切，并尽快结束谈判。

第四，应对新问题，防范金融风险。近年来全球经济不平衡有所发展，金融市场也越来越复杂莫测，各国和有关国际组织应共同努力，加强对国际资本流动的管理，防范并有效应对金融风险，为全球发展创造稳定的环境。

第五，推动国际金融体制的改革。国际金融制度和规则的缺陷是影响解决发展筹资问题的重要因素。国际金融体系改革应充分考虑发展中国家的实际需要，真正反映世界经济格局的变化，增加发展中国家的发言权和代表性。

主席先生，

中国政府将坚持改革开放作为基本国策之一，不断完善宏观调控水平，坚定地推进金融体制改革，充分发挥国内储蓄和投资的潜力，同时创造有利的国内环境，吸引国外投资，并努力提高应对金融风险的能力，保持了经济的持续快速发展。

作为一个发展中国家，中国在解决好本国的筹资问题的同时，还通过减免债务、提供贸易优惠、基础设施建设、促进生产性投资以及经济交流等多样化的方式向其他发展中国家提供了力所能及的援助，帮助其提高可持续发展的能力，以争取实现共同进步。中国政府愿继续与各方就发展筹资问题加强磋商，交流经验，深化互利合作，促进共同发展。

主席先生，

发展筹资问题后续国际会议将于明年在多哈举行，这是对落实《蒙特雷共识》情况进行全面评估、探讨进一步加强合作的重要机会。我们希望各方结合形势的发展进行务实讨论，以推动发展筹资国际合作取得实质性进展，为消除贫困、实现共同发展作出贡献。

谢谢主席先生。

中国代表任义生在第62届联大五委关于“基本建设总计划”（议题128）的发言

（2007年10月24日）

主席先生：

首先，中国代表团感谢负责管理事务的副秘书长巴尔塞纳女士介绍基本建设总计划执行情况的第五次年度进展报告。我们欢迎主管基本建设总计划的助理秘书长阿德勒斯坦先生。我们感谢行政和预算问题咨询委员会（下称“行预咨委”）主席萨哈先生就相关报告所作介绍，也感谢审计操作委员会菲律宾委员介绍审计委员会的相关报告。中国代表团赞同巴基斯坦代表“77国集团和中国”所作的发言，并愿就基本建设总计划问题谈几点看法。

2006年，联大通过61/251号决议，核准了分阶段修缮联合国总部大楼的基本建设总计划，即战略四。我们注意到，在过去一年里，基本建设总计划在任命执行主任、授予施工管理服务合同及施工文件等方面取得了一定进展。但我们关切地注意到，由于种种原因，总计划远远落后于联大所要求的进度，并可能给会员国带来2亿美元以上的额外财政负担。我们认为，基本建设总计划事关秘书处工作人员、会员国代表和其他出入联合国人员的安全，事关会员国的切身利益。秘书长有义务按照联大要求，想方设法保证基本建设总计划的落实进度。

我们注意到秘书长报告所列举的执行总计划所面临的挑战和风险，并根据联大61/251号决议有关要求，从安全、便利等角度，承诺在维持18.76亿美元预算的前提下，提出了加速战略四的建议。我们也注意到行政和预算问题咨询委员会认为该建议有可取之处，并建议联大批准加速战略四。我们欢迎秘书长为落实基本建设总计划所作努力，认为行预咨委的有关建议值得会员国认真考虑。我们要求秘书长采取切实措施，落实审计委员会和行预咨委有关建议，认真重视会员国关于价值评估工程不能以修缮工程质量为代价、工程采购程序应该透明等要求。我们支持在确保安全、便利、不增加预算的前提下，争取提前实现基本建设总计划，使秘书处工作人员、会员国代表和其他与会及参观旅游人员，能享有一个安全和实用的环境。

谢谢主席先生。

中国代表陈佩洁在第62届联大四委关于“和平利用外层空间的国际合作”议题的发言

（2007年10月25日）

主席先生：

首先，我代表中国代表团向和平利用外层空间委员会主席团和联合国外空司表示感谢，他们的卓越领导和辛勤工作使外空委员会第50届会议取得了积极成果，我们对此表示赞赏。中国代表团也欢迎外空委第50届会议通过的“国家和国际组织在登记空间物体方面的做法工作组的结论要点”。该结论要点有助于促进统一各国和国际组织的登记实践，有助于促进《登记公约》的更好履行。

主席先生，

今年是第一颗人造地球卫星进入地球轨道50周年，也是1967年《外空条约》生效40周年。外空委员会第50届会议期间举办了人类探索和和平利用外空50年成就展，该展览使人们更全面地了解了50年来外空活动的成就，更深刻地体会到了外层空间对于人类活动的重要性。越来越多的国家认识到，外空不仅是国家战略和安全的重要空间、社会可持续发展的资源宝库、高科技的聚焦点，也正在日益成为世界经济发展新的增长点。半个世纪以来，人类对外空的探索和利用成绩斐然，所取得的这些突出成就和巨大进步是半世纪以前的人们所无法想象的。虽然我们不可避免地经历过一些挫折，但我们从中得到了许多宝贵的经验及教训。可以预想，下一个 50 年，太空活动必将以更大的步伐加速发展。

面对这一快速发展前景，我们需要思考一个问题：太空活动向何处去？

主席先生，

我们愿意重申，探索和利用外空应基于和平的目的，这是各国应当遵循的最重要的原则之一。任何违背这一原则的行为，如外空军事化、外空武器化和外空军备竞赛等，都是逆时代潮流的。为了尽快弥补国际外层空间法在这方面的不足，我们认为，谈判制定相关国际法律文书是防止外空武器化和外空军备竞赛的最佳途径。

今年裁谈会期间，中国与俄罗斯共同向部分裁谈会成员国非正式散发了“关于防止在外空放置武器、对外空物体使用或威胁使用武力条约”草案。该草案禁止各国在绕地球轨道、天体放置或部署任何武器，禁止对外空物体使用或威胁使用武力，禁止协助和鼓励其他国家或国际组织参与本条约所禁止的活动，并规定各国应采取措施防止在其领土或其管辖的地方发生上述活动。目前已有不少国家作出积极反馈。我们期待更多国家支持这一和平、法治的设想。中国愿与各方一道，继续为防止外空武器化和外空军备竞赛作出贡献。

我们一贯主张，提高和平利用外空能力，必须把自主创新和国际合作结合起来。既重视根据独立自主的方针自行研发，同时在平等互利、和平利用、共同发展的原则基础上加强空间领域的国际交流与合作，尤其应重视与发展中国家的合作。在此方面，中国政府在过去的一年里继续作出努力，并取得了喜人成绩。

2007 年 3 月，中国与俄罗斯签署了《关于联合探测火星－火卫一合作的协议》，将于 2009 年进行此项联合探测。

2007年4月，中国自行研制并成功发射了北斗导航卫星（COMPASS－M1），计划将在2008年满足中国及周边地区用户对卫星导航系统的需求，并进行系统组网和试验，逐步扩展为全球卫星导航系统，并愿与其他国家合作，共同发展卫星导航事业。

2007年5月，中国向尼日利亚出口的NIGCOMSAT－1民用通信卫星发射成功，目前性能稳定、状态良好，标志着中国以火箭、卫星及地面发射支持的整体方式为国际用户提供商业卫星服务的首次实践获得圆满成功。

2007年5月24日，中国国家航天局局长在欧洲空间局总部签署了《空间和重大灾害国际宪章》，标志着中方正式成为该合作机制的一员。

2007年9月，中国和巴西的合作再创佳绩，资源卫星02B星在中国成功发射。19年来，双方合作研制并发射的卫星提供了数十万景遥感图像，已被两国广泛应用于农作物生产、环境保护与监测、城市规划和国土资源勘测等国民经济的各个领域。

主席先生，

在区域性空间合作方面，我愿在此高兴地告知，亚太地区空间技术与应用领域的多边合作也取得了重要进展。《亚太空间合作组织公约》已于2006年10月12日生效。目前有孟加拉国、中国、印度尼西亚、伊朗、蒙古、巴基斯坦、秘鲁、泰国和土耳其九个签署国。中国作为该组织的东道国正与各成员国密切合作，尽快完成有关筹备工作，使亚太空间合作组织早日投入运作，为促进亚太地区的经济发展、社会进步和人民生活水平的提高作出贡献。

目前，中国政府正在积极筹建联合国内部设立空间技术减灾和应急响应（SPIDER）方案北京办公室，并将继续为该办公室提供强有力的支持，希望该办公室早日设立并投入运作。

我还特别想介绍一项中国的司法判例。2007年3月16日，北京市第一中级人民法院就北京月球村航天科技公司销售月球土地案作出判决。该案涉及北京月球村公司勾结美国月球大使馆公司在中国销售月球土地的欺诈行为。法院根据《外空条约》关于包括月球在内的外空不得据为己有的原则，判定北京月球村公司败诉，确认任何国家、个人和法人都无权主张对月球的所有权。这是中国法院审判的第一起涉及外空的案件，显示了中国认真履行条约义务的决心，对维护月球作为人类共同继承财产的地位有重要意义。

主席先生，

和平利用外层空间，促进人类文明和社会进步，造福全人类，是我们的共同目标。为了这个目标，中国政府愿一如既往地与国际社会其他成员共同努力，迎接更加美好的未来。

谢谢主席先生。

中国代表段洁龙在第62届联大六委关于“国内和国际的法治”议题的发言

（2007年10月25日）

主席先生：

中国代表团支持六委继续讨论“国内和国际的法治”议题。该议题有助于促进各国在法治问题上的交流与合作，增进相互了解和信任，扩大共识。

主席先生，

法治是各国普遍追求的目标，也是确立和维持社会秩序、促进和实现社会正义、推动社会进步的有效手段。中国政府认为，在建设国内法治方面，各国有权自主选择适合本国国情的法治模式。世界上不存在适用于一切国家的划一的法治模式，但各国的法治模式可以相互借鉴、取长补短、共同发展。各国只有立足于本国国情，把本国的实际情况与法治发展的一般规律创造性地结合起来，才能找到一条适合自己发展的法治道路。

近20多年来，中国一直在积极探索走一条有自己特色的法治之路，并且取得了丰富经验和突出成就，主要包括以下几方面：

第一，有法可依，是法治的前提。中国现行有效的法律近230件，包括宪法及宪法性法律、行政法、民法、商法、社会法、经济法、环保法、刑法、诉讼和非诉讼程序法等在内的基本法律，并有与之相配套的行政法规700多件，地方性法规8000多件。目前已基本形成了以宪法为核心的有中国特色的社会主义法律体系，国家在政治、经济、社会、文化各个领域已经做到有法可依。

第二，依法办事，是法治的根本。中国的立法机关依法立法，政府依法行政，法院和检察院依法行使审判权和检察权，公民和法人依法进行各项活动。特别是政府要依法行政，作为国家行政机关的一项根本活动原则，通过立法得到确认。在这方面，中国已相继制定了《行政诉讼法》、《行政许可法》、《行政复议法》、《行政处罚法》，建立了行政决策、复议、监督和责任追究等制度，行政权力受到法律的规范和制约，以防止行政机关违法行政、损害公民权益。

第三，尊重和保障人权，是法治的重要内容。继宪法修正案将“国家尊重和保障人权”载入宪法，并明文规定保护公民合法私有财产权后，今年国家又颁布了《物权法》，具体确定了保护国家及个人财产权的各项措施，并特别使公民的个人财产得到切实的法律保障。

第四，依法制约和监督权力，是法治的重要环节。中国《宪法》规定，国家的一切权力属于人民，人民行使权力的机关是全国人民代表大会和地方各级人民代表大会。各级人民代表大会选举产生各级国家行政机关、审判机关和检察机关，并对其进行监督。为此，一项专门法——《监督法》出台，对人民代表大会监督“一府两院”提供法律保障。此外还有政党监督、行政机关监督、司法监督、政协民主监督和社会舆论监督等。经过长期不懈努力，中国已初步探索出一套适合中国国情的对各项公权力的监督制约机制。

第五，公正司法，是法治的重要保障。根据中国《宪法》，各级人民法院、人民检察院依法独立行使审判权和检察权，不受行政机关、社会团体和个人的干涉。司法机关坚持惩治违法犯罪与保障人权并重的理念，严格依法惩治违法犯罪，同时保障公民合法权益。多年来，中国不断推进司法体制改革，完善了诉讼制度、审判方式和司法人员选任及管理体制，强化检察机关对诉讼、执行和侦查活动的司法监督，特别是将死刑核准权统一收归最高人民法院行使，努力建设更为公正、高效、权威的司法制度。

同时，我们也清醒的意识到，建设和完善法治是一项艰巨、长期的历史任务，中国特色的法治仍可通过新的努力不断发展、健全和完善。

主席先生，

中国代表团认为，加强国际法治有利于维护国际社会的正义和公平、促进和平与发展，有利于巩固和发展各国间的友好关系，符合各国人民的共同利益。我们重申，加强国际法治必须维护《联合国宪章》的权威，必须严格遵循国际法规则，必须坚持国际法的统一适用，必须不断完善“国际立法”，必须促进国际关系民主化。

加强国际法治，一方面要促进国际立法，另一方面要加强国际法的适用，包括国际法的遵守和实施。同时，还必须妥善处理好以下两个关系：第一，把握好国内管辖事项与国际事务之间的界限。要坚持和维护以《联合国宪章》为核心的国际法律秩序，按照《联合国宪章》的规定处理国际事务。第二，把握好维护全人类共同利益、保护国家利益与保障个人利益之间关系，应当树立公正、合理的“利益观”，反对狭隘、自私的国家利益观，主张和平、安全、合作、发展、和谐、共赢的利益观。

主席先生，

中国代表团欢迎秘书处关于盘点联合国法治建设资源的初步报告，赞同秘书处建立法治协调和资源小组及其秘书处法治股，希望其能成为协调全系统法治活动的中心，从战略上规划好法治建设资源，提高效率，为建立有效和持久的法治基础提供帮助，促进可持续的和平与发展。

关于明年六委本议题的讨论重点，我们建议考虑以下两个方面：一是各国实施国际条约的法律和实践，通过各国对本国实施国际条约的立法和实践的介绍，增进相互间了解，促进国际条约在各国国内得到有效遵守和实施；二是各国解释国际条约的原则和实践，通过各国交流其解释和适用国际条约的做法和经验，扩大各国在解释国际条约方面的共识，增强运用国际法的能力。

谢谢主席先生。

中国代表刘振民在第62届联大五委关于2008－2009拟议方案预算（议题128）的发言

（2007年10月26日）

主席先生：

中国代表团感谢潘基文秘书长就A/62/6号文件所作的介绍，感谢行政和预算问题咨询委员会（下称“行预咨委”）主席萨哈先生所作的有关介绍。中国代表团同意巴基斯坦代表“77国集团和中国”所做的发言。关于2008－2009两年期方案预算问题，我愿强调以下几点看法和建议：

一、关于增加预算问题。我们注意到，重计费用前，2008－2009年方案预算中的支出总额为41.95亿美元，较2006－2007年增加0.5%，即2100多万美元。同时，在重计费用和加上其他预计费用后，今后两年期方案预算累计水平有可能超过46亿美元。近年来，联合国在和平与安全、发展、人权等领域的业务不断扩展，面临着越来越繁重的任务，适当增加预算，对联合国顺利开展工作特别是确保已经授权的方案与活动获得充足资金至关重要。与此同时，联合国也要坚持实际需求与资源相结合的原则，本着精简节约的精神合理制定预算，并充分考虑会员国的支付能力，以避免资源的过度增长。

二、关于资源配置问题。我们支持大会确定的2008－2009

两年期优先事项，希望有限的资源能使用在需要最为迫切的领域。我们主张，在有限的资源总额之内，大幅度降低行政管理成本，同时将更多的资源用于发展领域，使占联合国会员国大多数的发展中国家能从中受益，分享到联合国在促进发展方面带来的红利。

我们注意到，在2008－2009两年期方案预算里，较之人权和监督等方面资源建议数的增长，环境、贸易、非洲地区发展等涉及促进经济发展和区域经济合作方面的资源建议数的增长是微不足道的。我们认为，秘书长应采取有效措施，在资源投入上注意平衡，使与发展中国家经济发展有关的优先方案能切实得到重视和资源上的保证。

三、关于改进管理、减少浪费问题。我们注意到行预咨委对零打碎敲处理预算进程的做法所表达的关切。我们希望秘书长采取有效措施，确保今后拟议方案预算尽可能全面地反映联合国每一个两年期的各项要求。行预咨委建议，应作出系统化努力，深化整个联合国的合作与协调，以实现协同增效，加强互补，并消除可以避免的冗余。我们关注联合国在资源使用中仍存在浪费和管理不善等情况。秘书处应科学、合理使用会员国提供的资源，使资源发挥最大化的效益，杜绝任何形式的浪费。为实现节源增效的目标，预算管理人员和方案管理人员要切实加强相互沟通与合作，进一步增强预算管理意识，制定切实可行的绩效指标，及时终止那些过时的、无效率的产出，从而保证优先领域方案活动的充分有效执行。

主席先生，

2008－2009两年期方案预算是本届联大一项重要议题。中国代表团对此高度重视，将以积极和合作的态度，建设性地参加该议题的有关磋商。我们希望各国本着务实和灵活的精神，高质量、高效率地完成有关预算问题的审议。

谢谢主席先生！

中国代表姚文龙在第62届联大二委关于议题52（a）国际贸易和发展的发言

（2007年10月26日）

主席女士：

中国代表团感谢联合国贸易和发展会议（下称“贸发会议”）秘书长素帕猜为本议题所作的介绍，并支持巴基斯坦代表“77国集团和中国”所作的发言。

主席女士，

2006年，世界经济持续稳定增长，经济全球化继续深入发展，区域经济合作日益深化，给各国发展带来了新的机遇。2006年世界经济增长了5.4%，连续第五年保持平稳增长。发展中国家在世界总产出中所占份额增加到了23%，人均收入增长超过5%。但我们也应清醒地认识到，各国发展并不均衡，世界经济失衡问题亟待解决，全球化带来的挑战有增无减，南北贫富差距依然悬殊，气候变化等非传统挑战日益凸显，发展中国家特别是最不发达国家的可持续发展仍面临着严峻挑战和潜在风险。

贸易是发展的引擎，已成为国际社会的广泛共识。近年来，得益于世界经济的增长、商品价格的上升、南南贸易的扩大等，发展中国家对国际贸易的参与不断深入，贸易推动发展的重要作用日益明显。2000年至2005年期间，发展中国家和最不发达国家的出口增长在国内生产总值增长中所占的比率分别超过60%和40%。但是，发展中国家特别是最不发达国家参与国际贸易的环境并未得到明显改善。多哈回合谈判停滞不前，贸易保护主义有所抬头，贸易摩擦不断增加，贸易优惠面临侵蚀。国际社会应当共同努力，营造有利于发展的国际贸易环境，扩大对最不发达国家免关税、免配额的市场准入，提供技术援助，帮助它们加强与贸易相关的能力建设。

主席女士，

尽快成功完成多哈回合谈判，确保发展中成员真正能够从参与多边贸易体制中获益，是发挥贸易的发展引擎作用的关键。公开、公平、公正、合理和非歧视的多边贸易体制，有利于世界经济的平衡与和谐发展。失败的多哈回合没有赢家，成功的多哈回合将惠及各国。发展中国家的崛起是当前国际贸易的重要发展趋势，对发展问题的关注和解决是衡量多边贸易体制是否公正合理的重要标准。多哈回合谈判应当坚持以发展为核心，充分考虑发展中成员的发展水平和承受能力，切实体现发展中成员的发展需求和特殊关切。

当前，多哈回合谈判正处于关键时刻，各方正在日内瓦就农业、非农、服务和知识产权等问题开展密集磋商，谈判的层次、力度、深度不断加大。我们希望各方能够保持这一势头，主要发达成员能够拿出政治意愿，体现灵活性，尽早取消扭曲贸易的农产品补贴，实质性消除市场准入障碍，推动整个谈判取得成功。中方将继续与其他成员保持密切合作，发挥建设性作用，推动谈判早日取得全面、平衡的成果。

主席女士，

联合国系统应当继续加大对贸易和发展问题的关注和投入。贸发会议作为联合国系统综合处理贸易和发展及相关问题的重要机构，应承担更大的责任，发挥更大的作用。明年4月在加纳举行的贸发十二大，为我们提供了一个难得的契机。我们呼吁有关各方共同努力，根据目前的世界经济贸易形势和发展趋势，进一步强化贸发会议的三大职能，明确贸发会议的工作方向，发挥贸发会议的比较优势，加强贸发会议在国际、区域和国家各层面的工作，使贸发会议在贸易和发展领域发挥更大作用。同时，我们也希望各方能够充分利用此次机会，就世界经济贸易的重大问题达成广泛共识，为推动多哈回合谈判、解决发展中国家的发展问题等作出积极贡献。

主席女士，

中国一直致力于推动建立以发展为导向的国际贸易体制，以贸易促发展，以发展促减贫。近年来，中国政府积极扩大进口，不断削减关税，多次扩大对最不发达国家和非洲国家免关税、免配额的产品范围。预计到2010年，中国年进口额将超过1万亿美元，有望成为世界第二大进口市场。中国经济的发展将为世界各国的发展提供广阔的空间。中国政府将不断加强与世界各国互利共赢的经贸合作，与各国人民一道，促进建设共同发展、普遍繁荣的和谐世界。

谢谢主席。

中国代表刘振民在62届联大六委关于“国际法委员会第59届会议工作报告”议题的发言

（2007年10月29日）

主席先生：

中国代表团对国际法委员会主席布朗利教授的简明而富有启发性的介绍表示感谢。我们对本届国际法委员会取得的成绩表示祝贺。下面，我愿就四个专题发表评论。

一、关于驱逐外国人

国际法委员会在今年第59届会议上，审议了特别报告员就本专题提交的第二次和第三次报告所载的7条条款草案。我们对特别报告员卡姆托先生的出色工作表示赞赏。我愿对其中几个问题作简短评论。

（一）中国代表团认为，驱逐外国人涉及外国人待遇标准这一传统国际法领域，国际上已积累了丰富的立法和实践，该专题应侧重对现行有关国际法规则的编纂。

（二）该条款草案的适用范围和定义（第1、2条）。目前条款草案的地域适用范围限于进入领土后的外国人。中国代表团认为，处于出入境管理区域的外国人与在领土内的外国人的地位虽有不同，但其基本人权也应受到尊重和保护，建议将处于出入境管理区域的外国人待遇问题纳入该专题研究范围。

（三）关于驱逐外国人条款草案的框架（第3条）。中国代表团主张，应以国家享有对外国人的驱逐权为一般原则、以禁止驱逐外国人为例外确立条款草案的框架。为使第3条第1款规定的国家驱逐外国人的权利能够涵盖条款草案中各项驱逐外国人（包括驱逐难民、无国籍人）的规定，建议将该款改为：国家基于国家主权、安全、公共秩序和法律规定等，有权驱逐在其领土内的各种外国人。同时，建议将第2款改为国家驱逐权的例外，即国家根据本条款草案的规定或国际条约，作为例外而禁止驱逐外国人。

（四）中国政府原则赞同条款草案关于不驱逐难民、无国籍人和禁止集体驱逐外国人的规定（第5－7条）。但不驱逐难民应严格遵循1951年《关于难民地位的公约》及其议定书有关难民定义及其不驱逐的规定，不应扩大难民的范围，并且本条款草案不能影响或妨碍上述公约及其议定书的有关规定。建议明确集体驱逐的适用范围，应根据被驱逐对象的具体情况而区别对待。

最后，我愿简要介绍一下中国关于驱逐外国人的法律规定。按照中国法律，在以下情况下，可以对犯罪或违法的外国人包括无国籍人进行驱逐：第一，依据中国《刑法》，中国法院对犯罪的外国人判处独立适用或附加适用的驱逐出境刑罚。第二，依据中国《治安管理处罚法》第十条的规定，“对违反治安管理的外国人，可以附加适用限期出境或驱逐出境”。第三，依据中国《外国人入境出境管理法》及其实施细则的规定，对有非法入出境、非法居留、伪造出入境证件等违法行为的外国人，公安部门可以处以限期出境或驱逐出境处罚。

二、关于国际组织的责任

国际法委员会在今年第59届会议上审议并暂时通过了特别报告员加亚先生提交的第五份报告所载的国际组织责任内容的15条条款草案。我们对委员会取得的成果表示祝贺，对加亚先生卓有成效的工作表示赞赏。在此，中国代表团愿对本专题发表一些简短评论。

（一）中国代表团认为，国际法委员会暂时通过的这部分条款草案参照了国家责任条款草案的相关内容，并结合国际组织责任的特点作了必要的补充和修改，总体上是值得肯定的。但我们认为，条款草案的有些规定是建立在推理基础上的，有关条款草案的评注也略显单薄，实证分析和解释似嫌不足。为使条款草案更有说服力，我们希望评注能够提供更多法律和事实依据。

（二）我们认为，国际法委员会在对国际组织责任进行编纂和逐渐发展的同时，也不能忽视对作为初级规则的国际组织权利和义务的国际法规则的研究。国际组织的行为违反国际法义务是其承担责任的一个前提条件。如国际组织的权利和义务不明确，编纂国际组织责任就缺乏坚实的基础。与国家相比，国际组织不具有国际法上的一般权利和义务，国际组织的权利和义务主要源于其章程规定，并因国际组织不同而各异。因此，研究国际组织受哪些一般国际法义务的约束，将有助于我们把握国际组织的现行国际法规则，妥善处理国际组织的责任问题。

三、关于武装冲突对条约的影响

国际法委员会在今年第59届会议上审议了特别报告员的第三次报告，并设立了由卡弗利施先生担任主席的工作组。我们对特别报告员布朗利先生和工作组的出色工作表示赞赏。我愿就本专题做几点简要评论。

（一）关于影响条约实施的武装冲突的范围（第2条）。中国代表团认为，影响条约效力的武装冲突不应包括国内武装冲突等非国际性武装冲突。国内武装冲突与国际武装冲突存在本质的区别，把国际武装冲突的相关规定扩大到国内武装冲突上是不可行的。国际武装冲突的主体与条约的主体都是国家，因此爆发国际武装冲突而对条约产生影响是理所当然的。但国内武装冲突的当事方不是国家，其行为也不能视为其所在国家的行为，规定国内武装冲突对国家间的条约构成影响不仅在法律上说不通，事实上也难以成立。

我们注意到，工作组建议武装冲突的定义原则上应涵盖国内武装冲突，并规定国家只能在冲突达到一定剧烈程度时才能援引国内武装冲突的理由中止实施或终止条约。中国代表团认为，将“达到一定剧烈程度”的国内武装冲突作为中止实施或终止条约的理由，缺乏明确的标准，容易被滥用，也不利于条约关系的稳定。建议工作组进一步研究此项建议的可行性。

（二）条款草案第 3 条规定“当事方之间条约的实施不因武装冲突爆发而必然终止或中止”，对此，我们表示赞同。同时我们认为，这一规定反映了二战以来条约持续有效的国际实践，修正了武装冲突终止条约实施的传统观点。这一原则有助于维护国际关系的稳定和健康发展。

（三）关于如何判断武装冲突是否终止或中止条约（第 4 条）。中国代表团原则同意，条款草案规定的以缔约方缔约时的意图作为确定武装冲突是否终止或中止条约的主要标准，同时我们认为还应考虑条约的目的和宗旨以及条约的内容和性质等相关因素。

（四）关于使用武力的性质是否影响条约的实施（第 10 条）。中国代表团认为，合法使用武力与非法使用武力将对条约的实施产生不同的影响。条款草案规定，依据《联合国宪章》行使单独或集体自卫权利的国家，有权全部或部分中止实施与行使这项权利不相符的条约，对此我们原则上是赞成的。我们认为，非法使用武力的国家无权终止或中止条约，因为不能允许此类国家从其非法行为中获利。我们注意到工作组将继续研究这一问题，我们期待着专家们早日拿出成果。

四、关于国际法委员会的新专题

中国代表团支持国际法委员会将国家官员的外国刑事管辖豁免问题列为其新议题，赞成由科洛德金先生担任本专题的特别报告员。我们相信，凭借科洛德金先生的卓越才能和丰富的外交与法律经验，该专题的工作定能取得如期成果。

中国代表团认为，国家官员的外国刑事司法管辖豁免专题应侧重对现有有关国际法规则的编纂，同时应坚持现有国际习惯法所确立的以国家官员享有刑事司法管辖豁免为一般原则、以不享有有关豁免为例外的法律框架。

中国代表团希望国际法委员会不断取得新的成果，以为国际法的编撰和逐渐发展作出贡献。

谢谢主席先生。

中国代表刘致勇在第62届联大关于议题54“可持续发展”的发言

（2007年10月29日）

主席女士：

首先，感谢秘书长就可持续发展问题提出的有关报告。中国代表团支持巴基斯坦代表“77国集团和中国”的发言。我愿在此就议题54（a）、（b）、（c）、（d）、（e）、（g）、（i）作发言。

主席女士，

关于议题54（a）：《21世纪议程》、《进一步执行21世纪议程方案》和可持续发展世界首脑会议结果的执行情况

实现可持续发展是世界各国面临的重大、紧迫任务。自联合国环发大会和可持续发展世界首脑会议以来，各国在经济与人口、资源、环境协调发展方面迈出了重要步伐。但与此同时，全

球环境恶化的趋势仍未扭转，广大发展中国家资金、技术和能力匮乏，仍是实现全球可持续发展的最薄弱环节。改变这种状况不仅需要发展中国家的自身努力，也需要大力加强国际合作。

在国家层面，各国政府应根据国情制定可持续发展战略，并运用经济、法律和行政等综合手段全面实施，动员社会力量，建立起广泛的伙伴关系，持之以恒地走可持续发展之路。

在国际层面，国际社会特别是发达国家应尽快兑现其在资金、技术等方面的承诺，向发展中国家提供新的、额外的援助资金，以优惠条件转让环境友好型技术，提高其实现可持续发展的能力，并就此建立监督和促进机制。

在联合国，可持续发展委员会是联合国系统内唯一综合审议经济、社会和环境问题的机构，其作用应得到进一步加强，为可持续发展提供更好的政策指导。

中国政府高度重视可持续发展问题，中国经济和社会发展"十一五"规划提出了一系列具体目标和举措。中国已确立以人为本、全面、协调、可持续发展的发展战略，以统筹经济与社会发展、人与自然和谐发展，统筹当前利益和长远利益，全面建设资源节约型、环境友好型社会，实现经济发展与人口资源环境相协调，全面建设人与自然和谐相处的小康社会。实现这些目标，将既造福于中国人民，也将对世界的可持续发展作出重要贡献。

主席女士，

关于议题 54（b）：进一步执行《毛里求斯战略》的后续行动和执行情况

小岛屿发展中国家在实现可持续发展方面仍面临特殊的困难。落实《毛里求斯战略》需要各方的共同努力。国际社会，特别是发达国家，应根据小岛屿发展中国家的特点，落实资金援助、技术转让等方面的承诺，帮助小岛屿发展中国家提高能力建设。

联合国在促进小岛屿发展中国家实现可持续发展方面应继续

发挥领导作用。最不发达国家、内陆发展中国家和小岛屿发展中国家问题秘书长高级代表办公室应动员更多力量和支援，形成多种形式、多方参与的伙伴关系，帮助小岛屿发展中国家实现经济、社会、环境的协调、可持续发展。

帮助小岛屿发展中国家实现可持续发展是中国南南合作计划的组成部分。多年来，中国政府不断深化和拓展同小岛屿发展中国家的合作，向其提供了力所能及的援助。2006年，温家宝总理出席"中国—太平洋岛国经济发展合作论坛"时宣布，今后三年向太平洋岛国提供30亿元人民币的贷款。相信这些资金将有助于受援国加强可持续发展基础，实现《毛里求斯战略》的有关目标。

主席女士，

关于议题54（c）：国际减灾战略

近年来，国际社会更加重视减灾合作，并取得了相当的进展，如将灾害预警作为减灾合作的优先领域。联合国国际减灾战略举行了第一次全球减灾风险平台大会，并将举办第二次亚洲减灾大会。我愿再强调如下几点：

第一，完善以联合国为核心的减灾合作体系，加强联大、安理会和经社理事会间政策协调。

第二，在救灾合作中坚持"人道、中立和公正"的原则，尊重受灾国自主权和参与权，将紧急救援与灾后重建与发展相结合。

第三，加强减灾科技与信息交流，建立早期预警系统。

第四，确保长期、稳定与可预测的减灾核心资金，加大对中央紧急应对基金的支持力度。

主席女士，

关于议题54（d）：为今世后代保护全球气候

气候变化问题是人类面临的一项长期挑战，需要国际社会长期不懈的努力。我愿强调如下几点：

第一，继续坚持“共同但有区别的责任”的原则，发达国家应完成《京都议定书》确定的减排指标，帮助发展中国家提高应对气候变化的能力，并在2012年后率先减排。

第二，发展中国家应根据自身国情并在力所能及的范围内采取积极措施，尽力控制温室气体排放增长速度。

第三，应维护《联合国气候变化框架公约》确立的基本框架，其他相关倡议和机制应成为公约框架的补充。

第四，应平衡推进气候变化领域的国际合作，同等重视减缓、适应、资金和技术问题。

第五，应加强对发展中国家的资金援助和技术转让，不能单纯强调市场机制的作用。

中方高度重视气候变化问题，并将环境保护列为基本国策，将科学发展观作为执政理念，成立了国家应对气候变化领导小组，颁布了一系列法律法规，并制定了应对气候变化国家方案。中国国家主席胡锦涛最近强调，要建设生态文明，把建设资源节约型、环境友好型社会放在工业化、现代化发展战略的突出位置，落实到每个单位、每个家庭，加强应对气候变化能力建设，为保护全球气候作出新贡献。

中国将根据公约和议定书，本着“共同但有区别的责任”的原则，承担应有的国际责任与义务，为气候变化国际合作作出贡献。

主席女士，

关于议题54（e）:《联合国防治荒漠化公约》的执行情况

我愿借此机会对贝宁前环境部长被任命为新执秘表示欢迎。

今年3月和9月先后举行了《联合国防治荒漠化公约》第五次履约审查委员会会议和第八次缔约方会议，会议通过了“促进履约十年战略”。国际社会应借此势头，切实采取行动，落实上述战略。发达国家应履行对公约的资金承诺，推动在互利基础上建立和创新技术转让机制。可持续发展委员会第16、17

次会议主题之一为荒漠化，国际社会也应充分利用好这两次会议，加大对荒漠化问题的投入，推动在解决荒漠化问题上取得新进展。

主席女士，

关于议题 54（g）：联合国环境规划署理事会第 24 届会议的报告

我们支持加强联合国环境署的作用，提高其工作效率。我们认为，有关环境机构的改革建议必须从可持续发展的整体框架入手，并在联合国经社与发展领域改革的大背景下进行探讨。有关各方应以平衡、全面的方式探讨加强联合国环境活动的具体措施，确保经济发展、社会进步、环境保护三大支柱协调发展。

主席女士，

关于议题 54（i）：促进新能源和可再生能源

推广新能源和可再生能源对维护能源安全和可持续发展具有非常重要的作用，国际社会应树立“互利合作、多元发展、协调保障”的新能源安全观，特别是加强可再生能源和氢能、核能等重大能源技术研发等方面的合作，处理好资金投入、知识产权保护、技术推广等问题，建立清洁、安全、经济、可靠的世界未来能源供应体系。

中国政府一贯重视对新能源和可再生能源的开发、使用，制定了“节约优先、立足国内、多元发展、依靠科技、保护环境、加强合作”的能源战略。我们愿在平等互惠、互利双赢的原则下加强同各能源生产国和消费国的合作，共同维护全球能源安全和可持续发展。

谢谢主席女士。

中国代表刘振民在第62届联大关于议题21:“必须终止美国对古巴的经济、商业和金融封锁”的发言

（2007年10月30日，纽约）

主席先生：

中国代表团支持巴基斯坦代表“77国集团和中国”所作的发言。

联合国大会已连续15年通过有关决议，敦促所有国家遵守《联合国宪章》和国际法准则，撤销或废除任何具有“治外法权”效力、影响他国主权及管辖范围内实体和个人的合法权益、影响贸易与航运自由的法律和措施。但令人遗憾的是，古巴长期遭受的其富裕邻邦所强加的经济、商业和金融封锁仍未得到解除。

在经济全球化时代，各国进行平等的交流与合作是大势所趋。正常的经济、商业和金融交往符合各国利益，并不是任何一国给予他国的恩惠。解决任何分歧，平等对话是最好的途径。对古巴长期遭受的封锁和制裁，国际社会有权提出严重关切，并要求有关国家予以终止。

对古巴实施的长达40多年的封锁和制裁，不仅损害古巴和众多其他国家的利益，严重阻碍国际发展事业，也与民主、自由、法治、人权等原则背道而驰。首先，企图通过封锁和制裁，

迫使他国放弃自主选择发展道路的权利，甚至企图推翻其政府的做法，严重违背《联合国宪章》的宗旨和原则，违背了现代国际关系的基本准则，根本谈不上促进民主与自由。其次，对古巴实施的封锁和制裁具有“治外法权”性质，违反了国际法，根本无法在任何国家促进民主和自由，受到各国的普遍反对，也与贸易自由化原则背道而驰。第三，上述封锁和制裁极大地阻碍和限制了古巴人民消除贫困、提高人民生活水平以及实现经济和社会发展以及实现千年发展目标的努力，损害了古巴人民的生存权和发展权。

主席先生，

中国政府一贯主张世界各国遵循《联合国宪章》的宗旨和原则发展相互关系，努力推动国际关系民主化和法制化。我们认为，各国应根据本国国情选择自己的政治、经济、社会制度和发展模式。国与国之间的分歧应在平等和相互尊重的基础上，通过对话与合作加以解决。

鉴于上述，中国政府要求尽快终止有关国家对古巴的经济、商业和金融封锁。我们希望以对话代替对抗，以接触和交流代替封锁和制裁，立即执行联合国有关决议。为此，中国支持古巴在本议题下提交的决议草案。

谢谢主席先生。

第29届奥林匹克运动会组委会主席刘淇在第62届联大关于奥林匹克休战决议的发言

（2007年10月31日，纽约）

主席先生，

各位代表：

我荣幸地作为第29届奥林匹克运动会组织委员会主席，并代表中国代表团，介绍题为“通过体育和奥林匹克理想建立一个和平的更美好世界”的决议草案，草案编号为A/62/L.2号。

主席先生，

奥林匹克休战渊源流长。古代奥林匹克运动会参赛城邦签订的《奥林匹克休战协定》延续1000多年，是历史上持续时间最长的和平条约。1894年诞生的现代奥林匹克运动继承古代奥运会传统，在秉承更快、更高、更强的奥林匹克精神的同时，把维护世界和平、促进人类共同发展作为自身使命。

联合国与奥林匹克运动是天然盟友，奥林匹克的和平理想与联合国促进人类和平的宗旨不谋而合。基于此，自1993年以来，联合国大会已连续七次通过奥林匹克休战决议，号召所有会员国遵守《奥林匹克休战协定》。2000年《联合国千年宣言》也号召会员国遵守奥林匹克休战，支持通过体育和奥林匹克理想促进和平及谅解。所有这些，充分显示了联合国及会员国重视体育和奥林匹克理想在促进世界和平方面的积极作用，希望为奥林匹克运动会的顺利举行创造良好的条件和氛围。基于此，作为第29届奥林匹克运动会主办国，中国按惯例倡议提出了“通过体育和奥林匹克理想建立一个和平的更美好世界”决议草案。

该草案既重申了以往决议的主要内容，也增加了北京奥运会的核心理念，即“绿色奥运”、“科技奥运”、“人文奥运”，这三个核心理念反映了实现社会和谐发展的理想。草案重申了体育运动在落实国际商定的发展目标上所起的日益重要的作用和2005年世界首脑会议各国所作的承诺。草案促请各会员国在将于2008年8月8日至24日在北京举行的第29届奥运会期间，以及随后于2008年9月6日至17日举行的北京2008残疾人奥运会期间，遵守奥林匹克休战；欢迎国际奥委会和联合国会员国奥委会本着奥运精神，采取具体行动促进和加强和平与和谐文化，吁请所有联合国会员国继续努力利用体育促进和平、对话及和解。

在决议草案磋商过程中，各国代表团提出了很多建设性的意见和建议。该草案共有182个共提国。我谨代表中国政府和第29届奥林匹克运动会组委会，向所有关心和支持这一草案的国家表示感谢，衷心希望这一草案能在大会一致通过。这将有助于增加各国人民对奥林匹克和平理想的了解和认识，有助于促进维护世界和平。

主席先生，

奥林匹克休战不仅是奥林匹克运动的理念，也是全世界爱好和平人民的共同愿望。第29届奥林匹克运动会的主题口号是“同一个世界，同一个梦想”，核心理念是“绿色奥运、科技奥运、人文奥运”，充分表达了中国人民和世界各国人民追求和平进步、和睦共处、和谐发展的共同美好愿望。为此，组委会开展了一系列活动，推广奥林匹克休战，加深中国和国际社会对奥林匹克休战的理解和认识，扩大奥林匹克和平理念的影响。

我们组织了奥林匹克歌曲征集活动、“福娃全球送吉祥”活动、奥林匹克与雕塑等活动，广泛宣传和平理念。我们将奥运会火炬接力命名为“和谐之旅”，向全世界传播和平、和谐、合作的思想。我们开展了奥运知识读本和挂图进校园活动、命名奥林匹克教育示范学校、同心结交流和北京奥运会奥林匹克青年营项目等教育活动，在广大民众特别是青少年中宣传奥林匹克“和平、友谊、进步”的思想，播撒和平、友谊、进步的种子。在北京奥运会和残奥会期间，我们将在奥运村和残奥村内设立一面“和平友谊墙”，供运动员和其他人士签名，呼吁遵守奥林匹克休战，促进世界和平。

国际奥委会主席罗格先生和国际奥委会多年来在传播奥林匹克和平理想方面作出了不懈努力，借此机会我愿对此表示高度赞赏。在国际奥委会和有关各方共同努力下，国际奥林匹克休战基金会和国际奥林匹克休战中心已先后成立，这将为推动奥林匹克和平理想在全球传播发挥积极作用。

我们也感谢秘书长体育促进和平与发展特别顾问奥吉先生并将继续支持体育办公室的工作。

主席先生，

和平与发展是当今世界两大主题。但局部冲突依然存在、地区动荡时有发生，世界和平事业仍任重道远。奥运会不可能在瞬间改变世界，但我们有理由期待，从古代奥运会传承下来的奥林匹克休战传统可以感召各国人民为促进世界的持久和平和共同繁荣而努力。借此机会，我呼吁联合国会员国本着奥林匹克精神，坚持联合国的宗旨和原则，遵守奥林匹克休战，促进世界和平。

282 天后，象征光明、团结、友谊、和平的奥运圣火将首次在北京奥运会主会场燃烧。这对于奥林匹克运动，对于中国这样一个历史悠久的文明古国都具有重要的特殊意义。国际社会普遍热切期盼北京奥运会取得成功。目前，北京奥运会各项筹备工作正有条不紊地进行，除国家体育场因开幕式工程要在 2008 年初竣工外，其他场馆均会在今年年底前完工，北京奥运会赛程已确定，中国政府去年制定了《北京奥运会及其筹备期间外国记者在华采访规定》，为外国记者在华采访提供便利。另外，北京奥运会开闭幕式工作、火炬接力境外传递工作、新闻宣传和奥林匹克教育及文化工作、志愿者培训工作等也正在全面开展。我相信，在所有会员国和人民的共同努力下，第29届奥林匹克运动会将取得圆满成功。

谢谢主席先生。

中国代表刘玉印在第62届联大关于议题55："联合国人类住区会议成果的执行情况和加强联合国人类住区规划署"的发言

（2007年10月31日）

主席女士：

中国代表团感谢秘书长就该议题提出的报告，支持巴基斯坦代表"77国集团和中国"所作的发言。

主席女士，

自1996年实施《人居议程》以来，为有效解决人居住房和环境问题，国际社会齐心协力，共同奋斗，取得了一定的成效。联合国人类住区规划署（人居署）作出了有目共睹的贡献。特别值得一提的是，人居署在今年召开的第21届理事会会议上通过了《2008－2013中期战略和体制计划》，为人居事业的进一步发展提出了目标和愿景。

但是，值得我们注意的是，世界人居问题还远未解决。住房短缺、基础设施不足、资源能源缺乏、生态恶化、抗灾能力弱等仍然是广大发展中国家在人居可持续发展问题上面临的严峻挑战。根据预测，今年城市居住人口的数量已经超过农村人口，城市贫困、城市环境、城市土地管理、城市水资源和卫生以及贫民窟等成为困扰人居事业的新问题。人类在城市化和社会公平，以及如何实现和谐、持续的人居问题上仍任重而道远。

主席女士，

为加快实现联合国人类住区会议（人居二大）提出的“人人享有适当住房”和“城市化进程中人居可持续发展”两大目标，全面、有效地落实《人居议程》，中方认为：

第一，没有经济的发展，贫困则无从消除，人类住区问题的解决就没有条件。国际社会应共同努力，致力于推动经济增长，并努力消除贫困和缩小贫富差距，为解决人类住区问题奠定基础。

第二，解决人类住区问题要实事求是。各国国情不同，面临的问题也不尽相同。各国应根据各自的国情、能力和条件确定解决人居问题的政策、战略、规划和优先重点，并加强交流和借鉴。

第三，解决人类住区问题必须坚持可持续发展。要统筹经济发展、社会进步、环境保护、人口增长与人类住区之间的关系，将人类住区的发展、改善与自然环境的保护协调统一，走节约资源、节约能源的可持续发展道路。

第四，解决人类住区问题需要国际社会通力合作。国际社会，特别是发达国家，应切实履行对发展中国家的资金、技术承诺，为发展中国家的经济和社会发展创造有利的外部条件，增强发展中国家解决人类住区问题的能力。

第五，解决人类住区问题要加强城乡区域一体化建设。城市与农村人类住区的发展相辅相成，不可分割。随着城市化的迅速发展，城市人类住区问题日益受到重视。但同时，应意识到，农村人居问题依然是解决全球住区问题的薄弱环节和突出问题。必须统筹城乡发展规划，促进城乡经济一体化，实现农村和城市人居环境的平衡发展。

第六，解决人类住区问题需要全社会的共同参与。人类住区应是一项由政府主导、社会各行各业参与的事业。要加强人居事业的宣传，提高公众的参与意识，努力探索地方政府、非政府组织、私营部门、妇女、青年等所有《人居议程》伙伴多渠道的合作模式，共同推动人类住区环境的改善与发展。

主席女士，

中国政府高度重视人居建设，认真履行在“人居二大”和人居特别联大上所作出的承诺，与地方政府、企业、社会和居民一起积极努力，坚持以人为本、全面、协调、可持续的科学发展观，把人居环境建设放在突出位置，统筹城镇和农村、经济和社会、人与自然的和谐发展，大力采取措施提高人民生活水平，创造安全、健康和舒适的人居环境，在人居事业方面取得了引人瞩目的成绩。一方面，努力实现“居者有其屋”。2003 年，中国城镇人均住宅建设面积达到 23.7 平方米，农村人均住房面积达到 27.2 平方米。另一方面，努力改善居住环境。1990 年以来，中国已有 12 个城市荣获联合国授予的“世界人居环境奖”。中国政府还于 2000 年设立了“中国人居环境奖”和“中国人居环境范例奖”，对在城市可持续发展、改善人居环境等方面取得重大成就的城镇、单位和个人给予表彰，极大地推动了中国人居环境的建设工作。

主席女士，

作为《人居议程》伙伴对话重要平台的“世界城市论坛”

第四届会议将于2008年10月13日至17日在中国的南京市举行。会议的主题是“和谐的城市化”。我们相信，此次会议将为人居事业的进步注入更多的活力。

中方愿进一步加强与世界各国和人居署等国际组织的交流与合作，共同推进人居可持续发展目标的实现。

谢谢主席女士。

中国代表姚文龙在第62届联大二委关于议题56：(a)“全球化和相互依存”(b)“科学技术促进发展”和(c)“防止和打击腐败行径及转移非法来源资产的活动并根据《联合国反腐败公约》将这些资产退回，特别是退回来源国”的发言

(2007年11月1日)

主席女士：

中国代表团支持巴基斯坦代表“77国集团和中国”所作的发言，感谢秘书长提交的有关报告。

经济全球化是影响人类社会发展的重大趋势。当前，经济全

球化继续深入发展。商品、资金、技术和信息在全球范围内流动更加频繁，各种形式的经济合作、产业转移和结构调整在深度和广度上不断推进，为各国发展创造了新的机遇。

但与此同时，经济全球化进程也充满矛盾和风险，给各国特别是发展中国家带来严峻挑战。全球经济发展不平衡问题突出，各国经济和金融安全面临的风险增加，南北差距进一步拉大，不少发展中国家被边缘化。正如秘书长报告所述，对全球化实施管理以造福全人类仍然是一个重大关切事项。为此，中国主张加强国际合作，共同把握机遇、应对挑战，推动经济全球化朝着均衡、普惠、共赢的方向发展。

在全球化的世界经济中，各国经济日益相互依存，越来越基于规则和制度来处理国际经济关系。各国政策的范围往往受到国际规则和承诺等的制约。各国必须在制定和实施国家发展战略和接受国际义务之间进行权衡。发展中国家经济基础薄弱、市场发育不完备、资金匮乏、技术落后。这种在起点上的不平等使其最易受到经济全球化的冲击。有关国际规则、进程和政策必须考虑其特殊情况，使其有机会融入世界经济，从全球化中公平获益，逐步发展和壮大。在此，我愿强调以下三点：

第一，应确保发展中国家充分平等参与有关经济规则制定。长期以来，广大发展中国家在经济全球化进程中明显处于不利地位。其在许多重大国际经济决策进程中无法充分有效地参与，致使有关国际层面的政策和规则无法反映其特殊情况。为纠正不合理的现状，使发展中国家的要求充分及时得到体现，必须继续进行国际金融体制的改革，并建立开放、公正的国际贸易体制，提高发展中国家在国际经济机构的发言权和决策权。应维护以联合国为核心的国际多边机制，使联合国在国际发展合作中发挥领导作用。

第二，应给予发展中国家足够的“政策空间”。对力量悬殊的国家，完全适用同样的标准和规则本身就谈不上公平。应允许各国政府对如何接受国际规则进行利弊权衡，确保其在国内政策空间和国际承诺间实现平衡。同时，在制定多边规则时，需要切实考虑发展中国家的具体情况，并留有灵活性，使其有条件根据本国的优先重点制定和实施国家发展战略。

第三，应增强发展中国家融入世界经济的能力。经济全球化是以市场为基础的，在鼓励竞争的同时也拉开了差距，发展的不平衡，成为许多国家关心的重大问题。人类发展是一个有机整体，在南北差距的巨大鸿沟上，无法建立起共同繁荣的大厦。国际社会特别是发达国家应切实履行其在联合国各次主要会议和首脑会议上作出的承诺，通过增加官方发展援助、减免债务、开放市场、转让技术等方式，帮助发展中国际特别是最不发达国家和非洲国家融入全球经济并从中获益。

主席女士，

30 年来，中国人民以积极进取的精神创新实践，探索出一条将自身发展与经济全球化进程紧密结合的发展道路，取得了显著成绩。中国在坚持自身发展的同时，重视加强国际发展合作，谋求实现全球协调、均衡发展。尽管中国还是一个发展中国家，但一直努力在力所能及的范围内向包括非洲在内的其他发展中国家提供援助，帮助其提高自主发展能力，以实现共同进步。我们将一如既往，与各国共同努力，深入参与全球化，共同管理全球化，建设人人享有发展、共同繁荣的和谐世界。

主席女士，

科学技术促进发展的理念越来越深入人心；依靠科技，消除贫困、减少疾病、提高卫生水平、改善生活质量，实现千年发展目标已成为国际社会的共识。多年来联合国科学技术促进发展委员会、联合国贸发会议等为此做了大量工作，中国代表团对此表示赞赏。

在科技促进发展和信息通信技术促进发展中，发展教育、培养人才是前提和要素。中方呼吁在科技促进发展、信息通信技术促进发展的现有框架下，增加帮助广大发展中国家大力发展教育事业，培养实用型科技人才的实际措施，以支撑建设一个以人为本，以发展为导向的全方位信息社会，支撑实现千年发展目标。

主席女士，

中国代表团对《联合国反腐败公约》得到140个国家签署、102个国家的批准感到鼓舞，这充分体现了国际社会对打击腐败并开展国际合作的强烈政治意愿。资产追回是公约建立的创新和独有的法律制度，我们认为其有效运行需要加强国际合作。在政治层面，各国应增强合作意愿，努力防止犯罪分子利用各种借口滥用所在国司法程序，逃避被引渡、遣返，从而影响资产追回的效果；在法律层面，应研究如何消除请求国和被请求国之间存在的法律障碍，各国都以积极、灵活、务实的态度对待查找、追踪及返还腐败资产问题，减少腐败犯罪分子利用各国法律规定的差异钻空子、导致资产难以追回的情况发生。

中国政府一贯主张缔约国在相互尊重主权和平等互利基础上，在预防和追查腐败犯罪、追缴非法转移资产方面加强国际合作与交流。中方愿就此与各国一道共同努力，为促进世界各国的经济社会发展创造良好的法制环境。

谢谢主席女士。

中国代表段洁龙在第62届联大六委关于“国际法委员会第59届会议工作报告”议题的发言（二）

（2007年11月1日）

主席先生：

中国代表团感谢本届国际法委员会主席伊恩·布朗利先生就国际法委员会工作所作的介绍。我们对本届国际法委员会在伊恩·布朗利先生的领导下所取得的成绩表示祝贺。下面我想就三个专题发表评论。

一、关于对条约的保留

第59届国际法委员会审议了特别报告员阿兰·佩莱先生提交的第11次和第12次报告，并暂时通过了有关禁止保留的9条准则草案及其评注。我们对阿兰·佩莱先生的出色工作表示赞赏。下面我愿作些评论。

（一）关于9条禁止保留的准则草案及其评注。

中国代表团认为，有关禁止保留的准则应在维护国家对条约保留的自由与保证条约的完整性和普遍适用性之间取得合理的平衡，同时必须符合1969年和1986年两个《维也纳条约法公约》的有关规定。

1. 我们赞同准则草案将保留是否符合条约的目的和宗旨作为判断条约保留有效性（或保留是否被允许）的基本准则，认为准则草案 3.1.5（保留与条约的目的和宗旨不符）与 3.1.6（条约的目的和宗旨的确定）基本反映了 1969 年和 1986 年两个维也纳条约法公约有关规定。但我们认为，在界定条约的目的和宗旨时，除了确立一般标准外，还应根据各类条约的不同情况具体分析。

2. 我们认为，所有条约都应遵循保留是否符合条约的目的和宗旨的标准，准则草案将对一般人权条约的保留（准则草案 3.1.12）和对争端解决或监测条约实施情况条约的保留（3.1.13）分离出来，采取不同标准，易引起混乱，建议删去上述有关规定。如认为上述规定确有必要，可考虑在准则草案的评注中加以说明。

3. 我们认为，不宜将含混笼统的保留（准则草案 3.1.7）、违反强行法规则的保留（3.1.9）、对不可克减权利条款的保留（3.1.10）作为单独规则。因为违反强行法规则的保留一般与条约的目的和宗旨相悖，原则上可作为与条约目的和宗旨不符的证据之一。含混笼统的保留（准则草案 3.1.7）与对不可克减权利条款的保留（3.1.10）并非当然构成违反条约的目的和宗旨，应结合具体情况加以判断，这两种情况原则上可作为判断与条约目的和宗旨不符的参考因素。

4. 准则草案允许国家或国际组织对反映习惯规范的条约提出保留（3.1.8），但不影响该习惯规范的约束性。我们认为，反映习惯规范的条约作为条约的一种，其保留的标准不能偏离对条约保留的一般准则，同样不得提出与条约宗旨不符的保留，建议准则对此作出规定。同时，我们理解，对反映习惯规范的条约的保留不影响该习惯规范在作出保留的国家或国际组织与该条约缔约方以外的国家或国际组织之间继续适用，但排除该习惯规范在作出保留的国家或国际组织与该条约的其他缔约方（包括国家或国际组织）之间继续适用。

5. 我们注意到，准则草案允许国家或国际组织根据国内法或该组织章程提出不违背条约的目的和宗旨的保留（3.1.11），我们强调，提出此类保留应以不违反其承担的国际义务为条件，还必须遵循1969年《维也纳条约法公约》第27条有关国家或国际组织不得援引国内法的规定或国际组织的规则作为不履行条约的理由的规定。

（二）关于第11次报告提出的准则草案。

我们认为，特别报告员第11次报告提出的有关准则草案对条约保留的实践具有重要的参考价值。我愿就此作一点初步评论。

准则草案2.6.3规定，国家或国际组织对一项保留有提出反对保留的自由，无论理由为何。我们认为，提出反对保留的行为也属于缔约行为，应符合缔结条约的一般法律规定，包括符合一般国际法和《维也纳条约法公约》规定的实质要件和程序要件。因此，建议对该条准则中“无论如何”改为“但以符合本准则和国际法为限”。

二、关于共享的自然资源

国际法委员会在今年第59届会议上审议了特别报告员就本专题提交的第四次报告。我们对特别报告员山田中正先生的出色工作表示赞赏。同时，我愿对其中两个问题发表简短评论。

（一）关于《跨界含水层法条款草案》。

关于58届委员会一读通过的19条“跨界含水层法条款草案”及其评注，我国代表团在去年联大六委关于本议题的讨论中已作了详细评论，我们的立场没有变化。

对于该专题的成果最终形式，中国代表团建议考虑采取不具有法律约束力的原则或宣言等文件形式。我们认为目前制定有关国际条约的条件尚不成熟。

（二）关于是否研究跨界石油和天然气资源问题。

中国代表团认为，对跨界石油和天然气开发和利用的法律规则涉及国家对其自然资源的永久主权问题，也涉及复杂的法律和技术问题。目前各国对委员会是否开始研究此问题存在很大分歧，我们建议委员会在进一步征求各国意见的基础上再决定是否开展此项研究。

三、关于或引渡或起诉的义务

国际法委员会在今年第59届会议上审议了特别报告员就“或引渡或起诉义务”专题提交的第二次报告，包括提出了1条条款草案。我们对特别报告员加利茨基先生的出色工作表示赞赏。下面，我愿就几个问题作些评论。

（一）中国代表认为，或引渡或起诉义务的适用不能损害国家的司法管辖权，也不应影响国家官员的刑事司法管辖豁免。

（二）关于或引渡或起诉义务的适用范围，条款草案第1条规定，本条款草案适用于国家引渡或起诉在其管辖之下的个人的待择义务的确立、内容、运作和效果。中国代表团原则赞同条款草案提出的引渡或起诉义务的待择性质，即可由国家选择引渡或起诉。对由其他国际司法机构管辖的所谓第三种选择，我们持谨慎态度。但我们认为，应对国家待择义务作出必要的限制，建议条款草案规定国家在选择引渡或起诉时，应遵循有关管辖权优先顺序的规定，如应确保犯罪发生地国、犯罪嫌疑人所属国等优先行使管辖权。

同时，建议澄清条款草案第1条中有关国家引渡或起诉在其管辖下的个人的规定中的“管辖”的含义。我们理解，上述管辖应为国家的领土管辖或实际控制，而不包括国家对在其领土外的个人基于属人管辖原则、保护性管辖原则或普遍性管辖原则而享有的域外管辖权的情况，因为或引渡或起诉的义务是以国家拥有对某人的实际管辖或控制为条件的。鉴此，建议将条款草案第1条中的“管辖”改为“领土内或实际管辖或控制”，或在评注中作相应说明。

（三）关于引渡或起诉义务的性质，中国代表团认为，或引渡或起诉义务主要是一项条约义务，国家承担此项义务主要基于条约的规定。但如或引渡或起诉义务所适用的罪行本身是国际社会公认的习惯法中的犯罪时，或引渡或起诉的义务也可能成为习惯国际法下的义务。

（四）关于或引渡或起诉义务所涵盖的罪行，中国代表团认为，重点应是国际法确认的危害国际社会共同利益的国际犯罪和跨国犯罪，以及国内法规定的危害国家和公共利益的严重犯罪。可考虑在条款草案中规定一个开放式的犯罪清单。

（五）中国代表团认为，本专题的核心问题是国家引渡义务和起诉义务的条件，建议研究各国引渡法规定禁止引渡的条件以及各国刑事诉讼法的规定起诉条件是否适用，以及是否有必要确立一个共同的引渡或起诉的标准。建议进一步研究该义务与其他国际法规则的关系，包括与普遍性管辖权的关系。

谢谢主席先生。

中国代表刘振民在第62届联大期间亚非法协法律顾问会议上的发言

（2007年11月5日）

主席先生：

我很高兴看到你主持此次会议。

今年7月，亚非法协在美丽的南非开普敦召开了第46届年会，讨论了反腐败、反恐、海洋法、国际法委员会的工作、打击贩运妇女儿童等重要问题，还举办了相关的专家会议。这些问题是国际社会近年十分重视的问题，也是联合国正在审议的重要议题。这再次表明，亚非法协一直关注国际法领域的最新发展，致力于深入研究成员国共同关注的国际法问题。亚非法协已成为在国际法领域具有独特影响的国际组织。

在当今国际形势下，国际社会既迎来了机遇，也面临着挑战。同样，大多数亚非国家经济、社会、发展状况相似，有极大的发展空间和机遇，也面对很大的困难及挑战。

我们主张，各国应该共同把握机遇，应对挑战，努力把我们的世界建设成一个持久和平、共同繁荣的和谐世界，一个互利合作、开放包容的世界。而亚非国家是当今国际事务中的重要力量。亚非法协作为亚非国家的一个重要论坛和平台，应该加以充分利用，通过在国际法领域的交流合作，进一步增强成员国间的共识，以扩大他们在国际事务中的作用。亚非法协今后的工作可以考虑向更深角度发展，即：在关注国际法新发展的基础上，抓住各方最为关切、且对亚非国家最利益攸关的问题进行深入研究，以为亚非国家提供更好、更快的建议和服务。

中国政府重视亚非法协，高度赞赏其所发挥的作用，将继续支持其工作，为加强亚非法协的作用和扩大亚非法协在国际事务中的影响作出贡献。我们也相信，亚非各国人民将会继续保持良好合作，为实现我们的目标作出努力。

谢谢主席先生。

中国代表张丹在第62届联大三委审议人权理事会报告（议题65）时的发言

（2007年11月5日，纽约）

主席先生：

我首先感谢人权理事会主席对理事会报告的介绍。

一年前，我们决定建立人权理事会以取代声誉不佳的原人权委员会。一年来，在各方积极努力下，人权理事会较顺利地渡过过渡期。在致力于促进和保护人权的同时，集中精力完成了建章立制工作。

理事会一年来的最大成绩是以协商一致方式通过了建章立制一揽子方案。该方案是各国经过长时间艰苦磋商而达成，是各方妥协的产物，最大限度地反映了各方共识。虽然方案并不完美，也不可能令任何一方完全满意，但它凝结着我们一年来的辛苦努力。中方积极参加了相关磋商，并为推动达成协商一致显示了最大程度的灵活性，发挥了建设性作用。我们希望本届联大能协商一致通过该方案，为理事会正式开展实质性工作打下基础。

从理事会短短一年的运作来看，它也面临着巨大挑战。各国必须谨记，以客观、普遍、平等和非选择性原则处理人权问题，坚持对话与合作精神，是理事会避免重蹈原人权委员会覆辙的基本前提，也是其获得国际社会信任的根本保证。

普遍定期审议是理事会新建的重要机制，其目标是以客观、平等和非选择性方式审议各国人权状况，以成为各国人权对话与合作的重要平台。普遍定期审议将承担起国别人权审议的重要功能，因此，提出国别人权提案应慎之又慎。如确有必要，提案应尊重有关国家所在地区组意见，力求获得尽可能广泛的支持，相关结果应争取协商一致通过。

主席先生，

理事会即将开始正常运作，它的前途和声誉完全掌握在我们手中。一个免除政治化操控，并以客观、公正、平等的原则真正致力于促进和保护人权的人权理事会，是各国的期待，更是国际人权事业的希望所在。我们希望人权理事会不辜负众望，承担起这一光荣的历史使命。

谢谢主席先生。

中国代表刘振民在第62届联大二委关于议题57（a）和57（b）的发言

（2007年11月6日）

主席女士：

中国代表团赞赏秘书长为议题57（a）和57（b）提交的报告，感谢迪亚拉副秘书长为上述议题所作的介绍，支持巴基斯坦代表“77国集团和中国”所作的发言。

主席女士，

无论是最不发达国家，还是内陆发展中国家，它们都是发展中国家。这些国家的发展，不仅关系到它们自身的发展，而且影响到发展中国家的整体发展。它们深受经济全球化的影响，也面临着全球化带来的巨大挑战。为了人类的共同发展，国际社会有责任为这些国家提供更多的帮助。

主席女士，

近年来，最不发达国家积极谋求自身发展，经济保持持续增长，各项社会指标逐步改善。2006 年，最不发达国家的总体经济增长率接近 7%。但是，最不发达国家在世界经济体系中的弱势地位并未根本改变。2006 年，最不发达国家的商品贸易额仅占世界总额的 0.83%，服务贸易额仅占世界总额的 0.46%。它们在经济全球化进程中面临的挑战有增无减，可持续发展依然困难重重。

切实履行《2001－2010 十年期支援最不发达国家行动纲领》（下称《行动纲领》），是国际社会义不容辞的责任。去年 9 月举行的《行动纲领》执行情况中期审评，对《行动纲领》中七项具体承诺的如期履行有着重要的指导意义。今年 7 月举行的最不发达国家部长级会议，进一步体现了最不发达国家奋发图强的努力和决心。今后三年是《行动纲领》各项目标实现的关键时期，国际社会特别是发达国家，应不断加强发展伙伴关系，尽快变意愿为行动，化承诺为成果。中方呼吁各国特别是发达国家，进一步改善最不发达国家的市场准入条件，切实增加官方发展援助，不断扩大资金和技术支持。发达国家应尽快落实在 2008 年前给予最不发达国家至少占全部税号 97% 的产品免关税、免配额待遇的承诺，尽早将国民总收入的 0.15－0.2% 用作对最不发达国家的官方发展援助。同时，国际社会在审议最不发达国家毕业问题时，应充分考虑经济脆弱性指数这一关系到最不发达国家可持续发展的重要指标。

主席女士，

中国政府坚定不移地支持最不发达国家的发展，尽其所能向最不发达国家提供各项援助，全面深入履行《行动纲领》各项承诺。2006年，中国免除了与中国有外交关系的所有非洲的最不发达国家截至2005年到期的政府无息贷款债务，将上述国家的输华产品零关税待遇受惠范围由190个税目扩大到454个。今后三年内，中国将实现2009年对非洲国家的援助规模比2006年翻番，设立最终规模达50亿美元的中非发展基金，帮助非洲国家培训15000名各类人才，援建大批基础设施和社会公益项目。今后，中国愿进一步与最不发达国家分享发展经验，向它们转让技术，与它们加深经贸合作，为最不发达国家的社会经济发展作出更大贡献。

主席女士，

内陆发展中国家在经济全球化进程中面临着特殊的困难。由于地理位置偏僻，基础设施欠缺，运输效率低下，贸易成本过高，内陆发展中国家难以有效参与国际贸易并从中获益。2006年，内陆发展中国家的出口和进口分别仅占世界总额的0.76%和0.74%。

帮助内陆发展中国家降低贸易成本、实现可持续发展，是国际社会的广泛共识和共同责任。2003年通过的《阿拉木图行动纲领》，明确了支持内陆发展中国家的优先领域和特定目标，体现了国际社会帮助内陆发展中国家的坚定政治承诺和具体行动计划。明年召开的《阿拉木图行动纲领》执行情况中期审评，将是国际社会共同帮助内陆发展中国家发展的重要契机。我们希望有关各方共同努力，继续发扬《行动纲领》体现的全球伙伴精神，深入讨论内陆发展中国家面临的困难和挑战，全面落实《行动纲领》中的各项承诺，系统评估《行动纲领》的执行情况，全面规划未来的合作重点，以推动《行动纲领》各项承诺的落实。

主席女士，

中国中西部的大部分地区也具有内陆的特性，因此我们十分理解内陆发展中国家的关切，积极参与过境运输合作。中国政府为推动与周边内陆发展中国家的合作作出了巨大努力。中国加入了《大湄公河区域便利运输协定》，与哈萨克斯坦、蒙古等周边内陆发展中国家签署了双边过境运输协定，积极参与《中蒙俄过境运输协定》谈判，支持兴建中国—吉尔吉斯斯坦—乌兹别克斯坦公路等跨国运输通道，援建昆明至曼谷公路老挝境内路段的工程建设，帮助尼泊尔等国加强口岸建设。此外，中国政府积极推进与周边内陆发展中国家的贸易便利化工作，多次举办面向周边内陆发展中国家的海关物流等领域的人员培训，不断提高过境运输效率，简化通关手续。今后，中国政府将继续本着“平等协商、互利互惠、共同发展”的原则，全面履行《阿拉木图行动纲领》各项承诺，大力支持内陆发展中国家的发展。

谢谢主席女士。

中国代表刘玉印在第62届联大关于议题58“消除贫穷和其他发展问题”的发言

（2007年11月6日）

主席女士：

中国代表团感谢秘书长就该议题提出的报告。支持巴基斯坦代表“77国集团和中国”所作的发言。

主席女士，

贫困问题是当今人类面临的最严峻挑战之一。联合国第一个消除贫困十年以来，各国政府和相关国际组织加强了减贫领域的合作，取得了积极的进展。减贫成为全球首脑会议和各种会议的支配性主题。各国政府承诺消除贫穷，并将此视为人类必须履行的道义、社会、政治和经济责任。截至 2007 年 1 月，已经有 64 个国家提交了有关《减贫战略文件》的文件。全世界贫困人口总数有了一定的下降。

但是，我们必须看到，世界绝对贫困人口数量依然巨大，特别是撒哈拉以南非洲国家，实现千年发展目标到 2015 年贫困人口减半的目标仍面临巨大的困难。从总体来看，全球减贫事业仍任重而道远。因此，中方认为，联合国第一个消除贫困十年的结束，不代表减贫事业也随之结束。国际社会应在联合国第一个消除贫困十年取得的成就的基础上，加大投入，更上一层楼。为此，并结合自身的减贫实践，中方认为：

第一，经济增长是消除贫困的关键。发展是硬道理。没有经济的持续、快速增长，消除贫困就没有动力与源泉。对发展中国家而言，最重要的是发展经济，通过经济发展给贫困人口脱贫创造机会。

第二，应注意提高贫困者的自我发展能力。贫困者最缺乏的是资源和机会，应大力提供资源，创造机会，充分发挥贫困人口的主动性和创造性，以加快减贫进程并有效防止脱贫后返贫。

第三，和谐、统一的社会建设是消除贫困的保障。要采取措施，充分调动企业、民间社会、妇女和青年等社会各界的积极性，把消除贫困作为促进社会正义与公平的重要举措，形成全社会共同参与扶贫的局面。

第四，国际社会的通力合作是消除贫困的重要途径。各方均应共同行动，落实千年发展目标和《蒙特雷共识》的承诺。发展中国家要坚持自力更生，充分发挥全体人民的聪明才智和创造力，努力改变贫穷落后的面貌；发达国家有义务和责任向发展中国家提供足够的资金和其他形式的援助，支持发展中国家实现减贫战略。联合国和世界银行等国际组织应采取切实行动，多做贡献。

主席女士，

消除贫困和实现全体人民共同富裕，是中国政府始终不渝的宗旨和工作重点。中国政府坚持把扶贫开发纳入各级政府重要议事日程，动员和组织各方面社会力量，参与贫困地区的开发建设，鼓励和支持贫困群众在政府和社会各界帮助下，艰苦奋斗，依靠自身努力改变落后面貌，同时，按照科学发展观的要求，全方位治理贫困，把自然资源开发和人力资源开发结合起来，把扶贫开发与生态环境保护建设结合起来。在这条符合中国国情的扶贫开发思路的指引下，中国减贫事业取得了举世瞩目的成就。农村绝对贫困人口由 1978 年的 2.5 亿减少至 2006 年的 2148 万。贫困发生率从 30.7% 下降到 2.3%。低收入人口从 2000 年的 6213 万减少到 2006 年的 3550 万，低收入人口占农村人口比例从 6.7% 下降到 3.7%。

主席女士，

中国扶贫开发为世界减贫作出了重要贡献。一方面，中国提前实现了联合国千年发展目标中使贫困人口比例减半的目标；另一方面，中国积极参与国际扶贫行动，努力推动南南合作，在力所能及的范围内，逐步增加对其他发展中国家的发展援助，设立了“中国减贫与区域合作基金”，成立了中国国际扶贫中心，并以此为重要平台，积极开展国际减贫培训、交流和研究，累计为 58 个国家培训了 191 名中高级扶贫官员，先后组织了 7 次国际扶贫交流会议，为国际减贫事业作出自己的贡献。

主席女士，

消除贫困、实现富裕，是人类梦寐以求的理想，是所有国家和国际社会的神圣责任。中国政府愿同各国和国际机构一道，为了创造一个没有贫困、共同富裕的美好世界而不懈努力。

谢谢主席女士。

中国代表王光亚在安理会关于“区域及次区域组织在维护国际和平与安全方面的作用”公开辩论会上的发言

（2007年11月6日）

主席先生：

我谨代表中国代表团欢迎你专程前来纽约主持此次重要的辩论会。我也欢迎与会的各区域、次区域组织的代表。

主席先生，

当今世界正经历着复杂而深刻的变化。我们不仅面临领土争议、武装冲突等传统安全问题，也面临着恐怖主义、毒品泛滥、疾病蔓延、气候变化等非传统安全挑战。有效应对这些跨国、跨区域挑战，任何国家或国际组织都难以独立完成，必需大力推进多边主义，充分发挥并加强联合国与区域、次区域组织的协商与合作。

近年来，区域和次区域组织在预防和解决冲突、推动战后重建、打击恐怖主义、缓解人道危机等方面扮演着日益重要的角色。中方坚定支持联合国深化与区域、次区域组织合作，为维护国际和平与安全发挥作用。在此，我愿着重谈以下四点：

第一，发挥区域组织在维护国际和平与安全方面的作用，应继续以《联合国宪章》（下称《宪章》）为指导。《宪章》规定，安理会在维护国际和平与安全方面负有首要责任，是国际集体安全机制的核心。区域组织须在安理会授权下采取强制性行动。同时，《宪章》第八章指出，安理会应鼓励区域组织采取和平手段解决地区争端。中方认为，今后应继续以此为依据，支持区域、次区域组织在维护国际和平与安全方面发挥作用。

第二，要进一步加强联合国与区域、次区域组织间的沟通与协作。热点问题的普遍特点是成因复杂、解决困难。有效解决问题的钥匙往往在联合国与区域、次区域组织互动合作进程中出现。2005年世界首脑会议成果文件指出，认识到区域组织为国际和平与安全所作贡献，支持联合国根据《宪章》与区域组织建立更紧密的联系。2006年11月联合国与非盟签署的《加强联合国与非盟合作宣言》，开启了联合国与区域组织合作的新渠道。我们希望，此类合作能够进一步得到加强，并继续深化业已确定的合作领域。

第三，联合国应继续积极向非盟等区域、次区域组织提供帮助，加强其能力建设。在安理会议程上，非洲问题占据了大半。为解决地区冲突、实现战后重建，非盟、西非经济共同体等付出了艰苦的努力，但囿于资源有限，难以充分发挥其独特优势。安理会今年7月通过第1769号决议，决定在苏丹达尔富尔地区实施联合国/非盟“混合行动”，由联合国提供主要资源，与非盟共同部署维和行动。这创立了联合国加强非盟能力建设的一种新模式，值得国际社会加以总结和推广。

第四，鼓励区域、次区域组织进一步发挥作用。事实证明，由于地域和文化等方面的优势，区域、次区域组织在解决地区冲突时可以发挥独特的、甚至是不可替代的作用。对于安理会议程之上的问题，安理会在积极加以应对的同时，要鼓励区域组织提供建设性帮助；对那些没有对国际和平与安全构成威胁的问题，则更应充分调动区域、次区域组织的积极性，鼓励其同当事国进行沟通、协调，使问题在区域层面得到解决。

作为亚太地区最重要的区域组织之一，东盟为维护本地区和平与安全作出了不懈努力。东盟与中、日、韩“10+3”合作在促进地区和平与稳定方面的作用日趋重要。中方坚定支持东盟在地区热点问题上进一步发挥领导作用，愿尽力予以支持和配合。

上海合作组织正逐渐成为促进地区安全、稳定和发展的重要平台。中方支持其在打击恐怖主义、稳定地区局势等方面发挥积极作用。

主席先生，

建设持久和平、共同繁荣的和谐世界，需要国际社会共同努力。我相信，随着时间的推移，区域和次区域组织作为国际社会的重要组成部分，将为维护国际和平与安全发挥更大作用。

最后，中方感谢印度尼西亚代表团起草的声明草案，支持安理会通过该项声明。

中国代表李保东在万国邮联行政理事会招待会上的讲话

（2007年11月7日）

尊敬的邮联行政理事会主席马代斯库先生，

经营理事会主席麦克尔·里根先生，

邮联国际局总局长爱德华·达扬先生，
尊敬的各位代表，女士们、先生们：

欢迎各位出席中国代表团招待会，希望这次招待会能为大家在紧张的会议之余，提供一个畅叙友情的机会。

万国邮联有着133年的悠久历史，是成员国最多的联合国专门机构之一。一个多世纪以来，邮联就像一条纽带，将世界各国紧紧联在一起，交换信息、沟通情感，对人类社会的和谐发展起到了重要的推动作用。当今世界，经济一体化不断深入，信息通信技术日新月异，邮政也迎来了新的发展机遇，日益焕发出勃勃生机。

中国政府重视邮政事业，积极参与邮联框架下的国际邮政合作。1999年，第22届万国邮联大会在北京成功举办，这是中国参与国际邮政合作的里程碑。那届大会在国际上影响深远，在国内也成为社会关注的焦点。邮联大会的广告牌就矗立在外交部对面，每天上班我都会看到它，这一幕我至今记忆犹新。因此，今天与各位朋友见面，感到十分高兴和亲切。

继1999年邮联大会后，中国认真履行了行政理事会主席国职责，多次在华举办邮政国际会议，积极响应邮联呼吁，向发展中国家和遭受自然灾害的国家提供了援助。中国愿加强与邮联国际局和成员国的合作，共同推动邮政事业不断向前。

2004年，来自中国的黄国忠先生当选为邮联国际局副总局长，标志着中国参与邮联工作进入了新时期。三年来，他凭借丰富的邮政业务知识，卓越的组织管理才能和奉献邮政的满腔热情，在工作中不断取得成绩，受到了各国邮政同行的广泛赞誉。

为了继续服务于国际邮政事业，中国政府决定，提名黄先生在2008年邮联大会上竞选连任国际局副总局长。相信他一定会加倍努力，发扬邮联团结一致的优良传统，推动邮联改革，促进邮联技术合作，为世界邮政事业的发展作出新的贡献。希望各位支持中国政府，支持黄先生。

谢谢大家！

中国代表张丹在第62届联大三委关于反种族主义（议题68）和民族自决权（议题69）的发言

（2007年11月7日）

主席先生：

中国代表团完全赞同巴基斯坦代表“77国集团和中国”的发言。我们感谢秘书长向本届联大提交的报告，也感谢反对种族主义、种族歧视、仇外心理和有关不容忍行为特别报告员所作介绍。

中国代表团认为，种族主义构成对人权的严重侵犯，是歧视、贫困和武装冲突的根源之一，是国际社会面临的共同挑战。迄今，联合国已举行了三次反对种族主义世界大会，连续发起了三个“向种族主义斗争十年”。2001年世界反对种族主义大会通过的《德班宣言和行动纲领》是当前国际社会打击种族主义的纲领性文件。中国支持联大在2009年启动“《德班宣言及行动纲领》回顾审查（Durban Review Process）”。这不仅有助于国际社会进一步明确目标，找出差距，加强行动协调，而且有助于关注和解决新近出现的现代形式的种族主义和种族歧视。我们呼吁各方积极参与有关筹备进程。

种族主义是社会的毒瘤，应坚决加以遏制并彻底根除。中国代表团注意到特别报告员在他的报告中对当代形式的种族主义及其危害的进一步分析。中国代表团对此表示赞赏，呼吁国际社会充分重视这一问题，拿出勇气和魄力，为彻底根除种族主义采取切实、有效措施。根除种族主义是一个复杂的过程，既需要各国自身的努力，也应加强国际合作，同时应重视向发展中国家提供资金和技术援助，帮助发展中国家解决贫困和发展问题。

主席先生，

民族自决权是一项重要的人权，是各国人民反对外来侵略，维护国家主权、独立和人民尊严的一项庄严的政治权利。我们呼吁国际社会全面遵守《联合国宪章》和有关国际法原则，充分保护和促进民族自决权，推动和平、发展与人权的和谐进步。为此，中国代表团支持巴勒斯坦人民为实现民族自决权而进行的不懈斗争，希望国际社会发挥更加积极的作用，全面、公正地解决巴勒斯坦问题，早日实现中东地区的持久和平与稳定。

谢谢主席先生。

中国代表白永洁在第62届联大关于议题61："建立全球伙伴关系"的发言

（2007年11月8日）

主席女士：

中国代表团感谢秘书长关于该议题的报告，它使我们对近两年联合国同相关伙伴尤其是与私营部门的合作关系的最新进展有了比较全面的了解。中国代表团支持巴基斯坦代表77国集团加中国的发言。

主席女士，

随着经济全球化进一步深入发展，世界上许多紧迫问题相互联系，十分复杂，任何国家和部门都无法单独应对。建立全球伙伴关系、汇集各领域、各行业的力量，推动共同发展，已经成为国际社会的共识。私营部门作为全球化中最活跃的力量之一，在全球事务特别是发展事务中可以发挥重要的补充作用，受到普遍重视。与私营部门建立伙伴关系成为近年来发展最快的领域之一。国际社会积极采取行动探讨合作机制，拓展伙伴关系，为实现千年发展目标作出了贡献。在此，中国代表团愿强调以下几点：

第一，应坚持以实现国际商定发展目标为主要目的。私营部门与各国政府和联合国的宗旨并不相同，应通过建立伙伴关系，将私营部门纳入推进联合国目标特别是发展目标的轨道上来。可以继续通过形式多样的自愿行动，调动私营部门的积极性，鼓励其多作贡献。

第二，伙伴关系应既保持灵活性，又有序发展。联合国与私营部门建立伙伴关系是在实践中逐步发展的，各机构在做法上有所不同，今后可继续灵活掌握，根据需要确定伙伴关系的层次和类型。与此同时，应注意与私营部门伙伴关系是政府间活动的补充，在私营部门参与联合国的一些活动和会议问题上，应保持与成员国的沟通，并遵守联合国有关程序和规则。我们希望在《联合国和企业界合作的准则》修订过程中广泛听取成员国意见，使联合国与私营部门发展伙伴关系规范化。中方赞同通过加强培训、加强与私营部门交往的战略规划等方法扩展有效的伙伴关系。

第三，应发挥联合国的主导作用。秘书长报告明确提出，在与私营部门的合作中，要提高其有效性、增强其责任，确保联合国在这些伙伴关系中的廉正和品牌。我们对此表示赞同。伙伴关系种类繁多、成效有别，联合国应加强对相关伙伴关系的研究，给予适当引导并进行评估和监督，进一步发挥统筹协调作用。考虑到伙伴关系各不相同，我们欢迎交流经验和最佳做法，以不断总结经验教训，改进工作。

主席女士，

“全球契约”是联合国与企业界和非政府组织加强合作的有益尝试。启动七年来，“全球契约”所倡导的理念已深入人心，我们对其取得的成绩表示赞赏。今年7月在日内瓦举行的“全球契约”领导人峰会取得了积极成果，受到各方的肯定。希望各方进一步总结经验，拓展合作，鼓励更多企业自愿参与，承担企业社会责任。我们支持“全球契约”办公室在保持其独特地位和工作方法的同时，加强与联合国各相关部门的联系与合作，同时理顺联合国系统内从事与私营部门伙伴关系部门的关系。

主席女士，

中国重视伙伴关系在促进发展方面的作用，对建立与私营部门的伙伴关系持积极态度。在国家层面，中国政府重视调动全社会力量，包括企业界参与可持续发展。在国际层面，中国政府积极与包括各国政府、国际组织、私营部门、民间团体在内的国际社会各伙伴开展多边、双边合作。这些伙伴关系为中国实现和谐发展和可持续发展提供了有力支持。中国政府愿继续与各方密切合作，为落实千年发展目标而共同努力。

谢谢主席女士。

中国代表柯友生在第62届联大三委关于难民问题（议题42）的发言

（2007年11月8日）

主席先生：

中国代表团愿就难民高专报告发表如下评论：

自2000年以来，全球难民人数首次出现大幅上升，中方对此表示关注。当全球长期流离失所情形（global situations of protracted displacement）还未根本好转时，内战和地区冲突又产生了新的难民群，全球难民总数接近1000万。中国政府遗憾地注意到，去年接受难民署协助的难民人数较2005年减少了3%，仅占难民总人数的45%。我们希望，在认真分析接受保护的难民人数下降的原因的基础上，难民署在今后的工作中，明确提高难民保护比例的战略和措施，通过与各国的有效合作和沟通，切实加大对全球难民的保护。

在难民人数上涨的同时，2006年年底国内流离失所人员（IDP）数目高达约2000万，引起国际社会关注。难民署在联合国各人道救援机构、其他国际援助机构和团体组成的国内流离失所人员保护和援助机制中发挥集群领导（cluster lead）作用，我们对此表示赞赏。我们希望难民署介入IDP的活动严格遵守有关联大决议，同时鼓励难民署在保护国内流离失所人员的同时，继续开展实时评估，确保对国内流离失所人员的保护不影响难民署保护难民的核心职责。

主席先生，

非正常的人员混合流动给难民国际保护体制带来前所未有的挑战。中国政府欢迎难民署积极应对上述挑战。继去年难民署提出“应对混合移民流动：10点行动计划”（Addressing Mixed Migratory Movement, A 10 – Point Plan of Action）以来，今年难民高专又呼吁成立“保护的挑战对话”（Dialogue on protection challenges），并拟在年底举办首次对话会议，讨论难民在移民潮中有效保护的问题。中国政府欢迎难民署为确保真正符合条件的难民得到及时、有效的保护所作的上述努力。此外，中国政府认为，切实提高难民保护的效率，还应采取有效措施，防止各类违法流动人员和犯罪分子滥用庇护体制。我们呼吁，各有关方面严守难民公约，防止难民保护体制被滥用。

主席先生，

难民高专发起的“体制和管理改革进程”（Structural and management change process）在过去一年继续开展并取得阶段性成果。中国政府一如既往地支持难民署为提高保护效率、减少行政开支所作的努力，希望这一改革在透明和广泛磋商的基础上顺利推进，使难民署能更为有效地应对新时期的难民问题，从而使全球难民真正受益。

特别需要指出的是，发展中国家在庇护难民方面承受沉重负担，发展中国家庇护了全球四分之三的难民，为解决难民问题作出巨大贡献。非洲、亚洲和中东的许多发展中国家，因为接收大规模的难民群而承受沉重的经济、社会负担。我们认为，国际社会，尤其是难民署和发达国家有责任采取进一步措施，切实帮助发展中国家加强综合能力建设，以“国际团结、负担分担”的精神，寻求难民问题的持久解决。

主席先生，

中国重视并积极参与难民领域的合作交流，认真履行国际义务。中国政府与难民署保持着良好的合作关系，中方愿与难民署和有关各方继续合作，促进全球难民保护事业的发展。

谢谢主席先生。

中国代表王光亚在第62届联大关于安理会报告与安理会改革联合辩论时的发言

（2007年11月12日）

主席先生：

安理会是《联合国宪章》规定的维护国际和平与安全的主要机构。一年来，安理会在解决地区热点、维护区域稳定、帮助有关国家战后重建、防止大规模杀伤性武器扩散等方面继续作出积极努力，也取得不俗的成效。中国代表团对此深感鼓舞。安理会在履行自身职责的同时，不断探索改进工作，增强工作透明度、加强与其他有关各方的沟通与互动。我相信安理会在此方面将继续全力以赴。

中国作为今年7月安理会轮值主席，负责撰写了安理会年度报告前言部分（Introduction Part）。安理会其他成员在吸收以往经验基础上，就该部分提出了很多建议，并最终达成共识。我们希望报告能准确、充实、平衡地反映安理会工作。当然，安理会工作仍有很大改进余地。中方愿与其他各方一道，继续就此作出努力，推动安理会更好履行《联合国宪章》赋予的职责。

主席先生，

2005年世界首脑会议结束以来，在广大会员国共同努力下，联合国总体改革取得了一系列积极进展。安理会改革作为联合国改革的重要组成部分，一直受到各方高度关注，也面临各种各样的复杂困难。令人欣慰的是，在各方共同关注与期待下，上届联大关于安理会改革的讨论也出现了一些新的积极发展势头。

首先，安理会既需要增强代表性，也需要改善工作方法，已成为全体会员国的政治共识。安理会改革问题如实现“软着陆”，进一步取得积极成果，将为广大会员国提高对联合国的凝聚力、增强多边机制的有效性提供契机。

第二，在坚持各自既有立场的前提下，大多数成员对推动进程的态度趋向务实。正如上届联大主席任命的5名协调员在其报告中所言，相当多的会员国表现出愿探讨可行的折衷办法的灵活性，并认为任何方案应得到尽可能广泛的政治支持。与两年前相比，各方在安理会改革问题上寻求协商、务实合作的一面在上升。

第三，联大全会协商一致通过了安理会改革工作组（OEWG）报告，既核准工作组继续开展工作，又同意就安理会改革举行政府间谈判。5名协调员提交的报告对各方立场及取得进展的可能性进行了有益的总结，提出了一些有价值的建议。这些探索为今后各方进一步的协商拓宽了思路。

之所以取得上述进展，广大会员国的政治意愿是基础，上届联大主席哈亚女士发挥的重要作用亦不容忽视。中方赞赏哈亚女士及其任命的协调员坚持以建设性方式处理安理会改革问题，通过与各方广泛协商，在照顾各方关切的基础上，寻求共识。这作为讨论安理会改革的重要经验，应继续得以发扬。

主席先生，

安理会改革牵涉所有会员国重大利益，能取得上述进展实属不易。各方应倍加珍惜目前的积极势头，继续展现灵活性，保持建设性协商，争取就安理会改革具体方案达成广泛共识。中方对举行政府间谈判持开放态度，同时认为，启动谈判是进程的第一步，为帮助谈判尽快取得成果，应尽快明确谈判的基本框架和内容，解决谈什么、如何谈等问题。

中方认为，安理会改革工作组作为192个会员国均参与的开放性平台，应在未来谈判中发挥作用。这样可确保谈判的公开性、包容性及所有成员的平等参与。关于谈判基础，各方应在充分协商的基础上，首先就此达成共识。只有基础牢固，高楼大厦才能建成。

总之，多年来的实践证明，安理会改革问题十分敏感、复杂。要取得实际进展，需要各方拿出新思维、新举措，在现有良性互动基础上，通过协商以求最广泛共识。我们呼吁所有各方均能从维护会员国团结的大局出发，切实表现出政治诚意，采取实际举措，相向而行，同时避免采取可能使局势复杂化的举动，以为下一步谈判创造良好政治气氛。

主席先生，

中国始终支持安理会进行必要、合理的改革，也愿与各方共同努力，继续探讨安理会改革的合适方案与途径。我们也支持安理会继续改进工作方法，提高效率、改善决策程序，更好地反映广大会员国的声音。我愿再次重申，安理会改革必须兼顾各方利益和关切，重点增加发展中国家，特别是非洲国家的代表性。任何不能解决非洲在安理会代表性的方案，都很难得到各方认同，也无法获得中方支持。这是中方关于安理会改革的重要原则之一。

谢谢主席先生。

中国代表王光亚在安理会缅甸问题辩论会上的发言

（2007 年 11 月 13 日）

主席先生：

首先，我要感谢甘巴里先生的通报，赞赏他为斡旋缅甸问题作出的不懈努力和迄今取得的进展。

我们认为，甘巴里先生此次访缅取得了多方面成果，包括：甘巴里先生实现提前访缅；同缅方领导人和多位部长举行开诚布公的对话；分别会见昂山素季和政治对话联络员吴昂基（Aung Kyi）部长；昂山素季就对话进程发表了措辞积极的声明，并同联络员吴昂基部长与民盟的主要负责人进行了接触。甘巴里先生还应邀再次访缅。此外，缅甸政府已同意国际红十字会访问，并正接待人权特别报告员皮涅罗访缅。上述情况表明，缅甸政治进程正步入正轨，向着积极方向前进。我们注意到，特别顾问此次未见到缅最高领导人，一些媒体对此多有评论。我们认为，衡量访问成功与否的标准不在于在每次访问时会见了什么人或赴访了哪些地方，而在于斡旋本身是否推动总体局势朝好的方向迈进。从这一意义上讲，甘巴里先生此访是成功的。

正如甘巴里先生多次提到的，缅甸问题的解决无法一蹴而就，秘书长斡旋是一个过程。国际社会在对斡旋本身充满信心的同时，也应对斡旋的进程和结果保持耐心。罗马并非一日筑成，缅甸面临各类复杂问题，妥善、全面解决必然需要一定时间。秘书长斡旋使命的开展也应循序渐进，逐步取得成果。缅方已邀请甘巴里先生再次访问，表明缅方愿继续与联合国开展接触与合作。我们鼓励甘巴里先生与缅方进一步巩固互信，开展坦诚对话，向缅方提供符合缅国情、便于操作的政策性和技术性建议，向政治对话进程提供便利与协助。中方也呼吁联合国同时关注如何协助缅方发展经济、改善民生。

主席先生，

国际社会的努力应对秘书长斡旋形成有益补充，为帮助解决缅甸问题提供建设性思路。就本质而言，缅甸问题属一国内政，并未构成对国际或地区和平与安全的威胁。缅甸局势出现了好转迹象，国内逐渐趋于平静，人民生活逐步恢复正常。这是每个真诚帮助缅甸的国家所期待的。国际社会应珍惜目前良好趋势，推动缅甸局势进一步得到改善。制裁无助于解决问题，只会使局势进一步复杂化，甚至影响已逐步启动的缅对话与和解进程，干扰缅方与联合国的接触与合作。这是包括中国在内的所有区域国家都不愿看到的。国际社会应为缅甸国内政治对话进程创造宽松的外部环境，鼓励缅甸政府继续与联合国开展合作，并向缅甸的经济社会发展提供援助。

缅甸问题的根本解决，主要依靠缅甸政府与人民开展全面对话与充分协商。在我们看来，缅甸问题主要包含三个方面：其一，如何提高人民生活水平、实现经济社会全面发展；其二，如何促进各民族和睦相处、共享发展成果；其三，如何扩大各阶层参政议政、建设民主法制社会。我们真诚希望并相信，缅甸政府在对话进程中将认真听取各方意见，进一步采取积极步骤，逐一解决涉及民生、民族和民主等各方面的问题。我们也希望，参与对话的各方能以维护国家的团结稳定和长远发展这一全局利益为重，逐步建立互信、深化共识，以灵活、务实的进取态度，推动对话不断取得积极成果。

主席先生，

中方支持东盟在缅甸问题上发挥建设性作用，缅甸的稳定发展符合东南亚地区所有国家的利益。我们期待东盟国家继续积极帮助缅甸这个“家庭成员”，共同维护区域的和谐发展。中方也欢迎其他国家通过双边渠道向缅提供帮助，对所有有利于缅甸问题妥善解决的建设性想法都持开放态度。同时，无论国际社会希望以何种方式对缅甸提供帮助，都应得到缅甸政府和人民的理解与配合。

中国作为缅甸的友好近邻，十分关注缅甸局势。我们由衷希望看到缅甸早日恢复稳定与发展、实现民主与和谐，不愿看到缅甸局势重新陷入动荡。中方将继续以自己的方式，积极支持秘书长斡旋活动，帮助缅甸政府和人民妥善解决目前面临的问题。我们愿与国际社会一道继续努力。

谢谢主席先生。

中国代表张丹在第62届联大三委表决“暂停适用死刑”决议草案有关修正案（A/C.3/62/L.68-81）前的一般性发言

（2007年11月14日）

主席先生：

中国代表团对联大三委再次讨论有关死刑问题感到遗憾，并愿表达如下立场：

一、关于废除死刑问题，国际上并无共识。1994 年、1999 年联大曾两次讨论该问题，但因各方立场南辕北辙而无果而终。原人权委员会也曾讨论该问题，但每次都有大量国家拒绝参加协商一致。

二、死刑问题是一个复杂的刑事司法问题。国际法并未禁止使用死刑。《公民权利和政治权利公约》第 6 条第 2 款规定，"死刑可适用于最严重的罪行"。各国有权根据其司法公正的需要、经济发展水平、历史文化背景等决定适用何种刑罚，何时暂停或废除某种刑罚。死刑问题是一国立法和司法的问题，是一国主权范围内的事务，其他国家均不应干涉。

三、联合国大会不是讨论死刑问题的合适场所。在联大这样一个高度政治化的场合，讨论死刑问题会使该问题进一步政治化，而无助于问题的解决。通过向联大三委提交决议草案"要求成员国暂停适用或废除死刑"是不适当的，也不可能改变各国在死刑问题上的不同立场。

鉴于上述，中国代表团呼吁 L. 29 号草案的提案国尊重各国司法主权，特别是在死刑问题上的不同立场，不要仅仅因为自己暂停使用或废除死刑，就把同样的观点强加于他人。这种做法不仅无助于增进对话与理解，反而会引发成员国间的对抗。

中国代表团呼吁各国投票支持有关国家提出的修正案，并投票反对 L. 29 号决议草案。

谢谢主席先生。

中国代表张丹在第62届联大三委表决通过“暂停适用死刑”决议草案（A/C.3/62/L.29）后的解释性发言

（2007年11月15日）

主席先生：

中国代表团对联大三委投票通过“暂停适用死刑”的L.29号决议表示遗憾。52国投票反对该决议再次证明在死刑问题上并无国际共识，因此我们对该决议的效力表示严重质疑。

我们愿重申，各国均有权选择适合自己的政治、经济、社会和司法体系，这是不可剥夺的主权。死刑作为一个刑事司法问题，属于一国内政。我们不反对就有关问题进行讨论和对话，但任何人均不应将自己的观点强加于人。我们对今年联大三委花费两天时间审议死刑决议感到遗憾。这两天的会议证明，各国在死刑问题上立场严重分歧，L.29号决议不但没有减少这种分歧，反而激化了矛盾，导致成员国严重对抗。我们对拒绝成员国就决议进行分段表决的要求表示不满，这种做法剥夺了成员国表达意见的权利。中国代表团不得不指出L.29号决议及其审议过程严重破坏了在有关问题上对话与合作的气氛，不利于消除在死刑问题上的分歧和推动成员达成共识。决议提案国向别国施压的做法，中方是不会接受的。我们不希望看到这样的讨论在今后联大三委会议上再次出现。我们尊重自愿暂停适用死刑或废除死刑的国家所做选择，也希望 L. 29 号决议的提案国同样能尊重其他国家，改变强加于人的做法。

谢谢主席先生。

中国代表于红在第 62 届联大五委关于议题 119“改善联合国财政状况”的发言

（2007 年 11 月 15 日）

主席先生：

中国代表团首先感谢财务主任萨奇（Warren Sach）先生关于联合国 2007 年财政状况所作的介绍。中国代表团同意巴基斯坦代表“77 国集团和中国”所作的发言。我们愿就联合国财政状况发表以下看法和建议。

主席先生，

我们关切地注意到，2007 年的财政状况较去年同期有所恶化，各项未缴款项均较上年同期增加。根据财务主任所作的介绍，截至 10 月 31 日，共有 126 个会员国全额缴纳了会费；92 个会员国全额缴纳了两个国际刑庭的摊款，23 个会员国全额缴纳了维和行动经费。正常预算未缴款达 8.36 亿美元，两个国际刑庭未缴款达 0.64 亿美元，维和未缴款达 34.92 亿美元，基本建设总计划未缴款达 1.5 亿美元。这一系列的数字说明，多数会员国均能及时、全额缴纳摊款，但仍有部分会员国至今未能认真履行联合国宪章规定的财政义务。

我们认为，财政问题是联合国作为当今世界最重要的国际组织履行职能的基础。没有这个基础，就谈不上加强联合国在国际事务中的作用。所有会员国应认真履行应尽的财政义务，及时缴纳各项摊款。否则联合国的财政收支关系将会遭到扭曲，联合国的预算就会成为没有任何约束力的一纸空文，联合国的各项工作将难以获得充足的资源保障。我们注意到，一些会员国特别是一些发展中国家，尽管面临许多实际困难，还是尽全力履行自己的财政义务，值得赞赏。我们所有会员国应该以他们为榜样，及时、全额、无条件地缴纳所有摊款，以实际行动改善联合国的财政状况，支持联合国各项工作。

主席先生，

近年来，联合国正常预算用于发展方案的资源不断减少，但人权、监督等方案的资源增长较快，维和行动任务不断扩大。联合国总费用的快速增长，给会员国特别是广大发展中国家带来很大的财政负担。我们认为，联合国正常预算应平衡地分配给所有优先领域，维和行动应量力而行，应适当考虑会员国特别是发展中会员国的承受能力。同时，秘书处应加强行政和预算管理，明确财务纪律，厉行节约，有效地利用会员国缴纳的每一分钱。

主席先生，

作为最大的发展中国家，中国尽管人均收入并不高，但仍然以实际行动，为联合国拥有一个坚实的财政基础作出了力所能及的贡献。2007 年，中国的会费及维和摊款比额大幅上升，共需缴纳联合国会费等各项摊款达 2.7 亿美元，较 2006 年增长 42%，大大增加了全年的财政负担。尽管如此，中国克服各种困难，及时缴纳了 2007 年全年的联合国会费摊款 54375989 美元、前南及卢旺达两个国际刑庭的摊款 8432306 美元及联合国基本建设总计划摊款 10357328 美元。中国政府还为向苏丹、利比里亚等派遣的维和部队垫付了超过 5000 万美元的装备等费用。中国政府正在积极筹措经费，并将于年底前缴纳2007年尚未缴纳的大部分维和摊款。

主席先生，

当今世界赋予联合国的职责非常重要，国际社会对联合国作用的期待不断提高。我们认为，所有会员国应本着良好的政治愿望，切实履行宪章所规定的财政义务，以保证联合国更好地履行各项职责。

谢谢主席先生。

中国代表张丹在第62届联大三委就人权理事会建章立制方案表决前的解释性发言

（2007年11月16日）

主席先生：

通过人权理事会建章立制一揽子方案，是本届联大三委主要任务之一。该方案是各国代表一年多艰苦磋商的成果，中方也为此付出了不懈努力。虽然它并不完美，也不可能令各方完全满意，但最大程度地反映了各方共识，来之不易。人权理事会也于6月18日夜协商一致通过该方案。

目前，理事会已确定普遍定期审议的初步安排，并开始审议特别机制，各项工作正迈向正轨。此时，投票表决业经协商一致通过的方案无疑将极大阻碍理事会正常运作，并有损理事会信誉。中方对此深表遗憾。

我们呼吁各方从理事会工作大局出发，投票支持通过理事会建章立制方案。

谢谢主席先生。

中国代表刘振民在第62届联大关于议题71“加强联合国人道主义和救灾援助，包括特别经济援助的协调”的发言

（2007年11月19日）

主席先生：

中国代表团感谢秘书长在本议题项下提交的报告。我愿就本议题谈以下看法。

一年来，频繁发生的自然灾害给受灾国政府和民众造成了巨大的人员伤亡和经济损失。2006年，全球427起自然灾害夺走了2.3万人的宝贵生命，影响了约1.43亿人的正常生活，经济损失近200亿美元。今年以来，联合国系统发起的人道主义紧急呼吁已多达15次，超过了往年的同期记录。当前，联合国人道主义救援工作正面临着更加严峻的挑战。

主席先生，

自2004年印度洋海啸后的紧急救援活动启动以来，联合国

在国际人道主义救援活动中所发挥的领导和协调作用日益受到各方重视。随着越来越多的国家、国际组织、私营部门和非政府组织广泛和深入地参与国际人道主义救援工作，如何加强协调并充分和有效地利用各种人道主义援助资源，使之发挥更好的效益已是联合国系统面临的一项新的艰巨任务。

中国代表团认为，加强协调主要涉及两个方面。首先是联合国系统内部的协调。联合国许多部门和机构参与人道主义救援活动，它们各自的职责和业务范围、重点领域和比较优势不尽相同，它们之间既有互补性，也存在一定的重叠。因此，有必要加强部门间的协调，改进对救援工作的统筹规划，明确分工，提高救援行动的效率和救援资源的使用效益。其次是对整个国际社会人道主义救援行动的协调。在这一方面，联合国具有不可替代的作用。我们欢迎联合国与有关国家、国际机构和非政府组织建立伙伴关系，加强信息交流、拓展合作领域。

在救灾援助活动中，受灾国政府对组织、发起、协调和实施外部救灾援助负有主要责任。受灾国政府在接受人道主义紧急救援以及在向发展阶段过渡中同样应该发挥主导作用。联合国在向受灾国提供人道主义援助时应该始终坚持“人道、中立和公正”的原则，尊重受灾国主权，加强与受灾国政府的沟通与协作，充分利用受灾国现存的救援机制，以受灾国政府和民众的需求为导向，积极组织和协调国际救灾援助。

主席先生，

联合国人道主义事务协调办公室近年来在评估灾情、呼吁募捐、组织和协调国际救灾援助方面作出了不懈努力，中国代表团对此表示赞赏，并支持进一步加强联合国人道主义事务协调办公室对国际人道主义援助的领导和协调地位，希望人道主义事务协调办公室继续积极配合受灾国政府，对参与人道主义救援活动的各方提供必要的指导和协助。

中央紧急应对基金自去年3月启动以来，先后为一些重大的自然灾害和紧急情况提供了及时、有效的救灾援助，为改善救灾资源的合理调配和利用，帮助一些曾被忽视的受灾国家和地区获得人道主义援助发挥了积极的作用。中国代表团呼吁各国政府，特别是发达国家为中央紧急应对基金多作贡献，努力实现2008年筹资5亿美元的预期目标。

主席先生，

加强国际和区域合作是帮助容易遭受自然灾害的国家提高防灾、减灾和应对自然灾害能力的有效手段之一。联合国系统今后应重视推动这方面的合作并从技术、资金等方面向频繁受灾的国家提供技术支持和资金援助，帮助它们逐步建立早期预警系统，提高防灾、减灾和应对紧急情况的国家能力，实现标本兼治的人道主义救援效果。

主席先生，

中国是一个自然灾害多发的发展中国家，深知灾害给当地民众带来的痛苦，给受灾国家造成的经济损失。中国每年都遭受不同的自然灾害，防灾、减灾、紧急救灾是中国各级政府每年都要面对的任务，中国政府在救灾方面面临沉重的经济负担。中国政府高度重视人道主义援助领域的国际合作，并根据有关受灾国政府的要求和国际社会的呼吁，积极参与国际救援行动。今年，中国政府在力所能及的范围内通过双边渠道，以现汇和物资的方式，向巴基斯坦、朝鲜、马达加斯加、苏丹和希腊等受灾国家提供了及时的人道主义救灾援助，体现了中国政府和人民对受灾国政府和人民的同情、支持和关怀。中国政府将一如既往，继续支持联合国和国际社会在防灾、减灾和救灾方面的努力，并愿为帮助受灾国战胜灾害、重建家园作出我们的贡献。

谢谢主席先生。

中国代表刘振民在安理会“武装冲突中保护平民问题”公开辩论上的发言

（2007年11月20日）

主席先生：

中国代表团欢迎潘基文秘书长出席会议并讲话。我们感谢霍尔姆斯副秘书长的通报，赞赏他上任以来所作努力及开展的大量实地工作。我们也对联合国各有关机构多年来在人道领域的工作表示肯定。

“武装冲突中保护平民”是联合国成立以来的一项传统议题。国际社会已为此确立了相对完善的国际人道主义法律框架，包括1949年第四日内瓦公约和1977年两个附加议定书在内国际法文件均对此作出了充分规定。安理会讨论这一议题也有近10年的历史，通过了多项决议和主席声明。这些都为“武装冲突中保护平民”工作提供了指导。

然而，随着各项冲突特点的改变和新因素的出现，以及各种历史、政治、领土、宗教、资源等多种复杂问题相互交织，当前依然有大量平民受到武装冲突的影响、伤害和蹂躏。我们强烈敦促各有关冲突方严格遵守国际人道主义法和安理会有关决议，尽到相应义务，保护平民的生命、财产和正当权益。改进“武装冲突中保护平民”工作，需要加强国际合作，需要充分发挥国际机构、有关国家政府及人道机构的作用；既需要重视保护问题，也应重视人道援助问题；既要重视确保国际人道法得到遵守问题；也应重视预防冲突问题。为此我愿强调如下几点：

首先，安理会应继续根据《联合国宪章》履行好维护国际和平与安全的首要职责，在保护平民问题上发挥独特作用。需加大预防和解决冲突及建设和平的力度，为平民提供安全的环境，从而从根源上实现对他们最有效的保护。这离不开安理会与其他有关联合国机构的合作，而只有恪守其本职工作，安理会才能在这项综合性工作中充当正确角色。

其次，要时刻铭记尊重并发挥各国政府在保护平民中的作用。保护平民的责任首先在于各国政府。国际社会和外部力量可提供帮助，但要符合《联合国宪章》的规定，不能损害当事国主权和领土完整。外部支持即使有必要，也要充分尊重当事国的意愿，避免进行强行干涉。在终止有罪不罚问题上，也要更多借助于当事国国内司法机构。

第三，要正确、有效开展人道救援工作，符合公正、中立、客观和独立原则。人道救援工作对保护平民具有重要现实意义，在各个冲突局势中都是不可或缺的一环。但人道救援工作应确保其可信度和人道主义性质，应符合国际人道法，不能替代或干预解决冲突和政治进程本身。我们对某些机构打着人道主义的名义在冲突地区从事非法活动表示痛惜。

第四，要慎重、准确理解和运用“保护的责任”概念。2005年世界首脑会议成果文件中对“保护的责任”进行了详细阐述和规定，并明确应由联大来讨论这一概念。安理会不应成为推演“保护的责任”概念和其他类似立法活动的场所，这一任务属于所有联合国成员国。目前这一概念还不成熟，很多成员对此有较大关切，有关讨论应在联大框架下进行，安理会不应作出预断。

第五，安理会应继续从具体冲突局势角度看待保护平民问题。每项冲突局势的成因和特点不同，对保护平民及其他人道主义问题的处理也离不开冲突局势本身的和平进程和政治局势，不能孤立看待保护平民问题本身，也不能只关注问题的表面现象。

目前安理会的国别审议机制是有效的，为了避免重复工作，我们不赞成安理会设立专门的保护平民问题工作组。

最后，我们愿与其他安理会成员一道，通过务实、有效的努力，推动“武装冲突中保护平民”工作取得更多建设性成果。

谢谢主席先生。

中国代表任义生在第62届联大五委关于议题161“非洲联盟—联合国达尔富尔混合行动经费筹措”的发言

（2007年11月20日）

主席先生：

中国代表团感谢维和经费司负责人博士·约（Bock Yeo）先生就秘书长关于非洲联盟—联合国达尔富尔混合行动2007年7月1日至2008年6月30日期间经费筹措问题报告所作介绍，感谢行政和预算问题咨询委员会（下称“行预咨委”）主席萨哈先生就行预咨委报告所作介绍。

今年7月，联合国安理会一致通过第1769号决议，授权在苏丹达尔富尔地区部署非盟与联合国混合行动。决议是推动解决达区问题进程中的重要一步，对推动达尔富尔问题早日得到公正、合理的稳妥解决，实现达尔富尔、苏丹以至非洲的和平、安全与稳定有着重要意义。中国一贯积极支持达尔富尔问题的政治解决，支持向达尔富尔部署混合行动维和部队。鉴此，我们支持混合行动获得足够资源，以确保其有效力和效率的开展，我们也支持国际社会采取实际措施，资助一直承担着艰巨任务的非盟驻达尔富尔特派团。

我们注意到行预咨委和一些会员国就秘书长作为例外情况而采取一系列特别措施所表达的关注，同意行预咨委的看法，秘书处应提前作出充分规划，以避免不得不采取特别措施的情况发生。关于秘书长加速采购机制的有关做法，我们同意一些国家的看法，秘书处应避免“独家合同”的做法；在采购全套货物和服务时，应在地域分布广泛的所有合格供应商之间展开有效的国际竞争。

主席先生，我们希望所有会员国从推动达尔富尔问题全面解决的长远目标出发，本着合作和灵活的精神，尽快就混合行动经费筹措问题达成一致。

谢谢主席先生。

中国代表张丹在第62届联大三委“朝鲜人权状况”决议草案（L.37）表决后的解释性发言

（2007年11月20日）

主席先生：

中国一贯反对利用国别人权决议向发展中国家施压的做法。朝鲜作为一个发展中国家，在经济、社会发展过程中面临诸多困难，但一直致力于采取积极措施，提高人民生活水平，促进和保护人权。中方希望各方通过对话与合作解决在人权问题上的分歧，反对针对任何发展中国家的国别人权决议。

谢谢主席先生。

中国代表张丹在第62届联大三委附议对“缅甸人权状况”决议草案（L.41）提出“不采取行动”动议的发言

（2007年11月20日）

主席先生：

中国代表团支持缅甸对“缅甸人权状况”决议草案提出“不采取行动”动议。

中国一贯主张通过平等和相互尊重的对话与合作解决在人权问题上的分歧，反对利用国别人权决议向发展中国家施加政治压力。多年来，不论在联大三委还是原人权委员会，国别人权决议早已失去了促进和保护人权的作用，而完全沦为一种政治工具。

各国代表团应该还记得，联大设立人权理事会的第60/251号决议明确指出，“促进和保护人权应尊重各国不同历史、文化、宗教背景，推动不同社会制度和意识形态的国家间开展平等对话与合作”。

此外，人权理事会已就缅甸人权问题召开特别会议并通过了有关决议，缅甸人权状况特别报告员也已经访缅并取得了成果。联大应鼓励这种对话与合作势头，而不应就任何带有政治目的的国别人权决议采取行动。“不采取行动”动议不仅没有“窒息”有关讨论，而且有利于促进本委员会摆脱双重标准和政治化。

基于此，我们呼吁所有国家支持对“缅甸人权状况”决议草案“不采取行动”。

谢谢主席先生。

中国代表王光亚在安理会关于苏丹达尔富尔问题辩论会上的发言

（2007 年 11 月 27 日）

主席先生：

中国代表团感谢埃利亚松先生通报苏丹达尔富尔政治进程的最新进展。我也感谢格诺副秘书长通报达区“混合行动”（UNAMID）部署进展情况。

中方一贯主张，要在尊重苏丹主权和领土完整的基础上，通过对话与协商，寻求政治解决达尔富尔问题。中方坚定支持平衡推进政治谈判与维和部署的“双轨”战略，期待苏丹政府、非盟、联合国协商合作的“三方机制”发挥核心主导作用。事实证明，上述战略与机制是解决达区问题的正确选择，并已取得重大进展。国际社会应坚定信心，坚持合作，巩固已经取得的积极势头，推动达区问题向稳妥、全面解决的方向继续前进。

主席先生，

达区问题是国际社会面临的热点问题，其形成有着复杂的内部及外部原因，解决起来也需进行综合治理、标本兼治。达区问题目前正面临两大难题，一是人道局势恶化，二是政治谈判受阻。中方认为前者是标，后者是本。如果没有达区各方真心诚意的政治谈判，就不可能有达区安全局势的根本改善；没有苏丹各派政治力量共创和平的内在动力，再强有力的“混合行动”也不可能取得预期目标。因此，中方认为埃利亚松先生大力推进达区政治谈判进程，是具有政治远见的治本之策。中方欢迎利比亚锡尔特会议的召开，赞赏联合国与非盟两特使的积极斡旋。然而遗憾的是，一些叛军组织固执己见，抵制政治谈判进程，为达区问题的政治解决制造障碍。国际社会的当务之急是采取切实措施，力促有关叛军组织参与政治进程。中方郑重敦促相关组织以国家稳定发展和达区人民福祉为重，积极回应国际社会的呼声，尽早作出参与政治进程的正确选择，为通过谈判尽早达成一个全面的达尔富尔和平协议铺平道路。

主席先生，

自安理会通过1769号决议以来，在有关各方的共同努力下，“混合行动”的部署取得重要进展。中方对此感到欣慰，并对联合国秘书处、非盟和苏丹政府为此所作努力表示高度赞赏。当然，正如秘书处在“混合行动”部署之初就预见的那样，“混合行动”规模空前，涉及苏丹政府、联合国、非盟三方之间的合作互动，并面临部分叛军组织政治上不合作的复杂环境，其部署进程可能遇到各种困难。解决的出路只有继续加强各方协商与合作，并在合作互动中继续不断强化各方政治互信。政治互信是解决问题的润滑剂。有了政治互信，再难的技术问题也可找到解决办法；没有政治互信，再简单的技术问题也可能演化为重大障碍。当前应注意防止的是将技术问题政治化和情绪化。我们敦促有关各方通过对话与平等协商，尽快商定落实“混合行动”有关细节，确保维和行动根据1769号决议规定得到全面、顺利部署。需要指出的是，在达区部署“混合行动”是安理会的一致决定，反映了国际社会的普遍共识。中方严重关注一些叛军组织近日有关威胁维和人员安全的言论，敦促其顺应国际大势，采取与联合国合作的态度，避免自找麻烦、自寻其辱。

达区问题与其他许多国际热点问题一样，深层根源说到底还是一个发展问题。国际社会在推动政治进程和维和部署的同时，也应同等重视达区社会经济发展，立足长远，尽早制定有针对性的发展战略。只有改善当地民生，才能逐步消除冲突，实现各种族、各部族、人与自然间的和谐发展。

主席先生，

中方一直高度关注达区问题，并为该问题的妥善解决作出不懈努力。中国政府达区问题特别代表已多次访苏，并赴达区实地考察。中国参与了迄今所有有关达区问题的重大国际会议，积极参与相关国际斡旋。中国向“混合行动”派遣的多功能工兵部队首批人员已于近日抵达尼亚拉。中方还向达区和非盟特派团（AMIS）提供了多笔人道援助与捐助，并在农业、教育、生活设施等方面，向达区民众提供了许多具体、实在的帮助。中方将继续与国际社会一道，为推动达区问题早日解决，实现达区的和平、稳定与发展作出贡献。

谢谢主席先生。

中国外交部副部长乔宗淮在国际移民对话会高级别论坛上的发言

（2007 年 11 月 29 日）

主席先生，各位代表，女士们，先生们：

很高兴出席此次国际移民对话会高级别论坛。我谨祝愿论坛取得圆满成功。

主席先生，

人类几千年的发展史就是一部移民史。“问渠哪得清如许，为有源头活水来。”移民为人类文明不断注入新的活力，为各国文化交流、经济发展和社会进步作出了巨大贡献。随着经济全球化深入发展，各国人员往来日益频繁，全球范围内的移民数量显著增加。但是，非法移民、跨国有组织犯罪、侵犯移民合法权益、发展中国家人才流失等现象又给移民问题带来了新的挑战，我们应趋利避害，将移民促进发展的积极作用最大化。

随着国际社会对环境问题关注的持续升温，移民与环境的关系也值得我们深入研究。中方认为，环境与移民问题在全球化浪潮中相互交织，相互作用。一方面，洪水、地震、海啸等突发性自然灾害和工业化造成的荒漠化、温室效应、海平面上升等环境变化不时引发移民问题，另一方面，大规模的移民对迁居地当地环境也会造成一定影响。但是，我们必须指出，移民决不是破坏环境的主要原因，环境也不是造成移民产生的根本原因，两者不是对立的。中国自古以来就具有崇尚自然的文化传统和天人和谐、物我合一的思想与智慧，我们认为人与环境应该是协调发展的。移民与环境从本质上讲都是发展问题，只有在可持续发展的框架内，我们才能处理好移民与环境的关系，共建一个繁荣、和谐的世界。

主席先生，

在全球化的大背景下，处理移民与环境的互动关系，必须首先妥善看待和应对全球移民问题，中方对此有以下几点主张：

第一，在观念上应认同移民对发展的促进作用。我们呼吁各国政府，特别是各国移民管理部门，以更加开放、友善、公正、积极的态度看待移民问题，不要肆意夸大移民的负面影响，更不能戴着有色眼镜看待某些移民族群。

第二，在政策上应促进移民正常、有序流动。各国要正确对待少数非法移民与合法移民的关系，进一步完善移民政策。应本着“开明渠、堵暗道”的原则，在最大限度地遏制非法移民活动的同时，努力促进移民正常、有序流动，鼓励合法移民为目的国和来源国的经济发展作出贡献，实现双赢。

第三，在行动上应切实保护移民合法权益。目的国应与来源国加强协调，从移民的实际需要出发，采取有效措施，维护其合法权益。这既有利于促使移民尽快充分、顺利融入当地社会，也可激发移民为目的国经济发展作出更大贡献。

第四，在国际上应加强合作与对话。发达国家及相关国际和地区组织应提供必要的资金和技术援助，帮助发展中国家加强能力建设。同时，针对移民可能产生的人才流失问题，移民目的国和来源国也应加强合作。

最后，在充分发挥移民对发展的推动作用的同时，我们还应努力保护生态环境，促进移民与环境间的良性互动，实现共同、持久发展。中方认为，国际社会在环保领域应继续加强多边与双边合作，协调全球和区域环境管理。各国在环境问题上具有

“共同但有区别的责任”，发达国家应更加积极主动地承担保护环境的责任，向发展中国家提供更多的环保援助。各国应全面推进经济、技术、管理合作，帮助发展中国家提高发展水平，防止污染向发展中国家转移。各国应切实开展落实千年发展目标的合作，在减贫、教育、公共卫生等领域加强交流与合作。国际社会还应加强对环境与移民关系的研究和相关数据搜集，有关移民问题国际和地区磋商机制也可将此列入重点磋商议题，为我们制订科学的移民管理政策提供理论和事实依据。

主席先生，

我们高度重视移民问题及其带来的机遇和挑战，并以科学和发展的眼光看待环境与移民之间的关系。接下来，我愿简要介绍一下中国政府在应对移民和环境问题挑战方面分别采取的一些措施。

在移民领域，我们欢迎所有外国人来华从事与其身份相符的合法活动。近年来根据形势发展，中国政府努力调整出入境管理政策，提高出入境通行效率，便利正常人员流动。我们坚决反对并严厉打击非法移民活动，制定、完善了有关国内法律法规，完善出入境证件审批查验手续，同时在潜在非法移民地区强化宣传教育，从源头上减少非法移民人数。为应对人才流失问题，我们结合国内发展规划，通过设立奖励基金、税费减免、制订优惠创业政策等措施，积极吸引留学人员回国工作。我们重视并积极参与移民领域的国际合作，与40多个国家开展了打击非法出入境活动的合作。我们积极参与了亚太难民、流离失所者及移民问题政府间磋商机制（APC）、巴厘进程、科伦坡进程和湄公河次区域反拐问题部长级倡议等地区磋商机制活动，特别是在2005年至2006年，我们连续两年担任APC主席国和协调员，为推动亚太地区移民对话与合作作出了自己的贡献。

我们同样高度重视环境保护问题。中国政府坚持节约资源和保护环境的基本国策，将环境保护提升到关系中华民族生存发展的高度，牢牢地把建设资源节约型、环境友好型社会放在工业化、现代化发展战略的突出位置。我们重点加强水、大气、土壤等污染防治，全面改善城乡生态环境，同时大力发展环保产业，开发和推广节约、替代、循环利用的先进适用技术，大力发展清洁能源和可再生能源，改善能源结构，全面提高能源资源利用效率。我们不断加强应对气候变化能力建设，签署了《联合国气候变化框架公约》和《京都议定书》，成立了国家应对气候变化领导小组，制定了中国《应对气候变化国家方案》和《节能减排综合性工作方案》，为保护全球气候作出新贡献。我们在“十一五”规划中明确提出，到 2010 年，中国单位国内生产总值能耗将比 2005 年末降低 20% 左右，主要污染物排放总量减少 10%，森林覆盖率由 18.2% 提高到 20%。

主席先生：

中方高度重视国际移民组织在协助各国处理移民问题方面所发挥的积极作用。去年 12 月，国际移民组织在华联络处成立，今年双方还将正式启动“中国移民管理能力建设”合作项目，这标志着我们与国际移民组织的互利合作即将迈上一个新的台阶。最后，我愿在此重申，中国将继续加强与世界各国以及国际移民组织等有关国际组织的合作，促进正常移民流动，为世界的繁荣与稳定作出新的贡献。

谢谢主席先生。

中国代表李保东在第30届国际红十字大会上的发言

（2007年11月29日）

主席女士：

我谨代表中国政府代表团祝贺你当选本届大会主席，中国政府代表团将积极支持、配合你和主席团其他成员的工作。

主席女士，

自1863年红十字运动创建以来，国际人道主义事业不断蓬勃发展，显示出强大的生命力，并成为人类文明与社会进步的重要标志。国际红十字运动以保护人的生命和健康，保障对人的尊重，促进相互了解、友谊和合作，促进持久和平为宗旨，在国际人道主义事业中发挥着越来越重要的作用。冷战虽早已结束，但当今世界并不太平，局部战争和武装冲突等传统威胁并未消失。同时，在全球化的大背景下，非传统安全威胁明显上升，恐怖主义、跨国犯罪、传染性疾病、能源资源、气候变化等问题对全球安全、稳定、发展的影响日益显现，人道主义危机时有爆发。国际红十字运动成员应继续在相互尊重和平等互利的基础上，广泛动员各种力量，共同应对人道主义新挑战。

为此，我愿提出以下几点主张：

一、求和平，促发展。

当今世界，和平与发展依然是时代主题，求和平、促发展已成为不可阻挡的时代潮流。我们坚信，使用武力或以武力相威胁并不能维护世界和平，也无助于国际人道主义事业的发展，对话、合作等和平方式才是解决国际争端的正确途径。发展是维护世界和平的根本所在，只有通过发展，才能逐步缩小南北差距，实现世界的长治久安和普遍繁荣。

二、谋团结，搞合作。

气候变化、国际移民、城市安全和禽流感大流行等全球性问题是摆在我们面前的严峻挑战，仅凭一国或一组织之力无法单独应对，我们必须团结合作。合作是多层次的，我们支持在国际、地区或是双边层面开展形式多样的人道主义合作。有关国际组织和发达国家在合作中应承担更多责任，积极协助广大发展中国家加强能力建设，在资金、技术上予以支持。

三、讲原则，重推广。

国际人道法，特别是日内瓦四公约及其议定书是人道主义事业的基石。我们高兴地看到，日内瓦公约于去年 8 月成为首个为全球所有国家都签署的公约，这表明各国对人道主义事业普遍重视。我们应以此为契机，切实推动国际人道法的传播和实施，争取让国际人道法的基本原则在世界的每个角落都深入人心，确保有关人道主义机构可以根据人道主义和中立原则对所有战争和武装冲突受害者提供及时和必要的援助与保护。

四、重机制，见行动。

人道主义事业还需要各国政府不断扶持和加强国家红会的发展，充实救灾备灾能力。国家红会的作用应得到充分肯定，特别是红会在传播人道法、救灾备灾和社会卫生与福利等方面的工作需得到各国政府的重视。近年来大规模自然灾害时有发生，尤其是 2004 年印度洋海啸的经验告诉我们，传统的人道主义救灾机制已不能完全满足新形势的需要，各国应采取切实、有效行动，加强对自然灾害的监测和预警，加强信息通报与交流，以更好地保护人民生命和财产安全。

主席女士，

中华民族有着扶危济困的优良传统，我们高度重视人道主义事业，积极参与国际人道主义合作，长期以来向有关国家提供了力所能及的人道主义援助。2004 年底印度洋海啸灾难后，我们开展了历史上最大规模的人道主义对外援助活动，援助总额达 13 亿元人民币。今年 9 月，我们成功举办了“发展中国家灾害应急管理省（部）长研讨会”。目前，我们还在积极筹建亚洲区域巨灾研究中心。中国是大多数国际人道法条约缔约国，多年来认真履行条约义务，落实和传播国际人道法。今年 6 月，中国外交部和国际红会共同主办了“纪念日内瓦公约两个附加议定书通过 30 周年国际人道法研讨会”，积极推动国际人道法在亚太地区的传播。我愿借此机会宣布，中国政府近日已经成立了国际人道法国家委员会。

中国政府支持红十字运动的崇高事业，重视国际红会在国际人道主义事业中的积极作用，愿进一步加强与国际红会的合作。本次大会选择“共同为人道”为主题，反映了包括中国人民在内各国人民的心声。我们相信，在与会各方的共同努力下，国际人道主义之树必将更加枝繁叶茂。

谢谢大家。

中国代表刘振民在第62届联大发展专题会议上的发言

（2007 年 12 月 6 日，纽约）

主席先生：

实现全球均衡、协调、可持续发展，是国际社会的共同愿望。20 世纪 90 年代以来，国际社会就发展问题举行了一系列重要会议，达成了诸多重要共识。2000 年千年首脑会议制定了千年发展目标，为一段时期内的国际发展合作确立了路线图和时间表。2005 年世界首脑会议通过的成果文件更对各方需采取的行动进行了全面深刻阐述，将以合作促发展的政治承诺推向新的高度。

当前，世界经济继续增长，财富的创造和科技的进步续有进展，值得欢迎。但同时，国家之间和贫富之间的差距拉大，许多发展中国家不仅未搭上全球化的快车，反而被边际化，陷入贫困的陷阱，令人担忧。今年恰逢千年发展目标实施进程的中间点和发展筹资国际会议召开 5 周年。但从目前情况看，千年发展目标的落实情况不容乐观，《蒙特雷共识》的实施进展也差强人意。2005 年世界首脑会议以来发展领域出现的积极势头未能得以保持，2006 年发达国家的官方发展援助不升反降。如果这些趋势不尽快扭转，将侵蚀南北之间携手合作、共谋发展的团结与互信，势必会迟滞实现千年发展目标的进程。

主席先生，

国际社会应本着强烈的紧迫感和使命感行动起来，采取切实措施，落实已有的共识和承诺，纠正发展的不平衡，加快落实千年发展目标等国际商定的发展目标。中方认为应重视以下五方面的工作：

第一，调整和创新是摆在每个国家面前的任务。在迅速变化的世界，发展的理念需要及时更新。制定和实施适合本国情况的发展战略至关重要。只有不断改革和创新，才能增强面对压力和挑战的能力，在竞争中生存和发展。发展中国家已走上了积极参与全球化之路，制定和实施自主拥有的发展战略的努力取得了初步进展。国际社会应充分认识到发展中国家的特殊需要，在制定“游戏规则”时为其留足“政策空间”，创造有利于发展中国家发展的制度环境。

第二，应从相互联系的角度，全面解决发展问题。在全球化的经济中，各国相互依存日益加深，资金流动、贸易交往、人员往来日益频繁。必须多渠道、多角度地实施有关国际共识，才可能获得广泛、持久的发展。主要全球会议就资金、贸易、技术和债务等达成的有关国际共识必须落到实处。发达国家应采取综合性措施，切实向发展中国家增加援助、减免债务、开放市场、转让技术，使增加援助资金和提高效率同步推进。

第三，气候变化是对所有国家的一项紧迫挑战。对于发展中国家而言，气候变化无疑会影响千年发展目标的实现。如不考虑其发展仍处于低水平阶段的现实，迫使其承担减排义务同样无助于其实现可持续发展。重要的是，国际社会应达成共识，使应对气候变化的努力成为加速解决发展问题的契机，而不是成为各国实现可持续发展的障碍。为此，国际社会应根据“共同但有区别的责任”原则制定具体方案，特别是向发展中国家提供新的和额外的资金，转让于环境有利的技术，并帮助其加强能力建设，有效应对气候变化。

第四，南南合作应继续发挥重要的补充作用。南南合作潜力较大、形式多样，近年来取得了长足进展。发展中国家之间进行互利互补的经济和技术合作积极性高涨，为南南合作的发展注入了活力。国际社会应对南南合作给予鼓励和支持。同时，对其要求不能过高，尤其不能将发展中国家的参与者与发达国家的援助国同等对待。

第五，继续完善国际经济体制。增加发展中国家在国际金融、贸易等各领域的发言权与参与权，对于各国特别是发展中国家共享全球化的好处至关重要。国际金融体系改革应充分考虑发展中国家的需要，反映世界经济格局变化，增加发展中国家的代表性。应推动多哈回合谈判实现发展回合的目标，反对贸易保护主义，推动建立健全开放、公平、公正的多边贸易体制。

主席先生，

中国在坚持自身发展的同时，重视加强国际发展合作，谋求实现协调、均衡发展。尽管中国还是一个发展中国家，但一直在力所能及的范围内向不少发展中国家提供援助，帮助其提高自主发展能力。近年来，中国与其他发展中国家之间的经济技术合作取得了长足进展，投资、贸易活跃，对最不发达国家的经济和技术支持也显著增加。我们正在进一步努力，结合自身优势，挖掘合作潜力，不断探讨合作的新思路和新方式，取长补短，为促进共同发展多做贡献。

在去年召开的中非合作论坛北京峰会上，胡锦涛主席代表中国政府宣布了加强中非务实合作、支持非洲国家发展的 8 项政策措施。在双方共同努力下，落实 8 项政策措施全面推进。中国增加向非洲提供发展援助，免债、免关税举措已接近完成；非盟会议中心已经奠基；中非发展基金顺利启动；援建医院、农技示范中心、农村学校等工作正在抓紧进行，并取得重要进展。中方在有关国家兴建的经贸合作区正在建设之中。中方今年已为非洲国家培训了 3600 多名各类人员。双方在金融、科技、民航等领域合作取得新突破。今年1月至7月，中非贸易额达393亿美元，同比增长近30%。

主席先生，

落实联合国发展领域各次主要会议和首脑会议成果是各国的共同责任。中国政府愿继续与国际社会就此加强合作，交流借鉴成功经验，为推动建立持久和平、共同繁荣的和谐世界而共同努力。

谢谢主席先生。

中国代表刘振民在第62届联大全会关于“海洋和海洋法”议题的发言

（2007年12月10日）

主席先生：

中国代表团高度重视联合国大会关于海洋和海洋法问题的讨论。过去一年来，我们目睹了海洋和海洋法领域的成就、挑战及发展。中国代表团愿与大家分享其对海洋和海洋法问题的观点和愿景。

海洋是人类赖以生存发展的空间，是需要人类共同关心呵护的家园。随着科学技术突飞猛进，人类认识海洋、利用海洋、保护海洋的能力在不断提高。面对当今时代带来的挑战，各国需要努力维护一个和谐的海洋秩序。

维护和谐的海洋秩序，需要人类与海洋之间的和谐，其根本目的是使海洋永久造福人类，人类持续回报海洋。

维护和谐的海洋秩序，既要尊重各沿海国的主权、主权权利和管辖权，也要尊重所有国家，包括沿海国和内陆国，合法、和平利用海洋的权利和自由。对欠发达沿海国、内陆国及地理不利国家应给予特别关注和帮助，使其更好享受海洋带来的福祉，抵御来自海洋的灾害和挑战。各国应以和平手段、用合作方式解决或处理海洋争议，维持海洋和平安宁。

维护和谐的海洋秩序，应科学合理地划分国家管辖海域和国家管辖范围以外海域的权益，既让沿海国充分行使对其陆地领土全部自然延伸的大陆架的主权权利和管辖权，又应避免由于200海里外的外大陆架的扩展而侵蚀作为人类共同继承财产的国际海底区域的范围。

维护和谐的海洋秩序，应在对海洋的科学保护和合理利用之间取得平衡，两者不可偏废。国际社会应加强合作及统筹协调，并推动相关研究取得进展，为决策提供坚实的依据。

维护和谐的海洋秩序，仍需以1982年《联合国海洋法公约》（下称《公约》）为法律基础和框架。《公约》缔约方已达155个，并且还在不断增加，充分显示了普遍性及生命力。《公约》是国际社会经过长期谈判取得的结果，较均衡地照顾了各种利益。《公约》仍是我们在海洋领域解决各种新问题、处理各类新挑战的重要依据。

主席先生，

本届联大通过适当的决议对维护和谐的海洋秩序有重要意义。经过充分磋商，我们现在有了两份较为成熟的决议草案。这是众多代表团发挥建设性及合作精神，努力工作的成果。在此，我要感谢巴西的恩里克·罗德里格斯·巴列·尤尼奥尔（Henrique Rodrigues Valle Junior）大使和美国的霍利·凯勒（Holly Koehler）女士作为协调员为达成这两份草案所付出的心血，感谢海洋事务和海洋法司工作人员提供的宝贵支持。

主席先生，

当前，大陆架界限委员会的工作面临较大困难和艰巨挑战，出现了许多在制订《公约》时无法预见的问题，可以预见委员会完成对所有国家提交的大陆架外部界限申请的审议工作恐怕需要很长时间。与其他发展中国家一样，中国正在进行其200海里以外大陆架外部界限的研究工作。

中国代表团认为，确定200海里以外大陆架外部界限是沿海国依国际法所享有的权利，同时还牵涉到国际海底区域的整体利益。在这个问题上，应确保委员会工作的严肃性、科学性和准确性，确保委员会按照《公约》规定严格、充分地履行其职责，不能盲目要求其加快进度，更不能为了加快进度而牺牲其严肃性、科学性和准确性。

实践证明，确定大陆架外部界限的复杂性和艰巨性是制定《公约》时难以想象的。要求所有缔约国在《公约》以及缔约国大会决议确定的期限内提交大陆架外部界限的申请是不现实的，对发展中国家而言困难更大。同时，考虑到委员会的审议工作必将持续很长时间，显而易见，人为设定的2009年5月的最后期限已失去意义。

我们主张，明年的《公约》缔约国大会应认真探讨各种可能的办法，包括调整最后期限，确保委员会对200海里外的大陆架划界工作得以有条不紊地进行并取得能经得起时间检验的科学成果。

主席先生，

国际海底管理局近年来的工作重点是制订富钴结壳和多金属硫化物两种新资源勘探规章。海底勘探规章既要体现全人类共同继承财产原则，又要考虑各国，特别是潜在承包者的投资利益等问题。勘探开发活动本身专业性强、技术要求高、投资风险大，而且国际社会在环境保护以及脆弱生态系统的养护等方面也有格外的关切。因此，规章的制订既是人类对这两种新资源认识成熟的过程，也是各国利益协调的过程。只有对资源特性的把握到位了，各国的关切理顺了，规章才会“瓜熟蒂落”。目前人类对多金属硫化物资源的了解还非常有限，而对富钴结壳的了解相对多一些，在富钴结壳规章制订上存在的问题相对较少，有望尽早取得进展。我们期待着国际海底管理局对此作出进一步的努力。

主席先生，

国际海洋法法庭作为《公约》争端解决机制的重要一环，在和平解决海洋争端、维护国际海洋秩序和稳定等方面发挥着重要作用。今年法庭成功解决两桩迅速释放案件，显示了其在国际海洋领域的不可或缺的地位和贡献。

中国一贯支持法庭工作。今年 8 月，中国籍许光建法官因疾病缠身，遗憾地辞去法官职位。中国政府已提名高之国博士作为候选人，参加将于 2008 年 1 月 30 日《公约》缔约国特别会议上举行的法官补缺选举。高博士完全符合《国际海洋法法庭规约》第 2 条所规定的候选人条件。我相信，他如能当选，必将为法庭的工作作出重要贡献。我们期待所有缔约国的宝贵支持。

主席先生，

今年的非正式磋商进程的主题是“海洋基因资源的保护”。会议的讨论十分有益。关于海洋基因资源的研究与利用，还存在诸多复杂的法律和政策问题，并牵涉到生物多样性保护与利用等更为广泛和重要的领域，需要国际社会认真研究。中国代表团期待着国家管辖范围以外海域生物多样性保护与可持续利用特设工作组第二次会议在这方面取得积极进展。

主席先生，

便利海上交通是《公约》追求的重要目标。《公约》有关用于国际航行海峡的过境通行制度、群岛海道的通过制度对确保海上航行自由有重要意义，这些制度应得到各国的一致遵守。我们希望，《公约》确立的用于国际航行海峡的过境通行制度和群岛海道通过制度应该得到维护。任何沿岸国制定的法律和规章均应符合《公约》和有关的国际法，不应损害航行自由原则。

主席先生，

中国政府一向高度重视并积极处理包括船舶温室气体排放在内的船舶污染问题。我们认为，处理船舶温室气体排放问题的关键，在于坚持《联合国气候变化框架公约》确定的“共同但有区别的责任”原则，严格落实《京都议定书》有关规定。不论是国际海事组织的有关讨论，还是相关条约的修订，均应体现这一原则。中方注意到并支持国际海事组织在此方面发挥积极作用。我们愿与有关国家加强在处理船舶污染领域的交流，进一步推动在资金、技术转让和能力建设等方面的务实合作。

主席先生，

中国人口占世界人口的五分之一。海洋永久造福人类、人类持续回报海洋，对中国人民有着越来越重要的影响。中国政府高度重视海洋事业，致力于对海洋的科学保护和合理利用，致力于通过和平谈判妥善解决或处理与邻国的海域划界问题及其他海洋争议，并愿积极参加国际合作，与世界各国一道，共同呵护人类共同的海洋家园。

本届联大将要通过的两份决议代表着国际社会对当前海洋领域种种问题和挑战的回应。中国将与世界各国一道，为维护一个和谐的海洋秩序作出贡献。

谢谢主席先生。

中国代表刘振民在安理会东帝汶问题公开辩论会上的发言

（2007 年 12 月 13 日）

主席先生：

中国代表团感谢库马洛大使的通报。

我本人作为中方代表参加了此次访问团，亲眼观察了东帝汶历经磨难后百废待兴的情景。我深切感受到，东帝汶人民对和平、稳定、发展的热切期盼，以及东帝汶政府领导国家续写“成功故事”的决心。东帝汶尽管在民主进程和经济重建方面取得一定进展，但作为一个年轻的国家仍面临诸多严峻挑战。在此，我愿着重谈以下几点：

第一，东帝汶各派领导人应通过对话实现和解，共同应对安全问题。东帝汶今年顺利举行了大选，但政治和解进程尚未彻底完成。此外，东帝汶去年骚乱的遗留问题尚未解决，继续影响东帝汶的和平安定。内部流离失所者、前军人请愿者和前军警雷纳多问题相互交织。请愿者和雷纳多问题造成民众缺乏安全感，不得不长期滞留流离失所者营地，这反过来又加剧了安全局势的不稳定。有效应对这三大问题，需要东帝汶各派政治力量特别是政府与主要反对派“革阵”形成共识、通力合作。而政府与“革阵”关系不睦恰恰是东帝汶安全的最大隐患。中方呼吁东帝汶各派以国家稳定和人民利益为重，抓住当前恢复和平、实现发展的有利时机，通过沟通与合作弥合彼此分歧，着力解决上述影响东帝汶安全的问题，带领人民集中精力推进国家建设。

第二，联合国继续在东帝汶维和行动的同时，需要大力帮助东帝汶提高自主执政能力。东帝汶独立与发展的历史，从一开始就和联合国紧密联系在一起。确保东帝汶走上成功之路，是联合国义不容辞的责任。同时，东帝汶的前途和命运始终掌握在东人民自己手中。在此次访问中我们注意到，东帝汶一些部门的运作还依赖于联合国及其他国际机构的支持和帮助，比较突出的是，由于多数东帝汶警察仍处在甄别、认证和重新任职阶段，联合国维和人员在部分地区直接参与一线执法。联合国驻东特派团及其他联合国机构下一步应更加重视帮助东帝汶各部门提高自主管理能力。联合国警察应将工作重点转为培训及向东警察传授经验和技巧。在政治和解等问题上，联合国可以继续提出建设性意见，但要避免“越俎代庖”。

第三，实现东帝汶的长治久安，根本出路在发展经济，改善民生。40%的贫困人口和40%的高失业率是东帝汶社会动荡的重要原因。东帝汶政府需尽早制订具有针对性的发展计划，开发利用好丰富的油气和旅游资源。同时应注意将发展成果用于改善民生，加强教育，开发人力资源，不断提高民众特别是青年的就业率，恢复其对政府和自身前途的信心，从根本上消除社会不稳定因素。当然，国际社会应继续提供各类援助，加速这一进程。中方希望东盟国家继续施以援手，实现区域的共同繁荣。

主席先生，

中国作为亚太大家庭的一员，一直高度关注东帝汶的局势发展，衷心希望东帝汶早日实现国家发展、社会和谐、人民幸福。中国将在力所能及的范围内，继续向东帝汶提供帮助。

谢谢主席先生。

中国代表于红在第62届联大五委关于政治特派团预算（议题128）的发言

（2007年12月17日）

主席先生：

中国代表团感谢秘书处莎伦女士对“关于大会和（或）安全理事会授权的特别政治任务、斡旋和其他政治举措的估计费用”等报告所作介绍，感谢行政和预算问题咨询委员会（下称“行动咨委”，ACABQ）主席萨哈先生对行预咨委报告的介绍。中国代表团愿就政治特派团预算问题谈几点看法。

一、报告迟交造成连锁反映。一方面，ACABQ没有足够时间审议报告，另一方面，会员国也没有足够时间研究秘书长报告及ACABQ的报告。行预咨委关于特派团的报告迟至今日才散发。中国代表团希望秘书处澄清造成这种情况的原因。

二、政治特派团预算增幅令人担忧。根据秘书长报告，2008年政治特派团所需经费总额为587045200美元，比2007年增加169819200美元，增幅达41%。秘书长为斡旋、预防性外交及冲突后建设和平等任务所作的努力值得肯定。但是，我们对政治特派团近年来预算费用大幅增加，会员国财政负担明显增加表示关注。秘书处应结合旨在提高联合国管理效率和效力的改革，认真研究如何在有效使用资源，以更好地完成大会的授权，让会员国真正看到效率的提高，而不仅仅是人员和经费的大幅增加。

三、中国代表团希望就以下几个具体问题得到秘书处澄清。

1. 在报告 A/62/512/Add. 1 中，秘书长建议设立“防止灭绝种族罪行问题特别顾问”设立两个秘书长特别顾问，即副秘书长级的灭绝种族问题特别代表及助理秘书长级的保护责任问题秘书长特别顾问。我们认为，对联合国而言，“防止种族灭绝”与行使“保护责任”是密切相关的两项任务，实际上完成的是同样的目标。在实际操作中，这两个职位之间是否存在分工不清，职责交叉问题？而且要为处理这两个职位之间的关系另设一个专门负责协调的特别助理职位，还要增设一个报告干事和一个行政助理。为一个重叠的职位增设三个为其服务的职位，是否确有必要？

2. 关于联合国伊拉克援助团综合总部的设立。我们注意到秘书长的报告中安排了联合国伊拉克援助团综合楼建设预算约1.9亿美元。中国代表团支持为联合国伊拉克援助团人员提供安全且有保障的工作和生活环境。但是在目前伊拉克局势尚不稳定的情况下，是否适合开展如此大规模的建设？如何控制费用、招标采购程序等问题还需做进一步探讨。我们希望秘书处今后提出数额较大的项目预算时要做好各项论证，充分考虑会员国的支付能力。我国代表团同意行预咨委报告的意见，请秘书长就此建议提供一份详细的报告供大会审议。

3. 关于协调合作问题。我们注意到联合国在同一地区设置了几个不同的机构，如联合国在黎巴嫩设有联黎部队、黎巴嫩问题特别协调员办公室及国际独立调查委员会等。秘书处在进行有关安排时，有无考虑通过合作与协调，以确保互补性，避免可能的重复和重叠？特派团之间如何加强有效合作？

谢谢主席先生。

中国代表张丹在第62届联大全会表决“暂停适用死刑”决议后的发言

（2007年12月18日）

主席先生：

中国代表团对联大全会表决通过有关“死刑问题”的决议表示遗憾。题为“暂停适用死刑”的决议是一些国家企图借死刑问题向其他国家施压的产物。联大三委及全会均投票表决该决议及80多票不支持票充分显示了各方在该问题上的分歧。我们对一些国家将该决议强加于人的做法表示不满，对一些国家在联大三委阻拦众多旨在改善该决议草案的修正案的做法表示遗憾。中方愿重申，当今世界，决定适用死刑、限制适用死刑或废除死刑是一国的立法和司法问题。各国有权根据其司法公正需要、历史文化背景等决定适用何种刑罚，何时暂停或废除某种刑罚，其他国家不应干涉。在死刑问题上的分歧应通过平等对话和协商加以解决，强行提交决议只会加剧分歧和对抗。中方反对这一做法，反对“暂停适用死刑”决议并质疑该决议效力。

谢谢主席先生。

中国代表王群在《禁止生物武器公约》2007年缔约国会议上的发言

（2007年12月19日）

主席先生：

首先，请允许我代表中国代表团对你继专家组会后再次担任本次缔约国会主席表示衷心祝贺。我相信，你丰富的外交、裁军工作经验，将为会议取得积极成果发挥重要作用。中国代表团将积极支持你的工作。

主席先生，

国际安全形势正经历着复杂而深刻的变化。坚持多边主义，加强国际合作，巩固包括《禁止生物武器公约》（下称“公约”）在内的多边军控和防扩散国际法律体系，已成为国际社会的广泛共识，是维护国际安全、有效应对挑战的重要手段。

自生效以来，公约普遍性稳步提高，执行情况总体平稳，在全面禁止和彻底销毁生物武器、防止生物恐怖活动和防止生物武器扩散方面发挥了不可替代的重要作用。另一方面，面对恐怖主义和传染病流行等新挑战，各国应充分利用公约这一重要的多边平台，加强合作与交流，促进履约及其他各项能力的建设。

主席先生，

公约第六次审议大会制定的工作计划和议题受到各缔约国的普遍支持，对促进多边生物军控进程将产生积极而深远的影响。

今年专家组会和年会深入讨论加强国家履约措施和区域履约合作两项议题，凝聚共识。这对新形势下切实推进公约实施具有重要的现实意义。

在今年8月举行的专家组会上，各方全面介绍在履约立法、执法及相关国际合作方面的做法和建议，达到了互通有无、增进理解、促进合作的目的。年会主席根据专家组会议成果提交的“各方履约相关做法和建议汇编”及“综合文件”全面总结了会议情况和各方主张，提出了很多有益建议。中方对主席的工作表示赞赏，并愿以主席提交的上述文件为基础，与各方合作，推动会议取得成功。

主席先生，

中方认为，根据公约要求和本国国情制定有效的国家履约措施是缔约国的基本义务，是切实履行公约的重要前提和保障。加强各国在履约方面的区域、次区域及其他各种形式的合作有助于增强各国的履约能力，是促进公约实施的有效途径。

中国一贯高度重视《公约》的全面、有效实施，积极致力于并认真做好履约立法、执法、履约机制建设和参与履约合作等各项工作。对切实加强国家履约措施和履约合作，中方有如下建议：

一、建立健全涵盖公约各方面的履约立法体系，并采取有效措施，确保严格执法。

二、设立职能明确、协调有效的国家履约机制，确保履约法规和措施的贯彻落实。

三、通过各种形式加强公约和履约立法的宣传普及，培训履约人员，加强履约能力建设。

四、遵循平等、协作和相互尊重的原则，积极参与区域、次区域和双边履约合作，向有需要的国家，特别是发展中国家提供履约协助，共同促进生物领域的国际交流，提高履约水平。

主席先生，

缔约国专家组会和年会是在多边框架下加强公约有效性的重要平台和有益尝试。今年是落实六审会工作计划的第一年。中方期待并支持年会取得积极成果，切实促进公约的全面有效实施。中方将本着开放、务实和合作的精神，为会议成功作出积极贡献。

谢谢主席先生。

Correspondence:

Chinese Yearbook of International Law

24 Zhanlan Road

Beijing 100037, China

Website: www. csil. cn

Content

· Special Feature ·

· Articles ·

· Comments and Notes ·

· Activities and Trends ·

· Documentation ·